Kerstin Decker

FRANZISKA ZU REVENTLOW

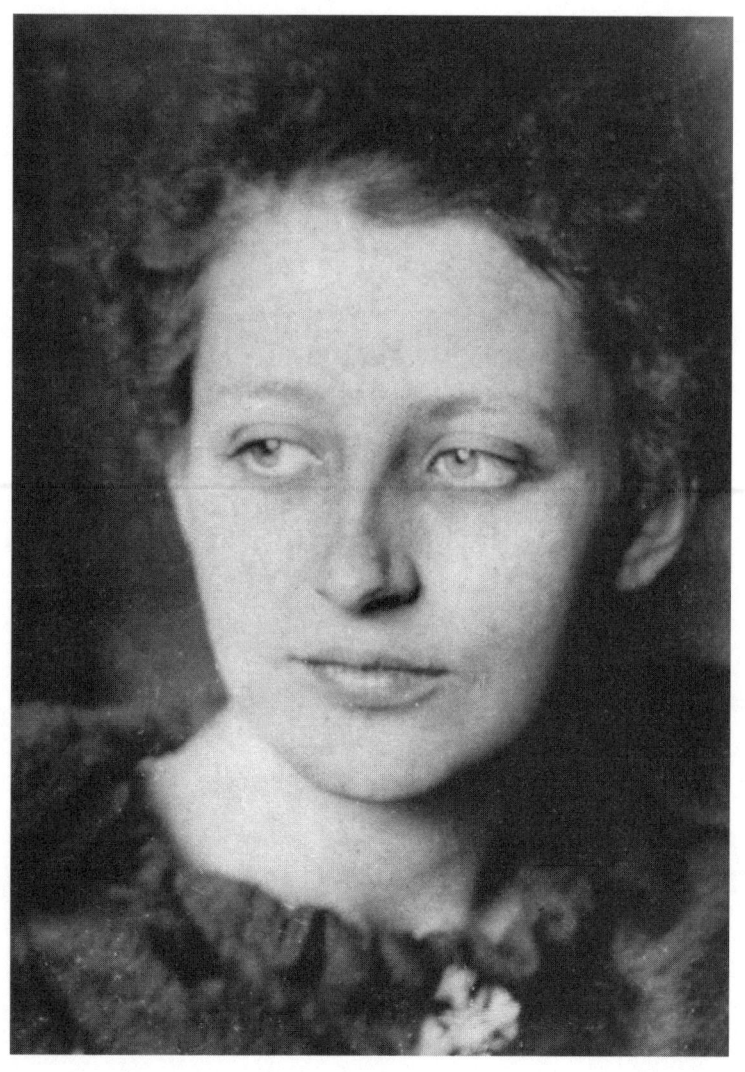

Kerstin Decker

FRANZISKA ZU REVENTLOW

Eine Biografie

BERLIN VERLAG

Mehr über unsere Autoren und Bücher:
www.berlinverlag.de

MIX
Papier aus verantwor-
tungsvollen Quellen
FSC® C014496

ISBN 978-3-8270-1362-0
© Berlin Verlag in der Piper Verlag GmbH, München 2018
Abbildung auf Seite 2: Münchner Stadtbibliothek / Monacensia
Satz: Kösel Media GmbH, Krugzell
Gesetzt aus der Dante MT
Litho: Lorenz & Zeller, Inning am Ammersee
Druck und Bindung: GGP Media GmbH, Pößneck
Printed in Germany

Inhalt

Erster Teil

Zweiter Teil

Dritter Teil

Vierter Teil

Erster Teil

… seit ich aus meinem wertvollen alten Familienrahmen entfernt wurde,
hat mir wohl keiner mehr gepasst. Mancher war recht gut,
mancher wieder sehr mittelmäßig, und es gab auch Zeiten,
wo das Bild nur mit Reißnägeln an die Wand geheftet war.

Franziska zu Reventlow, *Von Paul zu Pedro*

Die Seiltänzerin

Nie ist man mehr allein als unter Menschen. Niemand nimmt sie wahr, keine spricht mit ihr. Die Strafe heißt *silence*. Von morgens bis abends führen ihre Mitschülerinnen den Beweis, dass es Fanny zu Reventlow aus Husum an der Nordsee, fünfzehn Jahre alt, gar nicht gibt.

Manchmal glaubt sie das auch. Eigentlich hat sie es schon immer geglaubt. Sie ist höchstens halb zur Welt gekommen. Aber wenn sie es gerade nicht glaubt, sitzt die Tochter des preußischen Landrats Ludwig Graf zu Reventlow mitten in der Nacht in ihrem Bett und heult in langgezogenen schaurigen Tönen, sehr wölfisch, sodass der ganze Schlafsaal aufwacht.[1] Sie muss bloß aufpassen, dass sie nicht selbst dabei einschläft.

Die Schlafsaalverantwortliche im Mädchengefängnis zu Altenburg in Thüringen, das die Erwachsenen auch *Freiadliges Magdalenenstift* nennen, hat die Geächtete schon mehrmals aufgefordert, das Heulen einzustellen. Vergebens. Fanny Liane Wilhelmine Sophie Auguste Adrienne Comtesse zu Reventlow antwortet, das stünde nicht in ihrer Macht, es handele sich um eine Art tiefster, gleichsam animalischer Traurigkeit.

Sie ist natürlich nicht freiwillig hier, keine ist freiwillig hier. Dieses Institut, gegründet im Geist des deutschen Pietismus[2], hat sich der Aufgabe verschrieben, aus den höheren protestantischen Töchtern des Reichs Mädchen zu formen, die diesen Namen nicht zu Unrecht tragen. Höhere Töchter? Höher, das heißt: vor allem tot. Je toter, desto höher. Niemand verfügt über weniger Begabung zur höheren Tochter als die wölfische Fanny. Leider hat ihr Vater für sie eine Freistelle bekommen, die »Freiherrlich

9

Löw'sche Freistelle«. Die Familien sind verwandt. Die Husumer Comtesse trägt auch neuerdings ihre Waschschüssel nicht wie die anderen in den Händen, sondern auf dem Kopf. Gewiss achtet sie darauf, die Schüssel bis an den Rand zu füllen, um den Effekt des Überschwappens nicht zu verfehlen.

Als Fanny noch ein kleines Mädchen war, hatte sie einen Zirkus gesehen und konnte den Blick nicht von den Seiltänzern wenden. Zu den Seiltänzern gehörten auch fünf Jungen, kaum älter als sie, die konnten auf Stelzen laufen, sogar auf Stelzen tanzen. Sie ließ sich heimlich welche machen und wartete seitdem, dass der Zirkus wiederkäme, um mitzufahren.[3] Vielleicht hätte ihre Mutter sie dann doch noch geliebt, gleichsam im letzten Augenblick, aber es wäre zu spät gewesen.

Zu spät! Das Kind empfand bei diesem Gedanken eine tiefe Befriedigung, die zugleich ganz kindlich und ganz unkindlich war. Höchstwahrscheinlich ist ihre Mutter aber gar nicht ihre Mutter, und sie wird bei einer völlig fremden Familie groß. Fanny entnahm diese Ansicht dem Betragen der kühlen Frau: Wäre ihre Mutter wirklich ihre Mutter, müsste sie dann nicht auch zu ihr so liebevoll, so nachsichtig, so anerkennend sein wie zu ihren Brüdern?

Niemand unter den Geschwistern bezog so viel Prügel wie Fanny, nicht einmal die Hunde. *Sie kann mich nicht leiden, seit frühester Kindheit bin ich immer ein Stiefkind gewesen.*[4] Und dass sie sich jetzt an diesem absurden Ort befindet, in der thüringischen Verbannung statt zu Hause in dem alten Schloss am Meer, von dessen Turm man weit über das Wasser und die Heide sehen kann, ist natürlich auch das Werk ihrer Nichtmutter.

Nein, ohne Stelzen wird dieses Mädchen nicht durchs Leben kommen. Dabei auf einem Seil gehend, nicht immer die Balance findend. So ungefähr ließe sich die Daseinsform beschreiben, zu der sie gerade Anlauf nimmt. »Der Mensch ist ein Seil, geknüpft zwischen Thier und Übermensch, – ein Seil über einem Abgrunde. Ein gefährliches Hinüber, ein gefährliches Auf-dem-Wege, ein gefährliches Zurückblicken, ein gefährliches Schaudern und Stehenbleiben.«[5] Also sprach Zarathustra. Wie eine

Offenbarung, wie eine gleichsam kosmische Bestätigung wird sie einmal diese Zeilen lesen. Hat der Autor sie etwa gekannt?

Schüssel runter!, befiehlt die Erste. Die Erste heißt im *Freiadligen Magdalenenstift* zu Altenburg die Unglückliche, die für Disziplin in Waschraum und Schlafsaal sorgen muss und Anzeige erstattet, sobald ein Mädchen ein anderes etwa »cochon« tituliert oder *in einem statt in zwei Unterröcken durch den Schlafsaal* geht.[6] Natürlich soll die Erste sofort jede melden, die etwas noch Verboteneres unternimmt. Und verboten ist eigentlich alles. Nicht einmal die Früchte des Gartens dürfen sie essen. Schon dafür lautet die Strafe »silence«, Eingeschlossenwerden im Schweigekreis. Vielleicht, weil eine höhere Tochter nicht rotbäckig in einen Baum greift und den rotbäckigsten Apfel pflückt. Das ist ordinär, das ist pöbelhaft. Mit der Selbstzucht aber, wie die Pröbstin sagt, fängt alles höhere Dasein an. Selbstzucht ist Überwindung der Natur, vor allem der eigenen. Die Natur, insbesondere die weibliche, ist diabolischen Ursprungs, glauben nicht nur die Pietisten und die Pröbstin. Wer brachte denn die Sünde in die Welt? Eine Apfelesserin. Auch sind höhere Töchter grundsätzlich nicht dienstbotenhaft-rotbäckig; so blass wie möglich gehen sie an den Früchten vorbei. Gar zuletzt am Leben selbst? Eine Handvoll widerrechtlich geernteter Stachelbeeren wird Fannys Eltern als Diebstahl gemeldet.

Sie soll die Schüssel vom Kopf nehmen? – Ich kann kein Blech anfassen!, antwortet kühl die Ermahnte und trägt ihr schwappendes Waschwasser in majestätischem Gang an der Wächterin vorüber. Dieser bleibt nichts übrig, als nachher zur Pröbstin zu gehen und zu melden, dass Fanny zu Reventlow aus Husum an der Nordsee kein Blech anfassen kann. Sie meldet weiterhin, dass Fanny zu Reventlow im Waschraum Kirchenlieder gurgelt, was nicht zu unterbinden ist, denn die Fehlbare behauptet, von Gott selbst den Auftrag empfangen zu haben, das Wort des Herrn bis in die Waschräume zu tragen.

Die anderen versuchen, nicht zu lachen, und schaffen es nicht. Das hat sie gewollt. Über wen man lacht, der existiert. Es gibt sie also doch! Nicht einmal lückenlose Nichtexistenzbeweise können diese Furchtsamen führen. Weiber! Wahrscheinlich musste sogar Editha lachen. Editha Wartensleben, die schöne Editha, die an allem schuld ist und die sie jetzt genau wie die anderen nicht einmal anschaut. Als wäre sie gar nicht da.

Die Pröbstin hatte den Bann über Fanny gesprochen. Sie hatte den künftigen höheren ersterbenden Töchtern erklärt, dass Fanny eine Betrügerin sei, und hinzugefügt: »*Ihr habt sie von jetzt an als ehrlos zu betrachten und ich warne jede, die noch mit ihr verkehrt.*« Vielleicht fasste die Vorsteherin Editha dabei besonders fest ins Auge. Auch Editha ist nur ein Mädchen, schwach wie alle und zudem in diesem Institut aufgewachsen. Ihre Blicke begegnen sich nicht mehr.

Drei Tage lang saß Fanny allein in der kalten dämmrigen Turmstube des Stifts. Die Turmstube ist die Arrestzelle, dahin kommen die Schlimmsten. Und die Schlimmste von allen ist sie, leider. Manchmal mag sie sich selbst nicht.

Aber Fanny zu Reventlow hat sogar ihren sechsten Geburtstag überlebt, und das war schwerer, als drei Tage Einzelhaft zu überstehen. Die Pröbstin kann das nicht wissen. Die Pröbstin des *Freiadligen Magdalenenstifts* zu Altenburg in Thüringen hat nicht den Hauch einer Ahnung, mit wem sie es zu tun hat.

Der sechste Geburtstag

Es ist nicht das erste Mal, dass man ihr zu verstehen gibt, sie teile nicht die Existenzform der anderen. Ein Halbwesen ist sie, eingeklemmt, kaum sichtbar zwischen ihrem verzogenen, blasierten, zwei Jahre älteren Bruder Ernst und ihrem noch verzogeneren, zwei Jahre jüngeren Bruder Karl. Karl ist das Glück der Familie, der Kleinste, der Schönste. Er ist auch ihr Glück. Alle nennen ihn Catty oder *der Katz*. Sie selbst ist *der Fuchs*. Es war so einfach, so deprimierend einfach: Wer ein Junge ist, wird verzogen und geliebt.

An ihrem sechsten Geburtstag, das Kindermädchen hatte es Fanny fest versprochen, würde sie ein Junge werden. Auf diesen Tag lebte sie hin, nur auf diesen Tag, seit sie erkannt hatte, dass ihre Mutter bloß Jungen lieben kann. Nie mehr würde sie unter ihren strengen Blicken unter das Klavier kriechen müssen, um die Rute zu holen, mit der sie gezüchtigt wurde. Immer musste sie die Rute selbst holen. Und wahrscheinlich bekam sie noch mehr Hiebe, seit sie aufgehört hatte zu weinen. Die Schmerzökonomie sprach dagegen, aber es war eine Frage des Stolzes. Auch an dem Tag, als Catty und sie heimlich auf der großen Wiese waren, »die Freiheit« genannt, um den Zirkus zu sehen, die Seiltänzer und Stelzenläufer. Sie hatte den kleinen Bruder fest an der Hand geführt.

Dass sie für diesen Ausflug Schläge bekam, konnte sie nicht verhindern. Aber ihre Tränen. Werdet hart!, fordert der Seiltanz-Philosoph, das wird sie bald wissen. Sie befolgte seinen Rat schon als Kind.

Und dann kam ihr sechster Geburtstag.

Gleich morgens wollte sie die Sachen des älteren Bruders Ernst anziehen. Nie wieder würde sie diese furchtbaren Kleider tragen, die immer schmutzig wurden, wofür sie regelmäßig die Rute bekam, denn kleine Mädchen machen sich nicht schmutzig. Kleine Mädchen halten ihre Kleider rein. Dieses Problem war gelöst, wusste sie am Morgen ihres sechsten Geburtstags. Allerdings hatte das Kindermädchen nicht gesagt, ob sie am Vormittag oder am Nachmittag ein Junge werden würde. Gouvernanten wissen nicht alles.

Fanny zu Reventlow durchlebte diesen 18. Mai 1876 in höchster Anspannung, der großen Veränderung gewahr, die sich jeden Augenblick mit ihr begeben musste. Aber nichts geschah. Und irgendwann verstand sie. Die ganze Familie lachte, sogar ihr sonst vollkommen leblos wirkender Vater lachte.

Sie würde für immer ein Mädchen bleiben müssen.

An ihrem sechsten Geburtstag wurde Fanny zu Reventlow erwachsen. Das war ein wenig vorzeitig, gewiss, aber man kann sich solche Dinge nicht aussuchen. Nein, niemand durfte erwarten, dass sie in drei Tagen Einzelhaft im Altenburger Turm vergessen würde, wer sie war.

Und worin lag denn ihre große Schuld? Sie hatte der schönen Editha zum Geburtstag ein Buch geschenkt. Nun gut, sie konnte das Buch nicht selber bezahlen. Alle wissen, dass Fanny zu Reventlow kein Taschengeld besitzt. Denn für jedes kleine Vergehen wird den Schülerinnen Taschengeld abgezogen. Etwa für einen deutschen Satz an den Tagen, da nur Französisch gesprochen werden darf. Zuerst bekommt die Delinquentin *die schwarze Kette*, muss sie den ganzen Tag tragen und abends nach der Andacht mit einem tiefen Knicks bei der Pröbstin erscheinen, die feierlich eine Mark von deren Guthaben streicht. Sie mag sich gar nicht vorstellen, in welche finanzielle Lage sie die Uniform des Pfarrkandidaten gebracht hätte, von der sie alle Knöpfe abgeschnitten hatte. Oder das Salz im Bett der Lehrerinnen. Immer fiel der Verdacht zwar sofort auf Fanny, aber die Pröbstin konnte ihre Schuld nicht jedes Mal beweisen. Auch so reichte die Zahl der Fehlleistungen, um sie anhaltend insolvent zu machen. Die Comtesse bezahlte schon längst mit dem Taschengeld der Zukunft.

Edelweiß. Für Frauensinn und Frauenherz hieß der Band des Anstoßes. Diese Gedichte musste sie haben, nachdem sie befunden hatte, ihre eigenen seien noch zu schwach, um Editha angemessen zu ehren. Es blieb ihr nichts übrig, als sich in voller Kenntnis des Verbots, Geld zu leihen, Geld zu leihen. Und zwar von den zwei Neuen, die noch etwas tun mussten für ihre gesellschaftliche Reputation im Stift. Da der Buchhändler Fanny und die Ursache ihrer strukturellen Zahlungsunfähigkeit kannte und vielleicht misstrauisch geworden wäre, schien es ihr sicherer, wenn ein weißes Schaf statt ein schwarzes wie sie es bestellte. Für all das war sie in Acht und Bann getan, hatte sie im Turm gesessen.

Das Schloss in Husum hat auch einen Turm. Wenn sie von diesem Turm auf die Nordsee blickte, wusste sie, was Freiheit war: Freiheit war, vom Husumer Turm auf die Nordsee zu blicken. Und da sage noch einer, Tautologien seien keine Erkenntnisse! Im Turm von Altenburg aber lernte sie, was Gefangenschaft ist, ja schlimmer: Ausgestoßensein. Sie erblasste von innen und außen, so viel ist wahr.

Trotzdem durfte Fanny Liane Wilhelmine Sophie Auguste Adrienne Comtesse zu Reventlow sich nicht gehenlassen. Es galt, sich ganz fest auf den Augenblick zu konzentrieren, da die Tür aufgeschlossen werden würde, und dann musste sie so apfelgleich wie möglich aussehen, rotbäckig wie das Obst der Sünde, wehrhaft und ungebrochen. Der Moment würde kommen.

Und er kam. Sie schritt die Turmstufen hinunter in den Schlafsaal, doch niemand nahm Anteil an ihrem Triumpf. Alle schauten über sie hinweg, durch sie hindurch, links und rechts an ihr vorbei. Da wusste sie noch nicht, wie bald sie ihre Laufbahn als Choräle gurgelnde Waschschüsselakrobatin mit den Wolfsnächten beginnen würde. Schüssel runter? Wenn sie ein Mädchen wäre, hätte sie die Schüssel wohl fallen lassen. Aber sie ist keins. Kein Mädchen zu sein ist eine Art Geistesgegenwart. Es heißt, sich nicht erschrecken zu lassen.

Sie geht nun unter den anderen, als wäre da eine Wand aus Glas zwischen ihr und der Welt, sie ist eine Unberührbare. An jedem Sonntag müssen die Schülerinnen vor der Pröbstin erscheinen, um ihre Zeugnisse der Woche vorzulegen. Fanny verabscheut diese regelmäßig wiederkehrende Visite von ganzem Herzen. Man nähert sich der Leiterin der Anstalt mit drei Knicksen. Der erste ist bereits an der Tür beim Eintreten zu entrichten, der zweite in der Mitte des Weges, der dritte kurz vor dem Ziel.

Knickse sind Gesten der Demut, der Unterwerfung. Sind sie das?

Der Geist des Aufruhrs

Elisabeth Gräfin von Zedlitz-Trützschler ist schon sehr alt, über sechzig Jahre. *Ihr strenges, wie in Stein gehauenes Gesicht mit der hohen, blanken Stirn hatte einen Zug von eiserner Energie – sie hielt sich sehr gerade, nur in der weißen schmalen Hand, die auf der geschnitzten Stuhllehne lag, war etwas von der Müdigkeit des Alters.*[8] Von den über sechzig Jahren hat die Gräfin die letzten zweiunddreißig bereits in diesem Amt verbracht und all ihre Verstandes- und Seelenkräfte der großen Aufgabe gewidmet, im Geist des Protestantismus aus widerstrebendem, sündhaften Naturmaterial Menschen zu formen, näherhin junge Frauen. Es gibt leichtere Aufgaben, gewiss. Es gibt dankbarere Aufgaben, gewiss. Doch der Herr liebt die, die die schweren Wege gehen. Zweiunddreißig Jahre!

Aber eines wie das letzte Jahr hat die Gräfin von Zedlitz-Trützschler noch nie erlebt. Sie wird das vor den versammelten Honoratioren der Stadt bald so formulieren: *ein Geist des Aufruhrs ist in unsere Anstalt eingedrungen.*[9] Und der hat einen Namen: Fanny zu Reventlow. Es fiel der Gräfin ohne Zweifel schwer, vor diesem Kobold von der Nordsee zu kapitulieren, doch der Aufruhr ist ein Virus, es besteht die Gefahr der Ansteckung; wenn sie die übrigen retten will, muss sie schnell und entschlossen handeln.

Fanny zu Reventlow wird hereingerufen. Wahrscheinlich beherrscht sie schon längst die Kunst, die Knickse, diese Gesten der Demut, so nachlässig darzubieten, dass aus ihnen kleine Fanale des Umstürzlertums werden. Elisabeth Gräfin von Zedlitz-Trützschler kann nicht wissen, dass es einen Tag der tiefsten Scham im Leben der Fanny zu Reventlow gab, er liegt erst wenige Monate zurück. Es war der Tag, als sie die Mitschülerin Hildegard Asseburg, die sie nicht leiden konnte, bei der Pröbstin anzeigte. Der Schauplatz war dieses Zimmer. Im Bericht der Denunziantin: *Die Pröbstin war natürlich sehr zufrieden mit mir und sagte, es wäre sehr richtig, dass ich zu ihr gekommen wäre. Da fing meine Reue an.*[10] Sie weitete sich bis zum Entsetzen vor der eigenen Tat. Es war gewissermaßen Fanny zu Reventlows moralphilosophisches Urerlebnis. Und jetzt? Hat die Pröbstin gar das Gefühl, beim letzten, unmittelbar vor ihrem Schreibtisch erbrachten Knicks werde eine Revolution ausbrechen?

Besonders lächerlich scheint die Pröbstin den Mädchen, wenn sie große Toilette gemacht hat, dann knistert die lange schwarze Seidenschleppe gewöhnlich *wie eine zornige, schwarze Schlange hinter ihr her.* Aber jetzt: kein Knistern, nur die metallene Stimme der Gräfin mit den viel zu scharfen S-Lauten, die Fanny jedes Mal in die Ohren schneiden. Die schwarze Schlange hat offenbar nicht die Absicht, ein Gespräch mit ihr zu führen, doch sie hat ihr etwas mitzuteilen: Ihre Eltern seien von dem Vorgefallenen bereits in Kenntnis gesetzt und auch davon, dass man sich nicht in der Lage sehe, die Tochter weiterhin an diesem Ort zu dulden. Sie, Fanny zu Reventlow, habe den Aufenthalt am *Magdalenenstift* durch ihr eigenes Betragen verwirkt. Sie ist entlassen. Da es jedoch so kurz vor Ostern sei und damit vor ihrer Konfirmation, dürfe sie bis dahin bleiben.

Sieht die Pröbstin, wie Fanny zu Reventlow erstarrt? Wie in einem bösen Traum geht sie hinaus, *an den anderen vorbei, ohne irgend etwas zu sehen, die Treppe hinauf, oben am letzten Gangfenster blieb sie stehen und legte das Gesicht an die Scheiben. Sie hatte Todes-angst vor zu Hause.*[11]

Vielleicht wissen die Eltern es längst. Die Mädchen stehen in einem leicht frivolen Wettbewerb untereinander, welches von zu Hause die schlimmsten, *die dollsten* Briefe bekäme. Bisher war sie sehr stolz darauf gewesen, dass der erste Preis einstimmig ihr zuerkannt wurde. Nun überwiegt die Furcht.[12] Doch in die namenlose Angst vor Mutter und Vater, nein, vor Mutter, mischt sich etwas anderes, es sind Bilder von zu Hause, sie sieht *das Schloss, die sonnigen großen Zimmer, wo abends die Spatzen vor den Fenstern in den Ulmen schwätzten, den sommerlichen Garten mit sei-nem starken Fliederduft*, sie denkt an die Geschwister, vor allem an Catty. So bald soll sie das alles also wiedersehen. Aber was davor liegen würde, was zwangsläufig davor liegen musste, entzieht sich ihrer Vorstellung.

Zu Hause. Das umschließt fast alles in Husum und Umgebung, nur einen Menschen umschließt das Wort keinesfalls: ihre Mut-ter. Nicht einmal den Namen wird sie einmal von ihr behalten wollen. So wird aus Fanny Franziska. Die Mutter hatte sie herge-bracht, schlimmstenfalls würde sie sie wieder abholen. Was sollte sie reden mit der fremden Frau, deren schlimmste Befürchtun-gen betreffs der Eignung ihrer Tochter, ein Mensch zu werden, sich nun vor aller Augen zu erfüllen scheinen?

Wahrscheinlich ahnt die Relegierte, wem sie es verdankt, nicht gleich fortgeschickt zu werden. Die Konfirmation nicht zu erhalten, käme einem Ausschluss aus dem Humanum gleich. Der Pfarrer wird für sie gesprochen haben, zu Arnold Braune hat sie Vertrauen. Und sie ist weiß Gott eine aufmerksame Schülerin in seinem Religionsunterricht. Die Sache Gottes geht sie näher an, hatte sie doch nach den Prügeln, die sie für den heimlichen Besuch beim Zirkus bekam, das deutliche Gefühl, das nicht mehr allein zu schaffen. Sie brauchte Beistand. Es blieb ihr nichts anderes übrig, als sich dem Teufel zu übergeben.

Sie hatte es sich nicht leicht gemacht, es war ein langer, ernster Entschluss gewesen, damals war sie zehn Jahre alt. Als er gefasst war, nahm sie *einen von ihren schönsten bunten Briefbogen aus der Schublade, ging damit ans Fenster, wo es noch etwas hell war, und verschrieb sich dem Teufel mit Leib und Seele, wenn er ihr helfen wollte, zu den Zigeunern zu kommen.*[13] Sie steckte den Brief sorgfältig in einen Umschlag, legte ihn auf den Kaminsims ihres Zimmers und ging zu Bett. Der Teufel würde seine Post schon erkennen.

Mehrere Tage wagte sie nicht, zum Kamin zu schauen, aber dann hielt sie es nicht mehr aus: Der Brief war weg, Satan hatte ihn gefunden. Ein großer Schreck, zu groß für ein kleines Mädchen, durchfuhr sie, aber da war nichts mehr zu machen. Wir wissen nicht, ob Fanny zu Reventlow dem Pfarrer des *Magdalenenstifts* von diesem bedenklichen Bund berichtet hat; dabei sind die Auswirkungen eines Teufelspaktes unter religionspsychologischen wie individualpsychologischen Gesichtspunkten keineswegs uninteressant.

Der Seele des kleinen Mädchens bemächtigte sich ein gewisser Fatalismus. Sie benahm sich noch schlechter als sonst, die ganze Heide klebte braun und schwer an den einstmals hellen Schleifen ihres Kleides, aber es war ihr egal. Ihre Seele war verwirkt, so oder so, und sie konnte sich niemandem anvertrauen. Catty war zu klein, und ihr größerer Bruder Ernst wäre gewiss schadenfroh gewesen.

Seit sie Ernst nicht mehr wie ein willenloses Werkzeug folgte, konnte von Geschwisterliebe nicht mehr die Rede sein. Ernst hatte sich bereits das Recht herausgenommen, sie an Mutters Stelle zu verhauen, denn sie war nun mal die, die immer Prügel bekam. Was brauchte es da noch einen Grund? Nein, Ernst konnte sie nichts sagen. Und die Großen waren zu weit weg, zu erwachsen, zu fern, um ihnen ein derart intimes Verhältnis wie das zum Teufel anzuvertrauen.

Vielleicht warf sie damals sogar den langen grauen Strumpf zur Seite, an dem sie immer stricken musste, wenn sie beim Lernen Fehler gemacht hatte. Oder sie ließ zumindest mit böser Genugtuung ein paar Maschen fallen. Der Strumpf war so lang wie die Unendlichkeit, er würde niemals fertig werden, das wusste sie genau, wenn sie unter Tränen strickte, während sie Catty in der Sonne spielen sah. Jungen spielen, Mädchen stricken. Nein, sie fürchtete die Hölle nicht, die Hölle kannte sie schon. Die Hölle war dieser lange graue Strumpf.

Entsprangen ihre Widersetzlichkeiten einerseits der objektiven Verzweiflung, die Bundesgenossin des Teufels zu sein, so hoffte sie doch andererseits auf dessen Eingreifen. Das Mindeste, was er tun könnte, wäre, ihrer Mutter nachts zu erscheinen oder den grauen Strumpf in Flammen aufgehen zu lassen. Doch Luzifer ließ sich teuflisch viel Zeit.

Und dann, es war fast ein Jahr später und es war Heiligabend, nahmen die Eltern sie zum ersten Mal mit in die Kirche. *Der schmucklose weiße Raum mit dem blaugemalten Sternenhimmel und den zwei brennenden Christbäumen neben dem Altar kam ihr unsagbar schön vor.*[14]

Pastor Arnold Braune

Sie müsste lügen, wenn sie nicht zugäbe, dass ein Abglanz dieses Erlebnisses noch auf den Altenburger Pfarrer fällt. Und er spürt wohl ihr Interesse, bemerkte, dass wenige wie sie wissen, dass es in seinem Unterricht wie bei aller Theologie direkt um Leben und Tod geht statt um Katechismen. Und sie wiederum weiß, dass er weiß, dass nicht immer die bösen sind, die für böse gelten.

Auch freue sich der Herr über einen reuigen Sünder mehr als über zehn Gerechte, sagt er. Sie sehnt sich so nach Reue, nach Umkehr. Manchmal. Und sie ahnt, dass der Pastor den Vorsatz fasst, diese verlorene Seele zu retten. *Nach der nächsten Konfirmationsstunde redete mir der Pastor noch einmal unter vier Augen ins Gewissen, … so venünftig, sogar mit Humor, dass ich von da an eine große Liebe für ihn fasste.*[15] Bei Pastor Arnold Braune begreift Fanny Liane Wilhelmine Sophie Auguste Adrienne Comtesse zu Reventlow, was Erlösung ist: Lachen. Seltsam, das in einer Kirche zu erfahren. Sie wird es ihr Leben lang nicht vergessen.

Ob die Szene, die nun folgt, authentisch ist, oder ob sie einer Übertreibung zur Kenntlichkeit folgt, als Franziska zu Reventlow viele Jahre später beginnt, den Roman ihrer Jugend zu schreiben, wissen wir nicht. Aber wir wissen, dass sie zu sprechend ist, um sie wegzulassen. Und wahr ist sie in jedem Fall, wenn nicht die Tatsächlichkeit, so doch das Seelenschicksal der Fehlbaren betreffend.

Als die Delinquentin den Schlafsaal betritt, ist die Wirtschafterin gerade dabei, ihren Schrank auszuräumen: Sie finde ihre Sachen künftig draußen auf dem Flur, die anderen sollen nicht mehr als nötig mit einer Lügnerin und Betrügerin in Berührung kommen, sagt die Wirtschafterin. Die relegierte Comtesse entscheidet sich, diese Auskunft mit der hochmütigsten aller ihr zur Verfügung stehenden Mienen zu quittieren, und sieht sich veranlasst, in der Tür ihres Exil-Schranks auf dem Flur eine Inschrift anzubringen: *Ich habe nie das Knie gebogen – den stolzen Nacken nie gebeugt. 17. Februar 1885.*[16]

Der Preis dieses Bekenntnisses ist ein weiterer Tag Arrest.

Reue? Freut sich Gott denn über Sklavenseelen? Sollte Gott sich nicht über die Starken freuen, über die Unbeugsamen, die allein gegen eine ganze Welt stehen, eine falsche Welt?

Die Inhaberin des exterritorialen Schranks erscheint ab sofort öfter mitsamt ihren verwahrlosten Knicksen bei der regierenden Gräfin: Sie habe im Englischunterricht gelacht, was der Miss wohl entgangen sei, sie komme es zu melden. Jede mit bloßem Auge nicht sichtbare Nuance ihres Fehlverhaltens zeigt sie an.

Und verdienen nicht auch die Verfehlungen der Zukunft Strafe? Die Gräfin erbleicht unter dem Terror der Aufrichtigkeit, Fanny darf ihr Zimmer bald nicht mehr betreten.

Bei der feierlichen öffentlichen Zeugnisvergabe kurz vor Ostern spricht die Direktorin vom Geist des Aufruhrs, der in die Anstalt eingedrungen sei. Alle Köpfe wenden sich zu Fanny. Der Philosoph, den sie noch nicht kennt, spricht von der »Heerdenmoral«. Wie sie ihn einmal verstehen wird! Die Herde gafft sie an. Sie zwingt sich, den Blick nicht zu senken, nicht vor dieser Übermacht. In ihrem Zeugnis steht: »Durch Mangel an Pflichttreue und Gewissenhaftigkeit war sie ein nachteiliges Beispiel für Andere.«[17] In Gesang und Betragen bekommt sie eine Fünf. Sie weiß wirklich nicht, wie sie mit diesem Dokument ihren Eltern unter die Augen treten soll. »Nun musst Du in Deinem Zeugnis ein gutes Prädikat in Betragen haben, wie es sich für ein junges Mädchen … ziemt«[18], hatte der Vater sie beim letzten Mal gewarnt, da hatte sie noch eine leuchtende Vier.

Am gleichen Abend wird sie zum Pfarrer gerufen. Er sagt ihr, dass er an sie glaube, trotz allem, und dass er mit der Mutter sprechen wolle, was wohl nötig sein werde. *Damit gab er ihr die Hand, und ihr liefen große Tränen übers Gesicht.*[19] Gegen Härte kann sie sich wehren, aber wie wappnet man sich gegen Güte?

Und dann ist sie da, Emilie Julia Anna Luise Gräfin zu Reventlow, geborene zu Rantzau. Es fällt schwer, sich die Frau vorzustellen, der Theodor Storm aus der Husumer Wasserreih Gedichte wie dieses nebenan ins Schloss schickte: »Kleine freundliche Latern, / Sei du Sonn und Stern; / Sei noch oft der Lichtgenoß / Zwischen Wasserreih und Schloss, / Oder – dies ist einerlei – / Zwischen Schloss und Wasserreih.« Offenbar kennt der Dichter eine andere Luise zu Reventlow als ihre Tochter. Wie ist das möglich?

Es gehört zu den Eigentümlichkeiten des Daseins, dass wir zwar nebeneinander leben können, unter demselben Dach, unter der gleichen Sonne, aber doch ganz verschiedenen Welten angehören, anderen Gravitationskräften ausgesetzt sind. Wo befindet sich die Gräfin zu Reventlow gewöhnlich, wenn alle glauben, dass sie zu Hause ist? Gewiss weniger auf einem Schloss als vielmehr am Rande eines Nervenzusammenbruchs.

Einer der größten Vorteile, ein Kind zu sein, besteht darin, die Sphäre noch nicht zu kennen, in der die meisten Älteren ihr gesamtes Leben zubringen: die Alltäglichkeit. Und die Frauen erst! Sie kennen gar keine andere, vermuten die meisten klugen Männer, denn für den Alltag werden sie geboren. Und nun gar ein ganzes Schloss!

Sie hatte *nichts Leichtes in ihrer Art, das Leben zu nehmen, es türmte sich alles vor ihr auf wie ein Berg, über den sie nie hinaussehen konnte – die Wirtschaft, der große Haushalt, die Kinder, tausend Dinge, die täglich zu tun und zu überlegen waren und ihr beständig im Kopf herumgingen.*[20] So wird die Tochter die primäre Art des In-der-Welt-Seins der Frau zusammenfassen, die durch einen bösen Zufall, durch eine blinde Laune des Schicksals ihre Mutter wurde. Und gewiss bereitet es Emilie Julia Anna Luise Gräfin zu Reventlow Unbehagen, ihr prüfendes Auge, ihre ordnende Hand vom Gut abzuziehen, selbst wenn es nur für ein paar Tage ist. Frauen wie sie können sich nicht vorstellen, dass die Welt weiter besteht, wenn sie ihr den Rücken kehren. Was konnte während ihrer Abwesenheit geschehen!

Andererseits kann nur sie, die Unabkömmliche, fahren. Der preußische Landrat kann seine Tochter unmöglich selbst abholen. Sich öffentlich um eine Laune der Natur zu bekümmern, wie es Töchter sind, ist mit seiner gesellschaftlichen Stellung nicht vereinbar. Venedigs Patrizier haben ihren Töchtern kaum mitgeteilt, wenn sie sie verheirateten.

Natürlich, Emilie Julia Anna Luise Gräfin zu Reventlow könnte ihre älteste Tochter schicken, und doch, in diesem Falle ist es unmöglich. Die Relegierung Fannys ist ein Affront gegen die Familie. Die Zedlitz-Trützschler behauptet, die Frucht ihres Leibes sei nicht erziehungsfähig? Nicht dass sie das anders sehen würde. Aber sie würde es doch niemals zugeben, schon gar nicht gegenüber der Pröbstin.

Es kommt darauf an, der Anstaltsleiterin pädagogisches Versagen zu suggerieren und mit Stolz und Verachtung den Ort zu verlassen, der so kläglich vor ihrer Tochter versagt hatte. Das verlangt, Fanny mit einer gewissen Milde und Nachsicht entgegenzutreten.

Vielleicht findet das erste Wiedersehen von Mutter und Tochter unter dem Schutz des Pfarrers statt. Die Beredsamkeit des Gottesmannes tut der Gräfin wohl, auch wenn sie seine Ansichten, ihre Tochter betreffend, nicht teilen kann. Franziska aber ist überwältigt. Sie hatte alles erwartet, und nun diese Milde. Taktische Milde kann sie nicht denken. Sie ist so dankbar. Und sie darf nach Hause!

Vor der Konfirmation wird gebeichtet. Und vor der Beichte bittet jede Schülerin alle anderen um Verzeihung für jemals wissentlich oder unwissentlich zugefügtes Unrecht, auch die Lehrenden, auch die Pröbstin. Ganz rein sollen die Seelen vor Gott treten. Auf den Stirnen der Mädchen sammeln sich verzeihende Küsse und dahinter verzeihende Gedanken.

Nur Fanny suspendiert sich von diesem Brauch. Sie ist nicht der Meinung, dass die anderen ihr etwas zu verzeihen haben, Gott ist ihr Zeuge. Vom Gang zur Pröbstin, deren Segen zu empfangen, kann sie sich nicht suspendieren. »*Du bist mir eine liebe Schülerin gewesen. Der Herr segne dich*«[21], sagte die Pröbstin zumeist zu den anderen. Schweigend tritt Fanny vor das große fremde Gestirn. Mal sehen, wer die Stille länger aushält.

Hast du mir nichts zu sagen?, fragt die Ältere schließlich.

Nein!, antwortet Fanny mit Genugtuung. Im Roman ihrer Jugend kann sie sich nachher nicht an die einzelnen Worte erinnern, die sie nun treffen, aber dass sie in ihrer Gesamtheit eine rhetorische Figur mit stark negativer Perspektive bilden, auch Fluch genannt, ist ihr gewiss. Die Skizze *Altenburg* berichtet: *Mir gab sie keinen Segen sondern sagte zu mir: »Sieh die verweinten Augen Deiner Mutter an!«*[22] *In dem Augenblick packte mich eine solche Wut, dass ich mit den Zähnen knirschte und ohne, wie sie erwartet hatte, sie um Verzeihung zu bitten, aus der Tür ging.*[23]

Eine frisch Verfluchte erhält die heiligen Weihen. Als sie vor dem Pfarrer kniet, ist ihr, als spräche er für sie allein. Was liegt an den Schafen, die er gewöhnlich hütet, an den Gerechten aus Einfalt? Auf die gefährdeten Seelen blickt der Herr. Empfindet sie es so?

Und dann fährt die Inhaberin einer gefährdeten Seele mitten in den Frühlingstag hinein, der sie nach Hause bringen wird, zurück ans Meer, zurück ins Schloss mit seinem Park, in dem sie jeden Baum kennt, zurück zu den Geschwistern, und das heißt: zurück zu Catty, dem Lieblingsbruder, dem Stern der Familie. Er ist drei Jahre jünger, aber was hat sie ihm zu verdanken!

Worüber Mutter und Tochter während der langen Bahnfahrt sprechen, ist nicht überliefert. Mag sein, sie folgen dem beiderseitigen Vorsatz der Schonung. Sollte Fanny der früheren Reichsgräfin zu Rantzau denn erzählen, wie sie sich auf ihrer ersten Heimfahrt Bier ans Coupé bringen ließen? Und die Rückfahrt nach Altenburg erst: Die einst von ihr denunzierte Hildegard Asseburg, inzwischen eine gute Freundin, hatte eine Flasche Rotwein mitgebracht, *die wir unbeobachtet mit Geschwindigkeit leerten.* Gegenüber saß ein *schäbiges Ehepaar,* der Mann rauchte, worauf Fanny die im Nachbarcoupé mitreisende Lehrerin aufforderte: *»Sagen Sie dem Kerl doch, dass er nicht qualmt.«* Die Gattin des Angeklagten erhob sich entrüstet und sagte zu mir: »Mein Fräulein, sagen Sie bitte nicht, der Kerl qualmt, sondern der Herr raucht. Sie sind noch sehr jung!« Ich zog mich mit der Bemerkung, ich wüsste ganz genau, wie alt ich wäre, zurück.[24]

Nein, das berichtet sie ihrer Mutter besser nicht. Auch gemeinsames Schweigen verbindet, vorausgesetzt, man schweigt über das Gleiche. Und was sagen ihre Blicke, wenn sie sich begegnen, zu forschend, um zufällig zu sein? Vielleicht liest jede in den Augen der anderen die Auskunft: Ich gebe dir noch eine Chance! Mach das Beste daraus!

Das Schloss

Begrüßt sie jeden Baum einzeln und jeden Vorfahr der früheren Schlossbesitzer auf den dunklen Gemälden im Rittersaal, durch den sie mit Catty so oft spukte?

Ja, dieses Schloss ist das Gefäß ihrer Kindheit. Ihren ersten Roman wird sie mit einer Liebeserklärung an seine alten Mauern eröffnen: *Es lag grau und schwerfällig unter den hohen Bäumen mit seinen breiten Seitenflügeln und dem viereckigen Turm, der kaum das Dach überragte ...*

Es konnte immer noch einen unheimlichen Eindruck machen ..., *wenn die Herbststürme durch alle Kamine heulten wie geängstigte arme Seelen, oder wenn der Nebel vom Meer heraufstieg und alles in seine wogenden grauen Schleier einhüllte. Aber es hatte auch seinen Frühling und seinen Sommer, wo die Sonne alles Düstere aus den weiten hohen Räumen herausleuchtete, wo der reiche grüne Garten um die grauen Mauern blühte und drüben in der Ferne das Meer blau schimmernd dalag.*[25]

Ja, es war ihr Schloss. Hier hatte sie ihr autonomes Königtum errichtet, gemeinsam mit Catty und Geerd. Mutter wollte es zwar verbieten, doch der preußische Landrat zu Reventlow höchstpersönlich hatte die Reichsgründung unterstützt und den Kindern ein Stück des Schlossparks mit etwas Schlossgraben als souveränes unverletzliches Herrschaftsgebiet übereignet. Sie hatten Straßen angelegt und Hütten für ihr Volk gebaut, in der Mitte aber stand, aus Brettern und Backsteinen errichtet, der Tempel des Götzen Mohu. All ihre Untertanen mussten zum Mohuismus konvertieren, denn die Reichsgründer hatten sich vom Christentum losgesagt.

War sie je lebendiger gewesen als damals?

Jeder Tag brachte ... neue Pläne und Taten. Sie gruben Kanäle, legten Inseln drunten im Graben an und befuhren das schlammige, grüne Wasser in einem Backtrog oder auf Bretterflößen.[26] Sie waren immer zu dritt, Catty, Geerd und sie. Geerd war der Sohn einer Jugendfreundin der Mutter, er ging in Husum zur Schule und war nachmittags fast immer bei ihnen. Die Gräfin sah nicht recht ein, was

Fanny bei den Spielen der Jungen verloren hatte, aber die beiden bestanden darauf, dass sie mitmachen durfte. Einer für alle, alle für einen. Und selbst in dem Sommer, der auf die Blütezeit des Königreichs Mohu folgte und in dem es wegen unerklärlicher Lethargie seiner Regierung unaufhaltsam verfiel, beharrten die beiden Jungen darauf, keinen Schritt ohne Fanny zu tun. Widerwillig verschob die Gräfin die Menschwerdung ihrer Tochter bis zum nächsten Jahr oder mindestens bis zum Herbst. Das alles war noch nicht lange her und doch eine Ewigkeit.

Gewiss liegen die Geschwister sich in den Armen, Catty und Fanny. Auch Agnes heißt die ungut Heimgekehrte willkommen. Agnes zählt nicht. Sie ist zwar ihre Schwester, aber zehn Jahre älter, also eher ihre Mutter noch einmal, nur milder, mitleidiger. Fanny kann ohnehin nicht glauben, dass Agnes auch mal ein Kind war. Sie macht noch heute alles, was ihr gesagt wird. Ihre Mutter sagt, Mädchen sind so, artige Mädchen. Also ist sie keins. Jungen sollen zwar auch gehorchen, doch selbst wenn sie getadelt werden, liegt noch Anerkennung darin: Es ist eben ein Junge, er macht, was er will, Gott sei Dank!

Nur der Vater nimmt kaum Notiz von Fanny. Was soll er auch sagen? Sollte er die Relegierte etwa willkommen heißen? Freude wäre eine ganz und gar unangemessene Emotion, schließlich ist Fannys unverhoffte Rückkehr eine Schmach, eine Befleckung des Namens zu Reventlow, wenn auch eine Befleckung niederer Ordnung. Zurückgesandt aufgrund mangelnder Integrierbarkeit in die menschliche Gemeinschaft. Ein bedenklicher Befund zwar, doch im Grunde müsste Ludwig Christian Detlev Friedrich Graf zu Reventlow fest an der Seite seiner Tochter stehen, denn auch seine Jugend hatte dem kompromisslosen Kampf gegen die Fremdherrschaft, für Freiheit und Unabhängigkeit gehört. Nur galt Ludwig Graf zu Reventlows Unversöhnlichkeit nicht der Fremdherrschaft seiner Eltern, sondern der des dänischen Königs; und er hatte auch nicht für sich, sondern für sein Land gekämpft.

Der Sohn des Königlich-Dänischen Kammerherrn und Oberstleutnants a. D. Ludwig Detlev Graf zu Reventlow war ein junger Student der Rechtswissenschaft zu Kiel, als der dänische König Christian VIII. von Dänemark öffentlich darüber nachdachte, ob es nicht besser sei, wenn das bislang bedauerlicherweise selbständige Herzogtum Schleswig künftig zu Dänemark gehörte. Das war am 8. Juli 1846, kurz darauf starb der König, aber der neue zeigte sich der Vision seines Vorgängers verpflichtet. Es war das Revolutionsjahr 1848; in Kiel bildete sich eine provisorische antidänische Regierung, die sowohl vom neu gegründeten Bundestag in Frankfurt als auch von Preußen anerkannt wurde.

Der Student der Rechte Ludwig Christian Detlev Friedrich Graf zu Reventlow kämpfte an vorderster Front gegen die Dänen, überfiel gemeinsam mit dem Prinzen von Noer die Festung Rendsburg und nahm an der Schlacht bei Bau teil, wo er in die Hände des Feindes geriet. Und das war erst der Anfang der Geschichte des Kämpfers für Freiheit und Unabhängigkeit Ludwig Graf zu Reventlow. Bis zum August 1866 würde dieser Kampf dauern, inzwischen hatten Schleswig und Holstein ein wenig europäische Geschichte mitgeschrieben. Bereits im August 1865 berief Preußen den Grafen zum Amtmann von Fehmarn, ein Jahr später zum Königlich-Preußischen Landrat von Husum. Doch das war schon das Ende seiner Laufbahn. Warum? Er hat es nie verstanden.

Die Unfähigkeit des Grafen, den »Jargon der Volksversammlungen« zu treffen, ein populäres Schlagwort in die Menge zu rufen, setzte seiner politischen Laufbahn natürliche Grenzen. Dabei waren Einwände der Form »Das Volk will das nicht!« oder »Das Volk wird das niemals dulden« von höchstem Gewicht, zumal seit 1848, auch wenn es sich dabei nur um eine taktische Anerkennung dieser Verlegenheit eines jeden guten Geschmacks handeln sollte. Der Graf aber pflegte auf solcherart Bangigkeiten ungefähr so zu antworten: »Sagen Sie, lieber Herr Schultze, Sie reden immer vom Volk, was verstehen Sie eigentlich darunter?«[27] Das Verhältnis zu einem Kind nun stellt gewissermaßen einen Spezialfall der Herausforderung der Volkstümlichkeit dar, nein, sie war dem Grafen nicht gegeben.

Seine Tochter wird den Vater bald nur noch den »Greis« nennen, auch aus enttäuschter Zuneigung, und dabei mit allem Triumpf der Jugend, die vielleicht noch nicht viel weiß, aber eines weiß sie bestimmt: dass ihr das Leben gehört. Und dass man es versäumen kann. So wie ihr Vater? Auch auf die Gefahr hin, ihm unrecht zu tun, sie macht es gern. Übersehene neigen zu solchen Reaktionen.

Wie sehnt sie sich danach, von ihm bemerkt zu werden. Ein Wort von ihm würde ihr Leben wieder erden. Und dann kommt der 18. Mai, der Tag der Katastrophe, an dem sie vor nunmehr zehn Jahren erfuhr, dass sie für immer inhaftiert war in diesem Mädchenleib. Sie wird sechzehn Jahre alt. Müsste der Vater nicht wenigstens an diesem Tag ein Wort zu ihr sagen?

Im Buch ihres Werdens, in *Ellen Olestjerne*, ist es die große Schwester, die den Vater darum bittet:

»Papa, heute ist Ellens Geburtstag – willst du nicht wenigstens einen Augenblick hinübergehen, wenn sie ihre Geschenke bekommt?«

Ein unwilliger Zug ging um seinen Mund, er schob den Sessel weg und ging durchs Zimmer. »Ich warte nur darauf, dass sie zu mir kommt.«

»Das wagt sie nicht«, sagte die Schwester.[28]

Dass seine Tochter etwas nicht wage, sei ihm gänzlich neu, antwortet der Vater – und geht nicht zu seinem Kind, ihm zum sechzehnten Geburtstag zu gratulieren. Er missbilligt die Art ihrer Rückkehr: ... *strahlend, dass sie nicht mehr so viel zu lernen braucht und ihre dummen Jungenstreiche* ... (mit ihrem Bruder) ... *fortsetzen kann.*[29] Was der Vater vermisste: ein Wort der Scham, ein Wort der Entschuldigung. Weiß er denn nicht, dass man das Wichtigste manchmal nicht aussprechen kann?

Sechzehn Jahre. Wahrscheinlich verläuft dieser Tag so, wie sie ihn viel später beschreibt. Autoren mögen es, ihr Privatestes in ihren Büchern zu verstecken, aber so, dass es keiner nachweisen kann. Warum sollte sie diesen Tag erfinden? Wesentliche Autoren erfinden nur im Bereich des Unwesentlichen. Agnes, Fanny und Catty wandern hinaus in ein kleines Dorf am Meer: *Sie gingen jetzt rasch den Deich entlang und sprachen von der großen Sturm-*

flut vor acht Jahren. Es war die lange gerade Strecke, wo damals der Deich beinahe gebrochen und nur einen Meter breit stehengeblieben war.[30] Zur Zwillingsschwester der Groten Mandränke von 1362 hatte es nicht gereicht. Grote Mandränke: Das große Ertrinken.

Ein alter Hausfreund der Familie denkt auch gerade über Deiche und Sturmfluten nach. Theodor Storm schreibt seine letzte, seine berühmteste Novelle, den *Schimmelreiter*. Als sie beendet ist, stirbt er.

Sechzehn Jahre. Ob die Küstenbefestigung ihres Lebens halten würde? Die Binnenlandstadt Husum lag plötzlich am Meer, seit die Grote Mandränke alles holte, was davor war. Kann auch ein Mensch einfach so überrollt und von seinem eigenen Strand gerissen werden? Mit seiner Rückkehr hat sich das unmögliche Kind für die Existenzweise eines schlafenden Meeres entschieden, friedfertig, höchstens leicht gekräuselt an der Oberfläche. Niemand soll in ihr untergehen, nicht einmal über der Mutter sollen ihre Wogen zusammenschlagen, im Gegenteil. Das mütterliche Auge soll auf ihr ruhen wie auf einem Wohlgefallen.

Doch dann, nur Tage nach dem Geburtstag ihres Kindes, ruht das Auge der Gräfin zwar nicht auf diesem direkt, wohl aber auf seinen Angelegenheiten. Es gleitet über Gedichte, Briefe und Tagebuchnotizen der Tochter. Wohlgefallen? Vor Emilie Julia Anna Luise Gräfin zu Reventlow, geborene zu Rantzau, liegen die Dokumente einer Rebellion. Ein versprengter Seelenfunke spricht sich hier aus, inhaftiert in einer falschen, vergreisten Welt. Und deren Vorsitz hat ohne Zweifel sie inne, die Frau mit der Ganz- oder doch Halbtagsresidenz am Rande eines Nervenzusammenbruchs. Die Gräfin fühlt einen Orkan in sich wachsen. Dabei ist sie nicht einmal sturmberechtigt, denn die Briefe und Gedichte anderer heimlich zu lesen, in deren Abwesenheit, ist nicht vornehm, ja es ist ein höchst bedenkliches Vordringen auf fremdes Hoheitsgebiet.

Hoheitsgebiet? Den wenigsten Menschen würde die Gräfin einen solch verschrobenen Gebietsanspruch zugestehen, einem Kind schon gar nicht, denn ein Kind ist ein werdender Mensch, und um dieses Werden angemessen zu begleiten, ist es unabdingbar, seine Geheimnisse zu kennen. Die Kunst der Erziehung lässt sich unmöglich ohne Kenntnis der Bedingungen der Erziehung angemessen ausüben. Heißt einen Menschen zu formen nicht auch, seine Gedanken zu formen? Aber wer um Himmels willen hat die Gedanken geformt, deren sie hier ansichtig wird? Emilie zu Reventlow ist ratlos, was die Intensität ihres Gefühls nur erhöht statt beschwichtigt.

Als Fanny zurückkehrt, empfängt sie der helle mütterliche Zorn. Rücksichtsloser kann man kein schlafendes Meer wecken. Von einem Augenblick auf den nächsten gehören alle guten, immer wieder bekräftigten Vorsätze einer anderen Zeitrechnung an. Welches Meer hält sich schon selbst in der Hand?

Das bloße Denken ist grenzenlos, sagt Schiller, und was keine Grenze hat, kann auch keine überschreiten. Ja, Schiller hat noch viel mehr gesagt: »Sire, geben Sie Gedankenfreiheit!«, *Don Carlos*, 1. Akt, 10. Auftritt. Aber was geht Emilie Julia Anna Luise Gräfin zu Reventlow, geborene zu Rantzau, Schiller an, was der Geist der Epoche? Überhaupt ist Gedankenfreiheit höchstens etwas für Männer, für die Frauen taugt sie nicht. Eine Frau ist kein Zweck, eine Frau ist ein Mittel, Mittel zum Zweck. Mittel sind nicht frei. Ein Mittel denkt nicht, sonst wäre es kein Mittel mehr. Und wenn die Frau für die Gedankenfreiheit geschaffen wäre, hätte ihr der Herr nicht Haushalt und Kinder gegeben: den natürlichen Kreis ihrer Gedanken.

Es ist nicht anzunehmen, dass die Gräfin ihrer Tochter diese Dinge so en détail darlegt, sie spricht, nein, sie schnaubt vielmehr etwas von fehlender Scham, wobei sie anklagend auf das Material der Belastung weist.

Ja, Fanny schämt sich. Sie schämt sich allerdings, aber nicht für das, was sie schrieb. Sie schämt sich erst jetzt, für die Art seiner Entdeckung, *ihr war, als ob man ihr alle Hüllen von der Seele gerissen hätte.*[31]

Die Mutter droht, ab sofort all ihre Briefe zu lesen. War die Alphabetisierung der Frau nicht das Grundübel? »Als eine Frau lesen lernte, trat die Frauenfrage in die Welt«, hatte Marie von

Ebner-Eschenbach vermutet. Doch solche Gedanken kann die Gräfin nicht denken, obwohl ihr Instinkt gerade so reagiert. Sie will zurückgreifen auf das gewohnte Argument, dass einstmals das einzige gewesen war, auf das Faustrecht, das Recht des Stärkeren. Doch ihre Tochter ist größer geworden, wehrhafter auch: *Einen Augenblick war es ganz still im Zimmer – Ellen hatte den Arm erhoben in drohender Abwehr: »Rühr mich nicht an, Mama!«*[32]

Das letzte Weihnachten

Weihnachten ist sie zum ersten Mal nach vielen Monaten wieder in Husum, die Geschwister sind da; fast ist es, als ob sie ein Zuhause hätte.

Die Familie hatte das unmögliche Kind aus Husum entfernt, sie weilte zur Besserung bei Verwandten auf dem Land. Zum ersten Mal trat sie den Eltern wieder unter die Augen.

Mit ihrer Mutter hat sie ein Festtagswaffenstillstandsabkommen geschlossen, es wurde jeweils mit den Blicken der Gegenseite unterzeichnet. Wahrscheinlich ist alles so, wie sie es in *Ellen Olestjerne* beschreibt: Langes feierliches Dinner im Esssaal, und alle bleiben noch sitzen beim Punsch. Ihr Vater geht auf und ab, das macht er gern, er kann zu Fuß besser denken. Traue keinem Gedanken, den du nicht erlaufen hast! Die Schritte des Freiherrn hinter den Stühlen seiner Familie sind zwar merkwürdig, schließlich ist der Esssaal nicht sein Arbeitszimmer, schließlich ist Weihnachten kein Denkwerktag wie jeder andere, aber niemand außer der Gräfin und ihrer ältesten Tochter ahnt, welchen Anlauf zu welcher Mitteilung er da nimmt:

»Das waren eure letzten Weihnachten hier«, sagte er plötzlich und blieb am Tisch stehen.[33] Seine Kinder halten die Auskunft anfangs für einen missratenen Scherz, er war noch nie ein großer Spaßmacher, doch dann wird ihnen klar, dass dieser einfache Aussagesatz den ganzen Horizont ihres Lebens durchstreicht. Seine Kinder versteinern am Tisch. Ist er denn der Einzige, der sich freut?

Ludwig Christian Detlev Friedrich Graf zu Reventlow hat

seine Husumer Landratsexistenz ohnehin immer für das gehalten, als das sie wohl gemeint war: für eine Demütigung. Ein Mann von seinen Anlagen! Husum hat sein Leben auf dem Gewissen, die Laufbahn, die er hätte nehmen können. Zu Beginn hatte er geglaubt, Husum sei nur eine Station, das Reich würde ihn bald zu größeren Aufgaben rufen. Doch niemand rief. Sich selbst aus dem Amt zu demissionieren ist ihm Genugtuung. Er beruft sich ab. Auf nach Lübeck! Auf ins Leben!

Wahrscheinlich sind die anderen so beredt stumm, weil sie fürchten, schon beim ersten Wort in Tränen auszubrechen. Gefühle sind bäurisch. Das Volk hat Gefühle, denn es besitzt keine Selbstbeherrschung. Niemand, der zu Recht den Namen zu Reventlow trägt, würde zugeben, von etwas derart Unpassendem belästigt zu werden, schon gar nicht vor Publikum, und Publikum ist alles, was atmet, auch die eigene Familie. Bis auf Fanny natürlich, wahrscheinlich hat es ihr die Sprache verschlagen.

Mutter und Agnes, die alles schon wussten und die ersten Wellen des Schmerzes längst spürten, haben wohl das Gefühl, gerade die schwerste Prüfung ihres Lebens zu bestehen. Der Graf nimmt die allgemeine Bestürzung als Zeichen verhaltener Zustimmung und lässt die Familie anteilnehmen an seiner Vorfreude, endlich unter Menschen zu kommen. Sein literarisches Alter Ego formuliert das so: »*Hier versimpelt ihr auf die Länge, seht nichts von der Welt, wisst nichts von der Welt.*«[34] Und er spricht die freudvolle Gewissheit aus, dass sie alle Husum und das Schloss schneller als gedacht vergessen werden.

Da kann die Gräfin nicht länger an sich halten: Wie könne ihr Mann so etwas sagen! *Der Freifrau ging es wie den Kindern, sie hing mit allen Fasern an dem alten Schloss – vierundzwanzig Jahre – ihre ganze Ehe – die Kinder, die hier geboren und aufgewachsen – ihr Ältester, der hier gestorben war!*[35]

In Husum würden sie versimpeln, hat ihr Vater gesagt? Aber eine Frau versimpelt ohnehin. Die vorsätzliche Versimpelung der Frau nennt man auch gute Erziehung. Dann versimpelt Fanny doch lieber in Husum als in Lübeck. Nieder mit Lübeck!

Aber selbst wenn Fannys Vater es anders gewollt hätte: Er muss das Schloss räumen. Gewöhnlich können adlige Familien ihre Wohnsitze gar nicht verlassen; es wäre, als würden sie aus ihrer eigenen Geschichte ausziehen, ihre Ahnen verraten, letztlich ihren Stand. Adlige Familien und ihre Schlösser gehören zusammen, beide sind, mehr lebenspraktisch betrachtet, unauflöslich verbunden durch die angenehmen Bande des Eigentums, hier liegen die Dinge verschieden. Das Schloss ist gewissermaßen die Dienstwohnung des Landrats, und wenn der Landrat kein Landrat mehr ist, muss er ausziehen. Es ist nur ein Gewohnheitsschloss.

So ist es also, den Boden unter den Füßen zu verlieren. Der Gräfin kommt es vor, als würden sie auf die Straße geworfen. Mutter und Tochter fühlen gewöhnlich nie das Gleiche. Jetzt ist das anders.

Fanny hasst Lübeck. Sie muss es nicht erst kennen, um es abzulehnen. Sie ist eine Heimatvertriebene. Familien sind bewegliche Heimaten, glauben viele. Aber sie besitzt keine Familie, sie hatte nur das Schloss, das Meer und Husum. Und Catty natürlich, doch der ist weg, der geht zur Schule anderswo. Mädchen werden nie auf solche Schulen gehen. Aber die Kränkung reicht noch tiefer: Sie darf nicht einmal zu Hause bleiben. In den letzten Monaten vor dem Umzug wird sie wiederum zu Verwandten gegeben, der Grund ist: Ihre Brüder kommen nach Hause. Und in der Gegenwart ihrer Brüder betrage sie sich immer, als gehöre sie zu ihnen, konstatiert die Mutter und fügt hinzu, dass dies nicht länger hinzunehmen sei, wolle Fanny nicht als alte Jungfer enden. Sie darf also nicht einmal Abschied nehmen von zu Hause. Das bringt sie ihren Eltern nicht näher; Fanny weiß nicht, wen sie mehr verabscheut, Lübeck oder Mutter und Vater.

Sie bittet den Vater, ein Lyzeum besuchen oder Lehrerin werden zu dürfen. Gelebter Widerstand gegen die Versimpelung! Unmöglich, antwortet der Vater. Er habe die Ausbildung seiner Söhne zu finanzieren, und er deutet an, dass seine Mittel nicht zum Unendlichen tendieren, um das Mindeste zu sagen. Und seit wann erhalten Töchter eine Ausbildung?

Die Ausbildung der Töchter findet im Bett statt, erst im Ehebett, dann im Wochenbett. Sie vollzieht sich stumm. Nichts ist darüber zu sagen, nichts ist darüber zu schreiben. Es handelt sich um den vielleicht letzten akzeptierten Rückzugsort des Analphabetismus in der modernen Welt. Aber ganz so wird Ludwig zu Reventlow es seiner Tochter am 26. September 1889 kaum erklärt haben. Immerhin, sagt er, dürfe sie sich zwar nicht auf eine Ausbildung, aber doch auf die wunderbare Aussicht aus ihrem Lübecker Zimmer freuen, »über die Alleebäume auf die hohen Türme der Stadt«. Auf die Marienkirche, das Zeugnis von Lübecks großer Vergangenheit als Hauptstadt der Hanse. Jahrhunderte haben schon zu diesen Türmen aufgeblickt.

Eine Aussicht hat man auf etwas, zu dem man nicht gehört, sonst wäre es keine Aussicht. Das ist alles, wozu es Frauen bringen können: zu einer schönen Aussicht. Und dann noch auf Lübeck! Sie wird die Gardinen fest geschlossen halten. Und bei der ersten Gelegenheit wird sie die Flucht ergreifen und zurückkehren nach Husum, allein.

Sie verfasst Nachrufe auf sich selbst, auf ihre Kindheit:

Wandle ich einsam über die Heide,
Wenn der Wind vom Meere herüberstreicht
Rings um mich her ein totes Schweigen,
Kein Leben, so weit das Auge reicht.

Da erwachen in mir der Kindheit Tage,
Ich gedenke der düstern freudlosen Zeit,
Aufs Neue erwacht im Herzen die Klage,
Des einsamen Kindes einsames Leid.
…

Schwer erziehbar klingt das schon. Und gewiss wäre die Gräfin nicht vom Gegenteil überzeugt, könnte sie diese neueste Dichtung ihrer Tochter lesen. Weiß die Comtesse eigentlich, in welcher Gefahr sie lebt? Hinter Frauen, die aus dem Rahmen fallen, jungen und alten, schließen sich nur allzu bald die letzten Türen, die Türen einer Irrenanstalt. *Moral insanity* heißt gewöhnlich die Diagnose, allgemeine seelische, moralische, geistige und nervliche Zerrüttung, was bei Frauen so ungefähr dasselbe ist.

Die letzte widerständlerische Strophe ihres Schlossabschiedsgedichts lautet:

Das ungestillte Sehnen nach Liebe,
Es regt sich wieder so weh und bang,
Weiter und weiter mit müden Schritten
Geh ich die einsame Heide entlang.

Lübeck

Und dann, nur ein paar Monate nach ihrer Ankunft in der Stadt, weiß sie nicht, was sie lieber anschaute als Lübeck, die Türme dieser Stadt. Die Türme sind ihre Mitwisser, ihre Verschworenen. Besonders die Türme der Marienkirche. Mag sein, sie ist die Zeugin von Lübecks großer Vergangenheit, aber ist sie nicht noch mehr Zeugin ihrer eigenen großen Gegenwart?

In der Marienkirche, unter dem höchsten Backsteingewölbe der Welt, liest sie die Briefe des jungen Mannes, der ihr fast täglich schreibt. Auch sie schreibt ihm beinahe täglich, manchmal morgens, mittags und abends.

Er heißt Emanuel.

Er ist der Sohn eines der angesehensten Bürger der Stadt. Sein Vater Emil Ferdinand Fehling wurde zum Wortführer des Bürgerausschusses gewählt, bald wird er Senator sein und schon im nächsten Jahr zum Vormund von fünf frühhalbverwaisten Kindern bestellt, was ihn auf unvorhersehbare Weise unsterblich machen sollte: Als Dr. Moritz Hagenström tritt er in nicht allzu ferner Zukunft in Thomas Manns *Buddenbrooks* auf, denn ihr Autor wird zu jenen fünf Halbwaisen zählen.

Thomas Mann, jetzt vierzehn Jahre alt, besucht das Katharineum, die einzige höhere Schule der Stadt, mit größtmöglicher Nachlässigkeit. Auch Catty, zwei Jahre älter, ist nun Schüler des

Katharineums. Nichts deutet darauf hin, dass Catty den stillen Vierzehnjährigen bemerkt, vielleicht weil die Netzhautempfindlichkeit von Sechzehnjährigen nicht so weit abwärts reicht.

Die gesamte hoffnungsvolle Jugend der Stadt besucht dieses Institut, leider gibt es keine hoffnungsvollen Mädchen; in eine Frau wird keine Hoffnung gesetzt, sie kann nur guter Hoffnung sein, Fanny empfindet das schmerzhaft. Umso mehr nimmt sie Anteil an Catty und seinem neuen Mitschüler Emanuel Fehling, für den ihr Bruder gewissermaßen Freundschaft auf den ersten Blick empfand. Fanny lernte ihn bald kennen, und zwar im *Ibsen-Club*. Das ist ein Lesezirkel der etwas anderen Art.

Früher hat Fanny auf Catty aufgepasst, jetzt hat die Mutter dem fast drei Jahre jüngeren Bruder die Aufgabe übertragen, auf seine große Schwester aufzupassen. Denn sie ist Heiratsgut, das ist hoch empfindlich und darf nicht beschädigt werden. Und wie schnell kann es einen Sprung bekommen, dann ist die ganze Tasse hin. – Catty hat nicht vor, das in ihn gesetzte Vertrauen zu missbrauchen. Er hat auch nicht vor, das in ihn gesetzte Vertrauen seiner großen Schwester zu missbrauchen. Aber dass er sie in den Ibsen-Club eingeführt hat, ist wohl doch leichtsinnig gewesen.

Es ist auch sehr leichtsinnig gewesen, Fanny *Das Recht der Frau* von Charles Secrétan lesen zu lassen. Junge Mädchen, die *Das Recht der Frau* gelesen haben, lassen sich viel schwerer verheiraten als solche, die *Das Recht der Frau* nicht gelesen haben.

Schon im zweiten Brief an Fehling will Fanny wissen, was er von diesem Werk halte. Ein solches Buch wäre im Hause Reventlow undenkbar. Im Hause des Lübecker Rechtsanwalts und Senators Fehling aber kommt es vor, dabei hat der Senator sieben Söhne und keine einzige Tochter. Und die lesen *Das Recht der Frau*? Emanuel Fehling hatte diesen Leitfaden einer bedenklichen Zukunft seinem neuen Mitschüler Catty geliehen. Dass sich die jungen Männer in einer geradezu irritierenden Weise für die Frauenfrage interessieren, liegt wiederum an Henrik Ibsen. Jede junge Generation hat einen untrüglichen Instinkt dafür, wenn ihre Frage verhandelt wird: bei Ibsen, diesem Norweger, der lauter Stücke über unglückliche Frauen schreibt. Aber es geht um mehr, das spüren nicht nur Catty, Emanuel Fehling und Fanny: Es geht um eine Revolution ihrer Art, in der Welt zu sein. Es geht um den neuen Menschen, um die Grundlagen des Zusammenlebens. Überall im Deutschen Reich bilden sich Ibsen-Clubs, der Norweger kommt wie eine Epidemie übers Land.

Die Mitglieder des Ibsen-Clubs leben nur zum Schein in der Gegenwart, in Wahrheit gehören sie einem Menschentum der Zukunft an, doch sie gehen unerkannt unter den allzu Gewöhnlichen, den Alltagsfliegen, woraus folgt: Wenn sie nicht gerade im Club sind, sind sie in der Diaspora.

Die Achtzehnjährige überrascht diese Seinsweise nicht, sie lebte genau genommen schon immer in der Diaspora. Nur dass sie jetzt nicht mehr das einzige Mitglied ist im Orden der Zukünftigen. Sie hat ab sofort Genossen, Gleichbeauftragte. Gehörte sie dem Ibsen-Club nicht längst an, schon als sie noch gar nichts von ihm wusste? Und im Zeichen des schöneren, freieren Menschen der Zukunft gehört sie nun auch Fehling an. Im ersten Brief teilt sie ihm mit, wie froh sie über die soeben begonnene Seelenmitwisserschaft ist, ob es sich nun *um Apokryphen, Psalmen oder andere Lebensfragen* handele. Was für eine Wendung, so gar nicht mädchenhaft, weil von einer Fähigkeit zu spielerischen Distanzen zeugend.

Ja, sie hat einen Bund geschlossen mit diesem jungen Mann. Sein Name scheint Fanny von allen Mauern Lübecks widerzuhallen, aber besonders von den Mauern der Marienkirche. Sie kommt nicht nur her, um seine Briefe zu lesen, sondern auch, um sich mit ihm zu treffen. Sie genießt den Anflug von Gotteslästerung, der darin liegt.

Eine Kirche ist das Symbol des Bundes Gottes mit den Menschen, die Marienkirche ist näherhin das Symbol ihres Bundes mit einem jungen Mann. Wer von ihnen beiden die Seite Gottes vertritt, ist schwer zu sagen, wahrscheinlich neigt Fanny zu der Ansicht, sie seien beide göttlich.

Am 19. April 1890 müssen die Bündnispartner jedoch jäh in Deckung gehen. Das Paar sieht Fannys Vater eintreten, der Pensionär mag die unversimpelten Kirchen der Stadt. Aber was sollte er davon halten, hier seiner Tochter und eines fremden jungen Mannes ansichtig zu werden? Es würde seinen Weltbegriff sprengen, und man soll mit den Weltbegriffen anderer Menschen vorsichtig umgehen. Sie streben, Gesicht und Körper fast am Boden, quer durch das alte Gestühl zum Ausgang.

Von nun an wird Fanny zu Reventlow regelmäßig der Jubiläen des 19. Mai, des Marienkirchentags, gedenken, zum ersten Mal eine Woche später. Und auch der 10. April, der Abend, da sie zum ersten Mal miteinander tanzten und verabredeten, sich per Brief zu Mitwissern des anderen zu machen, wird zu einem heiligen Datum erklärt.

Der Rest ist Ausland. Typische Nachrichten aus der Diaspora klingen so: *Gerade von einer wüst langweiligen Gesellschaft bei den Kroghs zurückgekommen.*[36] Anwesend waren neben der Gattin eines Oberleutnants auch deren beide Töchter, *eine fette gerührte Pastorin* und deren geistreichelnde Schwester. Sie verachtet die Emissärinnen ihres Geschlechts, sie verachtet selbst ihre Freundinnen, das hat sie Fehling bereits in ihrem zweiten Brief mitgeteilt: *Der Austausch unter Freundinnen im Allgemeinen besteht nur aus Geschichten von Leutnants, Liebe etc. Ich kann Ihnen nicht sagen, wie mich das elendet.*[37]

Die Berichterstattende vermerkt mit großer Genugtuung, dass es ihr gelungen sei, an jenem Nachmittag in Gesellschaft sehr viel gegessen und fast nichts gesprochen zu haben. Sie weiß, wie ihre Mutter dabei gelitten hat. Sie musste vorm Losgehen zu Hause extra essen, damit sie nachher nicht *zu gierig* wäre. Und dann saß das schreckliche Kind mit der Frau Oberleutnant, der *fetten gerührten Pastorin* und ihrer zur geistigen Magerkeit neigenden Schwester, aß, so viel sie konnte, obwohl sie schon vorher satt war, sprach fast kein Wort, dachte an den neuen Gefährten ihrer Seele und trank drei sehr große Gläser Bowle auf sein Wohl unter den Blicken ihrer Mutter, die sie in den Boden gerammt hätten, verfügte sie nicht über eine so widerstandsfähige Natur und dazu Fehling und den Ibsen-Club.

Das Verhältnis der Neu-Lübeckerin zu ihrer Mutter ist inzwischen ganz und gar ironiebasiert. Natürlich ist das eine höchst einseitige Verkehrsform, der die Gegenseite weitgehend wehrlos ausgeliefert ist. Wenn die vormalige Schlossherrin am späten Abend oder in der frühen Nacht das Zimmer ihrer Tochter betritt, um nachzuschauen, ob diese schon schläft, kann es geschehen, dass sie die Missratene mitten in einem völlig verrauchten Zimmer antrifft – die Zigaretten hat sie von Fehling – und die Nikotingeschwängerte behauptet, schon längst im Bett gelegen und dabei noch ein wenig genäht zu haben. Der Gräfin verschlägt es die Sprache. Sie weiß genau, dass ihre Tochter niemals freiwillig Nadel und Faden in die Hand nimmt. Das macht sie stumm. Frauen kennen keine Ironie, wissen die ibsenunverdächtigen Männer der Zeit. Und dann erst ironische Töchter!

Insofern sieht sich Fanny zu Reventlow gezwungen, Emanuel Fehlings Ansichten über ihre Stellung in der Familie derer zu Reventlow etwas zu korrigieren. Ein bloßes Opfer sei sie nicht, erst recht kein Opferlamm: *Halten Sie mich nur nicht für besser, als ich bin, ich sündige SEHR VIEL gegen meine Eltern; aber freilich haben Sie insofern recht, als ich das Gefühl habe, dass sie an meinem Leben schwer gesündigt haben; es hätte ganz anders sein können*[38]. Ja, es sei ein zertretenes Leben, eine zertretene Kindheit. Und sie wäre wohl längst wahnsinnig geworden, wäre da nicht dieser *maßlose Leichtsinn*, diese gleichsam anarchische Kraft, alle Reglementierungen in den Wind zu schlagen.

Fehling kenne das schon an seinem Freund Catty. Catty, sechzehn Jahre alt, ist entschlossen, eine Neunzehnjährige zu heiraten. Fanny hält das für keine gute Idee, und nicht nur weil er sechzehn ist, sondern auch weil das Mädchen, das er liebt, eben ein Mädchen ist, also eine Gans. Ein Mädchen, das bedeutet in den Augen der Comtesse Fanny zu Reventlow, sich weitgehend unbelästigt wissen zu dürfen vom Fluch der Individualität. Einem Mädchen kann sie ihren Lieblingsbruder unmöglich überlassen.

Ludwig

Die Katastrophe bricht vorerst weder über die Falschliebenden Fanny und Catty herein, sie trifft ihren fast acht Jahre älteren Bruder Ludwig. Fanny spricht von einem *Sturmabend*, wie sie noch keinen erlebt habe. Dabei steht die Angehörige des Ibsen-Clubs beständig im Sturm, wenn sie zu Hause ist. Es handelt sich demnach mehr um einen Tornado, der sich unversehens erhebt am Esstisch der Familie, eine Windhose sondergleichen, und wie die übrigen Winde dieser Art bildet sie sich von einem Augenblick auf den anderen und scheint dabei kaum den Erdboden oder die Tischplatte zu berühren. Ist es der Graf oder die Gräfin, oder sind es beide gemeinsam, die ihrem ältesten lebenden Sohn so beiläufig wie möglich einen Vorschlag machen: Wie wäre es, wenn er sich verheirate?

Der Kieler Rechtsanwalt Ludwig Ernst Adolf Detlev zu Reventlow muss nach einem Augenblick sprachloser Ewigkeit seinen Eltern in einer durchaus anstößigen Weise eröffnet haben, dass er bereits so gut wie verheiratet sei und sich darum außerstande sehe, ihren Vorschlag auch nur zu erwägen. Ihr Zweitgeborener, nach dem frühen Tod des Sohnes Theodor nun also gewissermaßen ihr Erstgeborener, so gut wie verheiratet, und sie ahnen – nichts? Wahrscheinlich sind der Graf und die Gräfin zu fassungslos, um die Fassung sofort zu verlieren. Sehr wahrscheinlich ist auch, dass Ludwig sich nicht ohne einen unguten, leicht deplazierten Unterton erkundigt, ob er das Mädchen, auf das die Wahl seiner Eltern fiel, denn kenne. Er hat nichts mehr zu verlieren. Ludwig, der jedes seiner Schulhefte einst mit einem anderen seiner Vornamen beschriftet hatte: Sie seien ihm alle gleich lieb. Ludwig, dessen häufige Selbstsuspendierungen von der Schule den Vater zu einem Brief an seine Lehrer veranlassten: Künftig seien nur noch Entschuldigungen anzunehmen, die seine Unterschrift trügen. Ludwig, der in München einen Vortrag August Bebels hörte, der ihn zum Sozialisten machte.

Niemand überliefert den genauen Hergang dieses Abends, nur so viel ist klar: Fanny wird, obwohl gleich zwanzig Jahre alt, augenblicklich ins Bett geschickt. Sie nimmt, schon aus Gründen der intellektuellen Selbstachtung, auf dem Weg ins Bett einen Umweg über Ludwigs Zimmer, setzt sich hinein und raucht eine Zigarette nach der anderen. Es geschieht in der dritten Woche ihrer neuen Zeitrechnung, der Fehling-Zeitrechnung. Von ihm hat sie auch diesmal die Zigaretten, sie kann Emanuel inhalieren. Das beruhigt sie, das erregt sie.

Als Ludwig von Reventlow nach einem langen Aufenthalt im Auge des Sturms schließlich *verstört* sein Zimmer betritt, kommen sich das schwarze Schaf der Familie und das nunmehr dunkelgraue sehr nahe, zum ersten Mal. Anzeichen gegenseitiger Sympathie gab es seit Längerem. Dass Ludwig mit den Sozialdemokraten sympathisiert, Kieler Werftarbeiter ohne Honorar verteidigt, findet Fanny umwerfend, bei den Eltern! Sie schätzt nichts höher als unbeugsame Charaktere. Ja, sie sind Geschwister. Nur sind Bruder und Schwester sich nicht oft begegnet; er studierte Jurisprudenz in München, und sie hielt sich erziehungstechnisch bedingt viel bei Verwandten auf. Außerdem war sie in den Augen des so viel Älteren bis eben ein Kind, spätestens jetzt fällt ihm auf, sie ist keins mehr. Sie erfährt alles in dieser Nacht. Nur darf sie es nicht weitererzählen, selbst Fehling nicht, Ludwig hat ihr Wort.

Als Student in München war ihr Bruder oft zu Gast in einer Familie, bis er seine Besuche abrupt einstellte. Er hatte die erschütternde Entdeckung gemacht, dass er die Tochter des Hauses liebte. Unter diesen Vorzeichen weiterhin ihre Schwelle zu überschreiten, schien ihm unlauter, ja frevlerisch, weshalb er der Mutter des Mädchens einen Brief schrieb, in dem stand, dass er ihre Tochter liebe und darum nicht mehr kommen könne. Und dann wartete er, dass ihr Bild vor seiner Seele verblasste, aber das Gegenteil geschah, es gewann immer drängendere Farben. Das Ergebnis fasst Ludwigs teilnehmende Schwester in den dürren Satz: *Voriges Jahr hat er um sie angehalten, und sie hat nein gesagt.*[39] Fanny ist ungemein beeindruckt von dieser *reinen, verehrenden, ich möchte sagen anbetenden Liebe.* Wie schön! Wie tragisch! Ihr eigener Bruder, unfassbar.

Vielleicht hat auch nicht das Mädchen direkt nein gesagt, sondern vielmehr ihre tiefgläubige Familie, *die ... an Ludwigs Leben und Anschauungen Anstoß genommen hat.*[40] Wie gut ihre Eltern das verstehen können! Ihr Sohn ein Sozialist, es ist zu schrecklich.

Der Vater verlässt das Haus sofort nach dem katastrophalen Tischgespräch, die Mutter geht nach oben, um Fanny zu fragen, ob sie schon schlafe. Fanny sagt ja, und außerdem stricke sie noch. Im Zimmer steht der Rauch von Emanuel Fehlings Zigaretten.

Die Mitwissende beschließt, in dieser Nacht aufzubleiben, niemand kann schlafen mit einem Tornado im Haus. Es ist nicht mehr zu klären, wie viel Mutter und Vater des Ludwig Ernst Adolf Detlev zu Reventlow an diesem Abend erfahren haben. Sie werden den Zweitgeborenen mit ihrem kältesten Aristokratenblick gerichtet haben, den Fanny so gut kennt. Aus zwei Gründen: Ihr Sohn treibt Familienpolitik – denn eine antizipierte Heirat ist nichts anderes –, und sie erfahren nichts, das ist unvorstellbar. Mindestens genauso übel aber ist, zweitens, das Motiv.

Liebe ist nun wirklich der letzte Heiratsgrund, der die Anerkennung ihrer Eltern fände. Nur das Volk heirate aus Liebe, diesem fehlbenannten primären Unterleibsaffekt mit dürftigem metaphysischem Überbau, man sehe alle Tage, was dabei herauskomme.

Andererseits: Ist nun nicht alles in Ordnung? Das Mädchen hat nein gesagt, na bitte, die Bahn ist frei. Und diesmal soll er auch keine Frau, sondern ein Gut heiraten. Er heirate das Gut Wulfshagen bei Eckernförde, nun gut, er heirate es nicht direkt, sondern in Gestalt seiner zehn Jahre älteren Cousine Benedikta.

Großmutter Benedikta!

Unmöglich, lautet abermals Ludwigs Auskunft. Wie mag er sie formuliert haben? Wie mag er dem Grafen und der Gräfin erklärt haben, dass er trotz seines Misserfolgs, ja in gewissem Sinne wegen seines Misserfolgs erst recht so gut wie verheiratet sei, nun zwar nicht mit dem Mädchen, das er liebe, sondern mit einer, die er höchstwahrscheinlich nicht liebe, oder nicht genug, wer weiß das schon genau? Ja, die Heiratskandidatin Sophie

Eysen gehört wohl mehr in die Kategorie der Betäubungsmittel. Fanny ist fasziniert.

Der Zurückgewiesene hatte sich nicht nur Sophie Eysen genähert, er umwarb gleich mehrere Frauen, um sein Zurückgewiesensein zu überstehen, aber Sophie Eysen hat als Einzige ja gesagt. Wie peinigend, dies zu hören. Der Graf zu Reventlow und seine Frau müssen erkennen, dass ihr Sohn nicht nur einer flüchtigen äußerlichen Weltanschauung nach Sozialdemokrat geworden ist, sogar seine innere Organisation, nein, seine innere Desorganisation ist sozialdemokratisch. Es sind Nachrichten aus der Region der Liederlichkeit und der Schwäche, man gibt der Schwäche keine Sprache. Sie ist stumm, sie ist dazu da, überwunden zu werden. Ihr Kind mitten aus dem Reich der Schwäche reden zu hören ist unverzeihlich, und die Conclusio ist es erst recht. Sophie Eysen, die vielleicht nicht genug geliebte Sophie, hat für Ludwig ihren Verlobten verlassen, er kann nicht mehr zurück. Es ist eine Frage der Ehre. Nein, er kann das Gut Wulfshagen nicht heiraten, nie und nimmer.

Gewöhnlich werden Töchter auf Rat ihrer Mütter und Beschluss ihrer Väter zu fremden Männern ins Bett gelegt. Dass es auch Brüder treffen kann! Diese Verbindung würde die finanzielle Grundlage der Familie auf eine solide Basis stellen, so viel sehe er ein, sagt Ludwig, dass er es der Familie schuldig sei, sehe er nicht ein, und außerdem: Nichts gegen seine Cousine, aber ist das Bett der angemessene Ort, Cousinengroßmüttern zu begegnen?

Das Ibsen-Club-Mitglied inkognito beschreibt dem anderen Ibsen-Club-Mitglied das Karma im Hause zu Reventlow am nächsten Tag: *eine entsetzliche Atmosphäre ... Allgemeine Bedrücktheit, krampfhafte Konversation bei den Mahlzeiten, Papa spricht kein Wort, Catty weiß NICHTS.*[41]

Ludwig zu Reventlow verehrt seinen Vater sehr, so wie auch Franziska im Grund ihrer Seele, würde sie ihn sonst den *Greis* nennen? Es ist eine restzärtliche Distanzerklärung. Aber der Greis hat ja nicht einmal Ludwigs Drama verstanden, das dieser ihm zu Weihnachten schenkte. Der Held war Ludwig selbst, Fanny hat es auch gelesen, und der Vater hat es nicht erkannt.

Es kann nicht falsch sein, dieses sturmversehrte Haus zu verlassen, und Fanny war vorausschauend genug gewesen, sich nur allzu bald von allen Verwandten ringsum einladen zu lassen. Schon im großen Husumer Schloss konnte sie ihrer Mutter nicht weit genug aus dem Weg gehen, und jetzt, in einem Lübecker Stadthaus, würde alles nur viel schlimmer werden. Doch als sie auf ihre Emigration sann, kannte sie Emanuel Fehling noch nicht. Der Gedanke, ihr Zimmer, seinen Ausblick, die Stadt und ihr Geheimnis verlassen zu müssen, ist ihr unerträglich, sie kann hier jetzt nicht weg, auch muss sie Ludwig beistehen.

Kurz vor der unvermeidlich näher rückenden Abfahrt sucht ein Messer ihren Finger, sie beschreibt den Eigensinn der Klinge so: *Eben ehe wir zum Bahnhof gehen wollten, klappte ich ein mitzunehmendes Messer zu und steckte den rechten Zeigefinger dazwischen.*[42]

Bei jeder anderen dürfte man vermuten, es handele sich um einen Unfall, aber bei ihr? Das Resultat: Es blutete *stromweit.* Ja, so muss die nunmehr Reiseunfähige das wohl sagen, sie trägt den Arm nun in einer Karbolbinde. Und bleibt in der Stadt, emanuelnah, ludwignah.

Sie übt sich, dem Bild ihrer Zukunft mit Fassung zu begegnen. Es lässt sich in ein Wort fassen: Immerzuhausebleibenmüssen. Denn keinen Mann, den ihre Eltern für sie aussuchen, könnte sie ernst nehmen, und einen anderen dürfte sie nicht heiraten, Fehling etwa, einen bürgerlichen Ibsenianer. Und dann würde sie, alt geworden, noch immer aus ihrem Fenster schauen, dem Leben und Fehling hinterher. Nein, so darf es nicht kommen, sie braucht etwas, das Frauen noch nie hatten: Sie braucht eine Perspektive.

Sie schreibt ihrem Vater wieder, es ist nicht zum ersten Mal. Schreiben ist leichter, als direkt das Wort an ihn zu richten. Sie rührt an seine tiefste, wohlverborgene Überzeugung, dass sie nie einen Mann bekommen würde, dass sie eine Katastrophe ist und kein Mädchen. Etwas in ihrem Vater muss zum Komplizen ihres Vorsatzes bestimmt sein, sich selbst zu ernähren. Malen lernen darf sie zwar nicht, denn das Malen ist eine Weise unterzugehen, und der Untergang ist keine Perspektive. Aber das Lehrerinnenseminar!

Diesmal bekommt sie eine beinahe enthusiasmierende Antwort. Der Vater dankt Fanny für ihre Aufrichtigkeit und fährt fort: »So glaube mir, dass ich Dir sobald ich es vermag in allem förderlich sein werde, was Du in Beziehung auf Arbeit und Ausbildung wünschest.«[43] Was für ein Satz! Wahrscheinlich liest sie ihn gleich noch einmal. Hat sie je eine solche Reaktion von ihrem Vater empfangen? Zwei schwarze Schafe in der Familie gehen offenbar über seine Kraft, die Schwäche macht ihn milde. Sie ist ihm so dankbar, auch wenn er nicht sagen kann, wann genau und wie er zu helfen imstande sei, da »meine Vermögensverhältnisse immer weniger sich günstig gestalten«. Aber er hat sie erhört!

Die Seminaristin

Und dann darf sie! Ende August 1890 weiß sie es. Der Vater kommt nach Preetz, um ihr diese feierliche Mitteilung zu machen. Doch er eröffnet ihr den Sieg so, dass sie sich nicht recht freuen kann. Er moderiert ihn als Auftakt einer unweigerlich folgenden Niederlage, das tut weh. Er sagt, dass es wohl so enden werde wie in Altenburg, ganz bestimmt werde es so enden. Sie schweigt, was soll sie darauf antworten? Jede Beteuerung des Gegenteils wäre Unsinn, aber kein Wort zu sagen ist auch ein Wort zu viel: Kalt steht es im Raum. Wie sie diese ewigen Missverständnisse, diese Bitterkeiten verabscheut.

Aber sie hat jetzt eine Zukunft, eine ganz eigene Zukunft. Ihr Leben würde in der eigenen Hand liegen. Ihre schlimmsten Befürchtungen, sie würde weiter und weiter aus ihrem Fenster schauen, immer zu Hause, von Ewigkeit zu Ewigkeit, und dabei alt werden, das Leben von fern anschauend, aber es schaute nie zurück – diese Gefahr ist gebannt. Sie darf studieren. Nein, es würde kein zweites Altenburg werden. War ihrem Vater der Unterschied denn nicht klar? Altenburg war ihr Verbannungsort, das Lehrerinnenseminar will sie selbst.

Im Herbst tritt sie in das Roquette'sche Lehrerinnenseminar in der Glockengießerstraße ein. Noch zu Hause hatte sie ihren ersten Aufsatz geschrieben, Thema: »Warum lehnt Iphigenie den Antrag des Thoas ab?« Das interessiert sie nicht, sich opfernde Frauen sind ihr schon jetzt unangenehm, aber sie opfert sich der sich opfernden Iphigenie um einer opferlosen Zukunft willen.

Ihre Kommilitoninnen sind Bürgerstöchter; der Adel lässt seine Töchter nicht ausbilden, es käme einer Selbstdenunziation gleich. Der Adel ist auf der Welt, um nicht zu arbeiten. Schon das ist kaum noch durchzuhalten. Die Töchter des Adels sind auf der Welt, um die Nichtarbeitenden der Zukunft zu gebären. Auch das ist kaum noch durchzuhalten, aber die Von-und-zu wären die Letzten, das zuzugeben. Es ist also ein sehr, sehr langer Schatten, über den Franziskas Vater schließlich gesprungen ist. Die anderen können meist auf eine achtjährige Schullaufbahn zurückblicken, sie dagegen auf ein einziges Jahr. Und doch ist sie den Bürgertöchtern gewachsen. Dabei hat sie am Anfang durchaus Bedenken. Emanuel Fehling erfährt: *Montag geht nun die Arbeit los, es wird gut für mich sein, an etwas denken zu müssen. Ich bringe es jetzt nicht fertig, 5 Minuten an etwas anderes wie an Dich zu denken, wie soll ich dabei arbeiten?*[44] Aber dann findet sie ihren Rhythmus: *Es ist ½ 12 und ich muss morgen um 5 aufstehen, um zu lernen; habe mir die Weckuhr schon gestellt. Ich habe noch einen englischen Aufsatz, der sehr leicht ist, aber von dem ich noch keinen Strich habe machen können, dann Geometrie, Rechnen, 3 Gesangverse, Vokabeln, und massenhaft Religion lernen, 7 Gleichnisse etc. Die Aussicht bedrückt mich etwas, dann habe ich morgen 6 Stunden.*[45] Entscheidend aber ist im Fall jeglicher Überforderung: Sie selbst hat es so gewollt.

10. November: *Ich vergehe vor Weltgeschichte!! 16 Seiten habe ich mir eingetrichtert, 40 fehlen noch, alles für das Glanzextemporale! Heute muss ich wirklich noch mit meinen Leistungen renommieren, von 6–7 im Bett gelernt, dann von ½ 8 bis ½ 9 unten gelernt, darauf 6 Schulstunden und abends noch 3 Stunden Geschichte »getrieben« ...*[46] Die Skeptiker der Frauenbildung sagen, unter solchen Tagesabläufen leide die Gebärfähigkeit der Frau. Abgesehen von deren äußerem

Erscheinungsbild, das leidet auch. Mit einem gelben und einem schwarzen Schuh erscheint sie eines Tages zur Irritation ihrer Kommilitoninnen im Seminar.

Aber sie hat nun wirkliche Freundinnen, Else Gutschow, Emanuels Cousine, und Käthe Wohlert aus dem Seminar, *mäßig genossen sehr nett, wir literatursimpeln eifrig zusammen.*[47]

Else, Käthe, Imanuel, Catty und sie sind eine Fünferbande, eine Ibsen'sche Fünferbande.

Aber du musst tanzen ...

Hyazinthen

Fern hallt die Musik; doch hier ist stille Nacht,
Mit Schlummerduft umhauchen mich die Pflanzen.
Ich habe immer, immer dein gedacht;
Ich möchte schlafen, aber du musst tanzen.

Es hört nicht auf, es rast ohn Unterlass;
Die Kerzen brennen und die Geigen schreien,
Es teilen und es schließen sich die Reihen,
Und alle glühen; aber du bist blass.

Und du musst tanzen; fremde Arme schmiegen
Sich an dein Herz; o leide nicht Gewalt!
Ich seh dein weißes Kleid vorüberfliegen
Und deine leichte, zärtliche Gestalt. –

Und süßer strömend quillt der Duft der Nacht
Und träumerischer aus dem Kelch der Pflanzen.
Ich habe immer, immer dein gedacht;
Ich möchte schlafen, aber du musst tanzen.

Das Gedicht ist von Theodor Storm, ein schöneres Liebesgedicht hat er wohl nicht geschrieben. Ob sie es kennt? Ein Mann denkt an sein Mädchen, das aus gesellschaftlichen Gründen, die ihn nicht beinhalten, mit einem anderen tanzt. Auch Fanny muss tanzen, im Frühjahr schon und jetzt im Dezember wieder.

Sie ist neunzehn Jahre alt, sie hat die Pflicht, sich einen Bräutigam zu ertanzen. Zudem sind Bälle das Hauptereignis im Leben eines jungen Mädchens, die Kavaliere überreichen den Tänzerinnen Buketts, welche sie dann trocknen lassen werden, täglich anschauen und beseufzen. Sie fächern um ihr Leben, vor Verlegenheit, vor Scham und vor Angst, sitzen zu bleiben.

Morgen um diese Zeit muss ich tanzen. Willst Du dann an mich denken?[48], fragt sie Fehling am 29. Dezember 1890.

Es beleidigt ihre intellektuelle Selbstachtung, an einem Ball teilnehmen zu müssen. Sie hat das Wesen dieses Ereignisses, bei dem die jungen Mädchen unter Aufsicht den jungen Herren zugeführt werden, längst seziert: Wichtigstes Requisit, obgleich gänzlich unsichtbar, ist der Traualtar in der Tasche der im Hintergrund wachenden Mütter. Emanuel Fehling erfuhr: *Während die unglücklichen Schlachtopfer arglos sich amüsieren, sitzen die Mütter in langen Reihen umher … und tun ihr möglichstes, um »Partien zu machen«. Was sie darin in einer Ball-Saison zustande bringen, ist unglaublich.*[49] Sie nennt es *die traurige elende Wahrheit*, lauter *Schein- und Lügenwesen*.

Ungefähr zwanzig Bälle finden statt pro Saison. Am 30. Dezember muss sie sich wieder erniedrigen. Andererseits hat sie ihre ersten Tanzstunden damals in Husum durchaus genossen; als sie begannen, kam sie zum ersten Mal aus dem Schloss heraus, das war noch vor ihrer Verbannung nach Altenburg. Sie war vierzehn.

Es war ganz neu und zuerst etwas beängstigend, mit so vielen Kindern zusammenzukommen. Aber wenn der langbeinige, immer etwas angetrunkene Tanzmeister mit seiner Geige mitten im Saal stand und die ganze Schar um ihn herumwirbelte, kam es wie ein Rausch über sie«[50], erfährt ihr Alter Ego Ellen Olestjerne. Sie hatte sich den anderen gegenüber geschämt für ihre schäbigen Kleider. Der wahre Adel putzt sich nicht heraus, glaubt ihre Mutter, der wahre

Adel erhält seine Sachen so rein wie seinen Namen und trägt sie möglichst für immer. Wahrscheinlich haben schon ihre Vorfahren und ihre Vorvorfahren ihre Kleider angezogen, zumindest sahen sie so aus.

Sie war den Stadtmädchen hoffnungslos unterlegen. Die gingen spazieren, sogar mit Schülern, und in die Konditorei. Ihre Welt dagegen endete an den Mauern des Schlossparks. Nun ist sie selbst ein Stadtkind geworden. Und gegen den Rausch selbst ist nichts einzuwenden, wenn sie das von der rein animalischen Seite betrachtet. Sie bekommt sogar ein neues Kleid zum Ball; dass sie in Lumpen nie einen Bräutigam findet, sieht sogar ihre Mutter ein.

Aber der Tag beginnt nicht gut. Am Morgen erklärt ihr der Vater, dass sie heute nicht aufs Eis gehen dürfe, auch nicht schnell laufen, schon gar nicht rennen mit Catty, das schade der Blässe. Sie müsse sich schonen für den Abend, keine Erhitzung vor der Erhitzung!

Dann geht sie mit Agnes zur Schneiderin, ihr Ballkleid abzuholen. Der großen Schwester wird ganz höhepünktlich-vertrauensselig zumute. Sie wisse schon, dass Fanny fremde junge Männer kenne, sogar mit ihnen spazieren ginge, Catty hätte so etwas angedeutet und auch, dass er das ganz natürlich fände. Was wisse denn Catty von den Gefährdungen einer Frau! Sie, Agnes, wolle das Beste hoffen, und doch sei bekannt, wie so ein loses Dasein gewöhnlich ausgehe. Übergeben wir an dieser Stelle das Wort der Tanzpflichtigen: ... *mich würde natürlich bei erster Gelegenheit irgendeine Leidenschaft für irgendeinen dummen Jungen ergreifen etc. Meine Antwort: das kann jeder Seehund sagen.*

Jeder Seehund! Agnes schnappt nach Luft und sagt vorerst gar nichts mehr. Nein, das war kein guter Anfang.

Aber dann gewinnt der Tag an Fahrt, gegen Mitternacht fährt sie nach Hause: *O Du mein Emanuel, mein einziger herrlicher Geliebter! An eurem Haus vorbei, lehnte ich mich nach dem Fenster hin und sah hinauf nach Deinem Fenster – da war es noch hell und Du lagst im Fenster und sahst hinaus, sahst nach mir und dachtest an mich. Ich konnte Dich sehen, aber Du mich nicht, aber Du dachtest an mich und wir sehnten uns nach einander, waren wir da nicht zusammen?*[51]

Sie braucht noch einen Absatz, um ihre imaginäre Kommunion zu beschwören, dann folgt eine leise Erkältung des Gefühls: *Ich bin glücklich, dass alles nun vorüber ist, vielleicht werden Dir die andern erzählen, dass ich sehr lustig gewesen sei, aber Du wirst mir mehr glauben, wenn ich Dir sage, dass mir so recht schwer, weh und sehnsuchtsvoll ums Herz war.* Es sei ihr nichts übrig geblieben, als diesen Umstand zu übertanzen, während die übrigen Mädchen *in rosa Haufen* zusammensaßen. Sie habe aber auch viel mit fremden Männern geredet, erregenderweise gehören ihre neuen Bekanntschaften alle mehr oder weniger zur Fehling-Familie. Am eindrucksvollsten scheint ihr Bernhard Hindenburg, verheiratet mit Adele Fehling. Er ist der jüngere Bruder des späteren Weltkriegsgenerals und Reichspräsidenten Paul von Hindenburg, mehr als ein Vierteljahrhundert älter als sie, aber er sprach mit ihr, als ob man sie ernst nehmen könne, das faszinierte sie. Überhaupt schien sie als mutmaßliches Mitglied des legendären Ibsen-Clubs eine Art Nimbus zu besitzen: *Fritz Sydow fragte mich, ob ich auch zu dem berühmten Ibsenclub gehörte und ob wir auch Zirkel und Kokarde hätten. Ich sagte ihm, dass es ein dummes Gerücht wäre, und er versprach mir schließlich, es nicht zu verbreiten, sondern zu dementieren, wenn es ihm begegnete.*

Wie heißt es doch bei Storm? »Es hört nicht auf, es rast ohn Unterlaß; / Die Kerzen brennen und die Geigen schreien, / Es teilen und es schließen sich die Reihen, / Und alle glühen; aber du bist blaß.« Nein, für Letzteres gibt es keinen Anhaltspunkt; sie wird früher oder später Männer kennenlernen, die sind ernstzunehmender, weil älter als er. Und in der Tat, sie ist bald fühllos genug, ihn mit dem Makel seiner Jugend zu konfrontieren: *Agnes sagte neulich: dieser Fehling ist ja noch ein Junge, aber ich kann ja nicht wissen, wen Du sonst noch kennst; worauf ich ihr antwortete, ich würde nächste Woche meine Verlobung mit dem Nihilisten Schorer deklarieren.*[52] Es ist das erste Mal, dass dieser Name fällt, Fehling hört den Namen des Älteren gewiss nicht gern.

Und zu Ostern wird er die Stadt verlassen. Er wird studieren und zum Militär gehen. Oder nein, er geht vor allem zum Militär, und falls er das übersteht, darf er studieren. Emanuel Fehling hat Fanny gelehrt, alles Schlimme nur als Station auf dem Weg zu betrachten. Wir gehen hindurch und werden stärker dabei. Vielleicht zum ersten Mal ist er nicht sicher, ob er seiner Weltanschauung gewachsen ist.

Immerhin bricht er nicht allein auf, Catty kommt mit.

Schluse, von Beruf Zarathustra

Schluse! Vielleicht sollte er einmal zählen, wie oft dieser nun wirklich etwas lächerliche Name in ihren Briefen neuerlich vorkommt. Schluse tauchte schon auf, da war er, der *geliebte Emanuel*, noch gar nicht richtig weg. Und dann, Anfang April, allein vier Mal! In einem Brief, der doch ihrem Abschied voneinander gewidmet ist, vier Mal Schluse. Unfassbar.

Sie teilt ihm mit höchster Präzision mit, wie und wo sie diesen auf bedenkliche Weise Älteren getroffen hat. Das erste Mal in der Stadt: Sie geht neben ihrer Mutter, Schluse und Fanny erkennen sich, grüßen sich stumm, *Mama sah es, schwieg aber.*[53] Ist es gerade wie mit ihm früher, will sie ihn so schnell ersetzen? Braucht sie so sehr den Reiz des Verbotenen, des Heimlichen?

Das zweite Mal trifft sie ihn am Heiligen-Geist-Hospital, das dritte Mal betet Schluse am Grab seiner Großmutter, sehr lange, wie sie bemerkt, als sie vorübergeht. Und dann fasst dieses unmögliche Kind das Ergebnis auch noch eigenhändig zusammen: *Ich habe Schluse, wie Du siehst, fast täglich und meist alleine gesehen und mich SEHR mit ihm befreundet.*[54] Ja, meint sie denn, er möchte das wissen? Und dass sie nie gedacht hätte, dass Schluse *so zugänglich* wäre, was soll er dazu sagen?

Emanuel Fehling ist fort, einer fremden Stadt, dem noch fremderen Militär und einem ungewissen Studium entgegengefahren, fort von ihr, und sie schreibt ihm vom Ibsen-Club-Mitglied Ferdinand Schluse. Sie hat ihm sogar eine ihrer Bibeln geschenkt, mit Inschrift: *Ferdinand Schluse gewidmet vom Verfasser.* Sehr spaßig! Ihm hat sie nie eine ihrer alten Bibeln geschenkt. Die Mitglieder des Ibsen-Clubs unterhalten zu Bibeln ein eher ironisches Verhältnis.

Es spricht vieles dafür, dass der Lübeck-Vertriebene ihre Briefe nicht ohne Bangigkeit erwartet. Was der Apothekersohn Schluse für ein Typus ist, erfährt er schon mit der nächsten Post: ... *ich habe in ihm einen Menschen gefunden, der mir sehr viel ist, eine Brücke zum Nietzsche-Menschen, kurz einen Freund, und fühlte deshalb die moralische Notwendigkeit, reine, klare, wahre Beziehungen zwischen uns herzustellen ...*[55] Was für eine Wortwahl: »moralische Notwendigkeit«, »klare Beziehungen«. Wo solche Beziehungen hergestellt werden müssen, enden sie gewöhnlich. Beziehungen sagen die Heutigen, wenn sie ausdrücken wollen, dass sie mit anderen durch ein Gespinst von äußerst irritierbaren Seelenfäden verbunden sind. Die Tendenz zur Klarheit liegt nicht in ihrer Natur. Und trotzdem, das Wort vom *Nietzsche-Menschen* ist schlimmer, viel, viel schlimmer.

Im Ibsen-Club ging es noch nie um Ibsen allein, aber dieser kürzlich dem Wahnsinn verfallene Philosoph aus Naumburg hat den Norweger als Apostel des neuen Lebens deutlich auf den zweiten Platz verwiesen. Ihre geistige Zelle müsste nunmehr also richtiger Nietzsche-Ibsen-Club heißen, die Clubmitglieder sind selbstredend äußerst anfällig für das neue Virus, eine gesamteuropäische Pandemie breitet sich aus, befallen werden fast ausschließlich junge Leute. Wie die Ansteckung vor sich geht, hat kaum eine akuter, auswegloser beschrieben als die Zurückgelassene, die ihre Zurückgelassenheit kaum zu bemerken scheint. In *Ellen Olestjerne* hat sie den Tag der Nietzsche-Erstinfektion geschildert, Detlev-Catty bringt das hochansteckende Werk mit: *Eines Abends kam Detlev mit einem Buch nach Hause. Die Eltern waren aus, und dann machten die beiden Jüngsten es sich in des Vaters Zimmer bequem. Sie holten sich ihren Tee herüber, vor dem Ofen schliefen die Hunde, Ellen lag auf dem Sofa, Detlev saß neben ihren Füßen und las vor – es war Nietzsches »Zarathustra«.*

Sie bebten beide – der Himmel tat sich über ihnen auf in lichter blauer Ferne – jedes Wort löste einen Aufschrei aus tiefster Seele, band eine dumpfe, schwere Kette los, sagte etwas, was kein Mensch sagen konnte oder je gesagt hatte, wonach man im Dunkel herumgetappt hatte und geglaubt, es nie zu finden. Das war nicht mehr Verstehen und Begreifen – es war Offenbarung, letzte äußerste Erkenntnis, die mit Posaunen schmetterte – brausend, berauschend, überwältigend. Und alles andere, der Alltag, das Alltagsleben und -empfinden schrumpfte in eine öde, farblose Masse zusammen, verlor sein Dasein – nur das wahre, heilige, große Leben leuchtete, lachte und tanzte.[56]

Irgendwann hörten sie die Eltern *wie aus einer anderen Welt* heimkommen. Fortan ist jeder Abend *Zarathustra* gewidmet, er wird *ihre Bibel, die geweihte Quelle,* aus der sie immer wieder trinken. Sie verdanken ihr neben vielen anderen zwei Hauptinformationen: ... *die alte morsche Welt mit ihrer Gesellschaft und ihrem Christentum fiel in Trümmer, und die neue Welt, das waren sie selbst mit ihrer Jugend, ihrer Kraft, mit allem, was sie schaffen und ausrichten wollten.*[57] Auch Zarathustras Definition der Ehe scheint ihr unwiderstehlich, sie sei »*der Wille zu zweien über sich hinaus zu schaffen*«.[58] Sie fühlen in sich die unbedingte Bereitschaft, für dieses Buch und die Erkenntnis, die sie ihm verdanken, notfalls zum Märtyrer zu werden.

Und nun kennt sie gleichsam Zarathustra persönlich, was soll Fehling dazu sagen? Sie schreibt, dass sie schwersten Herzens ihren *Zarathustra* verborgt hat, bis zu den Sommerferien, an einen, der ihn noch nötiger hatte als sie. Das war im Mai. Im Juni merkt sie, dass sie es ohne den *Zarathustra* nicht aushält, leiht sich Geld und bestellt sich einen neuen. Der ausgeliehene *Zarathustra* geht weiter an Catty, der zu verdursten droht ohne dieses Buch. Und er, Fehling? Ausgesetzt in einer Welt, deren Autor nicht Ibsen, nicht Nietzsche ist, wird er immer leiser. Er ist längst nicht mehr ihr Welt-Ersatz. Sie studiert, sie trifft die Welt schon morgens auf dem Weg ins Seminar: *Hab ich Dir von dem jungen »Blödsinnigen« erzählt, der sich mir immer zugesellt? Wir gehen meist unter irren Gesprächen, von denen ich kein Wort verstehe, zusammen zur Schule.* Sie braucht ihn nicht mehr, ein Melancholiker fühlt das schmerzhaft genau, und er verstummt, selbst wenn er ihr schreibt. Schließlich vergisst sie, ihm zu antworten.

Fern hallt die Musik; doch hier ist stille Nacht,
Mit Schlummerduft umhauchen mich die Pflanzen.
Ich habe immer, immer dein gedacht;
Ich möchte schlafen, aber du musst tanzen.

Ende September kommt er nach Hause, nach Lübeck. Sie sind
wie zwei Planeten auf verschiedenen Umlaufbahnen: Sie begegnen sich und begegnen sich nicht. Sie legt seine Melancholie als
Feindseligkeit aus und schickt ihm einen Abschiedsbrief: *Ich weiß,*
dass Dein gegenwärtiger Zustand, der mir sehr unsympathisch und
unverständlich ist, nur eine vorübergehende Reaktion ist – ich gehe
meine eigenen Wege und hoffe, dass wir uns noch einmal begegnen und
dann beide mit herzlicher Freude der Zeit, die jetzt ihren Abschluss ge-
funden hat, gedenken werden.[59]
Was für ein altkluger, kühler Abschied. Sie legt ihn zu den
Akten, er gehört nicht länger zu den legitimen Kindern Zara-
thustras.
Die Kinder Zarathustras haben die Verpflichtung zu kämpfen.
Aber er kämpft nicht, er versinkt. Das Versinken ist kein nietz-
scheanischer Zustand.
Zur selben Zeit, im Oktober 1891, stirbt in seinem großen
Haus in der Beckergrube, genau ein Jahr nach dem 100-jährigen
Jubiläum seiner Firma, der Konsul Thomas Johann Heinrich
Mann. Er hatte kaum Zeit, sich auf seinen Tod vorzubereiten.
Was nun folgte, beschrieb Klaus Harpprecht so: »Die Eröffnung
des Testaments, das der Vater vor der Operation aufgesetzt hatte,
war nicht geeignet, die Trauer der Söhne und Töchter durch den
schönen Schauer der Dankbarkeit zu lindern.«[60] Es verfügte die
Liquidation der Firma, verpflichtete die Vormünder, den literarischen Neigungen des ältesten Sohnes entschlossen »entgegenzu-
wirken« und den jüngeren, Thomas Mann – der in ein paar Jahren vielleicht das Geschäft hätte übernehmen können – einem
»praktischen Beruf« zuzuführen.

Das Pulverfass geht hoch

Bald kommt der Sommer, und sie fährt schon jetzt, Anfang Mai 1892, hinaus aufs Land, ihn zu empfangen. In seiner Weite wird sie an Land gehen, sie wird von einem Gut zum nächsten reisen wie fast jedes Jahr. Es ist doch von Vorteil, mit so viel Landadel ringsum verwandt zu sein. Doch zuerst muss sie nach Husum, nachschauen, ob es noch da ist, das gibt ein Grundvertrauen in die Ordnung der Dinge.

Wir hielten am neuen Bahnhof, und ich stieg aus und ging den alten wohlbekannten Weg entlang, allein – denn niemand hatte am Bahnhof gestanden, mich zu erwarten. … Über mir neigten sich die Spitzen der alten Kastanienallee zusammen und da lag das massive, ulmenumkränzte, alte Haus, wie damals, wie immer. Gerade so stand die Tür unten am Turm halboffen, gerade so ragte die abgebrochene Fahnenstange über das Turmgitter hinaus, nur unten auf dem Hof war das Gras dicht zwischen den Steinen hervorgewachsen.[61]

Sie läuft weiter in den Garten, es ist, als ob keines Menschen Fuß hier gegangen war, seit sie das Schloss verließen. Sie durfte beim Umzug Ende September 1889 nicht dabei sein, Ludwig und Catty, alle machten mit, sie aber wurde zu den Preetzer Verwandten gegeben. Wahrscheinlich glaubte die Mutter, von dieser Tochter sei keine konstruktive Hilfe zu erwarten, und schon ihr Anblick war nicht gut für ihre Nerven, und die brauchte sie jetzt dringend. Sogar mit Agnes war die frühere Reichsgräfin zu Rantzau damals in Streit geraten, die Strapazen des sachgemäßen Ein- und Auspackens überstiegen ihre Kräfte, sodass die sonst so geduldige, ausgleichende große Schwester Nerven zeigte: »Es war eine ganz erschütternde Zeit.«[62] Sie könne Fanny jetzt manchmal besser begreifen, die Mutter liege nun im Lübecker Haus mit Symptomen allgemeiner Erschöpfung und Asthma im Bett, »sie tut mir sehr leid, aber eigentlich nicht genug«. Ein für Agnes-Verhältnisse unerhörter Satz! Ludwig sei beim Packen sehr lustig und einfallsreich gewesen, Catty dagegen war eher tragisch zumute, und in ebendieser Stimmung habe er die Bücher aus den Regalen genommen und in die Kisten gelegt.

Und dann schlossen sie zum letzten Mal die Türen hinter sich, und seitdem ist niemand mehr hier gewesen. *Da stand meine Bank noch unter der Traueresche, und da saß ich wieder wie vor vielen Jahren ... Ich fühlte mich so eigentümlich beklemmt, so als ob ich tot und begraben gewesen und das Leben nicht mehr begreifen könnte.*[63] Sie hatte erwartet, dass ihr Herz ganz weit werden würde, stattdessen *zog es sich traurig, verständnislos zusammen. ... In namenloser Sehnsucht war ich hierher gekommen – und nur, um zu fühlen, dass ich heimatlos war, jetzt völlig heimatlos.* ... Bloß das Meer und die Möwen sagen ihr, es sei alles wie immer. Sie geht hinaus zum Deich und hört die Nordsee gegen den Steindamm schlagen, *der eintönige, langgezogene Schrei der Seevögel* durchschneidet *die sommerstille Einsamkeit.*

Fährt sie von Husum zuerst nach Kaltenhof oder nach Wulfshagen? Es lässt sich nicht mehr sagen. Sicher ist nur, dass sich die Katastrophe wenige Tage nach ihrer Ankunft ereignet. Ein Telegramm aus Lübeck trifft ein, der gastgebende Onkel erfährt, dass er in die Stadt kommen möge, sofort. Es ginge um seine Nichte, um seine Kostgängerin.

Sie ist die Nichte ihres Onkels, so viel ist wahr, aber zugleich ist sie die Tochter ihrer Eltern, wäre es da nicht naheliegender, in einer sie betreffenden Angelegenheit sie selbst vorzuladen statt den Onkel?

Das ist kein gutes Zeichen. Was konnte geschehen sein, wenn Mutter und Vater alle diplomatischen Beziehungen zu ihrer Tochter abbrechen?

Tief besorgt kehrt der unbestellte Botschafter ihrer Eltern zurück, nun erfährt sie alles. Sie hatte einen Brief Schluse-Zarathustras in einem Lexikon vergessen, die Mutter fand ihn, vielleicht beim Abstauben, der üblichen Art, in der sich Frauen Büchern nähern. Der Weg ihres Entsetzens führte die Unbefugte geradewegs die Treppe hinauf, in das Zimmer, zum Schreibtisch ihrer Tochter. Mit roher Gewalt zur Preisgabe seiner Geheimnisse gezwungen, sah sich die vormalige Reichsgräfin zu Rantzau der wahrscheinlich angreifendsten Lektüre ihres Lebens ausgesetzt; ihr Befund, die Tochter betreffend, muss auf fortgeschrittene geistige, mentale und moralische Zerrüttung gelautet haben: eine Tollhäuslerin.

Der Onkel stellt sie zur Rede, Fanny tobt, bis ihr schlagartig klar wird, wie sehr diese Reaktion ihren Inquisitor nachdenklich stimmen muss: eine Tollhäuslerin eben?

Da wird sie, gleichsam von einem Augenblick auf den anderen, sehr still. Fanny Liane Wilhelmine Sophie Auguste Adrienne Comtesse zu Reventlow beschließt, in den Untergrund zu gehen. In ihren eigenen Untergrund. An der Oberfläche ihrer Existenz lässt sie eine tendenziell untadelige Hülle, eine Illusion ihrer selbst zurück. Fanny, ein potemkinsches Dorf in Menschengestalt.

Die gleich Einundzwanzigjährige steht ab sofort rund um die Uhr unter Aufsicht, alle Barschaft wird ihr entzogen. Das ist die praktische Entmündigung. Folgt der zweite Teil? Der Onkel, erfährt sie, werde sie über ihre Zukunft, wenn dieses Wort denn hier am Platz sein sollte, zu gegebenem Zeitpunkt in Kenntnis setzen.

Unter diesen Auspizien wird Franziska am 18. Mai 1892 volljährig, mündig also. Es fällt schwer, sich diesen Tag vorzustellen. Entmündigte Mündigkeit. Doch nach preußischem Landrecht bleiben Kinder ohnehin unter der Verfügungsgewalt ihres Vaters, solange sie auf dessen Unterhalt angewiesen sind.

Es ist der Volljährigen ohne Taschengeld gestattet, einmal in der Woche an Schluse zu schreiben, er darf das auch. Die Zukunft ihrer kompromittierten Tochter und des fehlbaren jungen Mannes stellen sich die Eltern so vor: Bei mustergültigem Betragen beiderseits und nach einer Bewährungsfrist von sieben Jahren darf das Paar davon ausgehen, dass ihm voraussichtlich gestattet wird zu heiraten. Wahrscheinlich müssen die beiden Verächter der Ehe sehr lachen. Zarathustra soll eine Erklärung unterschreiben, in der er sich verpflichtet, sich der Comtesse nicht eigenmächtig zu nähern.

Der Kontakt zu anderen Mitgliedern des Ibsen-Clubs ist streng untersagt, auch zu Catty. Sie würde das Verbot gern befolgen, aber darf man denn seine Nächsten unbenachrichtigt lassen?

In *Ellen Olestjerne*, der Geschichte ihrer Jugend, die nun immer mehr zum Brief-Roman wird, heißt die Adressatin ihres Abschiedsbriefs, der zugleich ein Hilferuf ist, Lisa. Es ist die Freundin Käthe Wohlert. Es besteht Anlass, dieses Schreiben trotz der fiktiven Namen so wörtlich wie möglich zu nehmen, nicht nur die überlieferte Antwort der Freundin aus dem Lehrerinnenseminar legt es nahe.

Die zu Verwahrende teilt mit, dass sie sich an alle Freunde wende, und sie mögen *mit Andacht* lesen, denn es sei dies *der erste Schrei aus* ihrer *Gefangenschaft, der ein menschliches Ohr erreiche.* Wie oft haben die Clubmitglieder über den ebenso herbeigesehnten wie unvorstellbaren Augenblick gesprochen, da ihre Eltern begreifen würden, wer ihre Kinder wirklich sind. ... *und was mögt Ihr gedacht haben, als der berühmte Krach, den wir uns immer wie mit Freiheitsposaunen vorstellten, so abgelaufen ist – am Ende denkt Ihr gar, ich hätte mich »gefügt«.*[64] Aber dies sei ein Fall, der niemals eintreten werde. Sie könne nicht en détail berichten, was ihr widerfuhr, denn *sonst gerate ich wieder in solche Wut, dass ich alles entzweischlage, und sie sind imstande, mich dann für tobsüchtig zu erklären.*

Sie kennt ihre Zukunft: Verbannung in ein Pfarrhaus, um dort *Moral und Haushalt* zu lernen. Sie hat keinen Widerstand geleistet. Ein Pfarrhaus ist kein Irrenhaus, zumindest glauben das die meisten, und die Diener des Herrn entwickeln leicht einen gewissen Ehrgeiz, wenn es um die Rettung einer verlorenen Seele geht, sie weiß das aus Altenburg. Und doch: *Ich warte nur auf den Moment, wo sich eine Türspalte auftut – es kommt mir ja schon vor wie ein erstes Aufleuchten, dass ich einen Brief an Euch fortschicken kann. Mein Onkel ist heute zur Stadt gefahren, und wenn die Tante schläft, will ich versuchen, nach der Station zu rennen und ihn einzustecken. ... Mein Gott, wenn ich doch jetzt so viel Geld hätte, um zu Euch zu fahren ... Kinder, denkt an mich – ich habe vielleicht noch schlimmere Zeiten vor mir. So lebt wohl und vergesst mich – schreibt mir nicht, ich würde es doch nicht bekommen.*[65]

Doch Käthe Wohlert antwortet; wann Franziska den Brief vom 31. Juli in den Händen hält, wissen wir nicht. Die Freundin kündigt an, Franziskas Vater Ibsens Gesammelte Werke zu schicken.[66] Zur Belehrung. Und sie müsse durchhalten, in der Verbannung mindestens eine Stunde täglich »etwas Vernünftiges« arbeiten, und zwar »mit System«. Etwas »Vernünftiges« ist selbstredend jenseits von *Haushalt und Moral* gelegen, sie schlägt vor, der Freundin Bücher in die Verbannung zu senden.

Der Tag ihrer Verschickung kommt, ihr Bestimmungsort heißt Adelby bei Flensburg, das liegt noch nördlicher als Husum, schon fast in Dänemark. Ihr Vater ist gleich nebenan geboren, auf dem Sandberg, dem Familiengut der zu Reventlows. Sowohl Adelby als auch Sandberg gehören heute zu Flensburg.

Zuletzt muss sie noch ein Papier unterzeichnen, in dem sie sich verpflichtet, keine heimlichen Briefe zu schreiben, nie allein in die Stadt zu gehen und die Hausordnung einzuhalten. Sie wird eskortiert, keinen Schritt darf sie allein machen, sie kommt sich vor wie ein sibirischer Sträfling.

Ja, vielleicht ließe sich die letzte Hoffnung ihrer Mutter mit diesem Namen bezeichnen: Sibirien. Heilung durch Arbeit, durch harte Arbeit. Und keine Außenwelt. »Mama spricht davon, dass Du Kochen und Plätten lernen solltest«[67], kündigte ihr Agnes an, als sie nach Lübeck zogen. Plätten und Kochen kann sie noch immer nicht, stattdessen besuchte sie das Lehrerinnenseminar. Ist die Freiheit nicht nur eine Flause derjenigen, die nicht genug Pflichten haben im Leben? Wer hart arbeitet, will keine Freiheit, der will seine Ruhe.

Und so steht die Comtesse ab sofort mit den Hühnern auf, wäscht Geschirr ab, kocht und schrubbt wie eine Magd. Was ihre Mutter nicht bedenkt: Die Heimat eines jeden Verbannten ist der Fluchtplan. *Am ersten Abend habe ich mir gleich das Haus darauf angesehen, wie man von hier ausreißen könnte – Türen, Fenster, alles.*[68]

Aber sie darf nichts überstürzen. Sie muss ihrer Familie noch eine Chance geben, ihr eine Chance zu geben. Auch ist der Herbst keine gute Fluchtjahreszeit, sie könnte leicht unterwegs erfrieren. Und dann ist da noch etwas, etwas, worauf sie nicht im Mindesten gefasst war: Sie mag die Menschen in Adelby, den Pfarrer, den Pfarrkandidaten und die sterbende Frau, die unter ihrer Kammer liegt. Sie war auf miserable Behandlung gefasst, schließlich ist sie schon fast eine Ausgestoßene. Verhöre, Seelenscheuerei und Überwachung hatte sie erwartet. Stattdessen erfährt sie Takt und Freundlichkeit.

Nichts macht wehrloser als das; ... *dass ich mich in einem Pfarrhaus zum erstenmal wohlfühlen würde, hat wohl zur Zeit unsrer »Ansichten« niemand gedacht.* Keiner will sie auf die Straße des Herrn führen, also geht sie von selbst mit in die Kirche. Gewiss: Ihr fehlt der Glaube, aber nicht die Teilnahme. Ein solches Leben ist also möglich. Warum hat sie hier, bei völlig fremden Menschen, beinahe das Gefühl, zu einer Familie zu gehören?

Auch wird ihre Post nicht kontrolliert. Sie ermutigt alle, ihr zu schreiben.

Adelby oder Die Unabhängigkeitserklärung

Lieber Papa,

Ich habe Dir einiges zu sagen. Erstens. Habt Ihr etwas dagegen, wenn ich mir zu Ostern eine Stelle suche und zwar als Lehrerin an einer Schule oder einem Institut (nicht Familie). Es liegt durchaus kein Grund vor, der mich wünschen lässt Adelby zu verlassen, außer dem, dass ich wünsche mich selbständig zu machen und zwar in jeder Weise, pekuniär und auch sonst.[69] Sie kommt nun, zweitens, zum *auch sonst.*

Sie hat dazu folgende Vorschläge, nein, Forderungen: Dem zweiten Zarathustra Karl Schorer seien die ihm abgenommenen Versprechungen umgehend zu erlassen, als seiner unwürdig, ihrer unwürdig und der Eltern im Grunde auch. Heiratenmüssen! Wenn der Graf und die Gräfin den *Zarathustra* gelesen hätten, wüssten sie, dass dieser Verkünder des neuen Menschen bekennender Solist ist und das Heiraten niemals auch nur in Erwägung gezogen hätte. Diese ganze kupplerische Sphäre ist ihm wie seinem Autor zuwider, vielleicht zuletzt sogar die Tatsache, von einem Weibe geboren zu sein. Aber das führt die unter Aufsicht gestellte Comtesse in ihrem fordernden Bittbrief, ihrem bittenden Forderungsschreiben nicht aus, ihre Eltern haben ja keine Ahnung, dass Schorer der zweite Zarathustra ist und welche Ironie darin liegt, dass sie ausgerechnet ihn zu ihrem Schwiegersohn machen wollen.

Die Eltern nehmen Schluses Briefe nicht an, wahrscheinlich haben sie vor, sich auf nähere diplomatische Kontakte zu ihm erst nach der Verlobung einzulassen.

Und dabei denkt sie an ihn schon fast historisch, wie an jemanden, der mehr zur eigenen Vergangenheit als zur Gegenwart gehört, seine Züge beginnen zu verblassen, sie kann auch nicht sagen, wann das begonnen hat.

Vielleicht, als sie ihn zum ersten Mal hat essen sehen? Zarathustra isst! Darauf war sie nicht vorbereitet. *Dieser Mensch mit seiner hohen Stirn und den unergründlichen Augen war ihr als etwas Überirdisches erschienen – er sollte nur in Wolken wandeln ... sollte schweigen, als ob er keine gewöhnlichen Worte reden könnte. So hatte sie ihn früher gesehen – sie konnte nichts Menschliches an ihm ertragen. Als sie ihn das erstemal essen sah, war es wie eine zerstörte Illusion, das hätte sie sich nie vorstellen können, dass er aß, trank, zu Bett ging, wie alle anderen Menschen.*[70]

Und das Schlimmste war, als er seine Mutter einweihte, die Apothekersfrau, damit sie sich ungestört treffen könnten. Es war so unfassbar gewöhnlich. Und Zarathustras Mutter – Zarathustra hat keine Mutter! – nahm sie in die Arme wie eine Schwiegertochter. Das hielt sie nicht aus.

Unvorstellbar, sie müsste Schluse ein Leben lang jeden Morgen essen sehen, und mittags und abends auch. So kann sie das dem Greis zwar nicht mitteilen, aber sie hat einen Alternativvorschlag zur Verlobung: Es mache doch *keinen großen Unterschied mehr ..., wenn Ihr mich ganz loslasst und meinen Weg gehen lasst.*[71] Sie verspreche, keine Unannehmlichkeiten zu machen, auch keine Skandale. *Ich will nur freistehen, mich selbst erhalten, mit Schorer ungehindert korrespondieren können und ihn eventuell dann und wann bei seinen Eltern sehen. Ich kann nicht finden, dass das unmäßige Forderungen für ein Leben sind, das vielleicht noch Jahre dauern kann.*[72]

Das ihre vielleicht, sie ist 21 Jahre alt, sie hat den guten Willen zu leben, aber wenn man es ihr unmöglich macht: Sie kann auch anders. Zarathustra hat ermutigende Dinge über den freien Tod gesagt. Nur der ist wirklich Herr seiner selbst, der über die Stunde seines Endes entscheidet.

Im Fall ihres Vaters liegen die Dinge bald bedenklicher, aber das erfährt sie nicht. Nur dass er nicht selbst antwortet, müsste ihr auffallen. Vielleicht ist der Umstand, dass das Familienoberhaupt sich vertreten lässt, unerreichbar bleibt, aber auch Teil der Strafe.

Ludwig statt seiner teilt der zu Beaufsichtigenden am 1. März 1893 in den Umständen entsprechend gebotener Kühle mit, sich für sie einzusetzen. Und dann wartet sie, Woche um Woche, auf die entscheidende Antwort. In der dritten kommt sie, wiederum von Ludwigs Hand. Ludwig Christian Detlev Friedrich Graf zu Reventlow lehnt es ab, seiner Tochter die Freiheit zu schenken. Der Vater habe sogar den Pfarrer von Adelby konsultiert, der habe für seine Küchen- und Putzhilfe gesprochen, doch: vergeblich.

Nur Revolutionäre wollen die Freiheit, der Adel aber ist der geborene Feind der Revolution. *Geboren*, ganz richtig, sogar die Sprache weiß es. Kälte? Seelische Grausamkeit? Nein, der Graf würde sich wohl einen Realisten nennen, einen konservativen Realisten selbstredend, gibt es denn andere? Eine adlige Familie, die ihre Töchter entlässt, verurteilt sich selbst zum Untergang.

Wann wären Frauen denn jemals frei gewesen? Die Freiheit ist eine moderne, also eine beunruhigend ungeprüfte Idee. Und dann noch die Freiheit der Frau! Und dann die Freiheit einer adligen Frau! Nein, der Adel ist grundsätzlich nicht frei. Seine Vornehmheit, alle seine Vorzüge, seine Stärke stammen aus seiner Gebundenheit. Aber selbst wenn die Tochter kein Mädchen von Familie wäre: Wer eine Frau auch nur mit offenen Augen ansieht, weiß, dass sie nicht für sich gemacht ist. Breites Becken, Brüste und schmale Schultern gehören nicht zur Grundausstattung eines Wesens, das zum Selbstgebrauch vorgesehen wäre. Und das gilt auch für ihre Köpfe, die nach Ansicht aufmerksamer Beobachter auffällig klein geraten sind.

Aristokraten hegten seit je eine große Anteilnahme für die

Ordnung der Dinge, und jede Ordnung ist eine alte Ordnung, sonst wäre es keine. Ja, Ludwig Christian Detlev Friedrich Graf zu Reventlow ist ein Mann der Ordnung. Wann hat er sich zum letzten Mal wohlgefühlt? Es muss lange her sein. Menschen, die ihre Kräfte schwinden fühlen, sind nicht sehr experimentell gestimmt, aber sie haben ein waches Gefühl für das, worauf ihr Leben beruht. Die Antwort lautet: Nein!

Fanny zu Reventlow hat nichts mehr zu verlieren. Sie legt den frühen Morgen des 1. April als Fluchtdatum fest. Der Frühling soll sie in Freiheit finden. Die Aufbrechende hat ihren Abschied von Adelby später sehr anschaulich geschildert, in solchen Dingen erfindet man nichts dazu, der Reiz der Schilderung liegt in der Präzision: andere zu Mitwissern einer strukturellen Überforderung zu machen, mit der man ganz allein war.

Am letzten Märzabend geht sie halb angezogen zu Bett, hört jede Stunde schlagen und versucht, nicht einzuschlafen. Ein Flüchtling, der seine eigene Flucht verschläft, ist beklagenswert. Andererseits: *warum sollte es durchaus gerade heute sein? ... Wieder schlief sie eine halbe Stunde und richtete sich erschrocken wieder auf, die Lider wurden immer schwerer – ihre Kerze war halb heruntergebrannt – halb drei Uhr. Wie ein wahnsinniger, undurchführbarer Entschluss kam es ihr plötzlich vor, aufzustehen und fortzulaufen*[73]. Was hatte sie da draußen zu suchen? Kälte und Dunkelheit nahmen ihr den Mut.

Vielleicht gibt es zwei Arten von Menschen. Die einen, die sich bei dieser Erkenntnis nun endgültig herumgedreht, das Kissen zurechtgeschoben hätten und wie befreit eingeschlafen wären. Die Comtesse gehört nicht zu ihnen, die Comtesse gehört zu denen, die plötzlich ein großer Zorn über die eigene Hasenfüßigkeit packen kann. Jetzt oder nie! Eigentlich ist es schon fast zu spät, dem Morgen zuvorzukommen.

Im leicht geöffneten Fenster im ersten Stock des Pfarrhauses von Adelby erscheint ein Koffer. An einem schweren Strick schwebt er langsam hinunter. Der Koffer gehört dem Pfarrkandidaten Johannes Jansen, in ihm befinden sich alle Bürgen ihrer

Existenz: also Bücher. Bücher wie der *Zarathustra* und was der Unzuträglichkeiten für einen künftigen Diener des Herrn mehr sind. Und doch ließ sich der Kandidat überreden, für diese Gottlosigkeiten seinen Koffer herzugeben. Die höhere Tochter geht nirgendwohin ohne ihre Bücher, nicht einmal auf die Flucht.

Genau genommen war es von vornherein aussichtslos, die Missratene unter Aufsicht zu stellen. Denn die Primäraufsicht über sie übten immer schon ihre Bücher aus, am Tag und noch in ihren Träumen. Und genau darum muss sie jetzt gehen, aus sittlicher Selbstachtung. Leider sind Bücher geborene Verräter, sie sind sehr schwer, der Koffer schlägt immer wieder gegen die Hauswand, und bei dem Versuch, das Bildungsgut wandfern herabzulassen, rutscht ihr der Strick fast aus der Hand. Fest zufassen im letzten Augenblick! Umso stärker schlägt der Koffer gegen die Wand. Beinahe wäre er mit einem großen Knall dort angekommen, wohin das Gravitationsgesetz ihn leitet, das ganze Haus wäre aufgewacht. Wie schmählich! Unvorstellbar.

Und dann Stille, der Koffer ist unten, aber sie ist noch immer oben. Sie wird durch die Tür gehen, aber wo sind ihre Schuhe? *Natürlich lagen sie unten in der Küche zum Putzen.* Hatte sie jemals bemerkt, wie sehr die Treppe knarrt?

Der große Haushund schläft auf dem Flur. Er spürt die Exodus-Absicht der Frühaufsteherin. Ein Ausgang, jetzt schon, welch großartige Idee, er ist dabei! Fanny sucht im Dunkeln in der Küche ihre Stiefel. Und heute gehen wir nicht durch die Tür, sondern durchs Küchenfenster? Noch besser! Hand- und Pfotengemenge. Niederlage und Ratlosigkeit des Pfarrhundes. Es ist noch schwerer als vermutet, nicht allein, sondern mit seiner Bibliothek zu fliehen.

Dem Hausherrn hat sie eine Benachrichtigung auf den Tisch gelegt: *Ich gehe jetzt. Ihr seid die Besiegten. Macht, was ihr wollt, ich gehe.*[74] Liest sich wie Triumpf, meint aber vor allem: Jeder folgt am Ende seinem eigenen Stern! Und: Verfolgung zwecklos.

Das jedoch kann man so nicht sagen. Eigentlich hätte sie laufen müssen, denn sie besitzt kein Geld. Eine unter Aufsicht Gestellte mit Taschengeld auszustatten, schien niemandem ratsam, es hätte ihr einen ganz falschen Begriff ihrer Selbständigkeit vermittelt. Eine junge Frau, niedergerissen von einem schweren Bücherkoffer, über die Heide jagend, die so flach ist, dass man jeden schon sehen kann, wenn er nur am Horizont auftaucht: Dieses Szenario wäre zu demütigend gewesen, sein Ausgang zu absehbar. Das musste selbst der Kandidat des Herrn Johannes Jansen einsehen und ihr außer seinem Koffer auch Reisegeld überlassen: den Koffer, Fluchtspesen und seine tiefste, unverbrüchliche Verschwiegenheit.

Außerdem musste er die Fahrkarte für sie kaufen, dafür hatte sie keine Zeit mehr. Wohin sie fliehen will, weiß sie dagegen schon lange. Der Plan für den Ernstfall existiert schon seit zwei Jahren: *Ich würde, wenn man mich zwingen wollte, direkt zu Mieze Gutschow gehen.* Und genau das macht sie jetzt. Sie nimmt den ersten Morgenzug nach Hamburg. Das heißt, wenn sie ihn noch schafft.

Sie hinkt mit ihrem Koffer über die Felder, denn eine andere Art der Fortbewegung ist in seiner Begleitung nicht möglich. Ab und zu bleibt sie stehen, setzt sich auf das Fatum, um auszuruhen und darüber nachzudenken, ob sie ihn einfach stehen lassen soll. Es sind doch nur Bücher! Nur Bücher? Also weiterschleppen. Endlich kommen die ersten Häuser der Stadt in Sicht. Sie schultert den Koffer und rennt. Sie schafft es, auf den abfahrenden Zug aufzuspringen.

Über dem weiten Flachland wurde es immer heller. Ellen war allein im Coupé und sang laut in den Morgen hinein. Sie konnte nicht stillsitzen und nicht stillschweigen, ihr war, als ob sie sonst zerspringen müsste: frei bin ich, frei bin ich, frei – frei! An dem Wort berauschte sie sich, taumelte fast, lief hin und her, von einem Fenster zum anderen und sang wieder hinaus: frei bin ich, frei – setzte sich einen Augenblick hin und lachte.[75]

Der Schaffner hält sie für verrückt. Doch da sie eine gültige Fahrkarte besitzt, muss er sie wohl befördern. Kurz darauf setzt sie eine schwarze Brille auf und verschleiert sich. Der Bahnbeamte denkt noch stärker über seine Befugnisse im Verhältnis zu seiner Verantwortung nach, kommt aber zu keinem zufriedenstellenden Ergebnis. Sie könnte ihm erklären, dass rund um Husum lauter Bekannte wohnen, die auch manchmal Eisenbahn fahren und sie keinesfalls erkennen dürfen. Aber wäre dem Mann mit dieser Information geholfen?

Die Freundin erwartet sie am Wandsbeker Bahnhof. Und ihr Bruder! Catty ist heimlich gekommen. Seine Schwester gibt ihre Unabhängigkeitserklärung ab: Unabhängigkeitstage sind die höchsten Gedenktage im Leben von Nationen wie Individuen. Er weiß, was dieser 1. April bedeutet.

Sie feiern ein mehrtägiges Freiheitsfest, immer gewahr, dass ein Abgesandter der Familie plötzlich in der Tür stehen könnte.

Sie ist frei! Ist sie das?

Frei ist, wer sich selbst ernähren kann.

»Moral insanity wird sich erweisen lassen ...«

Sie ist volljährig, sie hat einen Berufsabschluss. Sie ist erwerbsfähig. Und wie erwerbsfähig sie ist! Andererseits, das weiß sie, werden ihre Eltern nun erst recht den Ernstfall beraten, ihre Entmündigung. Eine Comtesse auf der Flucht! Sie blamiert die Familie auf nicht länger hinnehmbare Weise.

Es kommt darauf an, wer schneller ist. Wenn sie in Lohn und Brot wäre, bevor man sie für verrückt erklären könnte, hätte sie den Wettlauf gewonnen: Sie wäre noch vor ihrer endgültigen Entmündigung mündig geworden.

Die Deserteurin in ihr eigenes Dasein richtet eine nicht erhaltene diplomatische Note an Ludwig als ihrem Vertrauensmann und erstem Botschafter beim Vater. Sie wird dargelegt haben, dass ihre eigenmächtige Entfernung aus Adelby keinen feindseligen Akt darstelle, und wird ihrer Hoffnung Ausdruck gegeben haben, dass diese Ansicht des Geschehens dereinst anerkannt werde. Im Übrigen gedenke sie, das Vertrauen, das niemand in sie gesetzt hat, nicht zu enttäuschen. Die Reaktion des Bruders, der das Landgut doch noch geheiratet hat, ist erkältend. Keine Anrede, und dann: »Ich glaube, Sie fassen Ihre Sorgen in der frag-

lichen Angelegenheit nicht richtig auf, wenn Sie sich herausneh-
men über dieselbe mit mir zu correspondieren. Von weiteren
Versuchen Ihrerseits, diese Correspondenz fortzusetzen, werde
ich keine Notiz nehmen. Graf L. Reventlow.«[76]

Er spricht sie mit »Sie« an? Das ist grotesk, das ist lächerlich.
Aber es ist auch grausam. Drei Buchstaben machen aus ihr eine
Fremde. Jäh muss sie begreifen, dass von ihrer neuen Vertraut-
heit, vom Bund des schwarzen mit dem dunkelgrauen Schaf
nichts mehr übrig ist. Zu einer Familie zu gehören, ist nie ohne
Opfer: Er, der Sohn, hat das eingesehen. Und sie, die Tochter,
meint, sich über alles hinwegsetzen zu dürfen? Nein, auf ihn
braucht sie nicht mehr zu rechnen, auf ihn nicht. In *Ellen Olestjerne* erwähnt sie diesen Brief nicht und nicht die folgenden.
Weil sie zu sehr getroffen ist?

Sie hat keine Familie mehr. Ein Einkommen hat sie auch nicht.

Die Selbstbefreierin spricht bei Schulräten und Schulvorsteher-
innen vor, meldet sich auf Anzeigen. Erfolglos. Misstrauisch
besehen die Bildungsbeauftragten des Reichs die Kandidatin:
Eine Von-und-zu in derart verblichenen Kleidern? Und wie jung
sie ist, geradezu skandalös jung. Es fehlt ihr so ganz der ältliche
Charme, den man von einer Lehrenden erwarten darf, ebenjene
beruhigende Ausstrahlung: Da ist eine, die hat das Leben schon
hinter sich, wenn sie es jemals vor sich gehabt haben sollte. Sieht
man ihr die Aufrührerin an?

Wir setzen voraus, dass die Entlaufene nicht den Vorwitz oder
die Nachlässigkeit besessen hat, zu ihren Bewerbungsgesprächen
mit einem gelben und einem schwarzen Schuh zu erscheinen,
wie es aus ihrer Seminaristinnenzeit bezeugt ist.

Wahrscheinlich sieht sie genau so aus, wie ein Augenzeuge
beschreibt: »Es war ein zierlich gewachsenes, knapp mittelgroßes
Ding mit einem feingeschnittenen Gesicht von, wie mir schien,
nicht mehr als durchschnittlichem Reiz. Einzig die großen und
gescheiten blauen Augen, in denen etwas Schwärmerisches
brannte, ließen sich als schön bezeichnen.«[77] Etwas Schwärmerisches? Wie unpassend.

Trägt Fanny zu Reventlow gar noch ihre Fluchtkleider? In den Koffer passte nur das Wesentliche, Bücher, Briefe, also kaum Garderobe. In geliehenen Kleidern jedoch, zu klein oder zu groß, macht der Mensch nur selten einen wirklich überzeugenden Eindruck. Aber sie besteht gar nicht darauf, Schulmeisterin zu werden. Warum nicht Gesellschafterin, Reisebegleiterin?

Wie gut, dass sie eine Freundin wie Else Gutschow hat. Sie mag sogar den Besuch, den Else bekommt, etwa diesen Kandidaten des Rechtswesens aus Hamburg, einen *hochgewachsenen Mann mit raschen, jugendlichen Bewegungen und klugen, blauen Augen, die etwas Forschendes im Blick hatten.*[78] Und wie *überlegen* er lächeln kann. Das provoziert sie, das muss sie entschieden ablehnen, aber sie mag es.

Wahrscheinlich rührt die Geschichte der Comtesse den Hamburger Rechtsassessor mit den klugen Augen. Noch nie hat er eine Gräfin getroffen, die ihre Unabhängigkeitserklärung abgegeben hat vor allen Geschworenen ihrer selbst. Und mit welchem Mut sie auf ihr neues Leben zugeht! Vielleicht sollte er ihr ein wenig entgegenkommen?

Die kleine Comtesse braucht jemanden, der eine schützende Hand über sie hält. Dass die einzig akzeptable schützende Hand, die sie über sich wissen möchte, ihre eigene ist, weiß er. Wie merkwürdig. Wie reizvoll.

Wen besucht der Abgesandte des Hamburger Rechtswesens eigentlich, wenn er neuerdings seine alte Freundin besucht? Vielleicht weiß der Mann mit dem Lächeln es selber nicht.

»Papa liegt im Sterben.« – In *Ellen Olestjerne* trifft dieses Telegramm wie ein dumpfer Schlag in ihr neues Leben, in dem noch nichts, aber auch gar nichts an seinem Platz ist. Es ist ja kaum zwei Monate alt. Der Absender der schlimmen Nachricht ist Catty, im Buch heißt er Detlev. Es ist wahr, Catty schickt Anfang Juni gleich drei Telegramme an die Schwester nach Wandsbek, am 3., 9. und am 10. Juni. Darin steht nicht nur die Sterbenachricht, sondern noch etwas: Keinesfalls kommen!

Der Roman ihres Lebens sagt davon nichts, wahrscheinlich

aus dramaturgischen Gründen. Es wirkt stärker, wenn die Verstoßene erst auf dem Bahnhof ihrer Heimatstadt erfährt, dass niemand sie am Sterbebett ihres Vaters zu sehen wünscht. Doch die schreckliche Tochter weiß es vorher.

Ludwig hat ihr geschrieben: »Wie ich erfahre, hat die Erregung über Deinen wiederholten Aufenthalt in Lübeck Papa eine Schlaganfall-ähnliche Affection zugezogen. – Sobald ich gesund bin, reise ich hin. Hüte dich mir vor die Augen zu kommen. Sollte ich Dir oder Deinem Zuhälter begegnen, so wird mein Stock in Thätigkeit treten.«

Sie war ein paarmal in Lübeck gewesen, schließlich hat sie Freunde in der Stadt, wenn auch keine Familie mehr. Die Tatsache, dass die Geflohene sich sogar nach Lübeck, in die Nähe der Familie wagt, muss dem Grafen als reiner Hohn erschienen sein.

Es war unmöglich, die anhaltend schwere Erregtheit des Vaters zu übersehen, und dann ist es geschehen.

Ihre Familie glaubt zu wissen, wer schuld ist am Leiden des Vaters. Ludwig hatte es im Mai so formuliert: »Und hast Du mit Hülfe Deines hundsföttischen Anhanges Papa fertig abgeschlachtet, so verlass Dich darauf, die Rache soll Dich treffen, die Rache durch mich; sie soll Dich mit Brutalität oder Bosheit da fassen, wo Du es am schmerzhaftesten empfindest.«[79]

Für den Fall, dass sie taktlos genug sein würde, ihren Vater am Krankenbett besuchen zu wollen, riet ihr Ludwig damals: »Und denke ja nicht, dass Du jetzt ›frei‹ bist. Wirst Du zu schamlos, so werde ich, wenn Papa es nicht mehr kann, den Antrag auf Entmündigung wegen Geisteskrankheit gegen Dich stellen. Moral insanity wird sich nachweisen lassen, das Material liegt bereits vor.«[80]

Das Material? Ja, richtig, ihre Briefe an Fehling und Schluse sind voller Indizien, die gegen sie sprechen, etwa diesem hier: *Also ich warf vorhin meinen Bilderrahmen entzwei, sammelte das Glas auf und legte es auf meinen Schreibtisch. Darauf lockte es mich unwiderstehlich, mich mit den spitzen Glasstücken zu schneiden.*[81] Sie ging hinunter zu Tisch, der Gedanke verschwand nicht, im Gegenteil, er wurde stärker. Als sie wieder in ihr Zimmer kam, konnte sie nicht mehr widerstehen: *Ich … ritzte mir mit wahrer Wollust erst den Finger, dann die Stirn auf, bis das Blut herunterlief und mir auf einmal klar wurde, dass es schon mehr Verrücktheit sei, und jenes entsetzliche Gefühl – ich weiß nicht, ob Du es kennst –, dass man vor sich selbst bange wird und fühlt, dass man in eben dem Moment nicht ganz zurechnungsfähig ist.*[82]

Am folgenden Tag fragte sie Fehling: *Soll ich Dir auch noch sagen, dass mich zuweilen der Gedanke schreckt, dass ich irgendeine Geisteskrankheit in mir trage …* Ja, Geisteskrankheit wird sich wohl erweisen lassen. Wie mag sie die Nachrichten aus Lübeck, die Briefe Ludwigs aufnehmen? Hält der Mann mit dem überlegenen Lächeln nun doch die Hand über sie, so wie sie es nicht könnte und doch so dringend braucht? Bringt er sie schließlich zum Bahnhof, als sie sich entgegen allen Beschwörungen entschließt, doch nach Lübeck zu fahren?

Aus dem Krankenbett ihres Vaters ist binnen kürzester Frist das Sterbebett geworden.

Vor den Fenstern, allein oder Der Graf stirbt

… sie kannte jede kleine Station, ihr war, als ob ein innerer Krampf sich löste und die Wirklichkeit zurückkam in langsamen Wellen.[83]

Auf dem Bahnsteig warten Catty und Schluses Schwester, Zarathustra selbst darf sich der Comtesse nicht nähern, schließlich hat er eine Verpflichtungserklärung unterzeichnet. Verachtet ihn Fanny gar dafür? Aber vor Catty und die Schluse-Schwester drängt sich Pastor Bernhard, der Hausgeistliche:

»Ihr Vater lebt noch, aber es ist keine Hoffnung mehr – und ich bin hier, um Sie zu fragen, weshalb Sie gekommen sind?«

»Weil ich meinen Vater noch einmal sehen will.«

»Ich komme im Auftrag Ihrer Familie, die Ihnen sagen lässt, dass Sie hier nichts mehr zu suchen haben. … Oder wollen Sie auch noch das Totenbett Ihres Vaters und den Schmerz der anderen entweihen?«[84]

Sie möge umkehren, sofort.

Aber das macht sie nicht, sie bleibt, sie wohnt bei Schluses

Familie. Am Morgen darauf geht sie hinaus aus der Stadt, liegt irgendwo im Gras, Stunde um Stunde. Als sie zurückkehrt, erfährt sie, dass ihr Vater gestorben ist. Es ist der 14. Juni 1893.

Jetzt darf sie zu ihm, Ernst geht mit ihr, dann lässt er sie mit dem Toten allein; ... *da drüben auf dem Bett lag er kalt und starr – eingefallen und verändert –. Das war nicht mehr ihr Vater, es war etwas Furchtbares, Unheimliches, das ihr einen eisigen Schauer nach dem anderen durch die Seele trieb. Sie kniete vor ihm nieder, versuchte ihn anzusehen, etwas von ihm wiederzufinden ... Jetzt hatte sie gesiegt, und er lag tot. – Allmählich kam ein hilfloser Schmerz über sie, sie legte den Kopf auf sein Bett und weinte.*[85]

Am nächsten Abend läuft sie die vertrauten Straßen entlang, biegt in die Moislinger Allee ein und steht vor der Nummer 30, vor ihrem Elternhaus. Sie klingelt nicht, sie klopft nicht, sie steht nur davor und blickt hoch zu den erleuchteten Fenstern, hinter denen sie die, die nicht mehr zu ihr gehören, beieinander weiß. Und ihr Zimmer, von dem ihr Vater sagte, dass sie seine Aussicht mögen würde. Er hatte recht gehabt.

Sie muss achtgeben, dass der Hund sie nicht bemerkt, ihr alter Nero. Nero wartet auf seinen Herrn. Niemand kann verlorener sein, als Nero und sie es sind.

Büsum

Der nächste Tag findet sie ohne Ankündigung wieder vor der Tür der Freundin in Wandsbek, Hamburg. Vielleicht ist sie es auch nicht selbst, sondern nur ihr Geist? Was macht man mit Menschen, die noch nicht zu den Toten, aber auch nicht mehr zu den Lebendigen gehören?

Der Mann mit dem überlegenen Lächeln kommt sofort, jetzt lächelt er anders, eher besorgt. Sie gehen tagelang spazieren. Wenn sie das Meer sein sollte, dann ein verlorenes Meer ohne Strand. Er wird ihr jetzt zur Küste. Er ist der Hafen. Tag um Tag probt sie die Einfahrt in den Hafen. Der Hafenmeister sagt, sie müsse anlegen. Schiffe machen das so. Er sagt: Lass uns heiraten!

Sie soll heiraten, wo doch Schluse auf sie wartet, wenn auch noch fast sieben Jahre?

Eigentlich mag sie es, ein Schiff auf hoher See zu sein. Wenn sie nur ab und zu die Küste sehen darf. Und das Schöne an Häfen ist schließlich nicht nur die Einfahrt in ihren Schutz, sondern auch das Wieder-Hinaussegeln ins Offene.

Auf große Fahrt gehen!

Die Vaterlose und der Gerichtsassessor Walter Lübke teilen ohnehin nicht die gleiche maritime Grundseelenlage. Paragrafen konnten nur an Land erfunden werden, und mit Paragrafen hat der Assessor den meisten Umgang. Auch ist ein überlegenes Lächeln kein maritimer Gesichtsausdruck. Wer auf dem Wasser lebt, schaut mal von ganz oben auf der Welle, mal von ganz unten vom Tal der Welle: zweimal absolut kein Grund zur Überlegenheit.

Jetzt ist sie ein Stück Treibholz; unmöglich, ihr eigener Steuermann zu sein, aber das kann sich ändern.

Sie will Frieden, nur Frieden. Catty sagt, sie solle der Mutter über das Grab des Vaters hinweg die Hand reichen, er formuliert das nur nicht ganz so pathetisch. Sie macht es, sie ist des Rechthabens so müde.

Und sie hat jetzt weiß Gott nicht die Kraft, Walter Lübke die Idee auszureden, dass er sie heiraten müsse. Er, der das Drama ihrer Freiheit miterlebt hat, anfangs ihren Triumph und jetzt die Bitternis – er sollte es doch besser wissen. Kann sie das, was sie so schwer erkämpft hat, in dem Augenblick aufgeben, da sie es besitzt?

Die Ehe ist natürlich auch ein guter Schutz vor dem Irrenhaus. Und ein Mann, das ist ihr wohl bewusst, kann nicht einen so nahen Umgang mit einer jungen Frau pflegen, ohne die Absicht zu haben oder zumindest zu äußern, sie zu heiraten. So will es der Anstand. Das weiß Lübke, und wahrscheinlich wäre er unkonventionell genug, auf den Anstand zu pfeifen; allein, er muss feststellen, freudig feststellen, dass der Anstand und er dasselbe wollen: Fanny!

Nur die zu Heiratende hat Bedenken. Wer sich selbst verprochen ist, darf der sich noch einem anderen versprechen?

Kein Mensch wird behaupten, dass die Ehe auf der Idee der Freiheit gründet. Ist einen Mann zu haben nicht noch viel bedenklicher, als Eltern zu haben? Eltern lässt man irgendwann zurück, aber seinen Mann?

Nein, ihr Schiff hat keinen Steuermann im Augenblick, aber was, wenn sie eines Tages an Deck kommt, und da steht schon einer? Wie hielte sie es aus, an Bord eines Schiffes zu sein, dessen Kurs nicht sie bestimmt?

In der Ehe, der bürgerlichen Ehe, ist die Frau höchstens der Kombüsenjunge, rein rechtlich gesehen. Der Umstand, dass sie gewöhnlich mit am Kapitänstisch isst, nachdem sie ihn gedeckt hat, macht dieses Gefälle unkenntlich. Enthusiasten dürften nun einwenden, dass die bürgerliche Ehe der Frau das Kommando über das ganze Schiff zuspricht!

Schon wahr, nur betrifft das ausschließlich das Plankenscheuern sowie die Versorgung der Mannschaft, die obliegen ihr. Die Frau hält das Boot über Wasser, der Mann segelt. So war es, so ist es, so wird es sein.

Gibt sie dem Assessor zu bedenken, dass sie höchstwahrscheinlich eine hundsmiserable Ehefrau sein wird und dass sie eine tiefe, unüberwindliche Antipathie gegen graue Strümpfe aller Art hegt? Das macht nichts, wird Walter Lübke ihr versichert haben, denn er heirate grundsätzlich keine grauen Strümpfe.

Aber weiß er, dass er eine Malerin heiraten wird? Denn malen muss sie, das Malen und die Freiheit waren Synonyme, solange sie denken kann. Ihr Vater hätte das nie zugelassen, umso gewisser ist, was sie jetzt tun muss, tun wird. Sie wird malen lernen, und zwar in München, wo sonst? Der Aufbruch der Kunst, der Aufbruch des neuen Menschen findet in Bayern statt, jeder weiß das. Allerdings ist da noch ein Problem: Eine Malschule kostet Geld, sie hat keins.

Trägt Walter Lübke wieder sein Lächeln der Überlegenheit im Gesicht, das seine Wirkung auf sie fast nie verfehlt? Er hat da eine Idee. Was, wenn er zum Sponsor der Malerin der Zukunft Fanny zu Reventlow würde? Er delegiert sie zum Studium nach München, er bezahlt ihr Unterkunft und Schule. Und vorher verloben sie sich!

Wie soll sie diesem Mann ausweichen? Soll sie überhaupt? Im Juli fährt sie an die Nordsee, allein. Diese Reise erstaunt. Warum allein? Wohl weil sie sich prüfen muss, und wenn er bei ihr ist, kann sie das nicht tun. Außerdem muss Lübke arbeiten. Sie braucht Abstand von ihm, um zu erkennen, ob sie seine Nähe will. So ungefähr wird sie es erklärt haben.

In *Ellen Olestjerne* gibt Franziska zu Reventlow den Sommertagen an der Nordsee merkwürdig viel Raum, dabei sind sie zum Verständnis des Kommenden nicht nötig, ja sie unterbrechen den Fortgang. Umso wichtiger müssen sie der Verfasserin sein: Will sie zeigen, wie wenig sie schon vor der Ehe für die Ehe gemacht ist? Sie fällt mitten hinein in einen jungen Mann. Ein fremdes Sein kommt auf sie zu, ein Gesicht öffnet sich vor ihr, es trägt das Versprechen einer Welt in sich. Sie kann nicht nein sagen. Das wird so bleiben.

Es ist, als feiere sie in Büsum ihren Junggesellenabschied, mit allem Leicht-Sinn der letzten Ungebundenheit. Als sie nach Wandsbek zurückkehrt, ist die Verlobung schon vorbereitet: *Das Zimmer sah festlich aus mit Blumen und Weinranken und den grünen Römern auf weißgedecktem Tisch.*[86] Und Catty ist gekommen, Catty, der sich mit Walter Lübke sofort verstanden hat: »Ich freue mich so für Dich und W. L. … Und hoffentlich wird mein armes Tier nun glücklich.«[87]

Sogar Fannys Mutter hatte auf die Nachricht, dass das schreckliche Kind sich verlobe, mit Fassung reagiert. Der preußische Adel schätzt es im Allgemeinen nicht, wenn seine Nachkommen jemanden heiraten wollen, dessen Namen er noch nie zuvor hörte. Und so kurz nach dem Tod des Vaters! Und ein Bürgerlicher! Es ist ein Affront wie beinahe jede Lebensäußerung dieser ungeratenen Tochter. Doch wahrscheinlich lässt das Temperament der Gräfin, ihr allgemeines Erstorbensein, die Lähmung ihres Lebensnervs im Augenblick gar nichts anderes zu, als sich zu fügen. Auch wird ihr jüngster Sohn, der Trost ihres Lebens, ihr dargelegt haben, dass in diesem vollkommen fremden Mann unpassenden Standes die größte Chance liegt, dass es mit dem schlimmen Kind noch ein gutes Ende nimmt, wenigstens ein annehmbares. Diese Aussicht macht die Gräfin nachgiebig. Auch ist in ihr nicht mehr ein Funke der Illusion lebendig, sie könne einen irgendwie gearteten Einfluss auf ihre Tochter besitzen. Und zuletzt: Welcher Mann von Stand würde Fanny, diesen Teufel, versteckt in einem Mädchenleib, denn heiraten?

Ja, sie gibt dieser Verbindung ihren Segen, über alles Trennende hinweg: »Ich kann nicht schreiben, wie mir ums Herz ist, weil ich ja weiß mit welchem Hohn Du es früher immer aufgenommen. Gut, ich kann nur Gott, an den Du nicht glaubst, bitten, dass er Dir vergebe. Alles was Du an Deinem Vater gesündigt hast.«[88] Die Tochter wird diesen mütterlichen Zuspruch nicht ohne inneren Widerstand lesen. Die Kinder Zarathustras brauchen Gottes Vergebung nicht, sie bereuen fast nie etwas und vergeben sich selbst. Ihr ganzes Wesen lässt sich aus einer Affektumkehr verstehen. Berufung auf sich selbst statt auf eine höchste Illusion! Sie möge in sich gehen, bittet die Mutter, und diesem Mann das halten, »was Du ihm versprochen u. was er in Dir zu finden hofft. Leb wohl liebe Fanny, Du kommst mir nicht aus dem Sinn, Tag u. Nacht!«[89]

Diesem Mann geben, was er in ihr zu finden hofft? Die schöne mütterliche Wendung kaschiert nur notdürftig ihre Ratlosigkeit, was das wohl sein könnte. Zumindest am Tag der eigenen Verlobung könnte man versuchen, seinem künftigen Mann die Treue zu halten. Aber Fanny liest den Brief ihrer Büsumer Sommerliebe. Die designierte Verlobte fühlt sich auf dieser Veranstaltung nicht recht wohl. Wie können die alle darauf trinken, dass sie mit diesem Tag ihre Unabhängigkeit verliert?

Oder kann man etwas verlieren, um es neu zu gewinnen? Sie wird malen in München, in wenigen Tagen schon, allein. Der Ring am Finger, so mag es ihr Walter erklärt haben, wird sie schützen in der großen fremden Stadt, in der eine junge Frau so leicht verloren gehen kann, in der sie so leicht missverstanden werden kann.

Zweiter Teil

Warum nur hat man immer Wolken über den Seelen, wenn man unter
Menschen lebt, und das dauert eine ganze Zeit, bis sie weg sind.
Und dann wird man erst der richtige Mensch ... Ich hab immer das Gefühl,
so war man ursprünglich, eh die Legionen über einen wegtrampelten,
und würde es auch wieder, wenn die Leut wenigstens andere Stiefel anhätten.

Franziska zu Reventlow an Franz Hessel, 21. Januar 1907

»Lass ihr – muss ich hüten bezechtes Kind« oder Ankunft im Vorort der Welt

Anton Ažbe ist ein sehr kleiner Mann mit einem sehr großen Hut. Den Schnurrbart trägt er steil in die Höhe gekämmt, darunter klemmt fast immer eine lange Virginia zwischen den gelblichen Zähnen, die öfter ausgeht und mit der er manchmal Zeichnungen korrigiert. Seine Schüler haben die Gewohnheit angenommen, Ažbes Zigarren-Korrekturen anzustaunen wie eine Offenbarung des Genius der Malerei. Wegen seiner Korrekturen kommen sie. Leonhard Frank, auch er Schüler dieses Instituts, wird die Wirkungen bald so zusammenfassen: »Mancher starb unter seinem Messer und verließ die Schule, die Begabten lernten, was von einem Lehrer gelernt werden kann.«[1] Wassily Kandinsky etwa, überhaupt sehr viele Russen, Polen und andere Osteuropäer, Ažbe ist schließlich auch einer, geboren in Dolenčice bei Gorenja vas-Poljane in Slowenien. Das schafft Heimat in der Fremde.

Aber Kandinsky kommt erst noch, Fanny trifft fast fünf Jahre vor ihm ein, mit dem festen Vorsatz, zu den Begabten zu gehören.

Was für ein Jahr! Im Winter saß sie noch in Adelby, im Juni starb ihr Vater, kurz darauf war sie verlobt, und noch im August, noch im Sommer ist sie in München. So viel Leben passt in so wenige Monate.

München leuchtet? Ein anderer Lübecker, der am dortigen Katharineum die tief beargwöhnte Schülerzeitschrift *Der Frühlingssturm* herausgibt, wird es einmal so formulieren. Seither fühlt fast jeder die Verpflichtung, es zu wiederholen, vor allem wenn er im Spätsommer eintrifft wie Fanny. Thomas Mann wird im kommenden Jahr vorzeitig das Katharineum verlassen und zu seiner Mutter nach München ziehen, die hier bereits mit den Geschwistern lebt. Der, wohlwollend betrachtet, gerade eben mittelmäßige Schüler wird Volontär bei einer Feuerversicherung, vielleicht schafft er das, wenn schon nicht die höhere Reife.

Wie anders leuchtet einer Malerin diese Stadt als einem angehenden Vertreter des Versicherungswesens. Und sagt sie es nicht mindestens ebenso schön? *Die Luft hat beinah etwas Südliches in diesen heißen Tagen, die Straßen ganz weiß vom flimmernden Kalkstaub. – Und das Arbeiten in unserem großen kühlen Atelier und dann wieder in die Sonne hinaus, den ganzen Tag sein eigner Herr sein, keinen Moment des Tages sich nach anderen richten müssen!* So kann ein Volontär der Feuerversicherung das natürlich nicht formulieren. *So habe ich mir's geträumt, das ist endlich die Luft, in der ich leben kann. Mein Gott, und jetzt muss ich arbeiten, arbeiten bis aufs Blut, und dann fasst mich der Jammer an um all die verlorene Zeit, was für Jahre hätte ich schon arbeiten können.* Und doch, müsste die Erfüllung dieses Augenblicks der Freiheit, des Schaffens nicht noch größer sein? Sie fühlt eine leise Enttäuschung. Sie fährt in die Berge und findet sie zu klein. Auch beengend irgendwie, die Aussicht verstellt, so weit das Auge reicht, die Nordsee ist weiter: *In den Bergen gewesen, und da bekam ich Heimweh nach dem Meer, nach dem Freien, Weiten. Die anderen lachten mich aus, weil ich mir die Berge höher vorgestellt hatte.*

Ist sie nicht selbst ihr größter Feind? Und was, wenn ihr Talent nicht genügt, wie dann weiterleben?

Im Kreis der polnisch-russischen Maler geht sie bald aus und ein. Einer hat oben in der Schule sein Atelier, am liebsten liegt er im Bett und spricht über Shakespeare, als sie es mit Malfreunden betritt: »*Entschuldigen Sie, dass ich liege in Bett, ich bin schrecklich krank, aber Sie sind ja freies Weib.*« Das sind die ersten Sätze, die der Mann an sie richtet, der ihr bald wie ein Vater ist, ein richtiger Vater, mit richtiger Vaterliebe, weshalb sie ihn auch Onkel nennt. Sie wird ihm einmal den literarischen Decknamen Zarek geben.

Zarek spricht vorzugsweise so mit ihr: »*Kind, bist du ungeschickt*«, sagte er, »*hast Hände, wo alles fallt heraus. Wirst du miserable Hausfrau*«, eine Perspektive, gegen die sich die Angesprochene entschieden verwahrt. Überhaupt finden es alle sehr possierlich, dass sie verlobt ist. Wer zur Kunst gehört, verlobt sich nicht.

Zareks Atelier steht fast immer offen; oft wird der Abend hier eingetrunken, obwohl der Hausherr sich meist leidenschaftlich wehrt: »*Seid ihr alle besoffen, pfui, liebe ich nicht Bacchanal.*« Und wenn Fanny zu viel getrunken hat, rät er Näherungswilligen: »*Lass ihr – muss ich hüten bezechtes Kind.*«[3] Sofern einer Geld hat, ziehen die Maler der Zukunft irgendwann weiter ins Café, außerdem – es wird November – ist es dort wärmer. Das Café ist höchstwahrscheinlich das Café Luitpold, den Kaffeepalästen der Donaumonarchie nachempfunden, mit Wandgemälden, über die die Avantgarde allverzeihend lächelt, aber die Pracht, der Prunk ringsum, oder wie immer man das nennen will, sind doch von einer wohltätigen Wirkung auf die Seele. Wer arm ist, möchte das nicht auch noch spüren, nicht den ganzen Tag lang. Warum nicht schon ein wenig wie im kommenden Ruhm leben, mit Palmengarten und Tanzsaal?

Fast jeden Abend sitzt im Luitpold auch ein junger Mann, ein Jahr jünger als sie, den nicht schön zu finden auch den Übelwollendsten als Zeichen von Unaufrichtigkeit gilt. Von ihm stammt die bis heute bündigste Zusammenfassung dessen, was Schwabing damals war: »Vorort der Welt«. Nur die Uneingeweihten, die Alltagsfliegen, wie Fannys philosophischer Gewährsmann sagen würde, stellen sich bei dem Wort »Welt« die Welt vor. Nein, gemeint ist die vorfindliche Welt, auch nicht die Hinterwelt der Metaphysiker, sondern die allerschaffende, allvernichtende Welt, kurz, die dionysische Welt, aber so weit sind wir noch nicht. Und Ludwig Klages wäre nicht Ludwig Klages, würde er da nicht ein paar entscheidende Korrekturen und Konkretionen vornehmen, die sich gerade in ihm vorbereiten. Sitzt da in seiner ureigenen Latenzphase mit zwei Freunden. Er wird einmal eine Hauptrolle in ihrem Leben übernehmen, so wie sie in dem seinen, aber jetzt bemerken sie einander nicht.

Man hat gesagt, das Schwabing der Maler und das Schwabing des Geistes existierten nebeneinander, sie trafen sich nie. Vielleicht ist das richtig, sonst hätten beide bei ihrer ersten Begegnung zugeben müssen: Wir kennen uns doch! Aber sie kannten sich nicht.

Der Tisch der russischen und polnischen Maler steht also etwas weiter weg von dem der anderen, und an diesem Tisch spricht, es muss wohl Anfang November 1893 sein, der Gegner des Bacchanals und Hüter der Tugend der Jugend die folgende Warnung an einen Mitpolen, der sich neben die schlechte Hausfrau der Zukunft setzt. Der Gewarnte heißt im Buch Henryk Walkoff: *»Schaut sie aus wie ein Kind«, sagte Zarek zärtlich. »Walkoff, nimm dich in Acht vor Zuchthaus.«*

Der Klarname von Henryk Walkoff lautet: Adolf Herstein.

Anton Ažbe ist nicht der einzige Osteuropäer, der sich berufen weiß, über Leben und Tod zu richten, über Talent und Nicht-Talent. Adolf Eduard Herstein, geboren 1869, Fabrikantensohn aus Warschau, Kunstmaler, oberster selbstberufener Prophet Zarathustras, ist ebenso ein Menschenfischer, und ein Frauenfischer ist er auch. Er ermutigt die selbstzweiflerische Kandidatin der Malerei, ihm ihre Bilder zu zeigen, mit folgendem Ergebnis:

»Das taugt alles nichts«, sagte Walkoff …, »… es liegt nichts darin – gar nichts. Deine Arbeiten sind wie du selbst: du taumelst herum, fällst auseinander – ein Stück hierhin, eins dorthin.« Die Kunst habe nicht auf sie gewartet, erfährt Fanny-Ellen, nicht einmal sie selbst scheint auf sich gewartet zu haben! *Sie sah ihn an. Ja, wenn sie reden könnte, warum sie so war, so geworden – alles, was sie drückte – aber davon wollte er nichts wissen …*

»Hart sein, Ellen, nicht dies ewige Sichhingebenwollen. Nur in der Kunst, da gib dich ganz hin, aber im Leben halt dich zusammen. Ich will dein Freund sein, aber gerade deshalb mag ich dich nicht schwach sehen. Wenn ich dir helfen soll, darfst du kein Mitleid von mir wollen.«

Wer spricht da? Zarathustra ist ihr zu vertraut, um seine Stimme nicht zu erkennen, wenn er sie ruft: *»Wenn du keine Kraft hast mitzugehen, so bleib nur am Wege liegen. Ich will nicht der sein, der dich aufhebt und tröstet.«* Und dann lächelte er wieder, als wollte er sagen: »*Ich weiß schon, was an dir ist, aber zeig es mir. Hart sein, stark sein, dann zeig ich dir den Weg. Sonst ist es mir nicht der Mühe wert.*«

Gewöhnliche Sanftheiten, mit ihrer Schwäche kokettierende Jungfrauen wären kaum durch solche Worte zu binden, sie aber ist es, durch welche sonst?

Sie findet ihn hässlich, also interessant. Fast all ihre Nachmittage verbringt sie nun bei Adolf Herstein und bleibt noch, wenn die Modelle schon gegangen sind. Er *lehrte sie sehen*, heißt es in *Ellen Olestjerne*. Was für ein erschütternder Befund! Mit hartnäckigem Fleiß sei sie bisher ihrem Ziel gefolgt und doch im Nebel gegangen, *bis er ihn mit seinem Zauberstab zerteilte.*

Es ist natürlich, dass man Menschen, denen man sein Augenlicht verdankt, einen gewissen Einfluss auf sein Leben zugesteht.

Das fällt auch anderen auf, sogar den Polizeispitzeln. Polizeikommissär Julius Göhler, der einst in Berlin Philosophie studiert hatte, um auf seinem späteren Lebensweg der Einsicht zu folgen, dass streng betrachtet kein Mensch einen Philosophen braucht, einen Polizisten dagegen schon; Julius Göhler also denkt manchmal mit einer leichten Sentimentalität an seine Anfänge zurück. Warum sie nicht fruchtbar machen? Warum nicht in seiner Eigenschaft als Polizeikommissär die Menschen beobachten, die seine Einsichten erst noch vor sich haben oder für die es schon jetzt zu spät ist? Die Künstler sind ein zur Liederlichkeit geneigtes, aufrührerisches Volk; zumal auf die Polen und Russen gilt es, ein Auge zu haben.

Julius Göhler hat es. Bei dem Kunstmaler Adolf Herstein handele es sich um einen Polen, dessen Eltern aus Galizien nach Warschau kamen, wo er aufgewachsen sei. Er selbst, der Kommissär, habe Herstein als wissenschaftlich gebildeten, liebenswürdigen Mann kennengelernt, der auf seine Umgebung einen erstaunlichen Einfluss ausübte. Vor allem pflegte er Nietzsches Werke vor Publikum auszulegen, insbesondere den *Zarathustra*. Göhler glaubt mit an Sicherheit grenzender Wahrscheinlichkeit behaupten zu dürfen, Adolf Herstein aus Warschau habe sich selbst als »Übermenschen« gesehen und, derart legitimiert, eine

Art »autokratischer Herrschaft« ausgeübt: »Der Maler und Schriftsteller Otto Götze von Leipzig, die Schriftstellerin Franziska Gräfin Reventlow ... standen lange Zeit völlig unter seinem Einfluss. Letztere geradezu als willenloses Werkzeug seiner despotischen und sinnlichen Gelüste.«[4]

Werkzeug seiner sinnlichen Gelüste? Aber was weiß denn die Polizei von der Sinnlichkeit, einer Sphäre, in der jeder zum Werkzeug des anderen wird, falls die Sache gelingt. Und dass sie gelingt, kann ab 1903 jeder in *Ellen Olestjerne* nachlesen. Der Autorin ging eine Welt auf, und sie sah sich nicht berechtigt, eine solche Erfahrung im Entwicklungsroman ihrer selbst zu verschweigen: ... *und Sturmeswogen von ungeahnter Qual und ungeahnter Wonne brausten über sie hin, bis sie das Bewusstsein von allem verlor.*[5] Das ist wünschenswert eindeutig. Sollte die Autorin bereits *Die Geburt der Tragödie aus dem Geiste der Musik* gelesen haben, wäre ihr der Affekt bereits vertraut; der Verfasser hatte die Verwegenheit besessen, die ästhetische und die sexuelle, nun ja, Erfüllung in eins zu denken, das Dionysische eben. Und war der antike Gott des Rausches nicht ein Sachverständiger auf beiden Gebieten?

Mit Erstaunen registriert die Beglückte, dass das Erlebte nichts, aber auch gar nichts mit sentimentaler Romantik und Mädchenträumen zu tun hat. *Und jetzt lag sie mit weit offenen Augen da, ihr schien, als ob sie noch nie so deutlich gesehen hätte – das verwahrloste Atelier im dämmernden Abendschein – sein unschönes Gesicht mit dem wirren schwarzen Haar – und doch ... Es hätte mehr nicht sein können.*[6]

Am nächsten Tag in der Schule ist ihr, als müsse jeder ihr ansehen, wie sie die letzte Nacht verbracht hat, ihr Körper ist verstrahlt: *Sie ging im Traume, wie in einer ganz anderen Wirklichkeit – jetzt war der Schleier gerissen, der sie vom Leben und von sich selbst geschieden hatte, und was dahinter sich auftat, war nicht Enttäuschung, nicht Reue um etwas Verlorenes – es war, als wäre ihr ein großes Wunder geschehen, das ihr tiefstes Leben weckte.*[7] Werkzeuge sprechen anders.

Und ihr Verlobter? Wenn sie ehrlich wäre – und ehrlich ist sie –, müsste sie zugeben, sie hat ihn glatt vergessen. Walter Lübke hat nichts, aber auch gar nichts mit dem zu tun, was sie gerade in Anspruch nimmt. Lübke ist kein Tier, er ist ihr Verlobter und Hauptsponsor. Nur ab und zu, formuliert sie, *klang es wie eine ferne Mahnung an ihr Ohr.* Es ist bald Weihnachten, und Weihnachten kommt er sie besuchen, hier in München.

Ich muss ihm die Wahrheit sagen!, beschließt ihr Erst-Ich. Wie bitte willst du ihm das erklären?, fragt ihr Zweit-Ich.

Advent, frohe Erwartung. Nein, bange, bängste Erwartung. Und dann seine Wiedersehensfreude. Welches Recht hat sie, dieser unverstellten, arglosen Empfindung ins Gesicht zu schlagen? Sie haben sich monatelang nicht gesehen, und mit Erschütterung registriert die Fehlbare, dass dieser Mann sie liebt. Sie hatte ihn schon fast vergessen, oder nein, vergessen nicht, er war bloß zur Hintergrundannahme ihres Lebens abgesunken, zu seiner Grundgewissheit. Und er liebt sie. Das rührt sie, das nimmt ihr die Kraft. Nur dass sie in Walter Lübkes Gegenwart keine »Rosen brennen« fühlt »auf der Stirn«. Mit diesen Worten wird ein Dichter, den noch keiner kennt, einmal den Ausnahmezustand der Seele beschreiben: Stefan George. Sie wird ihm begegnen und ihm ein Denkmal setzen, das liegt noch weit voraus.

Gibt es ein Heimatrecht im Ausnahmezustand der Seele?

Und wenn, zu Weihnachten verlieren es alle, Weihnachten heißt Nachhausekommen, Rückkehr in elementare Geborgenheiten, und in der Gegenwart dieses Gerichtsassessors weiß sie immer, dass ihr nichts geschehen kann. Es gibt keinen weihnachtlicheren Mann als Walter Lübke. Und keine Rosen brennen ihr auf der Stirn. Wer sie fühlt, trägt die Dornenkrone. Der jetzt geboren wird, jedes Jahr wieder an diesem Tag, trägt sie stellvertretend für alle.

Nein, sie wird ihm nichts sagen, nicht jetzt.

Sehen lernen

Erst besuchen sie Lübkes Verwandten; Franziska schlägt vor, für die letzten zwei Tage ein Hotelzimmer zu nehmen. Was das bedeutet, ist klar: Sie werden die Nacht zusammen verbringen, die erste. Ihm muss es als größtmöglicher Vertrauensbeweis erscheinen, wie ein vorauseilendes Ja!Ja!Ja!-Wort. Für seine Braut ist es zuerst und zuletzt eine Frage der Gerechtigkeit. Wer mit einem Fremden schläft, mit dem eigenen Verlobten aber nicht, ist ein Monstrum. Und etwas neugierig ist sie wohl auch, wird sich ein Gerichtsassessor anders anfühlen als ein galizischer Genius?

Bald weiß sie, dass es gar keinen Grund gibt, einen von beiden aus ihrem Leben auszuweisen. Sie sind so grundverschieden, sie sind die idealen Ergänzer: *In ihrem Gefühl war nichts, was dem widersprach, mit beiden das Leben zu teilen, weil jeder ihr etwas war, was der andere nicht sein konnte.*[8] Schade, dass sie mit Lübke nicht darüber reden kann, dabei hält er sich für einen absolut vorurteilsfreien, frei denkenden Menschen.

In aller Winterfrühe bringt sie ihn zum Bahnhof. Auf dem Nachhauseweg denkt sie an die Neujahrstage früher, an die guten Vorsätze für das neue Jahr. Aber welcher Vorsatz dürfte in ihrer Lage noch den Anspruch auf das Prädikat »gut« erheben?

Der polnische Autokrat hat München über die Feiertage verlassen und ist noch nicht zurückgekehrt. Sie beschließt, nicht zu denken, sondern zu arbeiten. Der junge Apokalyptiker, den sie im Café Luitpold noch lange nicht bemerkt und der nicht müde werden wird, den Untergang der Menschheit vorauszusagen, würde ihr beipflichten: »Der verhältnismäßig natürlichste und darum glücklichste Zustand des Gegenwartsmenschen ist die Arbeit im DIENSTE DES WERKES, also aus LUST AN DER LEISTUNG, mit festlichen Räuschen in rhythmisch einzustreuenden Pausen. Solche Arbeit nämlich ist eine Form der Passion.«[9]

Wer in Passionen lebt, muss nicht viel essen, denn er gehört dieser Welt nur noch zum Schein an. Sie isst bloß noch zweimal in der Woche in einer kleinen Garküche, Lübkes Geld reicht nicht ganz, auch konnte sie noch nie gut mit Geld umgehen, sie merkt immer nur schmerzlich, wenn keins mehr da ist. Dass sie mehr braucht, wollte sie ihm nicht sagen, da er es ohnehin am liebsten gehabt hätte, sie wäre gleich mit ihm zurückgefahren. *Von Woche zu Woche musste sie auf neue Ersparnisse sinnen, nahm sich ein ganz kleines Zimmer, wo kaum das Bett Platz hatte, der kostspielige Morgenkaffee wurde abgeschafft –.*[10]

Außerdem ist sie nicht die Einzige, die hier hungert. Auch die meisten polnischen und russischen Maler leben in und von der Passion. In *Ellen Olestjerne* liest sich das so: *12. November. … Walkoff hat meine Studien in die Hand genommen, und ich lerne viel durch ihn, muss ihm alle meine Zeichnungen bringen. Es scheint, dass sie sämtlich nichts zu essen haben – wenn einer etwas Käse mitbringt, gibt es einen Aufruhr. Aber so habe ich noch nie über Kunst sprechen hören.*

Der Polizeiberichterstatter findet heraus, dass Hersteins Fabrikanten-Eltern ihm monatlich 240 Reichsmark schicken. Er lasse »die Reventlow, die geradezu Hunger litt«, jedoch in dem Glauben, dass er »völlig arm und verfolgt sei«. Das aber ist nur Vorsicht. Wer nichts hat, muss nichts abgeben. Er isst im Verborgenen.

Und dann ist der falsche Hungerkünstler zurück, und die Frau mit den zwei Männern erkennt ihre Lage. Sie hat kein Talent, ihm aus dem Weg zu gehen, weder vor noch hinter der Staffelei. *Sie wusste jetzt auch, dass die Liebe kein Sommerglück sein konnte, kein jubelndes Aufgehen in dem anderen – nichts von alledem, was sie früher darin finden wollte.* Sie war vielmehr eine Art Spiel mit der Vernichtung; ein Freund des Kulturpessimisten aus dem Café, Alfred Schuler, entwickelt aus solchen Wahrnehmungen gerade eine ganze Weltanschauung, nämlich die »polare Weltanschauung«, und die Urpolarität ist nun einmal die zwischen Mann und Frau.

Es gibt keine unkomfortablere Existenz als die eines Poles, ein Pol ist kein Subjekt, noch schwieriger ist die Existenz eines latent hungernden Pols, der immer häufiger von Schwindeln heimgesucht wird. Als sie erkennt, dass diese Schwindel nichts mit ihrer Ernährungslage zu tun haben, öffnet sich die Erde unter ihr und der Himmel über ihr, beide zugleich. Es ist eine fast tödliche

Angst, in die sich immer wieder ein Jubel mischt: ein Kind, ein Kind von ihm! Das ist sie, die Entscheidung. Sie kann den Hamburger Gerichtsassessor nicht heiraten, sie muss es ihm nur noch mitteilen, jetzt gleich. Dabei liebt sie ihn sogar, doch auf eine viel sanftere, sagen wir, apollinische Weise. Oder sollte sie erst den werdenden Vater unterrichten? Dass der sie nicht heiraten will, weiß sie. Das schätzt sie. Aber wird er ihr Kind wollen?

Der Wiedergänger Zarathustras erblasst vor der Nachricht seiner Vaterschaft. Er erblasst nicht vor Freude, das erkennt sie genau, Freude hat sie wohl auch nicht erwartet. Die Kinder eines Malers sind seine Bilder, glaubt Herstein. Und ein Kind zu bekommen heißt zu verbürgerlichen. Wer dürfte das von einem bekennenden Nicht-Bürger fordern? Doch vielleicht etwas mehr Teilnahme, etwas mehr, wie soll sie das sagen, existenzielle Ergriffenheit? Sie sagt, dass sie Walter jetzt schreiben werde, sie hätte es längst tun sollen. Und dass ihm, Adolf Herstein, aus ihrem Entschluss keine Verpflichtungen erwachsen würden. Sie würde für sich und das Kind sorgen. Sie fühlt sich fast so mutig, wie ihre Worte klingen. Der Prophet zögert, er schlägt vor, nichts zu überstürzen. Er spricht auf sie ein, wie man zu einem Kind spricht. Sollte sie sagen: Deeskalierend? Mütter sind zu allem fähig, das ist Biologie. Aber was hat er, Adolf Herstein, mit der Biologie zu schaffen, wenn sie das Hirn erreicht?

Dem Nicht-Vater in Hamburg fällt auf, dass er schon länger keine Post mehr bekommen hat. Dabei schreibt sie ihm täglich: An jedem neuen Morgen wirft sie den Brief vom Vortag weg und beginnt einen neuen. Sie hat kein Geld mehr. Aber kann sie denn einen Ich-bekomme-ein-Kind-aber-nicht-von-dir-Brief nach Hamburg schicken und zugleich um Geld bitten?

Es gibt folglich nur einen Ausweg. Sie lässt alle begonnenen Briefe an ihren Verlobten in ihrem Zimmer liegen, er wird sie finden, er wird begreifen, dann, wenn er die verhinderte Absenderin nicht mehr finden wird. Und jetzt geht sie zu Herstein, um von ihm Abschied zu nehmen, aber das wird nur sie wissen, er wird nichts bemerken außer ihrer großen Ruhe. Dafür wird er sie loben. Selbstentleibung mit Kind. Es ist der einzig gerade, ihrer würdige Weg, aus dieser Situation herauszukommen. Es ist kein Ausweg für eine Lebende, gar für zwei Lebende; manchmal gibt es nur Auswege für Tote.

Aber sie hat Adolf Herstein unterschätzt. Ihre Abgeklärtheit ist ihm verdächtig, er errät ihre Absicht. Ein Mutter-Kind-Suizid würde auch sein Leben zerstören, ob ihr das bewusst sei? *»Wenn du dir etwas antust, ist mein Leben mitzerstört und seines auch.«*[11] Er spricht von ihrem Verlobten, von dem Mann, der sie liebe, sagt der Mann, den sie liebt. Sie sieht das augenblicklich ein. Sie war egoistisch, das nicht bedacht zu haben, sie möchte nichts Schweres über ihn bringen. Also gibt es wieder keinen Ausweg. Doch, den gibt es, weiß der Schüler Zarathustras, der Lehrer des »Übermenschen«: *»Du musst ihn heiraten, … es bleibt nichts anderes übrig.«*

Auf diese Lösung wäre sie nie gekommen: Sie heiratet mit dem Kind des Mannes, den sie liebt, unter dem Herzen den Mann, von dem sie kein Kind bekommt und den sie nicht liebt oder doch ganz anders, viel ruhiger. Herstein ist wie ein Sturm, Lübke wie ein Hafen. Warum kann man nicht Sturm und Hafen zugleich haben? Sturm im Hafen also? Doch das ist wohl kein zuträglicher Modus der Existenz. Und es ist schon wahr, ein eingefangener Sturm ist kein Sturm mehr; Herstein hat ihr nie etwas versprochen.

Aber sie muss ihm versprechen, am Leben zu bleiben und statt des Abschiedsbriefes einen ganz anderen, einen Ich-komme!-Brief nach Hause zu schicken. Sie verspricht es. Sie geht zu dem Mann, der wie ein Vater zu ihr ist, sie geht zu Zarek: *»Sagen Sie, Fräulein, was ist mit dem Kind?*, fragt er eine Freundin. *»Geht sie herum wie ein Geist, lacht nicht mehr und fällt um jeden Augenblick.«* Doch bald ahnt er etwas: *»… ist sie bald verheiratete Frau mit Baby auf dem Arm und Kochlöffel in der Hand. … Kommt sie nie wieder und vergisst uns alle.«*

Sie gibt den Brief nach Hamburg auf die Post. Am letzten Tag kommt der namenlos erleichterte Mann des Sturms zu ihr, sieht sie packen und äußert die Sorge, dass sie ihn vielleicht einmal hassen werde. *»Nein«, sagte sie noch einmal, »du hast mir zu viel gege-*

ben ... – das vergesse ich nie. Von dir hab' ich erst die Seele, vorher hatte ich keine. ... Du hast mir doch oft gesagt, dass es auf das Leben nicht ankommt, ich meine darauf, wie man äußerlich lebt – wenn man nur die Kunst hat. Es kommt ihr vor, als hätte sie das ohne ihn vielleicht nie begriffen.

Er sagt ihr, dass er nie mehr eine Frau treffen wird wie sie. Er gibt seiner Hoffnung Ausdruck, dass sie das, was sie tut, nicht nur für ihn tut, sondern auch für sich selber. Mag sein, sie lächelt.

Er bringt sie zum Bahnhof, Adolf Herstein und ihr Leben bleiben auf dem Perron zurück. Es ist ihr Geburtstag, der 18. Mai 1894.

Heiraten

Auf dem Petersberge, 22. Mai 1895
Mein Hochzeitstag vor einem Jahr. Heute liege ich hier oben im Bett in meinem weißgestrichenen hellen Zimmer oben auf dem Berg, mit vier Fenstern auf den Inn und auf die Berge – und kann so ruhig an damals denken ...

... an dem Tage, o da war ich sehr stark. Meine Eltern und Geschwister verloren, von mir gestoßen, den verlassen, den ich geliebt hatte mit der Leidenschaft, die es unwiderruflich nur einmal im Leben geben kann, und nun mit dem Kind von ihm unter dem Herzen zu dem fremden Mann, den ich nicht geliebt hatte, mit dem mich nur ein flüchtiger Sommerrausch zusammengeworfen, von dem bei mir nichts, bei ihm eine Illusion von weiterem Glück zurückgeblieben war.[12]

Das notiert sie an ihrem ersten Hochzeitstag. Ein Jahr lang hat sie mit *dem fremden Mann* zusammengelebt, nun ist er kein Fremder mehr. Nun ist er die erste Heimat, die sie besitzt. Aber einmal wird Walter Lübke diese Blätter finden. Und er wird weiterlesen; sie ist eine unbarmherzige Chronistin, wie es die Pflicht der Chronisten ist: *Auf seine Illusion des Glücks und auf meine zerrüttelte, zerknackte Leidenschaft zu dem andern bauen wir unser Glück auf, lassen uns vom Standesamt und Priester zusammenschmieden.*

Auf dem Kopf trage ich Myrthenkranz und Schleier, und da sieht man gar nicht mehr, dass ich kurze Haare habe, und ich bin blass und habe große Augen und sehe brautmäßig aus und beinahe schön – denn ich habe mich lange im Spiegel gesehen, weil es mein zweites Ich sehr interessiert, wie das erste sich heut machen wird. Vor der Trauung war ich eine Stunde allein, oben, man muss der jungen Braut doch etwas Ruhe lassen, sich zu sammeln an diesem Tage. Und da hat sie auf dem Bett gelegen und noch einmal, zum letzten Mal so sinnlos über das Vergangene und über das Jetzt geweint – und in die Zukunft hinein, und so trostlos gleichgültig sogen die verschwiegenen weißen Bettücher den letzten verzweifelten Jammer ein.

Nur eine halbe Stunde, genau nach der Uhr, wusste ich, so, nun muss ich aufhören zu weinen, und wieder ordentlich aussehn und glücklich aussehn. Und dann kam der andere herauf, um mich zu holen.

Wie mag Walter Lübke diese Sätze lesen? Am eigenen Hochzeitstag »der andere« genannt zu werden, widerfährt nicht vielen. Fragt er sich, ob die Freiheit der Frau, die er so bejahte, nicht vielleicht doch ein Irrtum sei? Sein froher Mut habe ihr gutgetan, wird er lesen, *und ich wurde lustig und ein Witz über den andern, über den Derwisch, der uns trauen sollte, und über den Myrthenkranz und über alles mögliche.*

Und der fette, freundliche Derwisch mit seiner übermodernisierten Traurede. Und dann: Ich frage, dich, du Jungfrau etc., ob du diesem Mann folgen willst.

Und das fremde Kind in mir mit seiner ahnungslosen Gegenwart. Eine Art Freude in mir bei alledem, ein Stolz, so va banque zu spielen, so ganz allein und so ganz stark, die Kraft, die niemand ahnte, schwoll in mir empor. Fort comme la mort, jetzt für immer und nie mehr und nie wieder schwach. Die Stunde der großen Verachtung, in der alles brach, nur die Kraft nicht.

Sie heiraten in Berlin-Charlottenburg, Berlin ist die Heimatstadt des Mannes, den sie ab sofort ihren Mann nennen darf. Als könne man einen Menschen besitzen. Heiratet doch bei uns, am besten in Wulfshagen!, hatten Mutter und die Geschwister ihr schon im Januar nahegelegt, auch Ludwig. Sie denken an eine große Versöhnung, mit Catty als oberstem Fürsprecher.

In Wulfshagen! Auf Ludwigs angeheiratetem Gut! Sie will ihm

diese Ehe nicht vorwerfen, gerade sie nicht, ihre Motive, diesen Bund einzugehen, sind kaum lauterer. Aber vor einem Jahr wollte der Bruder sie noch entmündigen lassen. Nein, sie konnte sich ihre besten Feinde, auch Familie genannt, nicht auf einer so intimen Angelegenheit vorstellen, wie es eine Hochzeit nun einmal ist. Weder in Wulfshagen noch in Berlin. Die zu Reventlows sind so uneingeladen, wie man es nur sein kann.

Nur um Catty tut es ihr leid. »Wenn ich eine Ahnung hätte, wann die Hochzeit ist und wie lange Ihr in Berlin bleibt, würde ich Euch wohl morgen überraschen …« Er weiß es nicht, er wird es nicht erfahren. »Bitte bestelle Walther meine Glückwünsche«, trägt er der Braut am Tag vor der Hochzeit auf, und: »lebe wohl mein liebes Tier«.[13] Vor Cattys Augen könnte sie nicht bestehen.

Sie heiratet mit einer Lüge. Die Mitglieder des Ibsen-Clubs aber verabscheuen die Lüge, daran hat sich nichts geändert: *Lüge auf Lüge und so Weib, so feige und listig.*[14] Nein, sie ist kein Weib. Und ist es doch, ist es über alle Maßen, gemacht aus Falschheit und Verrat.

Es ist schon schwer genug, den Bankierseltern ihres Mannes ins Gesicht zu lachen.

Noch am Hochzeitstag sind sie zurück nach Hamburg gefahren, in die neue Wohnung am Erlenkamp 8. Sogar an ein Atelier hat er gedacht. Der Mann, der jetzt ihr Mann ist, beobachtet sie besorgt. Er weiß, sie ist keine, der man plötzlich einen Kochlöffel in die Hand geben kann, und sie würde den Löffel ansehen und ihre wahre Bestimmung erkennen. Sie ist ein seltenes Exemplar ihres Geschlechts, eher ein Wild- als ein Haustier, schwer zu zähmen, dafür liebt er sie. Er weiß um ihren Abscheu vor grauen Strickstrümpfen. Handarbeiten machen nur die, die das Leben schon hinter sich haben. Davon kann er nicht ausgehen.

Aber sie macht keine der Schwierigkeiten, mit denen er so fest gerechnet hatte. Noch sagen Ehemänner, wenn sie ihre Frauen loben wollen, sie seien gehorsam und gar nicht launisch. Lübke würde nie so reden, aber er kann es nicht leugnen: Seine Braut zeigt lauter Eigenschaften, mit denen er nie gerechnet hätte, nicht an ihr. Fügsamkeit und Sittsamkeit sind die höchsten Tugenden der Frau? Er würde nicht die Hand dafür ins Feuer legen, dass sie sie nicht besitzt.

Sie interessiert sich sogar für das inwendige Reich der grauen Strümpfe, den Haushalt, fragt immer wieder, ob sie ihm helfen kann. Seine Augen schmerzen oft, er soll ihr nur diktieren, sie schreibt gern für ihn. Nun gut, sie sind gerade drei Wochen verheiratet. *Eine kurze Zeit habe ich ihm Glück geben können, er war glücklich, und ich wollte mit meinem ganzen Willen, dass er glücklich sein sollte. Ich dachte, so meine Schuld wieder auszutragen.*[15]

Und schließlich ist da noch das Kind. Das Kind ist ihre Hoffnung, bald wird ihr Zustand nicht mehr zu verbergen sein. Sie fühlt keine Rosen mehr brennen auf der Stirn, es ist eine Dornenkrone, sie lässt sich nicht ablegen, nicht einen Tag, aber Lübke sieht sie nicht. Wie denn auch? Sie brennt von innen, zerreißt ihren Unterleib. Dabei sind es noch ihre Flitterwochen. Die Schmerzen gehen nicht mehr weg. Schwächere Frauen würden jetzt an das Nächstliegende denken: an die gerechte Strafe Gottes. Aber sie, das Kind Zarathustras, weiß nur, dass sie ihrem Mann jetzt erst recht nichts sagen kann, nicht so erpresst von Schmerzen. Der Mensch, so wie Zarathustra ihn will, redet frei. Der Mensch, wie Zarathustra ihn will, ist stark. Es gibt auch Genies des Leidens. Sie hat Angst um ihr ungeborenes Kind.

Am 14. Juni vor einem Jahr ist ihr Vater gestorben. Am 14. Juni abends sitzt sie an der Schreibmaschine, ihr Mann diktiert. Es ist gut, sich auf etwas anderes zu konzentrieren als auf das Stechen und Ziehen im Unterleib. Doch es wird immer stärker.

Sie schläft wohl allein in dieser Nacht, mag sein, sie begründet es mit ihrer Unruhe, dass sie immer wieder aufstehen und ein wenig gehen müsse und ihn nicht stören wolle. Und dann greift das *Entsetzen* nach ihr, so übermächtig, *dass sie glaubte, ihre Haare müssten weiß werden oder eine sichtbare Spur in ihren Zügen zurückbleiben.*[16]

In der Nacht des 14. Juni, am Todestag ihres Vaters, verliert sie das Kind. Ihr Mann bemerkt nichts. Doch die Schmerzen bleiben; erst Tage später lässt sie einen Arzt rufen, nachdem Lübke gegangen ist. *Als sie wusste, dass der Arzt schweigen würde, kam zum erstenmal eine tiefe dumpfe Ruhe über sie. Lange Tage lag sie nun schwerkrank in dem halbdunklen Zimmer*[17].

Ein Frauenleiden, erklärt der Arzt ihrem Mann, nicht ungefährlich. Lübke bleibt fortan neben ihr mit einer Fürsorglichkeit, die sie unter den Talenten der Männer kaum vermutet hätte. Er hatte ja nichts gewusst. Er weiß noch immer nichts. Es ist eine *fast mütterliche Liebe*, mit der er sie umgibt, ausdauernd, nie nachlassend, wie solche Lieben sind. Langsam begreift sie, dass sie gerettet ist. Und das verdankt sie einem Mann, ihrem Mann!

Sie muss noch lange liegen. Das Tagebuch: *Und das Leben bei ihm war so weich, so warm, so ruhig, so gut. Es war so gut, einmal so geliebt zu werden, wie ein krankes Kind. Er hat eine große gute Seele und ist stark und hat ein weiches Herz wie ein Kind. Er ist wohl der erste Mensch, vor dem ich eine unbegrenzte Achtung habe, den ich nie schwach fühle.*[18]

Auch das wird der spätere Oberbürgermeister von Bad Homburg einmal über sich lesen.

Wenn sie aufstehen kann, geht sie in ihr Atelier und malt. Oder sie schreibt: kleine Feuilletons für die *Husumer Nachrichten*. Der Mensch, wie Zarathustra ihn will, ist ein Schaffender. Das schon, müsste Zarathustra jetzt einwerfen, aber der Schaffende ist keine Frau, er ist ein Mann. Eine Frau ist folglich die Frau des Schaffenden. Aber das hieße, sie müsste Abschied nehmen von sich selbst. Kann Zarathustra Menschen wünschen, die Abschied nehmen von sich selbst? Oder will sie nur die Trauer um ihr verlorenes Kind übertönen, die einzige Trauer, die sie nicht mit ihrem Mann teilen kann?

Die Frau ist kein Sein-für-sich, sie ist ein Sein-für-andere, sie spürt sich nicht, sie kommt sich nicht entgegen, folglich kann sie auch nicht Abschied von sich nehmen. Glaubt Zarathustra. Sie wird das auch einmal glauben, tendeziell. Und sie gibt schon jetzt zu, dass es schwer werden könnte. Nicht zuletzt für Lübke.

Es gibt nicht viele Männer, auf die zu Hause statt einer Hausfrau eine schriftstellernde Malerin wartet. Aber wartet eine Malerin überhaupt? Eine Malerin malt. Sie könnte eine Erzählung über die Zukunft ihres Mannes schreiben. Sie könnte in ihre gemeinsame Zukunft schauen. Nichts in ihr neigt zum Übermut, aber sie klingt anders. Ein Autor ist kein Weib; er darf nicht heulen und klagen. Er hat die Pflicht, seine Misere in eine gewinnende Form zu kleiden. Das Stück heißt *Meine Frau ist Malerin.*

Der Erzähler ist ein Ehemann am Rand seiner Nerven, frühmorgens geweckt vom Modell seiner Frau, doch es ist kein anmutiges junges Mädchen, das da vor der Tür steht, sondern eine verhärmte Alte. Die braucht die Malerin für ihr »soziales Nachtstück«, ebenso wie ihre eigenen Kinder. Elendsursprünglich, zerlumpt und rußbeschmiert posieren sie als Anklage der Gesellschaft, zur Reglosigkeit verurteilt über Stunden, und wollen nachher nur noch ins Bett. Haushalt, Leben, Kinder, Mann und Pinsel geraten außer Kontrolle.

Und doch, das Launige täuscht, ihr Leben lebt nicht. Sie ist nicht begabt für ein gutes Leben. Ist Ruhe nicht eine Vorform der Todesstarre?

Oft ist ihr, als bewege sie sich hinter Glas, sie liegt schlaflos in den Nächten, geht an den Tagen umher wie betäubt. Auch ihre Sinnlichkeit ist unauffindbar, das beunruhigt sie. Und doch: *eine stille, tiefe Liebe zu ihm, aber das ist wieder sonderbar, dem ich nicht Geliebte sein kann. Ich könnte mit ihm leben, meine Gedanken, mein Streben, all das mit ihm teilen, wie mit keinem andern, und meine Sinne, meine Leidenschaften ihm gegenüber schwiegen, und was das Verhängnisvolle für unser Zusammenleben ist, sie gehen andern nach … Er muss es oft empfunden haben, dass ich kalt war, und doch weiß er, dass ich sehr sinnlich bin. Dieses Jahr hat er das alles auf meine fortwährende Krankheit geschoben*[19].

Überall ist sie, nur nicht bei sich, und auch wenn der Tag besser beginnt, will das manchmal nicht viel heißen: *Gut geschlafen, erfrischt aufgewacht, nachher wieder stumpfsinnig, eine halbe Stunde gegangen, schweres nebliches grauweißes Tauwetter. Das Gehen macht mir Mühe, schwindlich in den Beinen, trotzdem will ich mich jetzt dazu zwingen, damit meine Nerven nicht verrückt werden.*[20]

Sie ist sich selbst eine Last, unter der bricht sie noch zusammen, das bemerkt auch der fürsorgliche Hamburger Gerichtsassessor und künftige Bürgermeister von Bad Homburg. Was könnte ihr helfen, wieder ganz gesund zu werden? Sie weiß nur eine Antwort: München! Noch ein Jahr dort malen dürfen!

Walter Lübke stimmt zu; er liebt seine Frau; wie könnte er etwas nicht wollen, was sie will? Und bezahlen muss er auch.

An ihrem Geburtstag ist sie aus München weggegangen; an ihrem Geburtstag will sie zurückkehren. Sie zählt die Tage. Immer wenn sie Mut fasst, stellt sie Zeitpläne auf. Ein halbes Jahr werde sie noch an ihre Maladität verlieren: *Dann bin ich 24. Bis ich 30 bin, 6 Jahre. Dann muss ich etwas können und ein Kind haben. Bis dahin jährlich ein halbes Jahr in M. Wenn das Kind 1–2 Jahre alt ist, ein Jahr nach Paris, bum, bum!*[2] Das notiert sie am 20. Februar 1895.

25. Februar: *Starke Schmerzen, muss ganz krumm und vorsichtig gehen. Es bleibt den ganzen Tag so. Sonderbar, dass die akuten Schmerzen mich lange nicht so nervös machen, wie die weniger heftigen, beklemmenden.*

4. März, ein Tag der nüchternsten Selbstanalyse als Literaturkritik, ins Anthropologische gewendet: *Sehr elend. Morgens mit nervösen Angstgefühlen und Einbildungen drei Stunden wachgelegen, nachher ausgeschlafen.*

Flaubert (Madame Bovary)

Es gibt Gemüter, die nie zur Ruhe kommen, die abwechselnd des träumerischen Sinnens und des kräftigen Wirkens, der reinen Leidenschaften und der ungezügelten Genüsse bedürfen und die darum jedes phantastischen Schrittes, jeder Torheit fähig sind. Gute Aussichten sind das nicht. Irgendwann am selben Tag beginnt sie den nächsten Eintrag. Diesmal macht sie etwas, was Autoren von Tagebüchern fast nie tun: Sie spricht ihren Mann an, sie sagt »du« zu ihm, im Tagebuch. Dieser Text ist wichtig genug, um seinen Anfang fast ungekürzt wiederzugeben, und ohne das Selbst, das sich da ausspricht, zu unterbrechen:

Es dauert nicht mehr lange, so gehe ich fort von dir, und wie wird es dann sein, wie werden? ... Wie ich mich zum ersten Mal von dir trennte, um nach München zu gehen, da wusste ich nicht, ob ich zu dir zurück-

kehren würde, ich hatte in den furchtbaren Jahren mein Selbst verloren, ich war mutterseelenallein, ich hatte weder dich noch sonst irgend jemand.

Jetzt gehe ich wieder fort und lasse zum ersten Mal eine Heimat hinter mir.

Und vor mir zwei Möglichkeiten. Entweder Krankheit und Auflösung von allem oder ein starkes Leben für mein Ziel. Wenn aber etwas aus ihr werden sollte, dann habe sie es genau drei Menschen zu danken: sich selbst, Lübke und dem anderen. Sie erklärt ihrem Mann im Tagebuch, was sie ihm nicht ins Gesicht sagen kann: *Dir werde ich es danken, wenn ich wieder werde arbeiten können, und alle deine ganz große Liebe, die mir Ersatz war für die ganze Einsamkeit und Heimatlosigkeit, für alle, die ich verloren habe.*

Ihm danke ich, dass ich mein Selbst, meine Kraft wiedergefunden habe, er hat mich davor bewahrt, mich selbst zu zerfleischen. … Danke du ihm auch, denn wenn ich ihm nicht begegnet wäre, wäre ich dir nie das geworden, was ich dir bin.

Du hast ein großes Herz, du kannst keine Eifersucht empfinden, denn was du mir gewesen bist, warst du mir, du ganz allein, und was er mir war, das konnte eben nur er mir sein. Er war mein Freund, wie Zarathustra ihn will.[22]

»Es war meine eigene Geschichte, die ich dir gestern erzählte«

Und dann fährt sie los, auf den Tag genau ein Jahr nach ihrer Abreise. Walter Lübke wird in wenigen Wochen nachkommen, einen Urlaub lang. *Als sie den ersten Morgen im Hotel aufwachte und durch die wohlbekannten Straßen ging, kam wieder das alte jubelnde Lebensgefühl über sie, als ob sie eine andere Luft atmete, in der so viel Leichtes, Frohes, Junges lag.*

Ihr erster Weg führt sie zu Zarek, dem polnischen Maler, dem Shakespeare-Exegeten, ihrem Ersatz-Vater, der seine Mahlzeiten mit ihr geteilt hatte, keine Bacchanalien schätzt und doch *das bezechte Kind* hütete, wenn es nötig war. Es war so, als wäre sie nie fort gewesen, sie tanzten durch sein Atelier: »*Sag mal, Kind, bist du denn wirklich geheiratet? – Glaubt es niemand. Weißt du noch, wie alte Tanten in der Schule sagten: Der Mann muss Mut haben. Dachten alle, würde dein Mann dich nach vier Wochen zurückschicken.*«

Sie hört, dass Adolf Herstein mit einer Frau zusammenlebt, wahrscheinlich verrät kein Lidschlag, dass diese Nachricht sie näher angeht. Oder müsste sie sagen: *anging?* Mit ihrem Kind, so glaubt sie, starb auch ihre Liebe. Und dann, Tage später, steht sie doch vor Adolf Hersteins Tür. … *sie wollte ihn wiedersehen, vielleicht nur dieses eine Mal noch … ihm noch einmal in die Augen sehen und ihm sagen, dass sie nicht unterlegen und zerbrochen war.* Sie weicht seiner Umarmung aus, erklärt, dass sie nicht zu ihm zurückgekehrt sei, sondern nach München und zur Malerei.

Der Roman sagt es so: *Beide schwiegen eine Zeitlang, sie suchte etwas von ihm wiederzufinden, von dem alten Zauber, der einstmals von ihm ausgegangen war, – ging im Atelier herum und sah seine Bilder an … In der Ecke stand eine größere Leinwand – eine schwarzhaarige Frau mit dem Kind an der Brust, einem ganz kleinen Kind, das beinah formlos aussah, wie kaum zum Leben erwacht – Ellen erkannte das Gesicht.*

»*Ist es nicht die Anna, die uns damals Modell stand?*«

Das Tagebuch: *Ich hatte den wieder gesehen, von dem das Kind war, auch das vorbei, die ganze Leidenschaft einfach vorbei, und es hat sich in einer furchtbaren Last von mir heruntergerungen als Antwort auf seine Frage: Nein, es ist vorbei, ich liebe dich nicht mehr. Kein Vorwurf und keine Reue, das weißt du, aber eben überhaupt nichts mehr.*[23] Wie schade, er wäre wieder offen für sie. Durfte er denn damit rechnen, dass sie jemals wiederkäme?

Was folgt für eine Frau in solcher Situation? Wäre das Naheliegendste nicht ein plötzliches Innewerden dessen, was man besitzt? Wer den Irrtum erkennt, erkennt der nicht auch das, was Wert hat? Es entbehrt nicht einer psychologischen Folgerichtigkeit, und vielleicht darf man behaupten, dass »das Weib« in seiner es kennzeichnenden Schwäche, wie Friedrich Nietzsche sagen würde, so und nur so reagieren würde.

Fanny Liane Wilhelmine Sophie Auguste Adrienne Lübke, geborene Gräfin zu Reventlow, jedoch zieht eine andere Konsequenz, nicht im Roman ihres Lebens, sondern in diesem selbst: *Dann bin ich hingegangen zu einem andern, heiß und fröhlich, mit Weinlaub im Haar ... Und dann hat er alles dunkel gemacht und ist zu mir ins Bett gekommen, und unsere Körper, die sich vorher nie gesehen hatten, umschlangen sich ... Am Morgen sind wir aufgewacht und haben uns gesehn, und dann neue Lust, frische, kräftige, morgenfrühe Lust. Und dann noch eine Nacht.*[24]

Auch dieses erotische Protokoll wird Walter Lübke einmal lesen. Und beim Überfliegen der nächsten Einträge dürfte ihm kaum wohler werden: *13. Juni. Wieder und wieder im Venusberg. Alles, was an Sinnlichkeit und Leidenschaft in mir ist, wie im Sturm aufgewacht.*[25] Immerhin ist es wohl noch immer derselbe Mann. Auch Herstein erfährt davon, er möchte sich gern wieder mehr engagieren, aber sie weist ihn ab. Am 14. Juni kehrt der Todestag ihres Vaters wieder, an dem sie vor einem Jahr auch ihr Kind verlor. Mit Schrecken denkt sie daran, dass sie in wenigen Tagen wohl auch das Einzige verlieren könnte, nein mit Sicherheit verlieren wird, was ihr geblieben ist: die Liebe ihres Mannes. Denn dass sie ihm alles sagen wird, wenn er kommt, alles, das hat sie sich geschworen.

Sie fahren gemeinsam in die Berge, nach Neubeuren. Das Tagebuch schweigt, es schweigt mehr als drei Wochen lang. Es sind drei frohe Wochen. Das Glück schreibt nicht, es neigt nicht zur Mitteilsamkeit, es ist. Das ist ihm genug.

Am 6. Juli 1895 fährt Walter Lübke fort, er geht so ahnungslos, wie er kam. Er weiß noch immer nicht, welche Frau er seine Frau nennt. Sie hat es nicht gekonnt. Wenn irgendetwas in ihm vorbereitet wäre auf das, was er erfahren soll, wäre es leichter gewesen. Sie wird noch in München bleiben. Solange sie nicht bei ihm ist, ist es leichter, mit der Lüge zu leben.

Das Jahr, das nun folgt, bleibt eigentümlich stumm. Keine Zeugnisse, fast nichts. Sie verbringt es zwischen Hamburg und München, im Sommer soll sie endgültig nach Hause zurückkehren, so ist es verabredet.

Sommer 1896. Sie packt ihre letzten Sachen. Lübke holt sie ab, aber vor der Heimreise fahren sie nach Bozen, zum Abschluss ihres Münchner Jahrs. Sie verliert Tag um Tag, ihm zu sagen, was er erfahren muss. Und doch wird sie ihm nur nach Hamburg folgen, wenn er weiß, wer sie ist. Und wenn er sie dann noch mitnehmen will. Diese beiden Zeitrechnungen bringt sie nicht zusammen. In einer Bozener Gewitternacht erzählt sie ihm schließlich die Geschichte einer Freundin, so voller Blitz und Donner wie das Wetter vor der Tür. Das macht es leichter. Und es ist weiß Gott nicht einfach, als Gewitterwolke zu leben, mit diesen ungeheuren, entladungssüchtigen Spannungen in sich. Lübke kann zuhören, er versteht alles, sogar Gewitterwolken, sie reden.

An ihrem letzten Tag hat sie alldem nur noch einen einzigen Satz anzufügen, einen Satz, der ihr Leben in zwei Teile spalten wird, sie weiß es wohl, aber sie hofft es anders: ... *es war meine eigene Geschichte, die ich dir gestern erzählte.*[26]

Madame X.

... es war meine eigene Geschichte, die ich dir gestern erzählte. – Dieser eine letzte Satz hatte wie eine Wand vor ihr gestanden, er war die Zeitenscheide, dahinter konnte sie nicht sehen, auf das Danach war sie nicht vorbereitet.

Sie ist allein. Sie steigt in den Zug nach München, schafft es mit fremder Hilfe in ein Hotel. Sie kann ihre Seele nicht wiederfinden, ihr Unterleib explodiert. Warum jetzt? Will er die Raserei ihres Hirns beenden durch eine andere? Man bringt sie ins Josephinum. Fieber, Operationen. Zu lange war sie nach ihrer heimlichen Fehlgeburt unversorgt geblieben. Irgendwann die Frage der Ärzte, ob sie einverstanden ist mit einem sehr schweren Eingriff, für dessen Ausgang sie nicht garantieren können. Sie ist einverstanden. Freunde kommen sie besuchen, so als wäre es Zeit, sich nun von ihr zu verabschieden. Als sie wieder aufwacht, und sie ist längst nicht sicher, ob sie das möchte, fällt der erste Schnee.

Als sie das Krankenhaus verlässt, geht sie am Stock wie eine alte Frau. *Und wo mich Bekannte sehen, dies Erstaunen – man hat ja immer nur gehört: mit der ist's aus. Es kommt mir beinahe vor, als wären sie enttäuscht, wenn einer wieder aufersteht von den Toten. – Und diese endlosen Fragen, warum ich noch immer hier bin, nicht bei meinem Mann.*[27] Sie nimmt sich ein kleinstmögliches Zimmer, wenn sie selbst darin ist, ist es überfüllt, doch auch kleinstmögliche Zimmer, ein Feldbett, ein Tisch, müssen bezahlt werden. Sie hört nichts mehr von ihrem Mann, er schickt noch etwas Geld, doch davon kann sie ein Vierteljahr Krankenhaus nicht bezahlen.

Ihr nächster Gefährte ist der Stock, sie nennt ihn den Stab *Wehe.*

»Entsetzlich blaß und klapperig« erscheint sie im Langen-Verlag, um nach Arbeit zu fragen. Erschüttert besieht Albert Langens Stellvertreter Korfiz Holm die Autorin, die in der soeben gegründeten neuen Zeitschrift des Verlags schon zwei Stücke veröffentlichte. Die Zeitschrift heißt *Simplicissimus*, bald wird ihr Name nicht mehr überhörbar sein; die Geschichten der derangierten Autorin heißen *Vater* und *Wahnsinn.*

Die Themenwahl weist auf einen Hang der Rekonvaleszenten zum seelischen Martyrium; seit ihrer frühen Jugend verfolgt sie die Ahnung, eine Anlage zum Wahnsinn zu haben, diese Furcht ist nicht geringer geworden in diesem Jahr. Aber leibliche Martyrien sind kaum leichter zu überstehen. Korfiz Holm erkundigt sich nach ihrer Unterkunft der letzten Monate, nach dem Josephinum. Sie könne diese Einrichtung nur empfehlen, antwortet die junge Frau am Stock, man brauche nie aufzustehen, sie habe glatt vergessen, dass sie Sorgen habe, »zu halben Leichen wäre alle Welt sehr nett, und die Gerichtsvollzieher hätten keinen Zutritt in dies Friedensland«. Das ewige Bauchaufschneiden und Zusammennähen hingegen sei sehr monoton, weshalb sie den Arzt gebeten habe, sie nächstens mit Druckknöpfen statt mit Nadel und Faden zu verschließen. Albert Langens Stellvertreter ist beeindruckt. Keine Klage. Verrät sich ihre Herkunft in der Unfähigkeit, Schwäche zu zeigen, in der Entschlossenheit, nicht die Contenance zu verlieren, dem eigenen Schicksal mit Hochmut zu begegnen?

Vielleicht hätte es Korfiz Holm auch beeindruckt, wüsste er, welchen Weg die junge Frau am Krückstock nun beschreitet, um ihr größtes finanzielles Desaster zu beheben. Viele gingen ihn vor ihr, in letzter Not. Sie aber kommt erhobenen Hauptes. Letzte Wege sollte man nie anders zurücklegen.

Sie geht zu Madame X., sie geht ins Bordell.

Madame X. führt den Salon B. Frauen, die am Stock gehen, beschäftigt ihr Institut gewöhnlich nicht. Zu ihr kommen gut situierte Männer, die in anspruchsvoller, leicht frivoler Atmosphäre nicht nur Erholung von den Zumutungen ihres Berufsalltags suchen, sondern auch von ihren Ehefrauen. Der Salon ist ein Etablissement der gehobenen Art. Ihre aristokratische Erziehung sollte also doch nicht ganz umsonst gewesen sein. Sie beherrscht die Formen, ist wünschenswert gebildet und distanziert zugleich, eine anregende Gesellschafterin, sie könnte eine ganze Nacht durch nur Französisch sprechen. Und zuletzt kommt es im Bett überhaupt nicht darauf an, wie gut eine zu Fuß ist.

Sie stellt sich als verheiratete, erotisch unterforderte Nürnbergerin vor mit starkem Bedürfnis nach finanzieller Teilselbstständigkeit. Madame X. ist der Ansicht, dass die Neue eine Chance verdient hat, für die Garderobe sorge sie. Später wird sie dem Neuzugang geradezu Naturtalent bescheinigen.

Amor fati!, lehrt Zarathustra. Auch ist es im Salon viel wärmer als in ihrer Kammer, das Interieur stimmt sie zuversichtlicher, und sie mag Männer, sie mag auch die Lust der Männer. Gott sei Dank begegnet sie keinem ihrer Bekannten, natürlich nicht, niemand von denen könnte 100 bis 200 Mark für eine Nacht bezahlen. So viel verdient sie hier, wenn sie gut ist. Das ist viel Geld, 100 Reichsmark von 1897 entsprechen knapp 500 Euro heute. Einen Abend im Salon zu verbringen ist viel angenehmer, als in ihrem elenden Atelier auf ihrem Feldbett am Tisch zu sitzen, auch fragt sie dort gewöhnlich niemand, ob sie noch ein Glas Champagner möchte: *Ein ganz sonderbares Gefühl, aus diesen Regionen wieder in mein Atelier zu kommen, ich begreife manchmal nicht, dass diese Doppelheit sich durchführen lässt. ... Ich betrachte all das immer mehr als Austoben und als gelegentlichen Genuss wie als Utilität.*[28]

Und da ist noch etwas: Sie hat Künstlerfreunde, den L. und den T., den S. und den M., die wären verloren ohne ihre moralische und finanzielle Unterstützung. Natürlich würde sie alles wiederbekommen. Geld borgen: So heißt diese Transferleistung auch dann noch, auch wenn gewöhnlich nicht die geringste Aussicht besteht, etwas davon wiederzusehen. Das ist die Solidarität der Elenden.

Warum bleibt ihr Mann so stumm? Vielleicht sollten wir der Redlichkeit halber erwähnen, dass der Satz, den Genuss im Bordell betreffend, einen Folgesatz hat, der ist sehr kurz und lautet: *Das war der Fehler.*

Er kann sich nicht scheiden lassen; bei einer Scheidung bekäme sie die Schuld und müsste alle Kosten tragen, das kann sie nicht, das weiß er. Und sich auf eigene Kosten scheiden lassen, das darf niemand von ihm verlangen. Auch gibt es gar keinen Anlass für einen so überstürzten Schritt, sie möchte ja seine Frau bleiben, wenn sie sich nicht mit ihm allein begnügen muss. Aber dass er kein Zeichen gibt, ist kein gutes Zeichen. Und er ist Jurist, Juristen neigen dazu, die unangenehmen Dinge im Leben auf dem Rechtsweg zu lösen.

Und wie sie die Juristen kennt! Ihr Vater war einer, auch Ludwig ist Rechtsanwalt. Sie sollte etwas über das Rechtswesen schreiben, am besten eine Satire; in ihrer Situation ist die Satire das einzig angemessene Genre, wenn schon das eigene Leben in Scherben fällt, die Deutungshoheit sollte man bis zum Schluss behalten. Damit steht und fällt die Würde des Menschen. Solange die Interpreten interpretieren, ist mit ihnen zu rechnen.

Sie schreibt *Das Jüngste Gericht*. Walter wird beeindruckt sein. Er ist nicht nur mit einer Malerin, er ist mit einer Satirikerin verheiratet. Welcher Mann dürfte das von sich sagen?

Dem Herrgott und Petrus kommen Bedenken, die Verfahrensordnung beim Jüngsten Gericht betreffend, zumal moderne Menschen sich einen Prozess gar nicht mehr ohne Staatsanwalt vorstellen können. Petrus zu Gottvater: »... *Wer soll denn ankla-gen? Für dich schickt sich das nicht. Der oberste Richter kann doch nicht die Anklage führen. ... Das Prinzip der Milde und Gerechtigkeit würde darunter leiden. ... Und ich? ... Sie könnten mich für parteiisch oder am Ende gar bestechlich halten.«*[29] Der Herr wandte ein, dass die Hinzu-ziehung eines Staatsanwalts *im göttlichen Heilsplan von Anbeginn nicht vorgesehen* war. Der Jüngste Tag brach an, *die Erde drehte sich nicht mehr, die Sonne hatte aufgehört zu scheinen. Die Gräber taten sich auf, und mit Entsetzen sah man seine guten Freunde wieder aufer-stehen.* Die lakonische Selbstüberbietung dieses letzten Satzes ist typisch für den Text, der eine empfindliche Balance halten muss, um nicht zum missratenen Spaß zu werden, der Autorin gelin-gen immer wieder solche Momente, und wenn es nur die Wahl eines Adjektivs ist. Der Herrgott und Petrus haben noch nie ein Jüngstes Gericht gehalten, latent überfordert engagieren sie schließlich doch einen Staatsanwalt aus der Juristenabteilung des Fegefeuers: *Die Gerechten begannen vorlaut ein Halleluja anzustim-men. Ein Teil der Verdammten betete und flehte um Gnade, ein paar alte Schiffskapitäne fluchten sogar.* Die Verhandlung wird streng nach Alphabet geführt: Adam. Abel. Bebel. *»Gehört doch nicht hierher«, rief der liebe Gott entrüstet.* Missvergnügt macht der Staatsanwalt mit Abraham weiter, um über David schließlich bei Hiob zu lan-den. Schon dass der Staatsanwalt für den König David *eine halbe Ewigkeit schwerer Höllenpein beantragt wegen Ehebruchs und Tot-schlags,* verärgert den Herrn, die Verhandlung zeigt zunehmend Züge der Unkontrollierbarkeit. *Jesabel wandelte mitten unter den Gerechten und zog drei Foxterrier an der Leine hinter sich her. Vor den Geschworenen stand Kain mit rohen Landstreichermienen und leugnete hartnäckig. Seine Manieren hatten einen unangenehmen arbeitslosen Anstrich.* Das Finale: *Mit einem Ausruf des Schreckens fuhr der Rechts-praktikant Guido Kusbohrer aus dem Schlaf empor.*

Nun gut, sie ist nicht die Erste, die auf eine solche Idee kommt. Oskar Panizza hatte zwei Jahre zuvor den Literaturskandal des Jahrzehnts verursacht, mit einem Drama, das im Himmel, in der Hölle und in Rom spielt, am Hof des Borgia-Papstes Alexan-der VI.: Gott und Teufel schließen im *Liebeskonzil* einen Pakt zur

Besserung der verworfenen Menschheit. Am Ende ist die Siphilis auf der Welt, ein teuflisches Werk in Gottes Auftrag. Die *Himmelstragödie in fünf Aufzügen* brachte ihrem Autor ein Jahr Zuchthaus ein. Sie glaubt nicht, dass sie ein Jahr Zuchthaus überstehen würde, aber was zählt das noch?

Manchmal fährt sie noch Fiaker, es ist eine alte Gewohnheit, in ihren Kreisen nimmt man den Wagen, wenn es regnet. So läuft sie an einem Adventsabend bei strömendem Regen quer über den Marienplatz zur letzten wartenden Kutsche und stößt davor mit einem fremden, tadellos gekleideten Mann zusammen, er war zuerst da. Trotzdem will er ihr den Fiaker sofort überlassen, aus Höflichkeitssinn, doch das lässt ihr Gerechtigkeitssinn nicht zu.

Während des nun folgenden Disputs hält der Herr seinen Regenschirm über sie; mag sein, der Kutscher folgt den potenziellen Fahrgästen mit zoologischem Interesse. Schließlich einigen sie sich darauf, gemeinsam einzusteigen, vielleicht haben sie ein Stück gleichen Wegs: *Das Ende war, dass wir dreimal zwischen dem Hoftheater und dem letzten Stück der Theresienstraße hin- und herfuhren und wir uns noch nicht darüber geeinigt hatten, wer wir eigentlich wären.*[30]

Das wird ihnen klar, als sie sich zum zweiten Mal begegnen, es ist wohl der Weihnachtsabend. Ein solcher Zufall macht es unmöglich, einfach aneinander vorüberzugehen, andererseits kann der Regenmann die Regenfrau nicht einfach zu einer Tasse Kaffee einladen, denn es ist Weihnachten, da hat jeder schon etwas anderes vor. Doch dann begreifen beide: Sie nicht. Sie sind zwei, die Heiligabend nichts anderes vorhaben, zumindest nicht gleich. Eine solche Erkenntnis verbindet manchmal fürs Leben.

Den Rest des Weihnachtsabends verbringt sie *mit 2 ebenfalls heimatlosen Malern und einem Schriftsteller* im Ratskeller; um Mitternacht gehen die vier metaphysisch Obdachlosen, die zu niemandem gehören, in die Christmette.

In der Neujahrsnacht kommt sie schon um zehn Uhr abends nach Hause. Nein, *nach Hause* ist kein angemessenes Wort. Es ist ein elendes Atelier. *Alles dunkel und kalt, Licht gemacht, Feuer ange-*

*zündet und nur dagesessen. Denke daran, wie ich als Kind die Neu-
jahrsnacht eines Unglücklichen von Jean Paul las, mit Entsetzen daran
dachte, wenn's mir auch so ginge. Und es kommt mir vor, als ob es jetzt
so weit mit mir wäre; alles vorbei und keine Hoffnungen mehr.*

*Und ich bin noch so jung, ich könnte noch glücklich sein und glück-
lich machen. Aber ich suche eigentlich nur den Mut zu sterben. Und ich
bin 25 Jahre alt.*

*Seit vier Monaten habe ich Walter nicht gesehn, und ich ertrage es
nicht ohne ihn. Sonderbar – und mit ihm ertrug ich's auch nicht. … Seit
ich ihn nicht mehr habe, fühle ich eine ganz wahnsinnige Liebe zu ihm
und eine nagende Sehnsucht.*[31]

Andere Menschen bewerfen sich jetzt mit Luftschlangen und
geben sich der leichtfertigen, sektperlenden Illusion hin, das neue
Jahr könne es gut mit ihnen meinen.

Ab und zu kommt der Regenmann zu ihr, wie ein Botschafter des
Lebens. Dabei wirkt er für einen Botschafter des Lebens durchaus kühl. Dunkel, elegant, ein Lebemann, zweifellos *der sehr
guten Gesellschaft* zugehörig und doch ein Getriebener, so viel
spürt sie. Ein latent Verlorener besucht eine latent Verlorene, ist
es so? Sie kennt seinen Namen nicht, sie wird ihn lange nicht wissen. Wahrscheinlich erfährt sie auch erst viel später, dass er
Rechtsanwalt ist. Bisher glaubte sie, dass Juristen schon berufs-
halber Inhaber eines befriedeten Geistes sind. Dieser hier fällt aus
dem Rahmen. So wie sie entschieden aus dem Rahmen ihrer
Herkunft fällt. In der einsamsten aller Nächte, in der Neujahrsnacht erst, hat sie es notiert: *Und ich lebe in dem schäbigen Atelier
und bringe es nicht soweit, mir Kleider oder Schuhe zu kaufen.*[32] Ist es
das, was ihn reizt, ihre Nähe zu suchen?

Sie reden viel, aber nie ohne die Tonlage des gehobenen gesellschaftlichen Verkehrs zu verlassen. Dabei gibt es bei ihr, streng
genommen, nicht einmal einen angemessenen Platz für seinen
Zylinder. Provoziert es sie, dass er nicht einmal den Versuch
macht, sich ihr zu nähern? Noch weiß sie nicht, dass ihr dieser
Mann zum Schicksal werden wird. Genau ein Jahr wird noch vergehen, bevor ihre Körper sich kennenlernen: in der nächsten

Neujahrsnacht. Danach wird Alfred Friess die Schlüssel zu all ihren Münchner Wohnungen besitzen und zu allen Tages- und Nachtzeiten, meist Nachtzeiten, erschütternd unangemeldet vor ihrem Bett stehen.

»Ein Kind. Ein Kind. Mein Gott«

Das neue Jahr beginnt, und es bringt Symptome, unangenehme, und doch erkennt sie sie mit überwältigender Freude wieder. Noch im Januar folgt die Gewissheit: *Professor Klein hat mich untersucht, es ist doch so. Das war ein froher Tag. Es ist mir lange, lange nicht so zumut gewesen. … Augenflimmern und die sonderbare Übelkeit. Die nächsten Tage ebenso.*

Es ist kein Zweifel mehr. Ich bin froh und ruhig. So elend, dass ich kaum durchs Zimmer gehen kann. Und denke nichts andres mehr. Ein Kind. Ein Kind. Mein Gott.[33] Ein uneheliches Kind. Für wie viele Frauen wäre dieser Befund ein Schrecken, sie empfindet nur Segen: *Ich bin nicht mehr allein, der Wahnsinn der völligen Einsamkeit.*[34]

Leider gelangt die Kunde von der satirischen Begabung der werdenden Mutter nicht zur Mitwelt. Die gesamte Auflage des *Simplicissimus* wird in Leipzig konfisziert und Langen, der so an seine Autorin glaubt, wegen Gotteslästerung angeklagt. Das tut ihr unglaublich leid. Sie hofft, dass er nicht ins Gefängnis muss wie Panizza, sie hat jetzt keine Zeit mitzukommen oder ihn dort als die wahrhaft Schuldige zu vertreten, sie bekommt ein Kind! Allerdings hätte das Gefängnis auch Vorteile. Man hat seine Zelle, und keiner will einen da rauswerfen, im Gegenteil. In ihrem Zimmer ist das anders, ihr Vermieter besteht darauf, dass sie die Miete bezahlt. Aber wovon denn?

Zwischen ihren neuen wunderbaren Übelkeiten schreibt sie einen Bericht von der Gerichtsverhandlung gegen sich und ihren Verleger. Wer jetzt noch auf ein Adjektiv wartet, »fiktiv« etwa, hat nichts vom Wesen einer satirischen Zeitschrift verstanden. *Als Geschworene waren unter anderem ausgelost worden: der bekannte*

Münchner Volkssänger Papa Geis, der ebenso bekannte Vaterlands-redakteur und Partikularist Dr. jur. Sigl, der Oberkellner Fritz aus dem Wiener Café, der Wurzelsepp von der Oktoberwiese und verschiedene geistliche Herren.[35] Leider sind, so die Berichterstatterin, beide Angeklagten einschlägig vorbestraft, *Herr L. wegen Hundesteuerhinterziehung des Simplicissimusmopses und die Gräfin wegen unbefugten Sechsspännigfahrens im Weichbild der Stadt.* Der Bericht kulminiert in der Vernehmung der Angeklagten: *Nunmehr wird die Mitangeklagte, Gräfin R., aufgerufen. Vorsitzender: »Geben Sie zu, Mitarbeiterin der illustrierten Wochenschrift Simplicissimus zu sein?« – Angeklagte: »Ja.« – Vorsitzender: »Geben Sie zu, die Humoreske ›Das Jüngste Gericht‹ verfasst zu haben?« – Angeklagte (nach einem Blick auf Herrn L. unsicher): »Ich erinnere mich dessen nicht genau.«* Der Verteidiger bemerkt hierzu, dass seine Klientin an hochgradiger Neurasthenie und zeitweise an lähmenden Zwangsvorstellungen leide. Auf die Frage, wie viel Honorar sie für ihre Humoreske erhalten habe, antwortet sie: *»Ich schrieb den Artikel im Interesse der Kunst und der Freiheit.« – Vorsitzender: »Das setzt mich in Erstaunen. Ihre Arbeit wurde nicht honoriert?« – Zwischenruf des Angeklagten: »Mit 54 Mark«,* was die Angeklagte auf Befragen zugeben muss.

Hauptbelastungszeugen sind die Setzer und Drucker der Druckerei von Besse und Hecker in Leipzig; sie geben übereinstimmend an, das Blatt nicht gelesen, aber von seinem Inhalt in ihren religiösen Empfindungen, ihrer königstreuen Gesinnung u. a. aufs Tiefste verletzt worden zu sein. Das Urteil lautet je ein Jahr Stadelheim für die Gräfin und ihren Verleger sowie *Verlust der bürgerlichen Ehrenrechte bis 4 Jahre über den Tod hinaus.*

Wahre Komik ist nicht das Gegenteil des Leidens, sie erwächst aus dem tiefsten Grund des Leidens, und da weilt sie nach wie vor öfter.

Hat sie nicht die Pflicht, ihrem Mann mitzuteilen, wie es um sie steht? Ja, mehr noch, sie fühlt das unabweisbare Bedürfnis. Was erwartet sie? Dass er sich freut? Dass er sagt: Komm zurück, lass uns neu anfangen mit deinem neuen Kind! –? Tagebuch, Februar: *Alles an Walter geschrieben – wenn ein Wunder geschehen könnte – aber es wird nicht geschehen. Solche Gedanken kann nur ein*

*Weib haben, das in der Hoffnung ist. Aber ich sehne mich mehr als je
nach ihm. A. ist mir unerträglich, seit ich es weiß. Und er hängt an mir
wie eine Klette.*[36] A. ist Adolf Herstein.

Sie bekommt eine Kiste mit ihren Sachen aus Hamburg, Zeichnungen, Briefe. Aber ein Brief ihres Noch-Mannes, ihres Bald-
nicht-mehr-Mannes, tut noch mehr weh als diese Sendung. Sie
fühlt, dass sie Lübke sehen muss. Sie müssen reden.

Sie will ihm entgegenfahren, so weit ihr allerletztes Geld
reicht, also bis Köln. Das telegrafiert sie ihm. Wenn er der Mann
ist, den sie geheiratet hat, wird er da sein. *Lauter Elend um mich.
Die alten Hausmeister in Verzweiflung, er auch krank. Ich gehe in meinem roten Schlafrock hin und her, von mir zu ihnen, und werde selber
jeden Moment ohnmächtig. Freitag will ich nach Köln fahren.*[37] Doch
eine von einer Ohnmacht in die andere fallende, sich übergebende Frau ist eine Zumutung für den öffentlichen Eisenbahn-
verkehr, sie kann nicht reisen, nicht so. Sie verschiebt, dann teilt
sie Lübke das Datum ihres nächsten Versuchs mit.

*26. Februar: So weihnachtlich ist mir zumut, morgen ihn zu sehn,
mit ihm zu reden. Das Herz ist mir voll von all dem ahnenden Glück
und dem alten Schmerz. … Eine seltsame Zuversicht, dass mir jetzt
nichts widerstehen und er noch einmal mein Freund sein könnte.*[38]

Doch da ist niemand in Köln am Bahnhof. Sie wartet. Eine
Satirikerin guter Hoffnung, die ihre Zivilzelle, auch Atelier genannt, nicht zahlen kann, geschweige denn die Rückfahrt. Von
dem Geld für die Fahrkarte hätte sie einen Monat leben können!
Gut, dass sie noch nicht weiß, welche Kostenlawine gleich auf sie
einstürzen wird.

Noch und noch lange kann eine Ehe nur geschieden werden,
wenn eine Seite für schuldig befunden wird. Walter Lübke hat
längst alle Indizien gegen sie zusammengetragen. Auch einen
Prozess wegen »Verbrechens wider des keimenden Lebens« hat
er wohl angestrengt. Wer sagt ihm denn, dass sie das fremde Kind
verloren hat? Hat sie es nicht vielleicht vorsätzlich getötet, zum
Selbstschutz? Die Ermittlungen werden gegen sie geführt werden, schließlich aber mangels an Beweisen eingestellt.

Es ist ihm, dem Juristen, gewiss nicht schwergefallen, den

Kindsvater zu ermitteln. Ihr Tagebuch war deutlich genug. Wahrscheinlich hat sie ihm selbst den Hinweis auf ihren Schreibtisch gegeben. Dieses Mal wollte sie, dass er geöffnet, dass ihr Tagebuch gelesen wird. Sie konnte ihm nicht alles sagen, es erzählte ihm alles, was er wissen muss.

Verlorener kann man nicht sein als sie an diesem 27. Februar 1897 auf dem Kölner Bahnhof. Schließlich fragt sie auf der Post nach einer Benachrichtigung auf ihren Namen, und ja, es ist ein Telegramm da: »Wiedersehen ausgeschlossen.« *Das war alles. Mit Mühe hab ich mich auf den Füßen gehalten an dem Morgen. Das Telegramm und das fürchterliche Gefühl: alle müssen mir's anmerken. Konnte kaum die Tränen zurückhalten und kaum sprechen. Dann bin ich in den Dom gegangen, hab' lange hinter einem Pfeiler gesessen und an mein Kind gedacht. Das ist jetzt alles, was ich habe.*

Ihr wisst alle nicht, was Liebe ist, seid alle hart. Es ist eine seltsame Wiederholung in meinem Leben, meine Mutter – und du.[39]

Sie kommt zurück bis Frankfurt; ein Mann spricht sie an, der wohl bemerkt hat, dass diese junge Frau nur scheinbar auf der Erde geht, mehr über einem Abgrund. Sie verbringt den Abend mit ihm; es tut ihr gut, mit jemandem zu sprechen; manchmal steht uns ein völlig Fremder doch näher als der eigene Mann, er gibt ihr Geld für die Rückfahrt. *Dann der kleine Junge im Bahnhof, der sich zu mir setzte und seine Geschichte erzählte. Brachte ihn noch ins Hotel und zahlte ihm sein Zimmer und Essen, und dann wieder weitergefahren. Walter würde das alles wieder nicht begreifen.*[40]

Wohl auch nicht, dass ihr der Fremde Anfang März 100 Mark schickt. *Brief von Walter, dass ich kopflos gehandelt hätte … Da verstehe ich die Liebe doch anders und besser, trotz allem. Und der wildfremde Mensch, dem ich von mir erzählte, hat wenigstens an meine Not gedacht. Walter nicht einmal, dass die Reise das Leben für einen Monat war.*[41]

Sie hat ihr Federbett ins Leihhaus gebracht, mitten im Winter.

René Maria

Seit dem letzten Herbst ist er in München, als Student der Staats-
und Rechtswissenschaften. Was interessieren René Maria Rilke
aus Prag die Staats- und Rechtswissenschaften? Doch eine Universität ist eine grundhumane Einrichtung. Man kommt und
geht, wenn man den Zeitpunkt für gekommen erachtet. Auf der
Militärschule von Sankt Pölten konnte er das nie. Er hat die Militärschule von Sankt Pölten überstanden, was kann ihm noch
geschehen? Der 21-Jährige macht Gedichte. Jedes Gedicht ist wie
ein gebanntes Schicksal. Wenn er nur wüsste, worauf es mit ihm
hinauswill. Die Selbstverständlichkeit, mit der andere leben, ist
ihm ein Rätsel.

Vor ein paar Tagen hat René Maria Rilke aus Prag eine junge
Frau getroffen, die sah aus, als müsste sie sich irgendwo anleh-
nen. Er hat einen Blick für solche Dinge, er ist ein Dichter. Sie
hatte offenbar niemanden, da bot er ihr seine Schulter an. Und er
kann grenzenlos zuhören. Auch über seinem Leben steht die
Mutter wie ein großer Schatten, und er möchte so gern hinaus-
treten in die Sonne. Aber dass sich so viele Schatten über einem
einzigen Kopf versammeln können wie im Falle dieser jungen
Gräfin von der Nordsee, das erstaunt ihn nun doch.

Fanny befindet sich im Kriegszustand mit ihrem Hauswirt, die
Möglichkeit eines Friedensschlusses wird von beiden Seiten als
äußerst gering eingeschätzt. Natürlich, wenn sie ihre Miete zahlen würde. In ihrem elenden kleinen Atelier ist fast nichts mehr;
die Gräfin denkt darüber nach, ob sie ihrem versetzten Federbett
das Bett folgen lassen sollte; sie schläft nun meist auf »Diwan,
dem Schrecklichen«, andererseits braucht sie das Bett, denn sie
versteckt S. bei sich. S. geht es auch nicht gut, er ist auf der Flucht
vor seinen Gläubigern, und es kommen ihm immer die Tränen
vor habitueller Zahlungsunfähigkeit. Der Klarname des Unglücklichen ist nicht mehr zu ermitteln, in ihrem Tagebuch verfügt er
nur über den Buchstaben mit Punkt. Vielleicht ist sie der Auffassung, dass eine so rudimentäre Existenz wie S. auch keinen vollständigen Namen mehr braucht. S. muss genügen.

Ihr Kriegsgegner, auch Vermieter genannt, droht ihr täglich, sie hinauszuwerfen, doch das verhüte Gott. Sie muss verdienen, aber wie? Madame X. läge nahe, doch wer zahlt für eine sich übergebende, von Ohnmachten[41] bedrohte Beischläferin? Was also kann sie noch?

Malen natürlich, wie gern würde sie das tun, aber sie kennt niemanden, der ihre Bilder kaufen möchte. Conrad, dem Herausgeber der *Jugend*, hat sie ein Titelbild angeboten, doch er sah keine Verwendung dafür. Was also kann sie noch?

Langen ließ ihr ausrichten, er warte auf neue Satiren seiner Autorin. Aber ihr Leben ist eine einzige Satire, das verstimmt jeden Satiriker, und kein Mensch vermöchte so viele Satiren zu schreiben, um davon zu leben. Was also kann sie noch?

Französisch. Sie könnte für Langen französische Romane übersetzen. Der Verleger erfährt, dass er eine neue Übersetzerin hat. Sie bekommt zwanzig Seiten zur Probe; wenn sie es gut macht, das ganze Buch. Titel und Autor nennt sie nicht. Wenn ein Ertrinkender sich an eine Planke klammert, will er auch nicht wissen, woher das Stück Holz kommt und welchem Zweck es vorher diente. Zwanzig Seiten voller französischer Wörter, das ist es, was zählt. Immerhin, der Tagesbeginn ist oft schön. Beim Aufwachen denkt sie an ihr Kind, und dann findet sie fast jeden Morgen einen Gruß: *Jeden Morgen ein Gedicht in meinem Briefkasten, das gefällt mir.*[42] Es ist von diesem 21-Jährigen, der nicht recht weiß, worauf es mit ihm hinauswill und der so gut zuhören kann. Entweder kommt er selbst, oder er schickt ein Gedicht.

Am 13. März wird sie als Zeugin vernommen in dem gegen sie angestrengten Scheidungsprozess, sie geht ohne Rechtsbeistand und gibt alles zu. Das liest sich später so: Die Beklagte habe in ihrer gerichtlichen Vernehmung erklärt, »dass sie wiederholt Ehebruch getrieben habe und zwar vom Sommer 1895 ab bis in die neueste Zeit, dass sie aber jede Namensangabe verweigere. Dieses Geständnis erscheint mit Rücksicht auf die Erklärungen, welche die Beklagte den Zeugen Teves und Noorden gegenüber gemacht hat, völlig glaubhaft.«[43]

Die Teves ist Louise Teves, eine Freundin, der sie nach ihrer

Rückkehr nach München ihre Geschichte erzählte, weil es befreiend war, sie nicht in sich einzuschließen. Weiber, was will man erwarten. Dr. Werner von Noorden ist Franziskas Arzt, fast väterlich um diese schutzlose junge Frau besorgt, wahrscheinlich hat sie selbst ihn als Zeugen geschickt.

Die junge Frau war mal eine Gräfin, aber eine derangiertere Gräfin ist kaum vorstellbar: Ihr Mann lässt sich von ihr scheiden, und sie ist schwanger von einem anderen. Rilke ist sprachlos, aus einem Gefühl heraus, das die Heutigen bevorzugt »Empathie« nennen. Er hätte das Wort vermutlich verabscheut, denn es isoliert etwas, was nach dem ganzen Menschen greift, es macht etwas dinghaft, was niemals dinghaft ist. Aber benutzen wir ruhig diese entfremdete Vokabel: Nur ein schlechter Dichter ist ein Pathetiker; ein Empathiker zu sein, gehört dagegen zu seinen Existenzvoraussetzungen. Und wer wäre es mehr als dieser junge Student? Ob sie ihm sagt, von wem das Kind ist? Gewiss nicht, das verletzte ihr Empfinden für Takt und Diskretion. *Übrigens war es nur eine flüchtige »Begegnung«, ich bin längst äußerlich und innerlich wieder allein,*[44] erklärt sie einem Vertrauten aus der ersten Münchner Zeit.

Sie bekommt auch von anderen Herren Besuch, der Fiakermann, der Weihnachten genau wie sie nichts weiter vorhatte, sieht regelmäßig nach ihr. Sie sagt ihm, dass sie ein Kind bekommt. Er ist über die Maßen erstaunt: *»Ja, was wollen Sie denn mit einem Kind anfangen?«* – So wie er das sagt, ist es zum Lachen und Weinen zugleich, sie entscheidet sich für das Lachen, *im Grunde weiß ich wirklich nicht, wie es werden soll ... Die alten Auswege mag ich nicht mehr suchen.*[45] Nicht in ihrem Zustand.

Aber Anfang April hat sie doch Lust, Madame X. zu überraschen. Auch damit, dass sie nur zu Besuch kommt, nicht zur Arbeit.

Auch im Salon B. halten sie die Neuigkeit der Arbeitsscheuen anfangs für einen entgleisten Witz, doch dann wenden sich nicht nur die Gesichter, sondern auch die Herzen ihr zu, im Separee der Madame X. Um ein Haar hätte sie ihren wirklichen Namen verraten, so offenherzig wird ihr zumute, als sie die Teilnahme spürt. Nur dass sie eine verheiratete Frau aus Nürnberg ist, glauben die Gäste und Mitarbeiterinnen des Salons nun doch nicht mehr. Eine Ehefrau, die unbekleidet in einer anderen Stadt arbeitet und auch noch ein uneheliches Kind bekommt, das ist zu viel. Alle trinken Sekt auf ihr Wohl und das ihres Kindes, auch der Leutnant, der seiner Gefährtin mancher Nächte diesmal so ganz anders begegnet, auf völlig neue Weise intim. Zum Abschied steckt er ihr 200 Mark zu. Der Vater?

Es spricht viel dafür, dass auch die Freude unter ihrem Herzen salonursprünglich ist. Es würde ihrem Temperament entsprechen, selbst jetzt, im vertrauten Gespräch, allen Anwesenden die eigentliche Pointe zu verschweigen, erst recht dem Verursacher. Sie preiszugeben entspräche auch nicht dem Charakter des Ortes; ihr Erscheinen wäre in diesem Fall sehr unpassend gewesen. Zum Abschied umarmen sie alle, auch der Leutnant, aber anders, als es sonst im Salon B. zu geschehen pflegt.

Den Namen des höchstwahrscheinlichen Vaters weiß sie nicht, aber sie wird ihn im nahenden Sommer manchmal auf der Straße vorüberreiten sehen, und dann lächelt sie den Urheber ihres Glücks vielsagend an, und er lächelt vielsagend zurück, aber sie meinen beide etwas vollkommen Verschiedenes. Das genießt sie. Auch als sie diesen Namen schließlich weiß, wird sie noch lange keinen Grund sehen, dem Mann mitzuteilen, dass sie etwas von ihm behalten hat, etwas sehr Intimes, ungemein Wertvolles.

Als sie die ersten Bewegungen in sich spürt, die nicht die ihren waren, wusste sie, dass sie München verlassen würde. *Ich will und muss fort von hier. Bald wird man's sehen, und dem will ich ausweichen.*[46] Aufs Land, natürlich. Aber wer nimmt eine in Scheidung lebende zahlungsunfähige Gräfin in guter Hoffnung auf?

Die Not kennt keine Zurückhaltung, die Schwangere im Elend sehr wohl. Diesen Erbteil ihrer Herkunft, ihrer Erziehung wird sie nie verleugnen können: Jede Selbstoffenbarung ist eine durch nichts zu rechtfertigende Zudringlichkeit, und doch beschließt sie am 7. April, dass es sein muss. Ihre Genossen in der Not haben meist keinerlei Möglichkeit, an Geld zu kommen, sie schon. Sie erscheint vor Verleger Albert Langen, offenbart ihm das Ausmaß ihrer Not, lässt nichts aus, auch nicht, dass es diesmal mit 54 Mark nicht getan ist, und nicht den Umstand, dass sie gewissermaßen zu zweit gekommen ist. Doch stehe sie nicht vor ihrem Verleger, um zu betteln, sie will Arbeit. Wenn Langen helfen will, so möge er sie mit Arbeit überhäufen. Und mit einem Maximalvorschuss!

Mädchen wie sie lernten Französisch, um anmutig Konversation zu machen, kein ganz unnützes Kapital, wie sie jetzt feststellt, und sie beschließt seine Zweckentfremdung: Hier bin ich, ich übersetze alles, und zwar im Akkordtempo! Der französische Roman des 19. Jahrhunderts, wurde er seinem verborgensten Grund nach nicht darum geschrieben, ihrer Not ein letztes Schlupfloch zu lassen?

Mit 200 Mark Vorschuss und einem neuen französischen Roman verlässt sie den Verlag. Es ist so sehr ums bloße Überleben zu tun, dass sie dem Freund Paul Schwabe wiederum nicht einmal den Titel mitteilt.

Ist es Hermant Abels *Die tolle Marquise*, oder sind es Guy de Maupassants Novellen *Schwarz-Braun-Blond*, oder ist es ein Marcel Prévost? Allein sechs Bücher dieses Autors werden im kommenden Jahr in ihrer Übersetzung bei Langen erscheinen, lauter Erkundungen des modernen Großstadtlebens und seines Einflusses auf die Moral der Frauen. In *Les demi-vierges*, seinem berühmtesten Roman, den Langen schon zwei Jahre zuvor veröffentlichte, gelangte der Autor zu dem Ergebnis, dass es die weibliche Unschuld gar nicht mehr gibt. Die Jungfrauen von heute seien zumindest im Geiste bereits entjungfert, also nur noch *demi-vierges*, Halbjungfern. Ja, wenn Prévost seine geschiedene, zum zweiten Mal schwangere Übersetzerin aus altem Adel sehen könnte, er würde noch etwas lernen. Darauf, dass sie etwas von ihm lernt, ja sich auch nur gut unterhalten fühlt, gibt es keinerlei Hinweise.

100 von den 200 Mark gibt sie dem habituell zahlungsunfähigen S. Sie wird ihn nicht ewig vor seinen Gläubigern verstecken kön-

nen, vor allem dann nicht, wenn sie mit ihrem Vorschuss und den 200 Mark vom Leutnant aufs Land zieht.

Wer gar nichts mehr besitzt, der weiß, dass ihm nur eine Chance bleibt: zu teilen. Solidarität. Die Gräfin ist jenseits des Proletariats geboren, auf der anderen Seite der Gesellschaft, und doch gehört sie plötzlich zu ihm. Sie teilt wie selbstverständlich dessen Tugend, die Tugend der Besitzlosen, der Habenichtse, ebendiese Solidarität. Sie schafft ein starkes Band zwischen Menschen und zugleich das Gefühl einer moralischen Überlegenheit, sodass man einmal meinen wird, auf ihrer Grundlage eine ganze Gesellschaft errichten zu dürfen.

Die folgenreichste Weichenstellung zu dieser Utopie, dieser historischen Fatalität, wird gleich um die Ecke erfolgen, als im September 1900 ein neuer Untermieter in die Kaiserstraße 46 einzieht, der sich Herr Meier nennt, aber kaum Deutsch spricht. In Wirklichkeit heißt er Wladimir Iljitsch Uljanow und beschließt eben hier in der Kaiserstraße 46, sich künftig einfach Lenin zu nennen. Das folgenreichste Ergebnis seiner Schwabinger Zeit wird neben der Herausgabe der russischen Revolutionszeitung *Iskra* eine kleine Schrift sein, die den beziehungsreichen Titel trägt *Was tun?*

Ja, was? Der Hauswirt dringt in die Wohnung der schwangeren Gräfin ein und stellt ihr die Möbel vor die Tür. Es sind nicht mehr viele, auch das Bett ist inzwischen weg, und sogar ihre Bücher hat sie versetzt, für 50 Pfennig das Stück. Aber sie ruft nicht nach der Weltrevolution, sondern nur nach der Polizei – und zieht wieder ein. Der Hauswirt teilt ihr mit, sie nunmehr hinausklagen zu wollen, die Kosten zahle selbstverständlich sie, es wäre günstiger gewesen, viel günstiger, gleich zu verschwinden.

Der junge Dichter, der sie öfter besucht, mag sich manchmal sagen, dass ihm als Mann doch gewisse Prüfungen erspart bleiben. Auch wenn ihm nichts rätselhafter ist als die eigene Existenz.

Am 13. April findet sie ihre Möbel auf der Straße, am 14. April 1897 wird im Münchner Gericht, Heßstraße 46, Rückgebäude, das Urteil verkündet im Scheidungsprozess des Klägers Assessor

Walter Ernst Louis August Lübke, vertreten durch zwei Rechts-
anwälte beim Landgericht Hamburg, gegen die Beklagte Fanny
Liane Wilhelmine Sophie Auguste Adrienne Lübke, geb. Gräfin
zu Reventlow, vertreten durch niemanden, auch nicht durch sich
selbst. Die Beklagte, nunmehr Wohnungslose, ist trotz mehrerer
ordnungsgemäßer Vorladungen nicht zum Termin erschienen.

Und dann fährt sie fort, ohne sich von denen, die sie zurücklässt,
zu verabschieden. Sie legt einen Sicherheitsabstand zwischen
sich und den Ort, an dem man sie kennt, an dem sie als »gefallene
Frau« gilt, geschieden und trotzdem schon wieder guter Hoffnung, gleich wird jeder es sehen können. Sie emigriert in den
Garten der Natur, wo er am weitesten ist; von München aus gesehen ist das der Bodensee. Der Dichter hat versprochen, sie bald
zu besuchen, und er hält Wort.
   *Die Ostertage kam Rilke zu mir, und wir gingen zusammen in der
Frühlingswelt herum. Es war mir ganz lieb, denn ich hielt es kaum aus
vor Heimweh und war so elend.*[47] Ostern, einer von diesen Feierta-
gen, die sie inzwischen so schwer erträgt. Sie sitzt mit ihm auf
der Schweizer Seite des Bodensees, in Kurzrickenbach gleich hinter Konstanz; Rilke wird wieder ganz Schulter, ganz Ohr, er
macht seine Sache gewiss gut, ist jedoch nicht ganz zufrieden mit
sich: »Ich fühlte, dass ich Ihnen wohltat und nötig war, obwohl
ich gar nichts tun konnte für Sie ... ein Schutzengel aus Holz,
aber doch – wie ein hölzerner Schutzengel.«[48]
   Und dann ist sie allein.

In den Bodensee fallen

*Am Sonntag fand ich mein hiesiges Quartier. Alles so schön, voller Früh-
ling, so still, doch halt ich's kaum aus. Wenn ich nur die Sehnsucht und
Einsamkeit ertrüge. Meine Gedanken sind soviel bei Walter, und ich
sehne mich nach ihm. Und immer wieder Todesgedanken.*[49] Sie schreibt
einen langen Brief an den Mann, der nicht mehr ihr Mann ist.
Vielleicht liest er ihn an einem schönen Frühlingstag ... ich brauchte

jetzt keinen Menschen so sehr wie ihn. Jetzt bin ich acht Tage hier. Wie soll ich es drei Monate aushalten, die Unruhe ertragen, die in dieser Einsamkeit über mich kommt?[50] Keine Antwort. Sie übersetzt zwanzig Seiten täglich, aber die Arbeit hält sie nicht an ihrer eigenen Oberfläche.

Lärm! Lärm! Wo gibt es noch etwas Lärm, in dem sie untergehen könnte, irgendeine Großstadtdissonanz, die ist wie sie? Dieser Frühling ist inhuman, der weiß nichts von ihr in seiner Unschuld, seinem Aufbruch, seiner Harmonie des Werdens. *Zum Verzweifeln schön*, nennt sie, was sie umgibt. Das hält sie nicht aus.

Die Augenblicke, an denen sie etwas Ruhe spürt, sind kurz: ein Gang am See, eine Wanderung nach Konstanz nach langem Arbeitstag. Dass Schönheit so vernichten kann. René Maria Rilke wird einmal ein Experte ohnegleichen für solche Wahrnehmungen werden.

Das Einfachste wäre, sie ließe sich in den Bodensee fallen. *Oft rudere ich auf den See hinaus, einmal eine Stunde lang und denke plötzlich, wenn ich mich nun hineinstürzte, dann wäre Ruhe. Und wäre es nicht besser für mich und mein Kind? Ich will ja leben, so gern leben und kann doch diese Gedanken nicht loswerden. Ich glaube, ich werde verrückt, und es ist nur ein Rest von Verstand, der mich von alledem zurückhält.*[51] Symptome einer manifesten Depression.

Jeder Gedanke ist grundiert vom Tod, dabei will nichts Lebendiges sterben, und erst eine Frau, die ein Kind in sich wachsen weiß! Aber da ist keine Kraft mehr, nicht dieser kleine Überschuss, der uns leben lässt. *Ich weiß selbst, dass es Wahnsinn wäre, dass mir alles wieder neu aufblühen wird – aber es kommt wieder und wieder.*[52] Sie übersetzt Seite um Seite, das tägliche Pensum ist hoch, schließlich muss sie ihre Pension bezahlen; sie hatte geglaubt, auf dem Land billiger zu leben als in München, doch sie ahnt schon, dass dies eine Illusion war. Nicht in der Schweiz. Aber müssten die französischen Wörter nicht auch das marternde Rad in ihrem Kopf anhalten können?

Sie können es nicht. Und dabei immer das Gefühl, es nicht mehr auszuhalten in sich. *Ich denke jetzt viel über mich selbst nach. Alles ist immer quer gegangen in meinem Leben, zu Hause und später,*

das wahnsinnige Ausmaß von Lebenskraft und die Gefangenschaft da-
heim. Das hat mich aus dem Gleichmaß gebracht ... Ich war wie jemand,
der nicht normal seinen Weg gehen konnte, immer in Purzelbäumen.[53]

Man hat immer wieder den geheimen Schlüssel zu diesem
ungewöhnlichen, unsteten Frauenleben gesucht. In dieser Selbst-
deutung liegt er wohl am ehesten. Sie ist einer von den Menschen, die sich selbst immer wieder im Weg stehen. Sie war es
von klein auf gewohnt, neben ihrem äußerlichen, mit anderen
geteilten, für andere sichtbaren Leben noch ein zweites Leben zu
besitzen, ein geheimes, das eigentliche. In der Spannung zwischen beiden fühlt sie sich lebendig. Als Kind weiß wohl noch
jeder, dass er eigentlich zwei Leben hat: das alltägliche, das er mit
den anderen teilt, und das zweite, das eigentliche. Bei vielen ist es
gemacht aus sich verwebenden Träumen und Wirklichkeitssplit-
tern, sie werden Bewohner eines Kontinents, der nur für sie allein
existiert.

Alle Sehnsucht geht nach innen? In ihrem Fall wäre wohl zu
sagen: Alle Sehnsucht geht nach außen. Die Grunderfahrung
ihrer Kindheit und Jugend war, dass man ihr das Leben vorent-
halten wollte. Ihrer Zweitwelt fehlt die Autonomie, sie ist gemacht aus verbotener Erstwelt. So zielt ihr tiefster Impuls darauf,
diese mit beiden Händen zu ergreifen und festzuhalten. Ihr
Zweitweltgenuss ist die Übertretung. Die maßgeblichen Lektü-
ren ihrer Jugend, Ibsen und Nietzsche, bestärken sie: Du bist
berechtigt, dein Leben zu haben! Doch es erweist sich als beinahe
unlebbar.

Ihrer Sehnsucht nach fester Bindung entspricht ihre Unfähigkeit,
sie zu ertragen. So verkörpert sie in exemplarischer Weise die
conditio humana selbst: das Höhlentier mit dem unbedingten
Drang ins Offene, heimatbedürftig und freiheitssüchtig gleichermaßen. So ist der Mensch. Nur dass die meisten zu einem leb-
bareren Arrangement zwischen beiden Polen finden. *So gern*
wollte ich mit Walter leben, ich war sehr glücklich mit ihm. Und doch
sei es immer *wie ein rasender Schwindel* über sie gekommen, der
der besonderen Dialektik folgte, dass er immer stärker wurde, je

länger sie ihm widerstand. Bis sie ihm nicht mehr widerstand, mit folgender Selbstwahrnehmung: *Nur dann fühlte ich mich als mich selbst – nur keine Zügel, die ertrag' ich nicht.*

Sich vorsätzlich von den Punkten fernzuhalten, an denen man sich als sich selbst fühlt, heißt, sich um sein eigentliches Menschsein zu bringen; Nietzsche hätte es Sklavenmoral genannt. Auch auf die Gefahr hin vorzugreifen: Dass Fanny zu Reventlow, die sich nun bald Franziska nennen wird – vielleicht, weil man weniger das Kind seiner Eltern ist als seine eigene Schöpfung und daher das Recht auf einen eigenen Namen hat –, dass diese Frau sich immer treu bleiben wird, wird ihr die kühne Überlegenheit ihres Schreibens geben, von keiner Macht der Welt korrumpierbar, auch nicht von sich selbst.

Doch im Augenblick trennen sie Welten von sich. Sie begeht ihre ganz persönlichen Gedenktage, es sind alle solche des Verlustes, der Trauer. Vor drei Jahren fuhr sie am 30. April von München nach Hamburg, Lübke entgegen, mit dem Kind des anderen unterm Herzen: *Damals glaubte ich zu wissen, was Verzweiflung ist. Und wieviel hab' ich seither noch gelernt.*[54]

Sie spürt die einzige Erlösung, die die Depressiven kennen: Wenn es Abend wird, wieder ein Tag endet. 1. Mai: *Ich glaubte heute, es nicht mehr zu ertragen, hab' den ganzen Tag gedacht und gedacht und gedacht und mich dann müde gelaufen. O nur schlafen dürfen und nicht wieder aufwachen.*[55] 2. Mai: *... im ärgsten Sturm und Regen nach Konstanz ... Ich dachte nur ans Sterben.*[56] 5. Mai: *Heute morgen lange auf dem See, alles so schön und klar. Nachmittags hier oben an meinem Fenster, draußen der stille Sonnenuntergang. Dann wieder gegangen, weit, weit. Gott, wenn die Welt nur nicht so schön wäre, ich kann's jetzt nicht aushalten, es kommt mir vor, als ob ich nicht mehr auf die Welt gehörte.*[57]

Der Wunsch zu sterben ist gar nicht der Wunsch zu sterben, zumindest nicht primär. Weiß sie das? Er ist das unbedingte Bedürfnis einer Weltpause, das dringende Verlangen, sich eine Zeitlang nicht mehr begegnen zu müssen, das Gefängnis des eigenen Ich verlassen zu dürfen. Wir sind lebenslang inhaftiert im eigenen Ich: Was für eine schauderhaft ausweglose Lage! Nur dass wir das gewöhnlich nicht bemerken, ja diese Einzelhaft sogar genießen können. Sie wagt nicht mehr, an den See zu gehen, vor Angst, sie könnte doch hineinfallen in einem unachtsamen Augenblick, in dem die furchtbare Anspannung ihres Willens nachließe.

Und dann bekommt sie ihre erste Rechnung.

Fremde Blicke

Zurück in München, mit dem Bauch, auf dem jetzt fragende, öfter noch missbilligende Blicke ruhen, er ist so indiskret. Ihr Körper liefert sie aus. Aber es war der letztmögliche Augenblick, Kurzrickenbach zu verlassen, sonst hätte sie der Bodensee verschluckt. Außerdem fällt eine ziemlich schwangere, immer allein gehende junge Frau in Orten wie Kurzrickenbach fast noch mehr auf als in München.

Andererseits macht ihr Bauch sie sehr stolz. Also legt sie ihre werdende Mutterschaft wie einen Panzer um sich und setzt ihr unberührbarstes Gesicht auf. Sie nennt die Lage, in der sie sich befindet, euphemistisch *eine schiefe Lage* und schlussfolgert: *das muss ertragen werden*. Doch schwer ist es, es ist Spießrutenlauf.

Die Stadt beruhigt sie; keine zu große Schönheit greift nach ihr, sie zu kränken, sie findet *die ideale Bude*, eine kleine dunkle Höhle mit Blick zum Hof. Sie schaut ohnehin nur aufs Papier, nicht aus dem Fenster, zumindest sollte sie das tun. Sie holt ihren alten Tisch zurück und stellt ihn zwischen die Fenster. Der Tisch ist Heimat, dazu kommt »Diwan, der Schreckliche«, leider friert sie sehr in den Nächten, denn ihr Federbett kann sie nicht auslösen. Ihre Wirtin heißt Güttner, sie tut ihr gut, für Zimmer und Mittagessen zahlt sie 50 Mark im Monat, doch sie hat nur noch 26. Also arbeiten, *was das Zeug halten will*. Drei Monate genau bleiben ihr, um auf einen allerkleinsten grünen Zweig zu kommen und ihrem Kind das zu schaffen, was andere ein Zuhause nennen, einen Ort der Ankunft auf Erden für den Weltneuling.

Wenn sie aufgeben will, denkt sie an drei kleine Zimmer und sieht sich selbst mit dem Kind auf dem Arm im weißen Schlafrock durch die Wohnung schreiten. Zur Beglaubigung dieser Vision lässt sie sich bereits den Schlafrock machen, aus einem Stoff, der schon ein Jahr lang im Koffer lag. Vor allem aber teilt sie ihrem Bruder mit, dass sie ihn sprechen muss. Sie muss sicher sein, dass sich jemand ihres Kindes annimmt, wenn sie die Geburt nicht überlebt.

Ihrem Bruder? Catty also, wem sonst? Doch es gibt keinen Catty mehr, nicht für sie. Nicht nach dem, was nach ihrer Hochzeit kam. Ihr Mitwisser, der Mensch, der ihr am nächsten war, sie hat ihn verloren. Sein Name fällt vorerst nirgends mehr im Tagebuch, umso stärker ist er eingetragen. Unnennbar, also anwesend auf jeder Seite. Dass selbst Catty an ihr irregeworden ist, muss sie am tiefsten treffen. Sie wendet sich an Ludwig, der das Gut Wulfshagen geheiratet hat und sie entmündigen lassen wollte. Ihre neue Situation, mit der sie ihn nunmehr vertraut machen muss, dürfte kaum dazu angetan sein, ihn von den Fortschritten ihrer Zurechnungsfähigkeit zu überzeugen.

Er kommt sofort, ohne sich anzukündigen.

16. Mai: *Ludwig war hier. Es war so gut, so unendlich gut, dass er kam, ohne weiteres, die weite Reise. Dann saß er da und fragte, was denn los wäre, und als ich es ihm sagte: Ja – wie er es immer sagt. Wir gingen zusammen aus in den Ratskeller. Ich fühlte, wie aufgeregt er war. Ich hab' ihm nicht gesagt, wie schlecht es mir pekuniär geht, er hat mir versprechen müssen, für das Kind zu sorgen, wenn ich nicht mehr da wäre. Ich sehnte mich danach, mich einmal ganz hingeben, ausweinen zu können, aber ich nahm mich sehr zusammen, weil wir beide fühlten, dass die Rührung uns umwerfen würde. Du guter, guter Bruder. Aber wieviel Heimweh wachte da wieder auf bei uns beiden. So einsam, seit er wieder fort ist.*[58]

Tage später ihr Geburtstag. Sie feiert ihn zum ersten Mal allein. Keiner kommt, und dabei kennt sie so viele hier. Herstein schickt Blumen, sie ärgert sich sehr darüber, sie will keine Blumen, nicht von ihm. *Ich habe von ihm verlangt, dass er hier fortgeht, oder ich gehe. Und ich dachte, er wäre schon fort.*[59] Es folgt ein Satz, der nicht zum vorhergehenden zu passen scheint, eine Verallgemeinerung, wie sie größer nicht gedacht werden kann: *Mein Kind soll keinen Vater haben, nur mich. Und mich ganz.* Darin klingt die gleichsam kosmische Kränkung nach, dass der Mann, dem sie sich ganz hingab, ihr Kind nicht wollte. Und jetzt: Sie hätte Lübke zum zweiten Mal zum Ersatzvater ihres Kindes gemacht, ihm hätte sie vertraut. Aber er lehnte ab, weil es nicht das seine ist. Wie kleinlich. Und sie schlussfolgert: Es gibt keine Väter! Es gibt nur Mütter.

Doch noch immer ist ihr Mann, ihr Nicht-mehr-Mann, jeder zweite Gedanke. 23. Mai: *Vor drei Jahren unser Hochzeitstag. Die Sehnsucht nach Walter – ich schreibe ihm unendliche Briefe und er antwortet kaum. Warum eigentlich – ich rede mich nur da hinein aus Verlangen nach einem Menschen, es ist ein Traumbild, mit dem man spricht, und dem man all seine Sehnsucht enthüllt.* Juni: *Walter schreibt mir, ich solle den Vater heiraten. Um Gottes willen, es gibt nichts, was mir unmöglicher schiene.*

6. Juni: *Alle Abende geh' ich durch die Straßen und dann wieder in mein einsames Zimmer. Nie mehr ins Café, sehe niemand von all den Leuten.*[60]

Im Frühjahr meinte sie allein zu sein; jetzt weiß sie, dass sie es ist. Der Juni ist sehr heiß, sie hat schwere Träume, oft von ihrem Mann, auch, hellere, von Husum, sie träumt sogar von ihrer Mutter. Doch nie ist ein gutes Ende dabei. *Wieder geträumt, dass ich mit Walter in einem Hotelzimmer zusammen war. Ich fand ein großes dickes Stück Glas mir rauher Kante und sagte ihm, damit könne man sich die Pulsadern aufschneiden. Er machte mir ein Messer draus und gab es mir.*[61]

Sie übersetzt acht bis zehn Stunden täglich, um noch fertig zu werden, bevor das Kind kommt. Dann wieder denkt sie nur an den Tod. Langen fragt, ob sie das Buch schafft, sie sagt ja, denn sie braucht das Geld. Dabei wird sie oft ohnmächtig, aber sobald sie wieder zu sich kommt, macht sie weiter und verschiebt das Sterben. Eine Schreibtischschublade muss sie jetzt immer ausziehen, um sich dagegenzulehnen, sonst hielte sie das Sitzen nicht aus. Wie überwältigend einfach ist doch das Dasein der Toten.

Manchmal versteht sie nicht, warum die Menschen sich so verzweifelt viel Mühe geben, am Leben zu bleiben.

Mitte Juli versucht sie drei Tage lang vergeblich aufzustehen. Sie hat 326 Seiten, noch immer fällt der Name des Autors nicht, auch nicht der Titel, sie darf jetzt nicht aufgeben. Und bleibt doch liegen. Wie viel Kraft gehört dazu, am Morgen aufzustehen. Und wenn man das geschafft hat, folgt noch ein ganzer Tag. Nein, unmöglich, sie bleibt liegen.

Es gibt nicht nur das Wachen, den Traum und den Schlaf, es gibt noch ganze Universen dazwischen. Wirklichkeit? Welche Wirklichkeit? Das Opium wirkt, sie hielte die Leibschmerzen sonst nicht aus. Wenn Langen sie jetzt sehen könnte, er müsste seiner Übersetzerin umgehend den Auftrag entziehen. Sie wüsste nicht zu sagen, wer sie ist noch wo sie ist. Weitermachen!

Plötzlich steht der Fiakermann vor ihrem Bett, Friess, der sie gefragt hatte, was sie, ausgerechnet sie, denn mit einem Kind wolle. So, wie er sie am 24. Juli vorfindet, kann er die Frage nur wiederholen. Zum ersten Mal weint sie in seiner Gegenwart. Der Mann, der nicht mehr ihr Mann ist, teilt ihr mit, dass er kommen wird. Sie muss ihn als Sterbende gebeten haben: ein letztes Wiedersehen, damit sie ruhig gehen kann. Und wieder Morphiumnächte. Dann Friess, er hat wohl das Gefühl, dass man dieses Menschenkind jetzt nicht aus den Augen lassen darf. *Sonntag ... Monsieur kam am Nachmittag, um sich auszuruhn, schlief in einer Zimmerecke, und ich schrieb. Sonderbar, dass Menschen zu mir kommen, um auszuruhn.*[62]

Unvorstellbar, Walter Lübke wäre jetzt ins Zimmer getreten und hätte diesen eleganten, kühlen Lebemann bei seiner geschiedenen, im höchsten Maße schwangeren Frau gefunden. Fanny zu Reventlows ganze Hoffnung trägt noch immer nur einen Namen: den seinen.

5. August. Walter war da. Es war für uns beide so erschütternd, dies Wiedersehen, aber doch so gut. Mir ist, als ob sich nun das letzte Schwere gelöst hätte, ich bin ihm so dankbar. Den Abend, als er fort war, ging ich noch lange durch die Straßen und wie von einer großen Spannung befreit.[63]

Der Einzige, der in den letzten Monaten treu zu ihr gehalten, Geld geschickt und auch ihren Geburtstag nicht vergessen hatte, war der alte Freund Paul Schwabe gewesen. Jetzt schickt sie ihm einen Abschiedsbrief, um Walters willen, um ihrer neuen »Unbeflecktheit« willen. Eine ehrbare Frau hat keinen Verkehr mit fremden Männern, auch keinen schriftlichen. Sie besitze wieder Hoffnung, zu ihrem Mann zu finden, teilt sie Schwabe mit, und: *... ich bin fest entschlossen, für diese Hoffnung allein zu leben in allem, und habe ihm gesagt, dass ich mit allem, was jemals in meiner Vergangenheit gewesen ist, jede Verbindung gelöst habe. Missversteh mich nicht, Paul, ich habe nicht das Gefühl, als ob in unserem Verkehr etwas Unrechtes liegt. Du bist ja während dieses ganzen Jahres beinah wie ein Bruder für mich gewesen ... Es wird mir ja so schwer, Dir zu sagen – schreibe mir nicht mehr.*[64]

Sie weiß selbst, wie grotesk das ist, und entschuldigt sich immer wieder für ihr Ersuchen, künftig von Zeugnissen seiner Teilnahme abzusehen.

Am folgenden Tag, dem 15. August, trägt sie die abgeschlossene Übersetzung zu Langen. Auch Hermant Abels *Die tolle Marquise* oder Guy de Maupassants Novellen *Schwarz-Braun-Blond* werden neben den sechs Prévosts im nächsten Jahr erscheinen. Immer geht es um die Frauen, aber was wissen denn diese Männer?

Sie fühlt alle Blicke auf sich gerichtet, auf ihren hochschwangeren Bauch, sie hört sich sprechen, hört, wie man ihr antwortet, und doch kommt es ihr seltsam unwirklich vor: *... ich weiß wirklich nicht mehr, bin ich noch auf der Welt oder nicht. Fühle nur, dass ich jetzt ruhn darf.*

Ein großer Frieden kommt über sie; es ist eine Art Ergebung in das, was nun kommen muss. Was sie tun konnte, hat sie getan. Die furchtbaren Ängste lösen sich. Sie möchte immerfort weinen, aber nicht vor Schmerz, eher vor Seligkeit. *Neulich kam eine Biene ans Fenster und summte. Darüber habe ich auch geweint, ich sah so den weiten schönen Sommer vor mir.*[65]

31. August: *Eben vom Mittagsschlaf aufgewacht. Mit heftigen Schmerzen und Blutverlust. Ja, nun ist kein Zweifel mehr. – Vielleicht sind das die letzten Worte, die ich jemals schreibe.*[66]

Das gräfliche Milchgeschäft

Es ist ein Junge. Es war eine lange, schwere Geburt. Sie wäre vor Schmerz geradewegs aus dem Fenster gesprungen, aber die Schwestern hielten sie gewaltsam fest, und dann spürte sie die Narkose. Beim Aufwachen sieht sie von Noordens Gesicht über sich, sie ist sein Sorgenkind, nein, nunmehr seine Sorgenmutter. Er ist ein Freund. Wie dringend braucht sie so einen, eine junge Frau mit Kind, nach der kein Mann fragt, keine Mutter, keine Geschwister.

Sechs Wochen müsse sie bleiben, erklärt Noorden. Unmöglich, antwortet die Frau mit Kind, das könne sie niemals bezahlen, zudem müsse sie arbeiten, für sich und … Sie schaut auf ihr Kind, es ist so schön. Sie hätte nie gedacht, dass sie ein so schönes Kind bekommen würde.

Doch schwer ist es. In der ersten Nacht zu Hause hört das Kind nicht auf zu schreien, sie weiß nicht, was sie tun soll, am besten mitschreien. *Schließlich saß ich auf dem Bettrand und weinte auch, und es kam mir vor, als ob wir beide ganz verlassen wären und zugrunde gehen müssten. Dann ein trüber, grauer Herbstsonntag. Ich lag wie zerschmettert auf dem Diwan und dachte: Was soll aus uns werden.*[67] Und doch: Wie schön ist das Kind. Sie hat ein Mädchen zur Hilfe, aber sie erträgt seinen Anblick nicht. Am Tag stellt sie oft den Schirm vor die Wiege ihres Kindes, *damit das greuliche Mädchen es nicht anschaut.* Es bekäme sonst einen ganz falschen ersten Eindruck von der Welt. *Ich will es nur für mich allein haben, ganz für mich. Es soll Rolf heißen. Der große Rolf ist sein Pate, er kommt oft und hilft es mir pflegen.*[68]

Der große Rolf ist Rolf von Brockdorff, ein Verwandter mütterlicherseits, auch er ein Außenseiter der Familie.

Die alte Hausmeistersfrau steht vor der Tür und die Nachbarin Frau Güttner, auch Rechtsanwalt Friess schaut nach dem Neuankömmling. Alle meinen, ein »Wunderkind« zu sehen, seine Mutter kann das nur bestätigen. Der alte Gerichtsvollzieher, der ab und zu nachschaut, ob es bei der Gräfin etwas zu pfänden gibt, blickt in die Wiege und sagt, diesen erschütternden

Anblick und seine langjährige Berufserfahrung zusammenfassend: »Ach, das unschuldige Kind!« Die Absicht, die Wiege oder das Kind oder alle beide zu pfänden, äußert er nicht.

Und dennoch müssen wir fragen: Was macht der Gerichtsvollzieher Anfang November 1897 bei der Gräfin? Fest steht, dass die Mutter des Wunderkinds seit längerem mit der Absicht umgeht, ihre Existenz auf eine feste, dauerhafte, grundseriöse Basis zu stellen. Das ist sie ihrem Kind schuldig. Sollte sie nicht einen Milchladen eröffnen?

Sollte dies nicht ein Weg sein, der Fron des Übersetzens zu entkommen? Nun ist die Gräfin nicht die Erste, die auf der Grundlage des Molkereiwesens ein ganz neues Leben beginnen will. Sie weiß es wohl nicht, aber es gab da einen Philosophen, der hat genauso gedacht und gefühlt wie sie. Sein philosophisches Hauptwerk wollte er »Ich« nennen, doch dann erschien es unter dem Titel *Der Einzige und sein Eigentum*. Er bewies darin, dass die höchste Aufgabe im Leben darin bestehe, sich selbst in Besitz zu nehmen. Es genüge nicht, den Himmel einzureißen, das »Jenseits außer uns«, denn es gäbe auch noch ein »Jenseits in uns« – Sigmund Freud wird es bald das Über-Ich nennen –, und ebendieses Jenseits sei so entschieden abzuschaffen wie das andere. Darum Kampf aller herkömmlichen Erziehung, aller Moral! Wie gut sie das versteht. Wer das »Jenseits in sich« überwunden habe, dürfe sich »Eigner« nennen, Selbsteigner also, der dürfe sagen: »Ich bin alles in allem.« Ein Charakteristikum, das bis eben nur Gott gebührte. Andererseits, wenn einem nichts gehört außer einem selbst: Ist das nicht verdammt wenig, viel zu wenig? Und doch, der *Eigner* ist zweifellos der Mensch der Zukunft. Vielleicht hätte Fanny ihren Eltern ein Exemplar von Max Stirners *Der Einzige und sein Eigentum* schenken sollen.

Der Philosoph hatte der Menschheit ein neues Evangelium übereignet; allerdings verkaufte es sich nicht wie erhofft, und der Eigner machte eine sehr herabstimmende Erfahrung. Sein schönes freies, vollendetes ICH war doch noch immer ein Sklave, denn es bestand darauf, ernährt zu werden. Dies war die Geburtsstunde des Stirnerschen Milchgeschäfts. Er nahm den Rest des

Vermögens seiner zweiten Frau und beschloss, die Berliner Milchwirtschaft zu revolutionieren. Es gelang ihm ohne nennenswerte Schwierigkeiten, Milch in größeren Mengen einzukaufen. Das gelingt auch Rolfs Mutter.

Fest steht: »Das gräfliche Milchgeschäft« in Schwabing eröffnete wirklich, ob unter diesem Namen oder doch unter *Humplmayrs Nachfolger* o. Ä. ist nicht mehr zu ermitteln. Kann schon sein, dass ein befreundeter Bildhauer ihr eine Kuh modellierte, die mit dem Kopf wackeln konnte, so wie sie es nachher in *Das gräfliche Milchgeschäft* schildern wird. Kann auch sein, dass sie einen Landmann fand, der ihr den Liter Milch für 13 Pfennige verkaufte statt für 15 wie üblich. Vielleicht stimmt sogar das hier: *Es kamen wirklich Kunden. Die Gräfin platschte, goss und klapperte mit ihren Milchgefäßen, als ob sie ihr Leben lang nichts anderes getan hätte. … Die Arme hatte sie in die Seite gestemmt und sah ganz zunftmäßig aus. Die Kunden betrachteten sie etwas erstaunt und warfen dann und wann einen noch erstauneren Blick nach unserer Tür.*[69] Dahinter verbirgt sich die berichterstattende Boheme, daher die Präposition. Und weiter: *Als der Laden einen Augenblick leer war, drehte sie sich um und wurde sehr wütend, als sie uns sah. »Um Gottes willen, ihr verjagt mir ja die Leute. So eine bezechte Bande im Hintergrund, das sieht unsolide aus. Geht lieber nach Haus, ich komme dann abends ins Max.«*

Die Boheme muss den Laden einzeln verlassen, um kein Aufsehen zu erregen. Das *Max* ist ihr Stammcafé, also das *Luitpold*, wo die Gräfin – zumindest in ihrer Erzählung – regelmäßig, wenn auch erst spät am Abend erschien, mit ihrer Reitgerte auf den Tisch knallte – eine sentimentale Erinnerung an bessere Tage – und sprach: »*Donnerwetter, Kinder, jetzt muss ich … einen Nervenreiz haben.*« Vorbei. Die Gräfin wird nicht mehr im Café gesehen. Eine Woche dauert dieser unnatürliche Zustand. *Dann kam eines Abends ein Dienstmann mit einem Brief: »Kinder, bitte kommt auf einen Milchpunsch zu mir. Kommt möglichst vollzählig.«* Sie weiß, es ist die falsche Zielgruppe. Es gibt leichtere Übungen für die Boheme, als zwanzig Liter unverkaufte Milch zu trinken, aber es muss sein.

Wer trägt die Schuld? Ist es die unverhoffte Konkurrenz des Alteigentümers eine Straße weiter? Oder ist sie selber schuld? Allein die kurzen Haare! Das passt nicht. *Sie schien das selbst zu fühlen, stand lange nachdenklich vor dem Spiegel und meinte, wenn dies Geschäft sich rentiere, werde sie sich eine Perücke mit geradem Scheitel und einladenden Zöpfen kaufen.*

Es rentiert sich nicht. Das gräfliche Milchgeschäft wird an derselben Herausforderung scheitern wie der Stirnersche Versuch. Es wird zugrunde gehen an der Unmöglichkeit, die eingekaufte Milch in einem angemessenen Zeitraum wieder zu verkaufen.

Als der Selbsteigner Stirner seinen Milchladen schließen musste, verließ ihn seine zweite Frau. Sie wandte sich dem »Jenseits außer uns« zu und konvertierte zum Katholizismus. Stirners letztes Lebenszeichen war eine Zeitungsanzeige, in der er um ein unverzinsliches Darlehen bat.

In der *Neuen Rundschau* erscheint Ende 1897 *Das gräfliche Milchgeschäft*. Das Erscheinen des Gerichtsvollziehers Anfang November und der resignierte Eintrag Ende November: *Überanstrengt bis dahinaus, und pekuniär war der Monat schlimm, o weh, o weh. Alles Geld geht rückwärts, Schulden, Vorschuss, fürs Tägliche ist nie etwas da.*[70]

Immerhin, einen richtig schönen Tag hatte der Monat, das war Rolfs Taufe am 7. November. Und danach hat sie sogar Rolfs Vater auf der Straße gesehen und sich spontan dafür interessiert, wie er heißt. Also hat sie den großen Rolf in den Bäckerladen geschickt, um das zu erfragen, ein glaubhafter Vorwand musste ihm wohl selbst einfallen. Natürlich notiert sie den Namen nicht im Tagebuch, nicht mal als Gedächtnisstütze, und ihr Sohn wird ihn niemals erfahren.

Der große Rolf konnte seinen Auftrag nicht ablehnen, denn er hatte sich zuletzt nicht gut betragen. Die Inhaberin eines Ladens für Molkereierzeugnisse hatte Rolf von Brockdorff den Rest ihrer Silbersachen gegeben, damit er sie zum Pfandleiher bringe, für das Geld wollten sie den kleinen Rolf taufen lassen, *nur aus praktischen Gründen, damit er später einen legitimen Taufschein hat oder so.*[71] Aber der Baron von Brockdorff kam nicht zurück. Er selbst, das Silber und das Geld blieben verschwunden.

Geld ist ein Zirkulationsmittel. Wenn er das Tafelsilbergeld seiner Cousine nahm, um ein akutes eigenes Finanzloch zu stopfen, würde er bis zur Taufe seines Patenkindes gewiss neues geborgt haben. Doch diese Hoffnung des Barons erwies sich als trügerisch, weshalb der Pate nicht zur Taufe an der Tür seines Patenkinds erschien. Sie schrieb an dieselbe: *Rolf, komm sofort in die Kirche!* Vergebens. Doch an diesem 7. November sah Fanny zu Reventlow nicht nur den Vater ihres Jungen, sondern zuvor schon den großen Rolf mitten auf der Türkenstraße. Er versuchte zu fliehen, wurde aber ergriffen.

Für die Droschke reicht das Geld nicht, sie kommen eine Stunde zu spät. Der Pfarrer ist sehr ärgerlich, er hält den großen Rolf für den Vater des kleinen Rolf und Frau Güttner für die Hebamme. Alle drei versuchen, nicht zu lachen, und je mehr sie das versuchen, desto mehr müssen sie lachen. Als der Pfarrer von der Erbsünde spricht, öffnet der Täufling den Mund und schiebt dem Geistlichen seine kleine Zunge entgegen. Das war Rolf zu Reventlows Aufnahme in die Christenheit. Und seine Mutter konnte sie zahlen, denn am selben Morgen war ein Brief des Gotteslästerers Oskar Panizza gekommen, inliegend 20 Franc Vorschuss für einen Essay zu einem Thema ihrer Wahl in seinem neuen Periodikum *Zürcher Diskuszionen.*

Der Autor des *Liebeskonzils* hatte seine Zuchthausstrafe wegen Gotteslästerung tatsächlich verbüßt; ganz verändert, als gebrochener Mann, so schien es den Schwabingern, war er zurückgekehrt.

Im Oktober hatte sie ihren Sohn auf dem Standesamt angemeldet, unter dem Namen ihres geschiedenen Mannes. Weihnachten, das war ihre Hoffnung, würden sie schon wieder zusammen sein. Doch Lübke reichte sofort Vaterschaftsklage ein. Sie hatte seine Milde wohl missdeutet, als er kam. Es war die eines letzten Wiedersehens gewesen, auch die einer letzten Vergebung vielleicht, aber nicht die einer neuen Gemeinsamkeit. Wahrscheinlich hinderte ihr Mutterstolz sie zu bemerken, wie sehr ihr hochschwangerer Bauch sie trennte. Das zweite fremde Kind binnen kürzester Zeit, kaum dass er fortgegangen war? Walter Lübke glaubte durchaus ein Mann der neuen Zeit zu sein. Aber so neu, wie es hier verlangt war, konnte nicht einmal er sein. Oder sollte diese ganze neue Zeit ein Irrtum sein?

Nun weiß sie, dass sie Weihnachten allein feiern wird, dass sie an ihren Mann nur noch im Präteritum denken darf, am besten gar nicht mehr. Nun ist er wohl unwiderruflich, ihr Abschied aus der bürgerlichen Welt. Sie ist jetzt eine Außerbürgerliche, und dabei ist Weihnachten so ein bürgerliches Fest. Sie schmückt einen Baum, nur für sich und ihr Kind, aber Rolf fürchtet sich vor den Lichtern.

Rilke, ihr hölzerner Schutzengel, hat ihr mal ein Weihnachtsgedicht geschickt:

Weihnachten ist der stillste Tag im Jahr,
da hörst Du alle Herzen gehen und schlagen
wie Uhren, welche Abendstunden sagen:
Weihnachten ist der stillste Tag im Jahr.

Da werden alle Kinderaugen groß,
als ob die Dinge wüchsen die sie schauen;
und mütterlicher werden alle Frauen
und alle Kinderaugen werden groß.

Da musst du draußen gehn im weiten Land,
willst du die Weihnacht sehn, die unversehrte –
als ob dein Sinn der Städte nie begehrte:
so musst du draußen gehen im weiten Land.

Dort dämmern große Himmel über dir
die auf entfernten dunklen Wäldern ruhen,
die Wege wachsen unter deinen Schuhen
und große Himmel dämmern über dir.

Und in den großen Himmeln steht ein Stern
ganz aufgeblüht zu selten großer Helle,
die Fernen nähern sich wie eine Welle –
und in den großen Himmeln steht ein Stern.

Wie viel Einsamkeit passt doch in ein Gedicht, und wie viel Heimat, und beide sind fast nicht voneinander zu unterscheiden. Die großen Himmel kennt sie, sie hat sie verloren wie fast alles in ihrem Leben. Aber ihr Kind wird sie festhalten.

Das alte Hausmeisterpaar kommt, und sie stehen da wie die heiligen drei Könige und tun genau das, was an diesem Tag zu tun ist: Sie beten das heilige Kind in der Wiege an. Als sie wieder allein ist, denkt sie an zu Hause und ihre Geschwister. Dass es erst fünf Jahre sind, dass sie nicht mehr zu ihnen gehört, nicht mehr in ihre Sphäre! Sie lebt neben der Gesellschaft, nicht in ihr. Aber doch nicht an diesem Tag! *Ich möchte reich und verwöhnt sein, einen großen Weihnachtstisch mit Geschenken.*[72]

Sie darf sicher sein, dass auch die Brüder, Agnes und die Mutter an diesem Heiligen Abend an sie denken, wenn auch mit Schaudern. Niemand will ihr Kind sehen, das Kind der Schande. Für Emilie zu Reventlow hat die Tochter wohl die schlimmsten Befürchtungen überboten. Kehre um!, hatte ihr Agnes vor fünf Jahren zugerufen. Und was ist geschehen seitdem – es war die falsche Richtung. Mutter und Schwester leben längst im Damenstift zu Preetz. Auch Fanny wurde gleich nach ihrer Geburt dort eingetragen – für den Fall, dass sie keinen Mann fände.

Wie oft mögen die beiden Preetzer Stiftsdamen, Mutter und Schwester, den Herrn bitten, er möge Fanny verzeihen und sie zurück auf seine Straße führen. Aber sie helfen auch viel direkter, und wo wäre sie ohne Ludwig! Kurz vor Weihnachten kam sein Brief:

»Liebe Fanny! Zu meiner Freude ist es mir gelungen, außer den … neulich an Dr. V. Noorden gesandten 200 M. noch soviel zusammenzubringen, dass ich heute wieder 230 M. an ihn senden konnte. Nun musst Du 1. beiliegende Erklärung sofort unterschrieben zurücksenden.

2. *mir ganz genau angeben, und zwar schleunigst, was Du formal noch*
   für Schulden hast.
3. *mir auf einem Bogen für sich einen Brief schreiben, in welchem Du*
   ein Dankgefühl bezüglich Mama's aussprichst; sie hat ohne Zaudern
   350 M. hergegeben. Den Brief schicke ich ihr dann.
   Und nun halte gut Haus; zum zweiten Mal dürfte es schwer gelingen.
   Und erledige meine Bitte 1–3
   Allerschleunigst   *Dein LR«*[73]

Kehre um? Am letzten Tag des Jahres näht sie lange an einem Kissen für ihren Sohn, denkt an ihr verzweifeltes Silvester vor einem
Jahr und hört dann, in der ersten halben Stunde des neuen Jahres,
ein »Prosit Neujahr!« unter ihrem Fenster. Es ist Friess, der Fiakermann, der Regenmann.

Er kommt herauf, ein alter Bekannter inzwischen, aber als er
wieder geht, geht ein anderer. Dem war sie noch nie begegnet,
hatte ihn nicht einmal geahnt: *Gott, mein Gott, eine solche Hochflut*
von Leben, Freude, Seligkeit nach dieser Nacht ... Ich habe nie daran
gedacht, dass es einmal so kommen würde ... Und dann war es plötzlich
doch da und schlug über uns zusammen[74]. Das ganze Jahr war sie so
einsam und oft so schwermütig gewesen, und jetzt: *... mir ist, als*
ob meine Seele sich nach allen Seiten auflösen möchte, zerschmelzen in
lauter Seligkeiten. Als er um sieben fortging in den Wintermorgen ging
ich zu meinem Kleinen herein. Ich hab' lange an seinem Bettchen gelegen
und ihn an mich gedrückt, und es hätte mich fast zersprengen mögen.[75]

Glück! Sie hätte nicht geglaubt, dass sie es noch einmal so
fühlen würde. Eine Art Glück, das Mutter und Schwester nicht
kennen. Wie hatte Agnes das formuliert: »Wenn wir dem Thier
freien Lauf lassen, müssten wir ja zu Grunde gehen.« So würde
sie das nicht sagen.

Die Vorstellung, dass der Mensch glücklich sei, ist im Plan der
Schöpfung nicht enthalten, wird bald ein Wiener Psychologe mit
miserabel laufender Praxis formulieren. Das kann sie auch nicht
bestätigen. Zweiunddreißig Jahre später, von diesem Neujahrsmorgen aus gesehen, gibt er zu Protokoll: »Was man im strengsten Sinne Glück heißt, entspringt der eher plötzlichen Befriedi-

gung hoch aufgestauter Bedürfnisse und ist seiner Natur nach nur als episodisches Phänomen möglich.«[76] Das kann sie jetzt schon bestätigen, diese Nacht ist ihr Zeuge. Und der Tag danach: *Heute so wundervoll übernächtig, weiß kaum, wo ich bin. Vormittags mein Kind genommen und ausgefahren. Es war so wie ein weiches Frühlingswetter, ich wollte durchaus Veilchen haben, konnte aber keine auftreiben. Und den ganzen Tag ging mir die Stimmung dieser Nacht wieder durchs Herz und durch alle Nerven.*[77]

Kann schon sein, dass das Glück nur als episodisches Phänomen möglich ist. Aber wie lang genau dauert so eine Episode? Währt sie einen Tag, eine Woche, einen Monat? Es wird März, und sie spürt die Wirkung der Episode immer noch.

Glück oder Vom chronischen Gretchen

Sie sieht mit Freude, wie der Gefährte ihrer Nächte das Kind liebt. Er darf es ansehen. Friess! *Für mich ist's immer noch ein Traum, aber manchmal tut es weh und zerrt an mir.*[78] Diese Liebe wird nie einfach sein, niemals ruhig; sie sprechen viel miteinander, sie liebt auch diese Stunden, und doch bleibt eine Grundfremdheit. Und es ist noch mehr: *Dass Friess nie auf den Gedanken kommt, mich aus der Misere zu ziehen, macht mich manchmal stutzig.*

Aber sie will diese Gedanken nicht denken. Das, was sie verbindet, hat mit dem bürgerlichen Dasein nichts zu tun. Jede Alltäglichkeit würde es ruinieren, die Weltenwechslerin mit dem großen Sinn für die Übertretung weiß das. Wer wüsste es besser als sie? Es auch auszuhalten ist etwas anderes. Er kommt zu ihr wie in ein anderes Leben; es ist der Reiz des Verworfenen. Ihre Herkunft und dabei ihre Armut. Die vollkommene Unmöglichkeit, eine Existenz wie die ihre der Welt einzufügen, in der er am Tage lebt. Und dazu das Kind. Nein, er kann nicht wünschen, dass ihre Armut, ihre Not ein Ende fände, denn sie sind ein Teil der Leidenschaft, die er für sie fühlt. Das alles könnte sie sich sagen, sie könnte es sogar ihm sagen, doch es wäre der Anfang vom Ende dieser Leidenschaft, und sie will kein Ende. Und den *sündigen Reiz*, den sie für ihn hat, genießt sie ihn nicht ebenso? Immer wieder der elektrische Schlag, wenn er plötzlich in ihrem Zimmer steht, vor ihrem Bett. Aber kaputtgehen will sie auch nicht, darf sie gar nicht, denn sie hat ihr Kind. Sie wird das später klären. Walter wird geflutet.

Die Liebe der Männer ist doch nichts anderes als Dankbarkeit für das ihnen erwiesene Vergnügen, sagt ein späterer Sachverständiger der männlichen Liebe. Die Liebe der Männer und die Liebe der Frauen sind wohl sehr verschieden; sie denkt jetzt viel darüber nach, es ist ein Auftrag. Panizza will wissen, wie eine Frau wie sie die Männer sieht. Natürlich interessiert ihn das, denn ihr *Jüngstes Gericht* war in jeder Hinsicht das Werk eines Mannes. Nicht nur, dass eine normal veranlagte Frau niemals die Religion infrage stellen würde, sie hätte auch nie so schreiben können. So welt- und gottesüberlegen, so in jeder Hinsicht frei. Woher hat sie das?

Frauen sind und schreiben sentimental. Für die neuere Zeit, das weiß auch Panizza, muss man das etwas konkretisieren. Wenn die Sentimentalität ein Weltbewusstsein fasst, sich als benachteiligt und ungerecht behandelt erkennt und sich mit Vorsatz konstituiert, dann wird daraus die Frauenbewegung. Sie gehört zu den geistigen Grundverunsicherungen der Zeit.

Die Dinge, die einen entlassenen Zuchthäusler wie Oskar Panizza noch wirklich interessieren, lassen sich zählen. Was eine Frau wie sie über die Männer denkt, gehört unbedingt dazu. Und einen Vorschuss hat sie auch bekommen.

Zuvor hatte die Wagnerianerin und spätere George-Deuterin Ria Claassen in den *Zürcher Diskuszionen* bereits über das *Frauenphantom des Mannes* nachgedacht. Genau genommen sind es zwei Phantome; jeder kennt sie: Heilige oder Hure, Madonna oder Sünderin. Die Autorin war zu dem Schluss gekommen, dass es wünschenswert und an der Zeit sei, dass der Mann statt eines Phantoms die Frau selber liebe, am besten als die Frau an seiner Seite, weder Heilige noch Hure. Fehlt also noch das Pendant, das *Männerphantom der Frau*. Andererseits will Panizza seine Autorin nicht nötigen: »Sie müssen nicht gerade das Männerphantom behandeln, wenn es Ihnen nicht liegt«,[79] ließ er sie wissen.

Aber es liegt ihr durchaus: *Der Mann! – Einmal muss der Moment ja doch schließlich kommen – trotz der strengsten Mutter und der wachsamsten Tante – der Moment, wo … das junge Mädchen anfängt, etwas zu fühlen und zu begreifen, etwas – ja, wie soll man es definieren, … die Vorempfindung des andern Geschlechts im eignen Blute?*[80] Was für ein Wort! Dabei lässt sich alle Tugend des Weibes dahingehend zusammenfassen, derlei Empfindungen niemals zu haben, keine Vor-, keine Haupt- und auch keine Nachempfindungen.

Sie bezeichnet dieses Ideal als das *chronische Gretchen*. Es sei zwar persönlich immer seltener anzutreffen, umso mehr bemühe man sich, an seine Existenz zu glauben, an *das stille deutsche Mädchen, das in Gedanken, Worten und Werken stets auf dem vorgeschriebenen Wege bleibt, mit Scheuklappen vor den Augen und einem unerschöpflichen Vorrat von himmelblau- und rosagestreiften Illusionen durch die Welt geht, die böse Welt, die ihm selbst beim besten Willen nicht den Schmelz von den Flügeln zu streifen vermag.* Für diese lebenslange Inkarnation der Jungfräulichkeit gibt es nur zwei Arten von Männern, *Halbgötter* und *Schurken*.

Spätestens in seiner Hochzeitsnacht stößt das chronische Gretchen nun auf die unfassliche Wahrheit, dass der Schurke beim Mann ein eigenständiger Körperteil ist. Die Autorin formuliert das zwar etwas rücksichtsvoller, aber doch ohne jegliche Erschütterung und kommt nun zur Hauptsache, zu den Konsequenzen. Sie diagnostiziert zwei Folgeinkarnationen des schockierten chronischen Gretchens. Die erste, die christliche, bis eben die einzige, nimmt ab sofort zusätzlich zu den eigenen auch noch die Sünden ihres Mannes auf sich, sie tut Buße und sieht ihre höchste Pflicht darin, in ihren Kindern das vernichtete Ideal wieder aufzurichten.

Und dann gäbe es, wenn auch noch nicht lange, eine zweite Reaktionsweise: *Die andern wenden sich und werden »moderne Frauen«,* von der Autorin vorzugsweise *Bewegungsweiber* genannt. Friedrich Nietzsche wäre stolz gewesen auf seine begabte Leserin. Auch auf ihre Ermittlung der Anamnese, der Vorgeschichte des Krankheitsbildes »Bewegungsweib«: *Es ist aus mit den Idealen und Illusionen, man will auch nichts mehr von ihnen wissen, man ist stolz, keine mehr zu haben, und will jetzt nur noch Wahrheit.* Dieser Aufklärungsdrang, dieses Wissenwollen münde den Frauenrechtlerinnen in *wütende Auflehnung* gegen die *»verlogene Gesellschaft«*, in den Kampf um eine neue Weltordnung. *Der Mann ist ihnen fortan etwas, das überwunden werden muss.*

Das hat, in den gleichen Worten, Nietzsche über den Menschen gesagt, in diesen Worten lag seine ganze Hoffnung für die eigentümlich missratene Gattung. Sich selbst überwindend, sich selbst neu schaffend: Er sagte Übermensch, doch er meinte den Übermann. Dass verstand sich so sehr von selbst, dass er es nicht eigens aussprechen musste. Und nun – die Nietzsche-Leserin Fanny zu Reventlow erblasst hinter ihren Zeilen – soll die Überfrau übrig bleiben?

Davor sei der Herr! Beim Bilde ihrer Mutter und Schwester und fast aller Frauen, die sie gekannt hat: Keinen Tag möchte sie in einer Frauenwelt leben, gar in einer Frauenrechtlerinnenwelt. Heuchlerische Frigidität! Nicht einmal wirkliche Freundschaft gäbe es unter Frauen, denn für einen Mann – so die Autorin – beginge dieses berechnende, unaufrichtige Geschlecht jeden Verrat. Fast alle Menschen, die ihr etwas bedeuten, sind Männer. Aber diese alles grundierende persönliche Wahrheit spricht sie nicht aus, dies hier ist ein theoretischer Aufsatz, kein privates Bekenntnis, gleichwohl geht sie jetzt zum persönlichen Angriff über.

Ihr Verleger hatte 1894 Laura Marholms *Buch der Frauen* veröffentlicht. Marholm ist die Tochter eines dänischen Schiffskapitäns, sie heiratete den schwedischen Dichter Ola Hansson, lebte mit ihm in Friedrichshagen bei Berlin, bis Hansson sich mit dem ebenfalls in Berlin befindlichen obersten Frauenverächter August Strindberg überwarf. Also wich das Ehepaar nach Bayern aus, um Strindberg möglichst großräumig aus dem Wege zu gehen, und Langen hat nichts Eiligeres zu tun, als diese Typenlehre der Weiblichkeit zu veröffentlichen. *Das Buch der Frauen!* Welche Prätention schon im Titel. Für sie sind das sämtlich Hysterikerinnen, nicht nur jene unerfreuliche Vertreterin ihres Geschlechts, die Marholm zufolge »durch die Wälder rennt mit dem klagenden Ruf nach dem Gatten.«

Seltsam nur, urteilt die Gräfin, dass diese traurige Phänomenologin trotz all ihrer Studien nie das Elementarste bemerkt hat: *Wenn es absolut notwendig war, ein Buch der Frauen zu schreiben, hätte man ihm als Motto das Wort von Nietzsche voranstellen sollen: »Alles am Weibe ist ein Rätsel und alles am Weibe hat nur eine Lösung: Schwangerschaft.«* Im *Faust* gibt Mephisto diese Gebrauchsanleitung für die Frau, und auch Nietzsche kannte seine diabolische Rolle genau. Eine Frau ist eine Funktion ihrer Gebärmutter, Punkt. Er hatte seine Kindheit unter lauter Frauen verbracht, diesen Agentinnen und unnachsichtigen Exekutorinnen jeder überkommenen Moral, mit diesem Geschlecht war er fertig.

Und doch ist es schade, dass er seine Tage im Wahn verdämmert, die Gräfin, zu der seine Worte so kamen, wie er sich das immer gewünscht hat, nämlich als Offenbarung, sie hätte ihn wirklich interessiert. Natürlich weiß sie, dass er als Frauenfeind gilt, aber: *Der angebliche Weiberfeind hat das Weib besser verstanden, wie es sich selbst je zu verstehen vermag, und es liegt ja auch in der Natur der Sache, dass ein Geschlecht immer nur vom andern Geschlecht richtig verstanden wird, niemals aber von dem eignen.*

Genau genommen wäre sie also gar nicht befugt fortzufahren, aber sie kann jetzt nicht darauf verzichten, Laura Marholm und den *Bewegungsweibern* zu erklären, was eine richtige Frau ist, nämlich eine Mutter. Alle alten Völker hätten noch gewusst, was der schlimmste Fluch ist, der eine Frau treffen könne. Ja, sie schreckt nicht einmal vor einem Satz wie diesem zurück: *Irgend jemand hat da sehr richtig bemerkt, eine Frau fängt erst dann an geistreich zu werden, wenn sie keine Kinder bekommt.* Nun ließe sich die Autorin selbst als Gegenbeispiel anführen, aber sie könnte das begründen: Sie ist geistreich aus Not, nicht aus Ehrgeiz, sie muss ihr Kind ernähren.

Franziska zu Reventlow diagnostiziert geschlechtliche Verkümmerung als Ursache der ganzen Frauenrechtlerei. Man meint aus ihren Sätzen eine geradezu physische Abneigung gegen die Emanzipierten zu spüren.

Auch Friedrich Nietzsche hat die Befreiung der Frau gefordert, aber nur als Geschlechtswesen, und ebendas macht sie auch. Friedrich Nietzsche hat die Prostitution verteidigt, ebendas macht sie auch, und doch nicht als Epigonin. Nein, dieser misogyne Autor muss sie und ihre eigenwillige Genussfähigkeit und Souveränität vorausgeahnt haben. Es dürfte nicht viele Frauen geben, bei denen Mutterschaft und frei vagabundierende Sinnlichkeit so einträchtig nebeneinanderwohnen. Aus der Friess'schen oder sonstigen Umarmung tritt sie an das Bett ihres Kindes und weiß, dass es das Einzige ist, was zählt. Sie weiß es so sicher, dass sie sich zur kühnsten Verallgemeinerung berechtigt fühlt: *Eine Frau, die den Sinn des Lebens wirklich erfasst hat, wird in dem Mann, der ihr ein Kind geschenkt hat und sie dann verlassen hat, nicht den Verführer und Verräter sehen.*

Eine Existenzform wie sie, die sich nicht berechtigt fühlt, einem Lebensgenuss aus dem Weg zu gehen, scheint schlechte Voraussetzungen zu haben, Mutter zu werden. Mutter sein heißt, einem anderen Leben mehr verpflichtet zu sein als dem eigenen. Schon das äußere Maß ihrer Tage passt nicht mehr zu dem der anderen, sie registriert es genau. Wie gern wäre sie im Februar mit zum Bauernball gegangen oder zum Künstlerfest, alle gehen, sie nicht, denn sie hat ein Kind und kein Geld: *In der Frühe um fünf Uhr, als ich aufstand, dachte ich daran, wie die anderen jetzt vom Fest heimkommen*[81]. Und ihr Kind schläft, *und es ist ihm ganz gleichgültig, ob ich tanze oder bei ihm bin.*[82] Es ist eine zärtliche Wahrnehmung, kein Vorwurf, keine Klage.

Ein Kind zu haben ist vorsätzliche Freiheitsberaubung. Ein Kind zu haben bedeutet eingeschränkt leben. Sie, die keine Einschränkung erträgt, von ihrem Jungen nimmt sie jede hin. Er ist der Halt ihres Lebens.

Ein Kind zu haben, um sich selbst einen Mindesthalt zu geben, ist vielleicht weniger ein allgemeinstes naturhaft weibliches Motiv als eines, das sich aus ihrem ureigensten Lebensgang erklärt.

Aber das ficht sie nicht an. Es tut so gut, einmal das Maß aller Dinge sein zu dürfen. Und wer sagt, die Prostitution stehe in *direktem Gegensatz zur eigentlichen Natur* der Frau? Das weiß sie aber besser. Das können nur Frauen behaupten, die der Frau in sich noch nie begegnet sind. Aber eine Selbstbezichtigung widerspräche der Diskretion, die der vornehme Mensch seiner Umwelt schuldig ist und sich selbst natürlich ebenso.

Die Berufung auf die Wissenschaft dagegen kann nicht schaden. Nach der Untersuchung Tausender Prostituierter habe die empirische Forschung bei diesen Probandinnen eine *natürliche Prädestination zur Prostitution* feststellen müssen; die Gräfin beruft sich auf eine Mitarbeiterin des italienischen Mediziners Cesare Lombroso, der als Professor der gerichtlichen Medizin und Psychiatrie die *Scuola positiva di diritto penale* begründete, die Positive Schule der Kriminologie: Verbrecher werden nicht gemacht, Verbrecher werden vor allem geboren: der *delinquente nato* ist in der Welt, der geborene Verbrecher also, ein Mensch, der das Tier noch nicht lange hinter sich habe, vorzugsweise ausgestattet mit fliehender Stirn, grobem Kiefer und Segelohren. Das weibliche Äquivalent zum *delinquente nato* ist für Lombroso die Prostituierte; die Autorin sieht davon ab, das Thema an dieser Stelle zu vertiefen.

Sie könnte auch fragen, inwiefern die dauerhafte Ausübung einer Tätigkeit die Tätige ihrer Tätigkeit anverwandelt. Deutet Lombroso gar erworbene Eigenschaften als natürliche? Die Autorin ist eine vielbeschäftigte Frau, sie kann hier nicht die Diskussionen eines anthropologischen Oberseminars führen, zudem hält sie noch einen weitaus größeren Triumpf in der Hand: Wer sich weigere, der Wahrheit ins Gesicht zu blicken, *der tue einmal die Augen auf, um zu sehen, wie zahllose »anständige« und geachtete Frauen in der Ehe vollständig das Leben einer Prostituierten führen mit dem einzigen Unterschied, dass es nur ein Mann ist, dem sie sich tagtäglich ohne Liebe und ohne Sinnlichkeit hingeben, und der sie dafür versorgen muss – ohne dass sich ihr Gefühl jemals dagegen empört.*[83]

Mit diesem Paukenschlag hört sie auf, aber nicht ohne vorher noch einmal Nietzsche zu zitieren: *»Es ist ein Kind im Manne, das spielen will, auf, ihr Frauen, so entdeckt mir doch das Kind im Manne.«*

Heilige oder Hure? Sie hütet sich, diese beiden Worte zu gebrauchen, und doch lässt sich die Aussage dieses Essays gar nicht besser zusammenfassen als mit ihnen: Heilige und Hure! Die heilige Hure und die hurende Heilige. Beides statt keins von beiden, wie ihre wagnerianernde Vorrednerin meinte. Aber solchen Einsichten ist das Publikum noch nicht gewachsen.

Die Autorin ist erschöpft. Am 1. August fasst sie ihre Existenz zusammen: *So geht's nicht weiter, ich bin überfastet und überarbeitet bis dahinaus.* Sie sinnt nach Alternativen. Sie könnte den Tennisspieler für ihre Nächte bezahlen lassen. Nein, keine gute Idee.

Und dann sieht sie Madame X. aus dem Salon B. wieder. Madame X. findet es vollkommen unverzeihlich, dass ihre Mitarbeiterin sich nie wieder gemeldet habe, bei dem Naturtalent! Madame X. findet es auch unverzeihlich, sein Leben mit Arbeit zu ruinieren. *Das käme davon, wenn man so emanzipiert wäre und Kinder bekäme.*[84] Emanzipiert, sie, die Vorkämpferin gegen die Frauenemanzipation? Aber Frauen wie Madame X. lesen wohl nicht die *Zürcher Diskuszionen*. Die entlaufene Mitarbeiterin beharrt darauf, im Salon nur *dilettiert* zu haben, und im Übrigen komme sie mit dem Salonnieren ebenso wenig auf einen grünen Zweig wie durchs Übersetzen.

Madame X. antwortet, das sei eine Frage der Arbeitseinstellung. Sie wolle etwas, was Prostituierte nun wirklich nicht wollen, schon gar nicht im Bordell: ihr Vergnügen. Sie müsse die Sache vielmehr mit Ernst, Gewissenhaftigkeit und Zielstrebigkeit angehen, obwohl sie einräume, dass München nicht der Ort sei für den ganzen großen, den *definitiven Coup*. Dennoch, sagt Madame X., sie sei bereit zu helfen, auch wenn sie sich aus dem aktiven Tagesgeschäft des Salons zurückgezogen habe. Wahrscheinlich leistet sie Soforthilfe, denn die bekennende Dilettantin mit dem Naturtalent meldet eine Extraeinnahme von 200 Mark.

Ob sie Madame X. gesagt hat, wo sie den ganz großen definitiven Coup zu landen hofft? Nicht im Bordell, am Theater!

Die Luisenkollekte

Im April hat sie eine neue Wohnung gefunden, etwas Dunkles, Feuchtes, aber es ist eine dunkle Feuchte mit Garten! Sodass Rolf nun immer draußen sein kann, und sie auch. Sie werden beide nur noch im Garten leben. Und als sie zum ersten Mal so dasaß, nur zur Probe, den unendlich blauen Frühlingshimmel über sich, da fasste sie einen unendlich blauen Frühlingshimmelentschluss. Sie würde eine große Laufbahn am Theater beginnen. Das Publikum würde ihr zu Füßen liegen, irgendetwas in dieser Haltung ihr gegenüber entspräche zudem ihrer Herkunft.

Anfang Mai streicht sie mit dem großen Rolf alle Zimmer der neuen Wohnung in der Hohenzollernstraße 1, auch die Böden. Jemand will zu ihr, vielleicht ist es Friess, undenkbar, mit Friess zu malern, er ist kein Mann für die Alltäglichkeit. Aber auch wenn er es nicht ist, die Hausmeisterin der Hohenzollernstraße 1 schickt den Besuch wieder fort: »*Frau Gräfin und Herr Baron sind beim Anstreichen.*«[85] Das gefällt ihr. Kurz darauf aber bemerkt die Frau Gräfin, dass ihr Tafelsilber noch immer abwesend ist, der Auslösetermin verfallen und alles schon versteigert. Da läuft sie, der Spur des Metalls folgend, durch die ganze Stadt: Nicht ihr Tafelsilber!

So wie die Gräfin aus dem *Gräflichen Michgeschäft* ihre Reitgerte besaß mit dem silbernen Griff, mit der sie jeden Abend im Café zur Begrüßung auf den Tisch schlug und die sie nie weggab, denn sie *stammte noch aus ihrer Glanzzeit auf den väterlichen Gütern*, so besitzt die gräfliche Anstreicherin ihr Silber als letzte Reminiszenz ihrer Herkunft. Und wenn es sie ein Vermögen kosten würde, das Besteck muss sie wiederhaben! Am Ende findet sie die Tändlerin, die es ersteigert hat, und macht es der Widerstrebenden mit einer Geschichte rührseligster Art und 9 Mark Verlust wieder abspenstig. Und versetzt es sofort wieder, denn sie hat nur noch 40 Pfennige im Portemonnaie, aber diesmal wird sie es rechtzeitig auslösen, vielleicht schon von ihrer ersten Theatergage. Ja, sie ist fest entschlossen, eine Zukunft zu haben.

Zur Voraussetzung fast einer jeden Zukunft gehört es, dass

man beherzt in sie investiert. Die Kandidatin einer neuen Hoffnung kauft sich ein neues Kleid und einen Hut, sie macht das also nicht aus Spaß, sondern aus Vernunft. Sie mag es, wenn Spaß und Vernunft fast nicht mehr voneinander zu unterscheiden sind. Sie findet, sie sehe jetzt wieder *wie ein Mensch aus. Ging sehr zufrieden durch die Stadt und mit plötzlichem Entschluss zur Theaterschule.*

Der Direktor heißt Adolf Oppenheim. Die Aufnahmeprüfung ist nicht schwer. Sie musste die Augen verdrehen und mit schmelzender Stimme sagen: »Mutter, sieh herab auf dein Kind!« Das macht sie, und der Direktor der Schauspielschule erklärt nicht ohne Pathos, dass sie zweifelsohne Talent habe. Und eine schöne Stimme obendrein, eine sehr schöne Stimme. Das werden noch viele sagen. Seitdem übt sie täglich.

28. Mai 1898: *Tageslauf: Um halb sechs oder fünf aufstehn, Hausarbeit, Bubi versorgen, üben, übersetzen; abends wieder eine Stunde üben und schreiben. Denn jetzt müssen wir auch noch das Geld für die Stunden schaffen.*[86] Der nächste Tag ist Pfingstsonntag: *Um halb sechs auf, dann geh' ich immer zuerst hinaus, sehe ins Grüne und höre die Drossel flöten und hole das Brot vom Bäcker.* Ihr Junge wird wach, sie badet ihn, trägt ihn in den Garten, legt ihn dann in den Wagen und spielt ihm Luise aus Schillers *Kabale und Liebe* vor. Rolf schreit, aber es ist kein Verriss, es sind die Zähne. Der große Rolf muss jetzt oft den Ferdinand spielen, aber noch lustiger findet sie es, wenn der alte Oppenheim ihn spielt. Er spielt auch Lady Milford, und sie möchte jedes Mal umfallen vor Lachen.

Friess hält die Theater-Idee für ausgesprochen dumm, er macht ihr jetzt manchmal eine Szene, vielleicht spürt er, dass sich da etwas in ihr Wesen mischt, das er bislang nicht an ihr kannte. Sollte er es Freude nennen müssen? Was ihn erregt, ist nicht zuletzt ihre verzweifelte Lage. Er hatte ihr bereits erklärt, nicht mehr so oft kommen zu können, da er befürchten müsse, sich in sie zu verlieben, und das wäre sehr unpassend, denn er sei bereits gebunden. Er neigt zu episodischer seelischer Grausamkeit. Und zugleich schätzt der wegen Liebesgefahr Abwesende es gar nicht, dass sie augenscheinlich ein eigenes Leben beginnt. Dass ihr Kind und die Fronarbeit am Schreibtisch offenkundig nicht mehr alles sind. Hat sie gar jemanden kennengelernt?

Am 5. Juni schläft Luise bis morgens um acht, die Ursache findet sich im Tagebuch benannt: *Bummelei. Le trois édudiants.* Ihr wurde plötzlich so leichtsinnig zumute, *Souper und Orgie.* Wahrscheinlich hielten die drei Studenten sie für eine Dirne, und sie hatte keine Lust, den Gegenbeweis anzutreten. Warum nicht etwas Geld verdienen? Und sie konnte endlich einmal jemandem von ihren Theaterplänen erzählen, denn vor ihren Bekannten hält sie ihre Stunden streng geheim, um nicht ausgelacht zu werden.

Also heulte sie den dreien *eine Luisenszene à la Oppenheim* vor, so hat sie lange nicht mehr gelacht wie mit diesen jungen Männern, und sie fassten einen Entschluss: »*Wir wollen zusammenlegen, damit Sie ein Star werden.*«[87] 150 Mark hat sie verdient, sie kam erst um vier nach Hause, unbegleitet, denn die drei durften keinesfalls erfahren, wer sie ist und wo sie wohnt. Die Zugehfrau war bei ihrem Kind geblieben. *Fauler Tag, verkatert, aber froh. Ach Bubiherz, ich bin noch so jung, ich muss leben und toben und möchte dir ein schönes Leben schaffen.*[88] Rolf legt ihr jetzt manchmal die Arme um den Hals und küsst sie. So viel Vertrauen: in sie, ausgerechnet in sie. Sie kommt sich so erschütternd verstanden vor.

Rolf-Küsse. Studenten-Küsse. Friess-Küsse. *Oft kommt er mitten in der Nacht, wenn ich noch schreibe oder schon schlafe. Für ihn bin ich nie müde.*[89] Sie ist, was eine Frau dem Mann zufolge sein sollte: allzeit verfügbar. Wenn es vorbei ist, spürt sie manchmal doch etwas wie Empörung: *... was denkt er sich eigentlich? Er muss doch sehen, dass ich immer aufs äußerste meiner Kräfte gehe, und wie ich dabei lebe. Und rührt keinen Finger*[90]. Am liebsten würde sie ihm von ihren drei Studenten erzählen, nur um sein Gesicht zu sehen.

Aber der Rechtsanwalt schafft es, sie begehrenswert zu machen, und das heißt: hilflos, latent hilflos. *Friess und viele Tränen.* Sie könnte ihm erzählen, dass sie am Vortag ein Inserat in der Zeitung gefunden hat: »Luise, wo bist du? Kleeblatt«. Natürlich hat sie den dreien sofort geantwortet, zu jedem vollständigen Kleeblatt gehören vier. Die Friess-Nächte sind schwer, nichts

Heiteres ist darin, aber ihrem Künstlertum ist das förderlich: *Theaterstunde. Lob geerntet für Pantomime der Angst und Verzweiflung. Das scheint meine Force. – Kein Wunder nach dem Abend gestern.*[91]

Dafür nimmt sie einen garantiert friessfreien Tag. Zuerst geht sie in die Redaktion, *Tetes de Maris* ist fertig, und sie holt das nächste Buch ab. Es hat 252 Seiten, dafür bekommt sie 192 Mark, vorausgesetzt, Langen akzeptiert das erhöhte Seitenhonorar, das sie sich bewilligt, aus Weltordnung, aus Selbstachtung. Diesmal soll sie Maupassants Bauernnovellen übersetzen und die volkstümlichen Passagen auf Platt wiedergeben. *O Langen!* Und dann trifft sie ihre Studenten wieder. *Erst Weinrestaurant, dann zu ihnen und wieder Theater gespielt. Albern wie die Kinder, ach, das ist so wohltuend.*[92] Die Luisenkollekte ergibt diesmal 100 Mark. 192 Mark für 252 Seiten Bäurisches mit Plattdeutsch und 100 Mark für einen einzigen Abend, an dem sie zugleich so viel lachen muss. Beim Übersetzen lacht sie nie.

Aber dafür in der Schauspielstunde. Sie üben »Mimik« und »Sterben«. Als sich, in den Augen ihres Lehrers, keiner als talentiert genug erweist, einen auch nur annähernd akzeptablen Theatertod zu sterben, wirft sich Oppenheimer einen roten Mantel um und macht es vor. Da fallen seine Schüler fast von den Stühlen vor Lachen. Die Kandidatin des tragischen Fachs weiß genau, dass sie, falls sie ein Bühnentalent besitzen sollte, es bei diesem verdammt kostspieligen Schmierenkomödianten gewiss einbüßt, eher früher als später, aber er vermittelt Engagements, das ist ihre Hoffnung.

Langen besucht sie zu Hause, um seiner Übersetzerin eine Einführung in die Benutzung einer Schreibmaschine zu geben. Vor lauter Verlegenheit fragt er bei Rolfs Anblick: Ist das das Kind? – Welches Kind?, fragt sie zurück. Über eine Fortsetzung des Heim-Unterrichts ist nichts überliefert. Mit seinen Verlegern sollte man vorsichtiger umgehen.

Der Mann ihrer Nächte kommt jetzt manchmal schon am frühen Abend, im weißen Anzug und mit Racket, er findet sie dann mitunter mit einem Scheuerlappen auf dem Boden kriechen, und neben ihr kriecht ihr Sohn. Sie glaubt, er mag das. Sie kommt sich etwas verkannt vor, es sei denn, sie nimmt es als »Nerven-reiz«, wie die Gräfin im *Gräflichen Milchgeschäft* das formulieren würde. Hat sie nicht auch ein Recht, ganz in Weiß gekleidet Ten-nis zu spielen, morgens, mittags und abends, wenn sie wollte, gewissermaßen ein Anrecht durch Geburt? Und dann erklärt ihr dieser Bürgerliche auch noch, dass sie mit ihrer Misere kokettiere. Und was er ihr für eine Szene gemacht hat, als sie sich das Fahrrad kaufte!

Natürlich kann sie sich kein Fahrrad leisten, das weiß sie selber. Aber von ihm muss sie das nicht erfahren. Und die Demonstration von Freiheit, die darin liegt, hat sie gebraucht. Sie ist die Sklavin seiner Lust, nein, ihrer eigenen, aber das ist doch nicht alles. Das erschöpft doch nicht ihr In-der-Welt-Sein. Bloß, warum gibt das Leben dann immer denen recht, die am Nachmittag nichts weiter zu tun haben, als Tennis zu spielen? Das Leben ist kein Tennisrasen, und den Sieg nach Punkten sieht es nicht vor, im Gegenteil. Einmal gerät sie mit ihrem Rad unter einen Fiaker, und das zweite Mal verletzt sie sich so schwer am Bein, dass sie zum Arzt gehen muss. Gehen, wie soll sie noch gehen? Wieder eine Arztrechnung. Und den Fiaker muss sie auch bezahlen.

Friess hat wohl recht. Das Leben sieht für sie kein Fahrrad mehr vor. Fahrrad-Unabhängigkeitserklärungen setzen freispielendes Dasein voraus, ein Fortkommen aus eigener Kraft.

Am 1. September wird ihr Kind ein Jahr alt. Rolf spricht noch kein Wort, läuft aber bereits eine Woche später am Sofa entlang *wie ein Vierfüßler, der es auch einmal so probieren will*, auf zwei Beinen.

Langen gibt ihr einen norwegischen Brief zum Übersetzen, dabei kann sie gar kein Norwegisch. Also sucht sie ganz München ab, um jemanden mit dieser Qualifikation zu finden. Sie müsste Wegegeld verlangen. Am 8. Oktober ist ihre letzte Schauspielstunde, jetzt muss Oppenheim, *der elende Gauner*, ihr ein Angebot machen. Er offeriert stattdessen Andeutungen. Das Gärtnertheater. Ein Engagement am Gärtnertheater? *Eigentlich habe ich Todesangst, dass ich bald eine Rolle bekomme.*[93]

Am 24. Oktober erscheint der Theaterdiener dieses Instituts vor ihrer Tür. Sie bekommt nicht die Hauptrolle, sie spielt nur eine Zofe, und die Zofe sagt – fast nichts. Für dieses Fastnichts aber braucht sie ein Kostüm, ein richtiges Zofen-Kostüm, das muss sie selber kaufen. Vor Schreck, vor Enttäuschung, vor schrecklicher Enttäuschung vergisst sie, den Namen des Stücks zu vermerken. Eben ein Zofenstück, ein Fastnichts.

Erste Probe. Ihre Mitspieler findet sie schauerlich, doch ihr wird so kämpferisch zumute: *Himmel ... die Leute sollen schon sehen, dass ich spielen kann.*[94] Drei bühnenfähige Zofenworte darf sie sich wohl zutrauen. *Und nun bin ich wenigstens drin, fühlte mich ganz beseligt durch das Gefühl von Bühne und Betrieb.*[95] Nicht mehr weltverlassen allein an ihrem Schreibtisch sitzen, sondern in einen größeren Zusammenhang gehören, Teil eines größeren Strebens sein dürfen! Als sie das am Abend in ihr Tagebuch notiert, wird ihr *so absolut froh und leicht* wie nach einer *schweren Wanderung.* Wie oft war sie drauf und dran gewesen, auf den Tennisspieler zu hören und alles hinzuwerfen: die viel zu teuren Stunden, investiert in eine Zukunft, die niemals anbrechen wird. Irrtum, Monsieur!

Ihre Seligkeit währt bis zum allerfrühesten nächsten Morgen. Da hält sie ein Schreiben vom Gärtnertheater-Direktor in der Hand, in dem steht, sie sei noch nicht reif für die Bühne, und der Kontrakt sei hiermit wieder gelöst.

Aber sie hat doch noch kein einziges ihrer rund drei Wörter gesagt! Woher will er das wissen? Im wirklichen Leben hätte sie beinahe eine Gräfin verkörpert, wenn alles gut, also völlig falsch gelaufen wäre, und jetzt soll sie nicht einmal zur Zofe taugen?

Sakrament! – Also aufs Rad und zu Oppenheim gestürzt. Oppenheim diktiert einen Brief der hellsten Empörung an den Direktor des Gärtnertheaters. Seine Schülerin sei noch nicht reif fürs Theater? Der gekränkte Lehrer und das entlassene Kammermädchen erfahren, dass der Direktor sich keine Hunger-Zofe vorgestellt habe, sondern eben eine reifere, er könne auch sagen: eine üppigere, vor allem üppig.

Üppig, vor allem üppig? Am 19. November kommt der Gerichtsvollzieher und holt das Zofen-Kostüm, das Fahrrad und den Schreibtisch. Soll sie jetzt im Stehen übersetzen?

Immerhin, sie isst noch. Sie isst nur noch Sardellen-Trüffelleberwurst, es gab schon schlimmere Zeiten, als ihr allein bei dem Gedanken an eine Wurst die Tränen kamen. Die zwei Sardellen-Trüffelleberwürste schickte ihr Paul Schwabe zum Advent; er hatte das Kontaktverbot längst beherzt übertreten, und sie schloss ihn voll Freude wieder in ihre Brief-Arme. Es gibt keine Tugend-Instanz mehr, die über ihr Leben wachte. Keiner wacht mehr über ihrem Leben, das ist sehr traurig. Und nur von Sardellen-Trüffelleberwürsten wird sie auch nicht üppig, es wäre schon gut, öfter Brot dazu zu essen.

Manchmal übersetzt sie die Nächte durch und schafft es, in nicht ganz 24 Stunden 100 Seiten abzuschreiben. Friess kommt und schläft auf ihrem Sofa, vom frühen Abend bis nachts um drei. Manchmal fragt sie sich, was ihn so erschöpft, wie er seine Tage verbringt.

Ludwig schickt kurz vor Weihnachten wieder 100 Mark; er hat keine Ahnung, wie sehr sie dieses Geld braucht. Ihre Familie glaubt, sie sei Übersetzerin geworden und könne davon ganz akzeptabel leben. Sie bringt es nicht übers Herz, den Bruder zu desillusionieren. Es wäre ohnehin nur eine Teildesillusionierung. Niemand ist dem ungeschönten Anblick ihrer Lage gewachsen, manchmal ist sie es nicht einmal selber.

Am 24. Dezember bleibt Friess bis morgens um sieben, wahrscheinlich geht er dann zu der Frau, die er liebt, wie er sagt. Vielleicht hat er sogar Kinder? Woher soll sie das wissen? Ihre Körper verkehren miteinander, nicht ihre Seelen.

Sie hat einen recht großen Baum gekauft, die alten Hausmeister kommen und Marie, ihr Mädchen für alles, die Einzige, die sie wirklich mag, mit der sie es aushält.

Und dann steht, später am Abend, die halbe Boheme vor der Tür. Der Baum fängt Feuer, sie reißen die Fenster auf. Draußen ist es eisig kalt, und bald ist »drinnen« nur noch eine irreführende Bezeichnung für ein erweitertes Draußen. Sie liebt den Garten, aber die dunkle feuchte Höhle zu heizen, ist fast unmöglich. Also ist, die Fenster gleich offen zu lassen, eine Art Realismus.

Am ersten Feiertag wacht sie mit einem stark geschwollenen Gesicht auf, das muss der schmerzende Zahn sein, dessen Launen sie schon kennt. Sie haben beide Zahnschmerzen, ihr Kind und sie, nur aus verschiedenen Gründen. Der eine bekommt Zähne, der andere verliert sie.

In der Neujahrsnacht um halb zwei weckt Friess die Patientin. *Jetzt ist es schon unsere Neujahrsnacht.*[96] Es kommt ihr vor, als ob er sehr unglücklich wäre, irgendwie scheint dieser Mensch beständig auf der Flucht zu sein, bei ihr findet er neben dem ganzen Gegenteil immer wieder auch Ruhe. Das macht sie froh. *Stiller, sonniger Wintermorgen. Ich bin etwas müde, eben angefangen zu arbeiten. Mir ist ruhig und froh. Bubi noch im Bettchen, sitzt und spielt. An solchen Tagen möchte ich jeden Augenblick festhalten, es ist, als ob das Glück leise durchs Zimmer ginge.*[97]

Von ihr aus brauchte es nie damit aufzuhören, macht es aber. *Hungersnot und Pestilenz*, vermerkt das Tagebuch am 6. Januar 1899, sie muss also wieder einen Vorschuss nehmen, was das Arbeiten dann umso schwerer macht, weil es nur die Schulden für Längstverbrauchtes tilgt. In solchen Wochen braucht sie dringend die Gewissheit, dass es noch ein Leben gibt, sie braucht ein Bacchanal. Am 7. Februar ist Bauernball. Das Mädchen, das sie neben dem Bett ihres Kindes postiert, macht große Augen, als die Mutter morgens um sieben nach Hause kommt, begleitet von einem ganzen Triumphzug mit Musik. Große Dionysien dauern nie nur einen Abend, also geht sie nach dem Bauernball zur Nachkirchweih. Jemand möchte sie als Dauerbacchantin engagieren, aber sie beharrt auf ihrem Dilettanten-Status. Und außerdem kann sie nicht von Friess lassen, sie kann ihn betrügen, aber nicht von ihm lassen, wohl aber er von ihr, denn er verreist.

Und sie wird krank, sehr krank. *Wenn er mich in diesem Elend nur nicht allein lassen wollte. Ich bin … ganz verzweifelt und weiß nicht, was anfangen. Seit vier Wochen herumgelegen. Schmerzen – immer wieder versucht zu arbeiten.*[98] Sie führt fast nie mehr Tagebuch, dabei weiß sie, dass es *immer ein schlechtes Zeichen* ist, wenn sie das nicht mehr schafft: *Zeiten, wo ich nicht im inneren Zusammenhang bin.*[99]

Sie bekommt hohes Fieber, manchmal 41 Grad. Am Abend zuvor der Eintrag: *Die Katastrophe kommt heran ... Bubi, Bubi, mein Herzkind – – –.*[100] Sie sieht das Zimmer voller Menschen, obwohl niemand da ist, und spricht davon, dass sie Schreibmaschine lernen müsse, dann werde alles besser. In einer Nacht bleibt ein Arzt an ihrem Bett, vielleicht ist es Dr. Noorden. Zehn Tage dauert die Krisis; als sie überstanden ist, kommt Friess zurück.

Sie sagt ihm, was geschehen ist, er geht darüber hinweg mit einem allerkältesten Satz. Er hatte ein wenig Erholung nötig, und was findet er bei seiner Wiederkehr? Eine rekonvaleszente Halbinvalidin. Voller Verwunderung sieht sie ihn an. Wer könnte ihr fremder sein als dieser fremde Mann? Sie fühlt etwas wie eine Kontinentaldrift zwischen ihnen: *... und meine Seele war ... geheilt, vielleicht definitiv von ihm geheilt. Wollte Gott, es wäre so.*[101] Wird das Zimmer nicht kälter, wenn er nur darin ist? Der Fremde übernimmt die Arztrechnung.

Eros, kosmogonisch

Anfang August 1899 läuft sie mit Rolf durch die Isarauen, als ihr eine Gruppe junger Männer entgegenkommt. Den einen kennt sie, es ist Friedrich Huch, Student der neueren Sprachen, insbesondere des Französischen. Möglicherweise spricht er genauso gut Französisch wie sie, aber er muss von dieser Gabe nicht leben. Friedrich Huch lebt, wie jeder junge Mensch leben sollte: vom Geld seiner Eltern. Die beiden, denen er sie vorstellt, halten das ebenso. Wie anders verfährt das Dasein doch mit den Männern!

Mit welchen Worten Huch sie bei seinen Freunden einführt, ist nicht überliefert, er könnte sie die weit und breit fleißigste Übersetzerin des Langen-Verlags nennen. Der eine, Chemiestudent, ist auf geradezu skandalöse Weise schön, männlich schön, sehr klug ist er außerdem, aber das merkt sie vielleicht nicht gleich, denn Menschen, die gerade eine Erscheinung haben, wirken fast nie besonders intelligent. Und der Chemiestudent hat eine, er wird das einmal so ausdrücken: »... ein Strom des Entzückens zerlöste uns ...« So sprechen Chemiestudenten gewöhnlich nicht, aber dass er in keiner Hinsicht gewöhnlich ist, gehört zu seinen lust- und leidvollsten Überzeugungen. Er fühlt, wie diese fremde junge Frau mit dem kleinen Kind neben sich nach seinem Leben greift. Einen anderen Menschen versteht man entweder gleich oder nie.

Währenddessen reden sie, jemand macht den Vorschlag, zusammen ins *Schwabingerbräu* zu gehen, und dort bleiben sie sitzen bis spät in die Nacht, der vom Schicksal angefasste Chemiestudent der Gräfin gegenüber, gebannt von ihren Augen, in denen man ertrinken kann, wie er sofort bemerkt, von ihrem Lachen, bei dem es sich um eine entfernte Verwandte der Erlösung handeln muss, und von ihrer Stimme. Aber in welcher Reihenfolge? Später wird er sich so festlegen: die Stimme zuerst!

In ihr lag der »für mein Gefühl wunderbarste wie auch gefährlichste Reiz dieser einzigartigen Frau ... Ihr Sprechen klang wie ein beständiges Lied, nah und doch fern zugleich wie von einer rätselhaften Ferne durchtönt. Nichts dem Ähnliches ist mir begegnet. Dazu ein Lachen, ein strahlendes wie das Himmelsblau eines Frühlingsmorgens umfangendes Lachen, den, der es vernahm, zurückversetzend in die sorgloseste Gegenwärtigkeit des Kindesalters.«[102] Und Ludwig Klages wird zusammenfassen: »Alles, was ich zuvor von Frauen sah und erlebte, verblasste dagegen und versank (ausgenommen die Gestalt meiner Schwester) und hier nun warf meine Seele Anker.«[103]

Das hatte noch keine Seele zuvor getan. Wer vor Anker geht, das ist Seemannsklugheit, wählt gemeinhin einen sicheren Ort, einen Hafen. Aber sie ist kein Hafen, sie ist ein Meer, das sich manchmal selbst nicht fasst. Ihre dem Bürgerbräuabend-Vermerk unmittelbar vorhergehenden Tagebuchbekenntnisse lauten etwa so: *Auf einmal in einem ganzen Wirbel drin von Aventüren. Ach, wie ist es gut, wenn einem der moralische Halt so gänzlich fehlt. Früher hab' ich mir oft Mühe gegeben, ihn zu haben, die schreckliche*

Idee, sich selber eine neue Moral zu machen. Aber das ist schon recht lange her.[104]

Doch auch die beglückt Haltlose vermerkt, dass der Abend im *Schwabingerbräu* ihr Leben verändern würde: *Gott, das ist endlich etwas ganz anderes, wie aus einer neuen, aber längst bekannten und vertrauten Welt.*[105] Auch das klingt, als ginge da eine vor Anker. Klages und seine Freunde, unter ihnen der unlängst zu einer gewissen Berühmtheit gelangte Dichter Stefan George, zählen sich nach Art vieler junger Leute zum Kreis derer, die wissen, was die Stunde geschlagen hat. Auf eine Erneuerung der Menschheit kommt es an! Statt länger mit »zerbeulten Köpfen« im verlogenen Haus der Zivilisation auszuharren, muss der Zukunftsfähige zuerst vergangenheitsfähig werden, also zurückfinden zu seinen magischen Ursprüngen. Es ist ihr ein wenig, als hätte sie einen neuen Ibsen-Club gefunden, nur auf anderer Grundlage. Schuld an allem ist einmal mehr Nietzsche. Seit seiner Verdammung des Christentums und seiner Verdächtigung des Sokrates und der bloßen Rationalität schauen alle nach, was vorher war. Sollte das ihr Wiedereintritt in die Welt des Geistes werden?

Nach dem ersten Abend weiß sie nicht einmal die Namen der beiden. Der Chemiestudent bedrängt Huch, die Wunderfrau gleich noch einmal einzuladen, natürlich zu dritt. Danach weiß sie, dass er Ludwig Klages heißt. Ihr Resümee lautet: *Klages ist die Hauptsache.*[106] Seinen Freund mag sie nicht so recht, dabei gehören die beiden zusammen, das spürt sie sofort. Hans Hinrich Busse ist groß und schlank wie Klages, aber von dunklem Typus und fast gegensätzlicher Ausstrahlung. Alles an diesem Sohn eines Postbeamten scheint Reserve zu sein, nichts will in seinem Gesicht zueinanderpassen, die scharf geschnittene Nase nicht zu den allzu vollen sinnlichen Lippen, und die Lider liegen ihm so schwer über den Augen, als machten ihn die Welt, die Menschen und ihre Gewöhnlichkeit unsagbar müde. Wahrscheinlich deutet nichts darauf hin, dass die Erscheinung der Gräfin ihm Anlass böte, sein Weltverhältnis zu überdenken, was ihn auf dramatische Weise von seinem Freund unterscheidet.

Am folgenden Tag kommt der Blonde allein, denn eine Seele

sollte sich nie zu weit von ihrem Ankerplatz entfernen; sie gehen gemeinsam in den Garten, dann stehen sie wieder zu zweit vor ihrer Tür, Klages und Busse, *wir saßen in meinem Wohnzimmer beim Gewitter.* Sie verabreden einen gemeinsamen Ausflug, 15. August: *Mit Klages und Busse in Dachau, saßen dort stundenlang im Moos. Das Mutter- und Hetärenthema.*[107]

Junge Männer Mitte, Ende zwanzig – Ludwig Klages ist ein Jahr jünger als sie – denken gewöhnlich über andere Dinge nach als über Mütter, Übermütter und Urmütter, bei ihm ist das anders, ganz anders. Er hat gerade ein Buch gelesen, das ließ ihn aus der Welt verschwinden, fünf Wochen lang haben seine Freunde ihn nicht gesehen. Er musste allein sein, denn er spürte die Wehen, mit denen dieses Buch in ihm selbst zur Welt kommen wollte, es war Johann Jakob Bachofens *Das Mutterrecht. Eine Untersuchung über die Gynaikokratie der alten Welt nach ihrer religiösen und rechtlichen Natur*, erschienen 1861.

Eine solche Wirkung haben natürlich nur Bücher, in denen uns etwas entgegenkommt, was wir selbst längst ahnten, aber nie hätten formulieren können, weil alle Zwischenglieder noch fehlten. Klages las Sätze wie: »Der stoffliche Urgrund der Dinge, der aus sich alles Leben ans Licht gebiert, umschließt beides, Werden und Vergehen. Er trägt zu gleicher Zeit die Licht- und Schattenseite der Natur in sich.« Der Tod sei die Voraussetzung des Lebens, und auch die schaffende Kraft beuge sich noch seinem Maß.

Kein Gedanke habe, sagt Bachofen, in der alten Mythologie und Symbolik so vielfachen Ausdruck gefunden wie dieser, es sind Variationen der gleichen Einsicht, und doch wiederholt keine lediglich die andere: »Entstehen und Vergehen laufen in der tellurischen Schöpfung als Zwillingsbrüder gleichen Schrittes nebeneinander her. In keinem Augenblick des irdischen Daseins verlassen sie sich. In keinem Zeitpunkte, in keinem tellurischen Organismus ist das Leben ohne den Tod zu denken.« Er wusste es längst. Als er noch dichten konnte – er kann es schon lange nicht mehr –, schrieb er ein Drama, das hieß *Desiderata* und war eine grandiose Missgeburt, wie die meisten Jugendwerke es sind, doch es ahnte schon alles: In seiner *Desiderata* probte die alte Götterwelt ein letztes Mal den Aufstand »gegen den Eingott des Orients«, gegen den Siegeslauf des Christentums, das alle alten Vorstellungswelten auslöschen würde, vor allem das Denken der Polarität. Am Ende blieben von den großen Gegenläufigkeiten nur noch der Magnetismus und die Elektrizität der Naturwissenschaften, alles andere habe der Heilsglaube verschluckt.

Was wissen die Zeitgenossen noch vom Ei des Dionysos? Nichts. Das doppelt gefärbte Ei als Mitte der Dionysos-Religion zeige das höchste Gesetz als ein dem weiblichen Stoff eingeprägtes Fatum, sagt Bachofen. Das Mysterium der Mütterlichkeit: »Dasjenige Verhältnis, an welchem die Menschheit zuerst zur Gesittung emporwächst, das der Entwicklung jeder Tugend, der Ausbildung jeder edlern Seite des Daseins zum Ausgangspunkt dient, ist der Zauber des Muttertums, der inmitten eines gewalterfüllten Lebens als das göttliche Prinzip der Liebe, der Einigung, des Friedens wirksam wird.«[108]

So hatte er es eben gelesen, bevor Franziska mit ihrem Jungen vor ihm stand. Er fühlte die Verpflichtung, die junge Mutter von seiner Lektüre in Kenntnis zu setzen, und darum liegen sie jetzt in Dachau im Gras, reden über die Mütter, und er ist nicht erstaunt, dass sie alles schon geahnt hat. Bachofen: »In der Pflege der Leibesfrucht lernt das Weib früher als der Mann seine liebende Sorge über die Grenzen des eigenen Ich auf andere Weise erstrecken ... Von ihm geht jetzt jede Erhebung der Gesittung aus ...«

So würden die Naturmütter zu den Trägerinnen der ersten menschlichen Ordnungen, und wer eine Frau verletze, der frevle an der Urmutter, woraus folge: »Die Annahme des Muttertums der Erde und die daraus abgeleitete Verwandtschaft und Brüderlichkeit aller Menschen ist keine spekulative Idee, sondern eine Anschauung der ältesten Welt überhaupt.« Aller Menschen, wirklich?

Er ist bereit zu verehren, Mutter und Kind gemeinsam. Nur so ist zu verstehen, wie er sie schon bei ihrer ersten Begegnung empfand: als »heidnische Madonna«, »in unvermischter Reinheit, strahlend, unbesieglich und eine Verheißung, wie es deren keine noch gab, keine je wieder geben wird.« Der Autor wird die Neigung, seine Worte möglichst groß zu wählen, nie verleugnen können, doch sollte man darum nicht den Komplementärfehler machen, sie zu unterschätzen.

Seine Tage verbringt der junge Mann gewissermaßen im Bauch der Mutter Erde, jedoch obliegt er dort keinem Mutterkult als vielmehr dessen genauem Gegenteil. Der Chemiker Adolf von Baeyer, dem erstmals die Synthese des Indigoblaus gelungen war, hatte ein großes unterirdisches Laboratorium bauen lassen, dessen Wände, wie er glaubt, selbst größeren Erschütterungen und Bränden standhalten. Sein Schüler Ludwig Klages prüft hier die Möglichkeiten zur künstlichen Herstellung von Menthon.

Lässt man Menthol mit Kaliumdichromat in Schwefelsäure reagieren, bekommt man das monocyclische Monoterpen-Keton-Menthon. Es gibt aber auch andere Wege, deren Erforschung Ludwig Klages seine Doktorarbeit zu widmen beabsichtigt, denn sein Vater wäre sehr stolz auf einen Doktor der Chemie. Auf den Anblick seines Sohnes wohl weniger, »zwischen sprühenden und knatternden Kolben Faustverse deklamierend, periodisch spaßeshalber Explosionen«[109] verursachend und so die Feuerfestigkeit des Labors testend. Für Sachbeschädigungen haftet Vater Klages, das wenig geliebte Studium finanziert er ebenfalls. Doch der Sohn hat Extraeinnahmen: Der Graphologe der Zukunft deutet aus der Handschrift der Menschen ihren Charakter.

Der Mann ist primär, die Frau sekundär, meint noch der gewöhnlichste Geist zu wissen. Er glaubt das Gegenteil: Die Frau ist primär, zumindest diese, der Mann ist sekundär. Und vielleicht ist der Sekundäre auch sehr erleichtert, dass die heidnische Urmutter bei alldem gar nicht wie eine Urmutter aussieht, nicht wie die »breitbrüstige Gaia«, im Gegenteil, so feingliedrig, so erschütternd schmal.

Sie fühlt seine Bereitschaft, sie grenzenlos in sich aufzunehmen. Er tut ihr gut, mit ihm lässt sich Schweres überstehen, und sie hat Schweres zu überstehen: Noch zwei Wochen wird sie in ihrer Gartenwohnung sein, einen nächsten Winter würden Mutter und Sohn in ihrer feuchten Kälte kaum überleben, also Umzug, aber sie kann sich nicht vorstellen, hier wegzugehen.

19. September. Nur noch zwei Tage in dieser Wohnung, kann mich schwer davon losreißen, von diesem grünen Winkel, wo wir zwei Sommer gesessen haben. Es ist, als ob man ein Stück von sich selbst zurücklassen sollte.

Ein wundervoller Abend mit Klages. Ich erzählte ihm fast mein ganzes Leben ... Das erstemal, dass ich so zu einem Menschen reden konnte.[110]

Sie spüren wohl schnell, wie ihre Weltsichten verwandt sind, sie die gleiche Verachtung für die Konventionen der bürgerlichen Welt empfinden, die gleiche Unmöglichkeit, ein unauffälliger Teil ihres Getriebes zu werden, irgendeine kleine Schraube, ein Zahnrad.

Klages hat es, drei Jahre ist das her, so formuliert: »Es gibt zweierlei Menschen auf der Welt – die TÜCHTIGEN und die STIMMUNGSMENSCHEN. Das Leben jener ist ein breit-beruhigter Strom gleichmäßig fließender Arbeit. Dabei fühlen sie sich zufrieden – glücklich wäre zuviel gesagt – und hegen den anderen gegenüber ein Gefühl, welches von ehrlicher Verachtung nicht weitab liegt. Tagediebe sind sie ihnen – Nichtnutzige und Überflüssige. ... SIE auch eigentlich bestimmen die Formen des Lebens und des Verkehrs. ... Seele und Leib wohnen noch verträglich in EINEM Hause. Der Geist wiederholt den Rhythmus des animalen Lebens.«[111] Wenn er etwas denkt, denkt er gleich alles. *Ich sehnte mich ja immer nach einem Menschen, der fliegen könnte, und ich glaube, er kann es,* wird sie nach diesem Abend notieren. Nicht bloß nach Schichten und Klassen, wie die meisten meinen, unterscheiden sich die Menschen, sondern schon vorher, viel elementarer.

Leider hat Klages' Vater, Mitglied im Orden der Tüchtigen, einen gewaltsamen Stimmungsmenschen zum Sohn. Und es wird der Tag kommen, da er das bemerken muss. Klages liebt seinen Vater, der, aus einfachsten ländlichen Verhältnissen stammend, Verpflegungsoffizier der Hannoverschen Armee war. Leider unterlag die Hannoversche Armee den Preußen, was ihre Auflösung sowie die des ganzen Königreichs zur Folge hatte. Niemals hätte es Louis Klages über sich gebracht, nun in der Armee des Feindes zu dienen. Er stand vor dem Nichts und war nach Auffassung der Menschen, die sein Sohn nicht ohne Bedauern als die TÜCHTIGEN bezeichnet, der Ansicht, dass das Nichts etwas ist, was überwunden werden muss.

Das hat er geschafft, ist sogar als Tuchhändler zu einem kleinen Vermögen gekommen, und wenn er jemandem seinen einzigen Sohn auf keinen Fall, auf Tod und Leben nicht überlassen würde, dann dem Nichts. Aber genau dort will der Sohn hin, das heißt, er würde es anders nennen, Erkenntnisdrang etwa. Und das sei etwas fundamental anderes als Erwerbsdrang, könnte er erklären, aber in den Ohren der TÜCHTIGEN ist das nur ein anderer Name für das Nichts. Wie entsetzt wäre Klages' Vater, könnte er das Urteil dieser jungen Frau über seinen Sohn hören: einer, der fliegen kann! Wie furchtbar! Wie unseriös. Wie kinetisch bedenklich.

Nie den Boden unter den Füßen verlieren, darauf kommt es an im Leben.

Der Stabreim als Schicksal

Sie wird dem Chemiestudenten noch nicht gesagt haben, was sie über ihn und seine Fortbewegungsweise weiß, aber er hätte sie sofort verstanden, das liegt schon an seiner Herkunft. Primär ist er nämlich nicht das Kind seiner Mutter und seines Vaters, denn: »Aus einer Fremde, die sie selbst nicht kennen, scheinen sie in die Welt geworfen, in der sie nicht heimisch sind.«[112] Er gehört zur Internationale der Welt-Fremden, seine Erschütterungen waren schon immer andere.

Mit fünfzehn Jahren traf ihn der Stabreim und warf ihn fast um. Es war eine gewöhnliche Schulstunde, als der Lehrer wissen wollte, welche Dichtungen in Stabreimen gedichtet sind. Keiner wusste es. Keiner hatte je etwas vom Stabreim gehört. In der nächsten Stunde legte der Lehrer ein Buch auf den Tisch und las eine Seite daraus vor, es war Wilhelm Jordans Übertragung des *Nibelungenlieds*. Die Wirkung war außergewöhnlich: »Nicht mehr als ein Dutzend Stabverse mögen es gewesen sein, die den Fünfzehnjährigen in einen WIRBEL rissen, von dem ich nicht entscheiden könnte, ob er einer Ohnmacht glich oder mehr der sprengenden Gewalt eines dämonischen MACHTgefühls.«[113]

Und das alles ausgelöst von einem elementaren Rhythmus der Sprache. Sie kennt das Phänomen auch, ihr hat sich diese bemerkenswerte *coincidentia oppositorum* vor allem auf geschlechtlichem Wege mitgeteilt. Er ist halt mehr ein theoretisches Temperament, aber nicht von der leichtverwehbaren Art, so viel ist ihr jetzt schon klar.

Wem der Stabreim zum prägenden Erlebnis seiner Jugend wird, hat es schon in der Schule nicht leicht. Die Klassenkameraden wollten plötzlich viel von ihm wissen: »Du, Stabreim, kannst du mir deinen Bleistift geben?«, oder »Jordan, komm mal her; wie hast du das mit der Winkelhalbierenden gemacht?« Das hätte immer so weitergehen können. Dass er Gedichte schrieb, war schon spaßig genug. Aber dann kam der Tag, als er vor die Klasse trat, fest in die wie Dampfkessel verschlossenen Gesichter blickte, in denen es nur ab und zu verräterisch zuckte, jederzeit zur Explosion bereit, und ihnen einen Vortrag hielt: über Wilhelm Jordan und den Stabreim. Am Ende lachte niemand mehr.

Zwar ist ihm die Welt seiner Jugend abhandengekommen, er könnte auch kein einziges Gedicht mehr schreiben, aber er weiß, dass er ankommen wird: bei sich selber, also in der Vergangenheit. Er wird seine eigene Küste erreichen. Spätestens, seit er dieses Bachofen-Buch gelesen und die Gräfin getroffen hat, weiß er das. Schon jetzt wagt keiner in Schwabing, an ihm vorbeizudenken. Obwohl er ein wenig neue Zuversicht nötig hat.

Seit einem Abend im April befürchtet er, Stefan George, den Dichter, zu verlieren, und zwar an die Dichtung. Der Freund Alfred Schuler hatte bei einem altrömischen Festmahl in seiner Wohnung den Geist des Altertums beschworen und George durch seinen bloßen Vortrag so aus der Fassung gebracht, dass dieser letzten Halt an seiner Stuhllehne suchen musste.[114] Im Bericht des Dichters:

So war sie wirklich diese runde? da die fackeln
Die bleichen angesichter hellten. dämpfe stiegen
Aus schalen um den götterknaben und mit deinen worten
In wahneswelten grell-gerötet uns erhoben?
Dass wir der sinne kaum mehr mächtig. wie vergiftet
Nach schlimmem prunkmahl taglang uns nicht fassten
Stets um die stirn noch rosen brennen fühlten. leidend
Für neugierblicke in die pracht verhängter himmel.

George hat Schuler das Gedicht gewidmet, dieser formuliert Georges Chance und Gefährdung so: Der wäre fähig zu einer großen Tat! Und was macht er? Kunst!
Ihre Mission aber reicht weiter.

Ludwig Klages unterscheidet Menschen mit und solche ohne »metaphysischen Anschluss«. Dass sie ein Wesen der ersten Art ist, steht ihm außer Zweifel. Und der metaphysische Anschluss meint gerade nicht, den Blick gen Himmel zu richten, im Gegenteil. Wer die Last der eigenen Existenz anderen aufbürden will, etwa Gott dem Herrn, der hat das entscheidende Band schon zerschnitten, die Verbindung mit sich. Sein Ideal ist der Ewiggestrige. Von der Zukunft erwartet er nichts. Die Zukunft, das ist die fortschreitende Entleerung der Welt bei gleichzeitiger Überfüllung. Er hat gesehen, wie sich seine Heimatstadt veränderte. Das Hannover von heute besitzt fast keine Ähnlichkeit mehr mit der Stadt seiner Kindheit.

»Mit jedem Verlust an Vergangenheitselementen mindert sich die Bildfähigkeit des Bewusstseins und mit ihr seine Würde, Tiefe und Schönheit«[115], hat er notiert. Dass dieses Menschenkind, das sein Schicksal so ganz, so rücksichtslos in die eigenen Hände legte, die Nabelschnur seiner Ursprünge nie durchtrennt hat, daran ist ihm kein Zweifel. Jedes tief Lebendige ist groß durch seine Herkunft, glaubt er. Wer wäre er denn ohne den, der er war? Bei ihr ist es nicht anders.

Was er nicht weiß, ist, dass sie nach diesem ersten Abend des unendlichen, tiefsten Redens beinahe Feindschaft gegen ihn empfindet. Er hat zu viel von ihr gesehen: *die Weichheit in mir – das ohnmächtige Weib.*[116] Das ist unverzeihlich. Sogar von Friess hat sie ihm erzählt. Das ist nicht hinnehmbar. Sie verschließt sich und kann doch nicht verhindern, dass er gleich wieder da ist. Der Vordenker des neuen Heidentums will beim Umzug helfen, Huch ist auch mitgekommen.

Die Verkörperung des nordischen Heidentums und ihr Prophet befördern Hausrat und Kisten, vielleicht hätte nicht einmal Klages, sähe er sie jetzt zum ersten Mal, sofort ihre wahre Natur erkannt, und dann kommen sie ins Reden, sprechen noch, als Franziska die plötzliche Stille bemerkt, und auch, dass das keine heilige Stille ist, sondern im Gegenteil eine höchst verdächtige, sie tritt in die Küche und sieht ihr Kind, wie es, die Petroleumkanne am Mund, mit plötzlichem Schrei einfach hintenüberfällt. Erstarren, *das Herz stand mir still.* Aber das geht jetzt nicht. Mütterherzen stehen nicht still, nicht in solchen Augenblicken. *Hob ihn auf, er brüllte entsetzlich.* Er war der Kanne schon einmal etwas zu nahe gekommen, da hat sie gemeinsam mit dem Dienstmädchen einen Schluck Petroleum getrunken, um die Wirkung zu testen. Das ist jetzt kein Mittel der Wahl. Wie sagt doch Bachofen: »… und alle Erfindungsgabe, die sein Geist besitzt« – der des Weibes – »richtet sich auf die Erhaltung des fremden Daseins. Von ihm geht jetzt jede Erhebung der Gesittung aus … jede Hingebung, jede Totenklage.« Totenklage? Nein, zurück, vor der Totenklage kommt die Erfindungsgabe. Sie steckt ihrem Kind hart den Finger in den Hals, lässt sich von keinem Würgen abhalten, der große Rolf muss den kleinen Rolf festhalten. Rolf zerbeißt den Finger seiner Mutter. Nichts bleibt mehr in dem kleinen Magen. *Klages und Huch saßen im Zimmer und sagten: »Das ist ja enorm.«*[117]

Was Frauen ziemt

Ihr Kind ist nun kein Gartenkind mehr, es wird Herbst, noch ist es warm draußen, sie könnte das Fenster offen lassen, während sie arbeitet, aber dann würde Rolf hinausklettern, keinen Blick könnte sie mehr im Buch oder auf ihrem Manuskript ruhen lassen. Also bekommt er ein Fenstergitter, das gefällt ihm. Am Nachmittag des 1. Oktober 1899 besuchen Mutter und Kind das alte Hausmeisterpaar Maurer und fahren mit der Kutsche zurück. Das ist zwar im Budget nicht vorgesehen, aber es macht Rolf großen Spaß. Zu Hause setzt er sich sofort wieder vor das neue Gitterfenster, und dann geschieht es. Ganz laut und deutlich sagt er: NEIN, NEIN!

Das erste Wort, nein, gleich zwei auf einmal. Genau zwei Jahre und einen Monat ist er jetzt alt. NEIN, NEIN! Ein leicht destruktiver Aspekt lässt sich nicht leugnen, aber ist sie nicht auch eine große Neinsagerin? Außerdem passt das in die Zeit: Die moderne Welt ist tendenziell eine Welt der Neinsager, oder besser formuliert: Sie ist eine Welt, in der sich immer mehr Menschen für befugt halten, nein zu sagen. Sogar die Frauen, die notorischen Jasagerinnen. Aber sie will jetzt einen Aufsatz gegen die neuen Neinsagerinnen schreiben, sie will ihnen empfehlen, mal wieder richtig JA! zu sagen, und zwar zuerst zu ihrer eigenen Natur. Andererseits kennt sie gerade gar kein schöneres Wort als NEIN!.

Ihr Kind spricht, es ist unfassbar! Am liebsten möchte sie sich nur noch mit ihrem Jungen unterhalten, aber das geht nicht. Nicht nur wegen des Aufsatzes, der auf ihrem Tisch liegt, zudem ein neues Buch, *L'inondation – Die Flut* von Zola. Aber eigentlich hat sie weder für Zola noch die Neinsagerinnen Zeit, denn sie ist jetzt außerdem Versicherungsagentin. Sie wird ihr Glück als Agentin der *Hamburger Militairdienstlichen, Aussteuer- und Altersversicherungsgesellschaft* machen. Zuerst schließt sie eine Menge neue Policen ab, und dann eröffnet sie die Münchner Zweigstelle! Sie muss nur noch die Reihenfolge festlegen. Zuerst Zola, Panizza oder die Versicherung?

Zola bleibt liegen. Am 19. Oktober besucht sie Menschen, die sich glücklich schätzen dürften, eine Police der *Hamburger Militairdienstlichen, Aussteuer- und Altersversicherungsgesellschaft* gegen alle nur denkbaren Wechselfälle des Lebens abzuschließen. Seltsamerweise will das keiner. Oder sieht sie nicht aus, als ob sie zureichend versichert wäre gegen alle Wechselfälle des Lebens? Oder wirken Frauen, die etwas anderes verkaufen wollen als sich selbst, unseriös? Es ist sehr entmutigend. Dafür macht sie mit ihrem sprechenden Kind einen langen Spaziergang durch den Englischen Garten, und dann nimmt sie sich die Neinsagerinnen vor.

Sie versteht diese vorsätzlichen Kastratinnen durchaus, und kann sie es nicht viel besser ausdrücken? Spätestens seit Nietzsche weiß jeder Autor, dass wohldosierte expressive Niedertracht auch der eher nachdenklichen Prosa durchaus bekömmlich sein kann, und so zeichnet sie den bürgerlichen Lebenskreis und die Rolle der Frau darin wiederum mit einem Röntgenblick tief empfundener, tief durchlittener Verachtung: *Als kleines Mädchen artig in die Schule und manierlich mit Eltern oder »Fräuleins« spazieren gehen, als großes Mädchen je nach den Verhältnissen als Nutzobjekt oder Dekorationsgegenstand im Hause figurieren, als Braut sittig errötend an der Aussteuer nähen, als Frau dem Gatten sorgend und liebend zur Seite stehen, den Pflichten des christlichen Ehebettes nach bestem Vermögen nachkommen und ihre Kinder zu derselben trostlosen Lebenslangeweile erziehen.*[118]

Ja, die Frauenrechtlerinnen könnten sie in ihre Arme schließen. Aber das ist es eben. Schon bei dieser Vorstellung wird ihr übel. Die Aufklärung und der Fortschritt glauben an die unendliche Perfektibilität des Menschengeschlechts. Die modernen Aufklärerinnen glauben an die unendliche Perfektibilität der Frau. Aber sie ist keine Aufklärerin, ihr Reich ist die Nacht, nie würde sie der Abschaffung der Nacht zustimmen. Und dass ihre Nächte so ganz anders sind als ihre Tage, auch das mag sie. Und die Art, wie sich ihr das Phantom ihrer Nächte nähert: *Die geschlechtliche Attacke ist die Urleistung des Mannes ... von der aus sein ganzes Wesen und seine Stellung in der Welt sich gebildet und entwi-*

ckelt hat. Alle Angriffspositionen und Angriffsberufe seien männlich, *Soldat, Preiskämpfer, Polemiker.*

Und sie will genau diesen Mann mitsamt seiner Urleistung. Sie schreibt hier eine Friess-Apologie, das Hohelied auf einen Vampir, aber das weiß keiner. Und diese durch keine Liebe gemilderte Leidenschaft macht sie zur Realistin der Nacht. Was da geschieht, hat mit Liebe nichts zu tun, man nennt es so, aber in Wahrheit ist es ein Kampf. Nichts Milderndes. Er küsst sie fast nie, und dann geht er zurück zu der Frau, die er liebt, wie er sagt. Ja, es ist ein Kampf, und der Mann ist in diesem Kampf kein Beschützer, kein Ritter, er ist der Gegner. *... für jedes wahrhaft erotisch empfindende Weib liegt gerade ein unendlich feiner Reiz darin, den stärkeren Gegner im Liebeskampf ... zu versuchen und sich ihm dann im selbstvergessenen Rausch zu schenken. Und sie wird im entscheidenden Augenblick durchaus nicht das Gefühl der Niederlage haben – im Gegenteil, die Bejahung des Lebens ist immer ein Sieggefühl.* Eben das, was Klages beim Stabreim empfand. Macht und Ohnmacht zugleich.

Das hat sie doch gut gesagt. Muss sie noch mehr sagen? Muss sie alle Frauen, die mehr wollen als dieses Ja zu sich, zum Mann, zur Erde verurteilen? Es ist ein seltsamer Ehrgeiz, der diese Frau, die doch kein fremdes Gesetz über sich erträgt, zu dem Nachweis treibt, die Selbständigkeit der Frau sei ein Irrtum. Doch weil an dieser Autorin nichts Krummes ist, weil sie in sich vollkommen frei ist, lohnt es wohl, ihr auch hier zuzuhören.

Fanny Liane Wilhelmine Sophie Auguste Adrienne Comtesse zu Reventlow fühlt die Notwendigkeit, täglich um die eigene Existenz kämpfen zu müssen, wie eine Last, unter der sie zu zerbrechen droht. Sie gehört, gewollt und ungewollt zugleich, zur Avantgarde weiblicher Existenz. Wer lebte denn so wie sie? Ihr Dasein ist eine einzige Versuchsanordnung, und auf den guten Ausgang dieses Experiments möchte sie nicht hoch wetten. Es ist Erschöpfung, und es ist Warnung, wenn sie ihren Mitfrauen erklärt: Die Frau *ist nicht zur Arbeit, nicht für die schweren Dinge der Welt geschaffen.* Sie weiß genau, wozu sie geschaffen ist: *zur Leichtigkeit, zur Freude, zur Schönheit.* Es stünde ihr zu, so viel Zeit mit ihrem Kind zu verbringen, wie sie möchte, statt immer ein schlechtes Gewissen zu haben: Eigentlich muss ich jetzt arbeiten.

Abgearbeitete Mütter sind ihr ein Gräuel, sie ist oft selber eine, aber Mütter sollten schön sein für ihre Kinder. Sie glaubt nicht, dass die studierten Frauen glücklich sind, dass es überhaupt wünschenswert ist, wenn sie *(pardon, messieurs!) ebensoviel Ballast im Gehirn herumschleppen wie mancher hochgelahrte Mann.* Und als ästhetische Erscheinung findet die Autorin die neuen Frauen schon gar nicht überzeugend, *wenn sie in geteiltem Loden-Rock und gestärkter weißer Weste auf den Katheder steigen und mit einer Stimme wie eine Baß-Klarinette über »Das Woib« reden.*

Sie ist Friedrich Nietzsches Schwester im Geist, sein Mundstück aus ureigenem Impuls. Und doch müsste der Philosoph vor seiner Jüngerin erschrecken. Für Nietzsche war das weibliche Geschlecht zur Sklaverei geboren. Nicht weil man es versklavt hat, sondern weil es seiner Natur nach danach verlangt. Es kann nicht für sich, sondern nur für andere sein. Sein Wesen ist nicht die Sorge um sich, sondern die Fürsorge. Das ist seine Stärke, also eine Stärke der Schwäche. Natürlich haben auch die Schwachen mitunter die Stärke, sich zu erheben und nicht mehr sie selbst sein zu wollen und ernsthaft zu glauben, sie wären jemand anders, und ebensolche Ereignisse sind Nietzsche zufolge das Misslichste überhaupt: Sklavenaufstände der Moral, gleichsam Irrtümer der Natur. Die in sich Unfreien erkämpfen die Freiheit und machen alles klein. So habe das Christentum triumphiert, diese Religion der Schlechtweggekommenen.

Und ebenso beschreibt sie die Frauenbewegung. Aber wer ist sie selbst? So wie sie spricht keine zur Abhängigkeit Geborene. Sie hat Witz, Ironie und Eros. Sie klagt nicht an, sie steht ganz für sich, so sehr, dass sie nie einem Mann ein Mitbestimmungsrecht überlassen würde. Die Frauenbewegung will die Männer abschaffen? Sie schafft die Väter ab, jeden paternalistischen Übergriff verbittet sie sich. Was heißt hier Schulpflicht? Sie wird sich außerstande sehen, ihr Kind einer öffentlichen Schule zu übergeben. Sie soll zuschauen, wie etwas so wunderbar Gerades wie ihr Junge verbogen, seelisch verkrüppelt wird? Niemals! Und im kommenden Frühjahr, aber das kann die Autorin von *Viragines oder Hetä-ren* jetzt noch nicht wissen, wird ein Mann den Versuch machen, sie zu bevormunden und ihr zu sagen, wie sie ihr Kind erziehen soll. Einen solchen Eingriff in ihre absoluten und durch nichts minderbaren Souveränitätsrechte muss sie sich absolut verbitten.

Aber das ist doch niemals die Sprache des Sexus, des Geschlechts, des Triebs! Dennoch, nehmen wie die Forderung der Autorin noch einmal ganz ernst: Ich will keine Unabhängigkeit, fordere aber die schrankenlose Emanzipation meines Unterleibs? Es gibt wunderbare Utopien, aber ist das eine? Sie erregt wahrlich kein Erstaunen mit der Mitteilung, die Frau sei nicht monogam. Der Mann hat im Grunde noch nie etwas anderes geglaubt. Das Weib ist Trieb und nichts anderes! Und das sollen wir befreien? Im Gegenteil, das Weib ist etwas, was überwunden werden muss! So fordert es der hochbegabte Sohn eines jüdischen Goldschmieds, 1880 in Wien geboren, der gerade über den Zusammenhang von Geschlecht und Charakter nachdenkt.

Es ist ein biologistisches Zeitalter, schon wahr. Aber warum ist nur allen so potenziell nach Ausrotten zumute, nicht nur Weininger, auch der Gräfin? In den Schlussbetrachtungen ihres Essays erwähnt sie mit großer Sympathie englische Schafzüchter, die *sexuelle Zwischenformen* in ihren Herden *ausmerzen* würden, *weil sie weder schöne Wolle noch gute Hammelrücken liefern.* Sie hält das für weise. Warum nicht von den Schafen lernen, nein, den Schafhirten? Die Bewegungsweiber bilden nun ganz gewiss eine sexuelle Zwischenform, *hermaphroditische Geister* sind das, *mit denen der gesund-erotische Geist des neuen Heidentums, dessen Sieg wir vom nächsten Jahrhundert erhoffen, bald aufräumen wird.*

Sieg. Heidentum. Aufräumen. Aufräumen, also ausmerzen. Das ist stark. Und wer um Himmels willen ist *wir*?

»Wir wenigen«, sagen die Schwabinger gern, sie auch. Heißt: Wir Auserwählten! Doch die Frage bleibt. Sie wird einmal sehr genau und auf wunderbarste Weise sagen, wer *wir* ist, das dauert allerdings noch weit über zehn Jahre: Im Plural, wird sie sagen, liege die große Vereinfachung und Bereicherung des Lebens. *Wie armselig, wie vereinzelt, wie prätentiös und peinlich unterstrichen steht das erzählende oder erlebende »Ich« da gegen das »Wir«. Wir können in dem, was um uns ist, irgendwie aufgehen, untergehen – harmonisch damit verschmelzen. ICH springt immer wieder heraus, schnellt wieder empor, wie die kleinen Teufel in den Holzschachteln, die man auf dem Jahrmarkt kauft. Immer strebt es nach Zusammenhängen – und findet sie nicht. WIR brauchen keinen Zusammenhang – wir sind selber einer.*[119]

Hat man jemals bündiger und virtuoser gesagt, was Kollektivismen bedeuten und nicht bedeuten? So steht es gleich am Anfang ihres Romans *Herrn Dames Aufzeichnungen*, geschrieben 1912, erschienen im Vorkriegsjahr 1913. Und auch die geistigen Grundkonstellationen des darauffolgenden Krieges finden sich hier porträtiert. Sie sind es und sind es doch nicht. Das zu bemerken, zu unterscheiden, fordert geistige Präzision.

Ja, Ludwig Klages hat sie bereits zu einer Komplizin des neuen Heidentums gemacht. Das neue Heidentum wird dem Chemiestudenten zufolge die Gesellschaft der Zukunft sein und ihre Mitte sie, die neue *Hetäre*, die Frau der Zukunft, wenn dies denn das richtige Wort sein sollte: die Frau einer zukünftigen Vergangenheit also. In ihrem Panizza-Aufsatz erklärt sie deren Vorzüge so: *Die Hetären des Altertums waren freie, hochgebildete und geachtete Frauen, denen niemand es übelnahm, wenn sie ihre Liebe und ihren Körper verschenkten, an wen sie wollten und so oft sie wollten, und die gleichzeitig am geistigen Leben der Männer mit teilnahmen.*[120]

Also eine Art intellektueller Hure, eine weibliche Geistesaristokratie von sinnlichem Reiz? Dass die gewöhnlichen Frauen der Griechen und Römer als außersinnlicher Umgang für ihre Männer gar nicht in Betracht kamen, dass diese noch über ihr Recht zu leben entscheiden konnten, erwähnt sie nicht. Ludwig Klages, dessen Seele in der Gräfin vor Anker gegangen ist, hat in ihrer misslichen Existenzweise eine Utopie erkennen können, das zählt! Und natürlich teilt sie sein Feindbild: *Das Christentum hat die Einehe und – die Prostitution geschaffen.*[121] Und mit ebendiesen Irrtümern wird *der gesund erotische Geist des neuen Heidentums* aufräumen?

Nicht versichert

Zuerst räumt der Geist der Wirklichkeit mit der Möchtegern-Agentin der *Hamburger Militairdienstlichen, Aussteuer- und Altersversicherungsgesellschaft* auf. 30. Oktober: *Versicherung gelaufen, aber ohne Resultat.*[122] Wie mag sie sich vorstellen? »Ich bin die Gräfin zu Reventlow und möchte Ihnen hiermit ...« – ?

Vielleicht verraten die Blicke der überraschten Unversicherten, was sie sich längst selbst hätte sagen müssen: Eine Gräfin ist grundsätzlich bei ihren Ahnen versichert, es gibt keinen versicherungsfremderen Stand als den Adel. Und wenn dieser Stand es schon nötig hat, Versicherungen zu verkaufen, dann muss man wohl davon ausgehen, dass niemand mehr zu versichern ist, egal wie viele Versicherungen er abschließt. Und wie sie aussieht! Leicht unterernährt? Nun sehen zwar die Nachkommen sehr alter Familien selten ganz gesund aus, man könnte ihre Blässe auch für vornehm, ihren Typus für leicht anämisch halten, aber Klages sagt, sie solle weniger rauchen.

Doch selbst wenn sie aussähe, wie der Direktor des Gärtnertheaters sich eine Zofe vorstellt, üppig, vor allem üppig: Eine junge Frau, die Versicherungen verkauft, egal welchen Standes sie ist, hat die elementare Versicherung des Lebens bereits verloren: nämlich die eines Mannes, der für sie sorgt. Und sie mag die fragenden, belästigten Blicke hinter den sich widerwillig öffnenden Türen auch nicht. *Ich bin jedesmal froh, wenn die Leute die Tür gleich wieder zu machen.*[123]

Wahrscheinlich wird das neue Heidentum nicht nur die Frauenrechtlerinnen als sexuelle Zwischenform abschaffen, sondern auch das Versicherungswesen! Die dionysische Welt ist vollkommen unversicherbar, darin besteht ihr Wesen, sie ist Aufgang und Vernichtung.

Ein Spezialfall der dionysischen Welt ist das Theater.

Unlängst war der Sohn eines Koblenzer Hofmusikalienhändlers von Berlin nach München gekommen, er trug einen Koffer selbst geschriebener ungespielter Stücke bei sich, von denen eins, »Erlösung« betitelt, noch im kommenden Winter durchfallen würde. Der unerlöste Autor Otto Falckenberg, Mitglied des *Akademisch-Dramatischen Vereins*, fühlt sich jedoch auch fremden Stücken verpflichtet. Er möchte Knut Hamsuns *An des Reiches Pforten* auf die Bühne bringen, und zwar mit wirklichen, vom Theater noch ganz und gar unverdorbenen Menschen. Bloß keine Oppenheimer! Drei Tage nach ihrem letzten Auftritt als Abgesandte der *Hamburger Militairdienstlichen, Aussteuer- und Altersversicherungsgesellschaft* steht der Regisseur vor ihrer Tür und bittet um Mitwirkung. Er macht die Andeutung der Möglichkeit einer Hauptrolle, sie fühlt sich beglückt.

Doch nach der ersten Leseprobe bekommt ihre etwas entfernte Freundin Helene von Basch, auch das Baschl genannt, die Hauptrolle. Sie fühlt sich schon etwas weniger beglückt. Mag das Baschl auch besser lesen, spielen kann es bestimmt nicht. Zum Spielen muss man frei sein in sich selbst. Ich bin besser!, weiß die Zurückgesetzte und lauert fortan *im Hintergrunde*, dass das Baschl *Fiasko machen würde*. Sie hat in ihrem ersten Panizza-Aufsatz deutlich gesagt, dass wahre Freundschaft unter Frauen fast unmöglich ist, warum sollte sie ihren eigenen Essay widerlegen?

Der junge Regisseur mag inzwischen manchmal darüber nachdenken, welche Vorteile es hat, mit Schauspielern zu arbeiten. 6. November: *Recht behalten, das Baschl konnte es nicht. … Falckenberg kam dann auch auf mich zugestürzt:* »*Warum haben Sie das neulich nicht schon so gemacht? Sie können ja spielen.*«[124] Danach im Café spürt sie allgemeine Bewunderung und kann danach die halbe Nacht nicht schlafen: *… wenn ich es doch noch zu einer Zukunft bringe.*

Sie genießt die Proben und das Davor und Danach mit den anderen: *Aufwachen unter Menschen*, nennt sie das, auch *Getobe mit all den Jungens*. Sie hat einen kritischen Beobachter; der Mann, der fliegen kann, lässt sie wissen, dass Fliegen und Flattern zwei grundverschiedene Fortbewegungsweisen sind, die zweite sei ihrer nicht würdig. Auch diese Menschen vom Theater seien ihrer nicht würdig. *Klages begreift nicht, dass bei mir sich das alles von selbst auseinanderhält.*

In ihrem Schwabing-Roman wird sie Klages zum ersten Mal in

genau dieser Pose der Distanz auftreten lassen. »... *sehen Sie, der dort ist Hallwig, er ist entschieden ein ungewöhnlicher Mensch; ich möchte ihn schon lange kennenlernen, aber er hält sich vollständig zurück und verkehrt nicht mit belanglosen Leuten, wie ich und Sie es sind – nehmen Sie es nicht übel«*[125]. Also spricht das Alter Ego des Schriftstellers Franz Hessel zum Alter Ego des Psychologen Hans Walter Gruhle. Beide kennt Franziska zu diesem Zeitpunkt noch nicht, und doch lässt es sich nicht umgehen, sie bereits an dieser Stelle einzuführen.

Gruhle ist Herr Dame, der Berichterstatter im Schwabinger Schlüsselroman, das zu beschriftende weiße Blatt, der Simplizissimus, *Typus junger Mann aus guter Familie und von sorgfältiger Erziehung mit einer Beimischung von mattem Lebemanntum ... Er wäre nie ohne einwandfreie Bügelfalte aus dem Haus gegangen, auch wenn ihm das Herz noch so weh tat – und das Herz muss ihm wohl oft sehr weh getan haben.*[126] Schon seinen Namen empfand er als Verhängnis: Herr Dame! Er fühlte den Drang, sich jedes Mal zu entschuldigen, wenn er sich anderen vorstellte. Und er würde nie eine Frau finden, denn welche Frau möchte schon *Frau Dame* heißen?

Dieser Mensch von vorzüglicher resignativer Empfindsamkeit beginnt zu notieren, was ihm in diesem allerseltsamsten Stadtteil widerfährt: Das eben sind Herrn Dames Aufzeichnungen, in denen Klages-Hallwig zum ersten Mal als kritischer Beobachter eines tadelnswert ausgelassenen Maskenballs auftritt. Ja, von Nietzsches *Pathos der Distanz* weiß sie nicht viel, und von ihrem Roman weiß sie noch gar nichts. Sie flirtet mit dem zweiten Hauptdarsteller.

Am 27. November ist Premiere. Schon während der Vorstellung, aber vollends als der Vorhang fällt, hören sie sehr merkwürdige Geräusche: Wütendes Zischen und Pfeifen? Was soll das? Doch als sie vor das Publikum tritt, um sich zu verbeugen, ist der Applaus stärker. Und der ausgepfiffene Regisseur wird ihr nachher erklären: »*Sie haben gerettet, was zu retten war.*«

Klages, Busse und Huch sind auch da, wollen sie gleich mitnehmen. Klages versteht nicht, dass sie den Abend der Katastrophe mit ihren Kollegen verbringen muss. Sie wird rückblickend nur ein eher verharmlosendes Wort dafür haben: *gänzliches Bacchanal*. Gut, dass Klages sie nicht sehen kann, wie sie da auf den Schwabingerwiesen in den frühen Morgenstunden des 28. November das eindeutige Empfinden überkommt, dass es nun Frühling wird, der zweite Hauptdarsteller hat es auch. Und dann der Schock, als der neue Tag beginnt. Später geht sie noch einmal zurück zur Wiese, der Frühling ist weg, das ahnte sie schon, aber vielleicht sind ihre Handschuhe noch da. Sie liebt dieses Paar Handschuhe. Doch sie sind weg, genau wie der Frühling.

Rolf kann jetzt schon MAMA sagen.

Es ist seltsam, ihre Seele vor anderen zu entblößen, fällt ihr schwerer als ihren Körper. Sie hält Klages noch immer auf Distanz. Er hat zu viel von ihr gesehen, zu viel Unkörperliches, das nimmt sie ihm noch immer übel. Er schickt ihr ein Weihnachtsgeschenk, sie bedankt sich mit einer gewissen Förmlichkeit, Friess schenkt ihr einen Teetisch mit zwei Stühlen. *Wenn er wüsste, wie selig ich darüber bin.*[127]

Seit Ende November ist *Monsieur* wieder da. Sie hatte mit Befriedigung bemerkt, wie gut sie ohne ihn leben konnte, nun ist er zurück, und alles ist wieder, wie es war. Lust und Verzweiflung. Verzweiflung und Lust. Ein Schmerzentzücken, und dabei kalt, ganz kalt. Doch manchmal, gerade in den letzten Nächten, war es, als ob er sie liebte, als ob er sich festhielte an ihr. Manchmal küsst er sie sogar. Und dann ist sie beseligt, er weckt die Erlöserin in ihr.

Und über alldem Angst, die große Angst kommt wieder. Die alten Schmerzen sind wieder da.

Als sie glaubt, es nicht mehr zu ertragen, erscheint sie bei Dr. Noorden im Josephinum. Er sagt ihr, was sie schon wusste. Es ist wieder Zeit für sein Messer. Und dass es gefährlich sei, sehr gefährlich. Das war es immer, doch diesmal hat sie ein Vorgefühl, dass es nicht gutgehen könnte. Und was wird dann aus ihrem Kind?

Wenn ich einen Menschen wüsste, dem ich den Bubi lassen möchte, ich weiß einen, aber der wird von meinem Kind nichts wissen wollen[128]. Es ist Walter, es ist ihr Mann, ihr früherer Mann, wer sonst?

Anfang Februar hört sie, dass er wieder heiraten will. Sie möchte aufschreien, aber nicht vor der Nachrichtenüberbringerin, die schockiert sie mit einer fast frivolen Miene von Gleichgültigkeit. Doch dann wird es schlimm: *Er hat mich vergessen und überwunden, und er hat mich geliebt. Und ich hab' ihm alles zuleid getan, bin von ihm fortgegangen, aber ich habe ihn nicht vergessen, vergesse ihn nie. Seine Braut ist jünger und schön. Ich bin nicht mehr jung und bin nicht mehr schön.*[129] Schließlich bekommt sie Post vom Bräutigam selbst, er will seine Briefe zurück. *... es wird mir namenlos schwer.*

Das Leben, manchmal ist es nicht viel mehr als ein schlechter Roman, einer von denen, die sie im Akkord übersetzt, Zola ausgenommen. Ihr Mann heiratet, und sie wird in wenigen Tagen auf dem Operationstisch liegen, um vielleicht nie wieder aufzustehen. Also noch einmal tanzen, vielleicht zum letzten Mal. Als sie zurückkommt vom Bauernball, ist Friess da. Er tut ihr *entsetzlich weh*, mit Worten. Hält er ihr vor, was nicht zuletzt er aus ihr gemacht hat? Ein Stück Fleisch, ein Stück verworfenes, willenloses Fleisch. Sagt er es so? Er könnte es auch mit Aristoteles sagen: »... denn was mit dem Verstand vorauszuschauen vermag, ist von Natur das Regierende und Herrschende, was aber mit seinem Körper das Vorgesehene auszuführen vermag, ist von Natur aus das Regierte und Dienende. Darum ist auch der Nutzen für Herrn und Diener derselbe«[130], für Herrn und Sklaven.

Und dann geht er. Sie bleibt noch lange sitzen, in dem albernen Kostüm. Irgendwann schreibt sie ihm einen Brief, dass es ihr leidtue. Sie schreibt den Brief, den er hätte schreiben müssen. Es ist ein Sklavenbrief, eine Urkunde der Schwäche. Er hat sie geküsst in den letzten Nächten. Sie hat namenlose Angst, er würde nicht wiederkommen.

Er kommt nicht wieder.

Einer wird ihre Krankenhausrechnung bezahlen müssen. Sie hat fast 1000 Mark Schulden, sie kann nicht zahlen.

Im Josephinum gibt man ihr ein Zimmer, das ist fast genauso wie Friess, fremd und kalt, die Schwestern scheinen ihr kaum anders, und: *mein Kind ist nicht bei mir, mein Freund weiß nichts davon oder denkt nicht daran.* Aber da ist noch einer, der weiß, nur kennt er wohl nicht den Tag. Klages, dieser Pathetiker der Distanz, der ihr so nah kam, dass sie ihn fernhielt. Doch als sie darüber nachdachte, bei wem sie ihr Kind wissen möchte, wenn sie nicht mehr wäre, dachte sie nicht nur an ihren Mann: ... *ich weiß noch einen, aber das geht auch nicht – – –.*

Klages. Aber sie kann doch nicht einem jungen Kosmiker, der in allen Jahrhunderten, wenn nicht Jahrtausenden mehr zu Hause ist als in der Gegenwart, ihr Kind übergeben. Andererseits, er hat immer sie und ihr Kind gesehen, immer sie beide. Und sie wiederum hat gesehen, wie er ihr Kind angesehen hat: voller Zärtlichkeit. Als seien kleine Kinder Wunder. Elementarseelen? Bei dem Kosmiker wüsste sie Rolf in Sicherheit. Er besitze noch ein Heft von ihr, etwas sehr Persönliches, sehr Unverlierbares, ob er es bringen solle, hat er gefragt. Er möge es behalten, antwortete sie: *bis Sie wissen, was aus mir wird, im schlimmen Fall heben Sie es meinem Buben auf, bis er groß ist.*[31] Er weiß also, dass er in Rolfs Nähe bleiben muss. Wenn er den Menschen wirklich bis auf den Grund ihrer Seelen schaut, kennt er seine Aufgabe.

Sie bietet all ihre Kraft auf, nicht noch vom Operationstisch dem Kältesten, dem Fernsten zu schreiben. Er hat sie erniedrigt vor sich selbst. Aber hat sie nicht die Pflicht, sich von ihm zu verabschieden? Gegenfrage: Hat er nicht die Pflicht, sich von ihr zu verabschieden? Doch Herren verabschieden sich nicht von Sklaven. »... was aber mit seinem Körper das Vorgesehene auszuführen vermag, ist von Natur aus das Regierte und Dienende.« Ach, Aristoteles.

Es gibt keine Höflichkeit gegenüber Sklaven. Es gibt kein Taktgefühl gegenüber Sklaven. Mag sein, ihr Körper fällt unter die aristotelische Definition des Sklaven. Aber ihr Verstand nicht.

Keine Zeile an Friess!

»Sie ist eine Sirene«

Auferstehung von den Beinahe-Toten. Die ersten Schritte durchs Krankenzimmer wie bei starkem Seegang. Umsorgtwerden. Selbst Kind sein dürfen. Ärzte und Schwestern als Ersatzfamilie. Zur Ruhe kommen. Hineinwachsen in ein neues Leben, einen neuen Frühling. Nachdenken. Vertraute Gesichter über ihrem Bett, auch halbvertraute. Nur das seine ist nie dabei.

Ist unter den halbvertrauten auch das des Dandys Oscar A. H. Schmitz, den sie im Umkreis der Falckenberg-Hamsun-Katastrophe kennengelernt hat? Schmitz sammelt Frauen wie Schmetterlinge, spießt sie in seinem Tagebuch kühl sezierend auf; er kann sich sowohl die Frauen als auch seine Arroganz leisten, denn Dandys sind grundsätzlich wohlhabend, sonst wären sie keine. Die Relevanz des Weibes, weiß Schmitz, pflegt sich gemeinhin außerhalb des Schlafzimmers zu erschöpfen; bei dieser verlassenen, kranken, insolventen Gräfin mit Kind jedoch könnte es sich um eine Ausnahme handeln. Eine Frau von Belang? So einer muss geholfen werden.

Wahrscheinlich wird sie noch im Krankenbett mit einer überwältigenden Idee zu ihrer Rekonvaleszenz konfrontiert: Der Schmitz-Freund, Archäologe und Paläontologe Albert Hentschel fährt im Mai nach Samos, er muss dort etwas ausgraben. Er will die Vorvergangenheit in den eigenen Händen halten, das sehen, was seit Jahrhunderten, wenn nicht Jahrtausenden keiner mehr sah. Sie könnte ihn begleiten. Sie könnte neben ihm in der Sonne sitzen. Sie könnte sich unfassbar erholen, gemeinsam mit ihrem Kind. Vielleicht hat Hölderlin recht: Wo die Gefahr wächst, wächst das Rettende auch.

Eine neue Gesundheit, ein neues Leben. Manchmal fragt sie sich schon, ob ihre Liebe zu dem Mann ihrer Nächte nur eine Einbildung war, ein Albtraum. Sie setzt einen großen schwarzen Punkt unter ihrer beider Geschichte, schreibt den Nachruf auf eine große Leidenschaft: Was hätte aus ihnen werden können, wenn Friess nur gewollt hätte. Sie wechselt abrupt ins Französische, es ist eine Frage der Diskretion, auch und vor allem sich selbst gegenüber. Manchmal fühlt sie das Verlangen, sich an diesem Mann zu rächen, dann wieder hat sie nur Mitleid für ihn. *Sois franche, mon enfant, est-ce que c' est l' apparation de l'homme blonde qui te fait entrevoir de nouvelles espérances d'amour?*[132] Zu Deutsch: Sei ehrlich, mein Kind, könnte es das Erscheinen jenes blonden Mannes sein, das dich neue Liebesfreuden erhoffen lässt?

Manchmal klingt sie wie die Autorin eines Kolportageromans. Sollte das neue Gesicht über ihrem Krankenhausbett gar zum neuen Gesicht über ihrem Leben werden? Alles an ihm ist Licht, ist Sommer, ist Samos. Monsieur dagegen ist Nacht, Grab und Gruft. So zumindest kommt es ihr jetzt vor, einmal wird sie ihn *die schwarze Kralle* nennen. *Ich will leben – leben.* Der Paläontologe heißt zwar Albert, aber sie wird ihn Adam nennen. Adam, manchmal auch Siegfried, als hätte er die Kraft, sie zu erlösen. Siegfried hat Brünnhilde gerettet, er wird auch sie retten.

Später, viel später, sollte der schwarze Mann sie einmal rufen und nötig haben, wird sie zu ihm kommen, ihm helfen, ihn vielleicht sogar pflegen – wie eine Mutter, wie eine Schwester, wie eine Freundin, all das, was eine Frau sein kann für den Mann, den sie liebt. All das, was er nie von ihr gewollt hat. Aber nie wieder wird sie das Bett mit ihm teilen. *Fini le roman conventionnel de Monsieur et Madame.*[133] So sieht sie das. Jetzt.

Der Grabungswillige besucht sie oft, alles an ihm ist blond, auch sein Blick aufs Leben. Aber er gräbt nicht nur, er reitet und schießt auch, er schießt und reitet, ein Siegfried eben. Keine faltenreiche Seele, aber stark und gut. Sie muss noch sehr viel liegen. Im Liegen zu übersetzen, ist viel komfortabler, sie hat nun eine Sekretärin, eine blasse, blonde Lehrerin, die alle Fremdworte falsch schreibt. *Das Leben lacht, nun lach auch du!*

Hentschel besucht sie oft. Es ist gut, sich schon ein wenig zu kennen, bevor man miteinander verreist. Fast einen Monat dauert ihre Ankunft im Licht, doch dann geschieht es, es ist der 11. April: *Monsieur auf der Trambahn gesehen. Doch wieder ein Zucken – die alte erbarmungslose Sehnsucht.*[134] An diesem Tag hat sie Angst, nach Hause zu gehen. Wahrscheinlich macht sie große

Umwege, sie kann und darf ihr neues, gerade begonnenes Licht-
leben nicht verlieren. Aber einmal muss sie doch heimkommen.
Es ist wie befürchtet: Sie findet seine Visitenkarte, er war da.
Vielleicht hatte es ihn überrascht, sie noch unter den Lebenden
anzutreffen.

Sie setzt sich an den Schreibtisch, um zu arbeiten. Aber sie
arbeitet nicht, denkt an alles und nichts zugleich. Dann kommt
er und bleibt bis morgens um vier. *Fini le roman conventionnel de
Monsieur et Madame?*

Sie reden lange, und so, wie sie fast nie mit ihm sprechen kann.
Der Nachtmann ist zunehmend alarmiert. Dass sein Aschenbrö-
del ein Leben am Strand beginnen will, unter der Sonne Griechenlands, muss ihn ernsthaft verstimmen. Sie wird zur erschüt-
terten Zeugin dessen, was sie immer von ihm erhofft hat, sie
erlebt die Menschwerdung dieses Mannes, nur ist es der vollkommen falsche Zeitpunkt, sie will das nicht hören. Er könne ohne
sie nicht leben. Aber doch nicht jetzt!

Am nächsten Abend, fast um die gleiche Zeit, kommt der Paläontologe. Sie waren tagsüber gemeinsam in der Stadt gewesen,
um Ausrüstung und Reisegepäck zu kaufen; jetzt will er nachschauen, ob sie noch arbeitet. Es ist Fürsorglichkeit. Wahrscheinlich meint er, sie sei noch zu schwach, um so viel zu arbeiten.
Albert Hentschel ist einer von den Männern, die der Ansicht
sind, Frauen seien überhaupt zu schwach, um zu arbeiten. So
sieht sie das doch auch! Leider kann sie diesem Siegfried mit der
blonden Seele nicht sagen, welche Prüfungen sie hier noch zu
bestehen hat. Sie lebt in *nervöser Angst*, der entlassene Mann ihrer
Nächte könnte wiederkommen.

Zur gleichen Zeit gibt es noch zwei weitere Männer in ihrem
Leben. Der eine heißt Balilula. Ihr Kind spricht sehr viel von
Balilula: wer Balilula ist, weiß kein Mensch, notiert sie und ahnt es
doch. Ein Radfahrer? Alle Radfahrer? Aber selbst wenn nicht, –
Balilula ist jemand, für den wir uns beide sehr interessieren.[135] Balilula
und Rolf. Wenn sie ihren Jungen nicht mehr hätte, das weiß sie
genau, könnte sie gar nicht mehr lieben.

Und dann ist da noch der Mann, dessen Seele bei ihr vor Anker gegangen ist. Er kommt wohl ab und zu vorbei, um nach seiner Seele zu schauen, aber der Hafen zeigt sich anhaltend reserviert. Er weiß schon viel zu viel von ihr, das vergibt sie ihm nicht. Und ihre Seele ist sehr beschäftigt: Der Tagesmann und der Nachtmann ziehen von beiden Seiten an ihr. Sie kann nicht nach Samos fahren, aber sie kann auch nicht nicht nach Samos fahren.

Als ihre Nerven schon reißen wollen, hat sie Geburtstag. Keine zwei Wochen mehr, dann fährt sie mit Siegfried nach Samos, frohlockt ihr gesundendes Vormittags-Ich. Du bleibst hier!, triumphiert ihr Mitternachts-Ich. Da steht Gratulant Klages in der Tür und fängt das Geburtstagskind mit beiden Seelenarmen auf: *Das wäre der Mensch, bei dem ich mich einmal ausweinen könnte, es fehlte nicht viel, so hätte ich es getan. Aber ich fürchte mich vor diesem Ausweinen, vor dem Aufschrei, in dem meine ganze Kraft dahingehn würde.*[136]

Ganz Schwäche, ganz Weib? Unmöglich. In diesem Punkt bleibt sie Aristokratin. Sie weint nicht. Contenance! Haltung ist alles. Sie beginnt jenseits der Tränen. Diese fassungslose Fassung beeindruckt ihn.

Er beginnt ihr wieder zuzuhören. *Und so gut, mit dem Freund ... zu reden, dem einzigen Menschen, der mich liebt, ohne nehmen zu wollen.* Fast wäre sie aus Stolz an ihm vorübergegangen. Jetzt ist sie froh, gerade noch rechtzeitig stehen geblieben zu sein. *Ich habe einen Freund gefunden, den ich schon lange hatte, ich wusste nur nicht, wie sehr er es war. Ich habe es schon einmal gefühlt, an einem Sommerabend im vorigen Jahr ...*[137] Ja, sie hat einen Mitwisser ihrer großen Leidenschaft, bald verbirgt sie ihm nichts mehr: *Und dann wieder so qualvolle Tage, wo er mir so viel geholfen hat. Dabei eine so seltsam süße Heimlichkeit, wie wenn zwei Kinder über etwas Verbotenes sprechen.*[138]

Sie wäre gewiss sehr erstaunt und enttäuscht zugleich, wüsste sie, wie anders der Gratulant diese fortgesetzte *Kinderheimlichkeit* erlebt. Der therapeutische Effekt, den sie spürt, meidet ihn aufs Empfindlichste. Ja, es ist mehr. Der spätere Autor des Werks *Der Geist als Widersacher der Seele* wird, was ihm geschieht, einmal so präzisieren: »Aber während dieser Gespräche verwandelte sich meine Seelenfreundschaft in unerbittliche Leidenschaft, in jene

Leidenschaft auf Tod und Leben, die nur wenigen beschieden und wahrscheinlich immer zur Tragik verurteilt ist.«[139]

Wer das Höchste schaut, erblindet. Wie gern möchte er an ihr erblinden, aber dafür müsste sie ihn erst einmal sehen. Die Wahrscheinlichkeit, dass er an seinen Experimenten im Chemielabor erblindet, ist vergleichsweise größer. Mentholsynthese ist besonders bedenklich.

Nein, sie sieht ihn nicht, sie sieht nur dieses Phantom von einem Rechtsanwalt: *Wenn er jemals dieselbe Leidenschaft für mich fühlen sollte, so wäre es, als ob der Himmel sich einen Augenblick auftäte – aber dann würde alles vorbei sein. Wer Gott sieht, stirbt.*[140] So steht es in ihrem Tagebuch, wahrscheinlich erklärt sie es Klages ebenso. Er wusste, dass sie es weiß.

Er kann dieser Leidenschaft nur assistieren. Er ist ihr Spiegel. Vor einem Spiegel braucht man keine Geheimnisse zu haben. Er hat kein Ich. Sein Bild, das Bild des Ludwig Klages, zeigt er nie. Wenn sie nicht vor ihn tritt, ist er leer.

Und nie bekommt Klages diese blutsaufende Fledermaus zu sehen. Aber den anderen, den von der Tagseite, diesen falschen Siegfried, lernt er kennen. Eines Vormittags, während sie reden, steht Albert Hentschel plötzlich im Zimmer, in all der blonden Unbefangenheit seines Wesens. Ludwig Klages identifiziert ihn sofort als einen aus der Welt der Tüchtigen, die die Verkehrsformen dieses Planeten bestimmen. Keine Falten auf der Seele, aber, es ist seltsam, er mag ihn. Sie sympathisieren mit der gleichen Frau. Dem Paläontologen geht es nicht anders. Sieht dieser Chemiestudent nicht aus, als hätte das Leben noch etwas mit ihm vor? Sie befinden sich als unbedingt vertrauenswürdig. Und sie haben etwas Wichtiges gemeinsam: ihre Verehrung für die Gräfin.

Wenn sie noch zu retten ist, dann auf Samos. Klages: »Obwohl ich mich schon unentrinnbar an Fanny gefesselt fühlte, riet ich ihr dringend zur gemeinsamen Reise mit Adam nach Samos. Mit allen Mitteln der Beredsamkeit überzeugte ich sie.«[141] Das Mittelmeer! Hellas! Einmal nicht mehr ums tägliche Überleben schreiben müssen. Kurz: Wiedergeburt. Renaissance. Wer dürfte es ablehnen, wiedergeboren zu werden? Und wer sonst, wenn nicht sie, hätte das verdient?

Ludwig Klages geht es wohl wie allen Liebenden, alle Segnungen des Himmels und der Erde wünscht er auf dieses Menschenkind herab. Und dass er sie damit gewaltsam von sich entfernt – ist es nicht ein Opfer, wie es die Liebe bringt, die alle Egoismen bricht, auch ihre eigenen, die der Liebe selbst? »MEINE Gründe waren es, durch die ihr endloses Schwanken besiegt und ihr Entschluss gefasst wurde.« Die Vorstellung, sie in den Armen des Archäologen zu wissen, ist zwar bedenklich, aber diese Elementarseele aus denen ihres nächtlichen Phantoms zu befreien, ist wichtiger. Er muss sie erlösen! Nietzsches hohen Mittag, sie wird ihn erleben. Sollte die Überhelle Griechenlands nicht die Kraft haben, blutsaufende Fledermausmänner zu verbrennen? Ihr gegenüber formuliert er das ein wenig anders: Monsieur wird wiederkommen, sagt er, was er nicht hoffen möchte. Aber das sagt er nicht.

Ob er weiß, dass sie bis zur letzten Minute schwankt? Am letzten Abend in München ist sie bei Oscar A. H. Schmitz eingeladen, der Dandy trägt sein neues Drama vor. Es handelt von Don Juan. »Mein Vermögen ist vielleicht nächst meinem Verstand der größte Feind meiner Künstlernatur«[142], hat sein Autor längst bekannt. Vielleicht sollte er auch sein Talent zu diesen Gegnern rechnen, aber sie nimmt jedes Wort in sich auf, sie hat noch nie so zugehört, und doch denkt sie dabei in jedem Augenblick: *wenn er jetzt an meinem Haus vorbeiginge, wenn er heute noch einmal, noch einmal käme.*[143] Auch das ist Konzentration.

Er ist nicht gekommen, erfährt sie, als sie nach Hause zurückkehrt, aber das macht sie nicht ruhiger, ihre Seele sagt die große Ausfahrt endgültig ab: *Ich kann nicht fort, ich kann nicht.* Der Einzige, der jetzt helfen könnte, wäre Klages: *Jetzt möchte ich den Freund hier haben und mit ihm weinen.*[144] Am nächsten Morgen weiß sie, dass Friess doch da war, sogar zweimal. Zu spät. Sie hat das Gefühl, wahnsinnig zu werden, und: reist ab. Ein halbes Jahr!

Der Kosmiker sucht seine Scherben zusammen. Ein halbes Jahr, ein ganzes halbes Jahr!

Sie ist eine Sirene!, wird sein Freund, der Seher Alfred Schuler sagen, von seinen Verächtern auch »der violette Ringelnero« genannt.

»Das Meer, mein Meer«

Menschen, die verreisen, sind oft der Ansicht, sie seien die eigentlichen Subjekte der Reise, das Gepäck kommt bloß mit. Das stimmt nicht immer. In der 1917 erscheinenden Erzählung *Das feindselige Gepäck* wird Franziska zu Reventlow ein wunderbares Psychogramm dieses wahren Souveräns einer jeden größeren Fahrt entwerfen. Wir wollen dieses Kleinod der Reiseliteratur, funkelnd um den Wirklichkeitskern des Jahres 1900, fortan im Auge behalten, auch um seiner hier noch längst nicht vorwegzunehmenden Pointe willen. Nur so viel sei gesagt: Sie wird im Leben noch viel weiter reichen als in der Literatur.

Wahrscheinlich hat alles ungefähr so begonnen, wie *Das feindliche Gepäck* es beschreibt. Das Wichtigste sei die kongeniale Ausrüstung, entschied der befehlshabende Reiseleiter, ein Archäologe, was sonst, und so *begaben wir uns in ein Spezialgeschäft für Reiseausrüstungen und kauften dort zwei große, flache Handkoffer aus vorzüglichem Leder, einen dunkelbraunen und einen hellgelben, ferner einen Kabinenkoffer*[145] und vieles mehr. Des Weiteren seien Feldbetten ebenso unentbehrlich wie Patentklappstühle, nicht zu vergessen einen Revolver, schließlich begebe man sich in von der Zivilisation noch kaum berührte Gegenden. *Als das alles erledigt war, nahm unser Gepäck sich wahrhaft fürstlich und äußerst reisekundig aus, nur wir selbst passten nicht mehr recht dazu.* Schon kurz nachdem ihr Schiff ablegte, bemerkten sie, wie das Gepäck sich von ihnen distanzierte. Hätte es nicht andere, vor allem besser gekleidete Eigentümer verdient?

In *Das feindselige Gepäck* reist der Archäologe mit mehreren Berufsmüßiggängern, die zwar keinen Grund haben, diese Fahrt in den Süden zu unternehmen, aber auch keinen, sie zu unterlassen. Der real existierende Archäologe reist mit einer kompletten Kleinkind-auf-großer-Fahrt-Ausrüstung, diesem selbst und seiner Mutter Franziska. Das ist er nicht gewohnt. Zudem hat sie – zumindest in der Erzählung – eine absolut unpassende *unansehnliche, alte Plaidtasche* mitgenommen. Hier wie da kommt es zu Feindseligkeiten zwischen der Übermacht der Gegenständlichkeit und ihren Besitzern. Ein alter Araber an Bord mahnt die Reisenden, man müsse auf der Hut sein vor Dingen, *die einem wohl formell angehörten, mit denen man aber nicht in innerem Kontakt stehe.*

Als Erstes migrieren die Patentklappstühle, oder nein, sie bleiben einfach an Deck: *Wir hatten bis zum letzten Moment an Bord gesessen und dann vergessen, dass sie unser Eigentum waren.* Was zählt ein Patentklappstuhl im Angesicht des Meeres?

Als sie es zum ersten Mal wiedersah, fühlte sie ein *namenloses Heimweh.*[146] Sie schreibt es Klages, ihrem Mitwisser: *Mir ist immer, als ob es zu mir gehörte, als ob es mein Meer wäre, an dem ich aufgewachsen bin, das immer noch als meine Heimat in mir lebt, hier und überall.*[147] Das weiß er längst. Dafür liebt er sie.

Als der kleine Junge zum ersten Mal am Strand von Borkum stand, verstand er sofort, was ihm da begegnete: Das Meer ist das Element, in dem alles Einzelne sich löst. Heute würde er wohl sagen, das ist sein dionysischer Charakter:

Ich grüße dich, du unendliche See,
Die du alle Gestade umspülst
Und ein ewiges Band schlingst
Um die getrennten Kinder der Erde.[148]

Adam dagegen weiß wenig vom dionysischen Charakter des Meeres. Er besitzt wie viele Männer eine eher schwer lösliche Seele. Das stört sie jetzt schon. Nach einer Woche hat sie das Gefühl, dringend eine Adam-Pause zu brauchen. Andererseits: Wo wäre sie ohne ihn?

Ein fast Fremder hatte ihr im letzten Herbst vorgeschlagen, als Reiterin in einem Zirkus anzufangen. Er kannte sie kaum und wusste es doch – der Zirkus war ihre erste Leidenschaft: auf Stelzen laufen, geradewegs in die eigene Zukunft hinein. Sie hatte nichts dagegen. Nur wer sollte ihre Reitstunden bezahlen? An kleinen Fragen wie diesen pflegen die größten Pläne zu scheitern.

Und jetzt reitet sie am Bosporus entlang, auf der einen Seite das Meer, auf der anderen diese großartige fremde Stadt. Konstantinopel. Schon am vierten Tag sitzt sie vier Stunden im Sattel, Seite an Seite mit ihrem Expeditionsleiter, Gratis-Reitlehrer, Sponsor und ... Was soll sie sagen? Sie reisen als Ehepaar, Vater, Mutter, Kind. Alles andere wäre undenkbar. Nur dass gewöhnliche Ehepaare nicht gemeinsam ins Bordell gehen, aber sie wollte so gern, da gab er nach, das war in Bukarest. Sie schrieb es Schmitz, und zwar auf Französisch, in der Muttersprache der Frivolität. Der Dandy hatte kurz erwogen, den Freund und die Gräfin zu begleiten, den Gedanken aber wieder verworfen.

In einen Harem kommt man nicht so leicht wie in ein Bordell. Sie schon. Am 11. Juni macht sie eine Straßenbekanntschaft. Straßenbekanntschaften sind in diesem Land irritierenderweise immer Frauen, und die wiederum treten nur in Gruppen auf. Wahrscheinlich finden die Pluralfrauen die Singularfrau mindestens ebenso exotisch, wie sie ihr vorkommen, und laden Mutter und Kind nach Hause ein. Also in ihren Harem. Falsch, ein Harem ist immer »sein« Harem, in diesem Fall soll sein Inhaber der Schwager des Sultans sein.

Sie erschrickt über die Pracht der Einrichtung und die Hinfälligkeit der Bewohnerinnen gleichermaßen: *scheußliche, meist alte und äußerst schlampige Weiber.* Mutter und Sohn erreichen eine zweite Kollektivunterkunft, da gefällt es ihr schon besser, die Frauen sind jünger, es kommt ihr ein wenig vor wie in Altenburg, wie im Mädchenpensionat. Die Käfighaltung von Frauen irritiert sie ein wenig, aber es sind goldene Käfige, und sitzt sie im Augenblick nicht selbst in einem solchen Käfig?

Es ist so viel Freiheit um sie, Pferde und Meer, aber ihren Begleiter, mit dem sie nun jeden Tag zusammen ist, spürt sie als Enge. Sie führt, obgleich auf leicht frivoler Grundlage, das Leben einer

Ehefrau und ist entsetzt. Den ganzen Tag lang mit einem fremden Menschen zusammen sein, der nicht einmal weiß, was das Meer ist. *Er hat nicht das Lachen, das ich brauche, das Gleiches in mir auslösen kann. Er hat keinen Schmerz in sich, der auf das, was weh in mir, antwortet.*[149]

Klages hat beides, ihm kann sie alles sagen: *Ich möchte viel, viel mehr allein sein, d. h. äußerlich, innerlich bin ich wohl allein. Es kommt mir ganz schlecht gegen Adam vor, wenn ich Ihnen so schreibe, aber gleichzeitig tut es mir so wohl, es zu können. … Ich habe das Gefühl, als ob wir 2 Stoffe sind, die sich nie miteinander verbinden können, und das Schlimme an einem Zusammenleben, wie die Verhältnisse hier es mit sich bringen, ist aber, dass man das immer wieder versucht.*[150] Und hinzukommen, wagen wir zu erinnern, die ewigen Feindseligkeiten des Gepäcks. Drei Stoffe also, aber das erfährt Klages nicht.

Wie gut, mag der Adressat sich sagen, dass sie es fühlt. Umso deutlicher muss sie bemerken, wer die zwei Stoffe sind, die sich längst miteinander verbunden haben, ganz miteinander verbunden haben, sie und er. Das ist der kosmogonische Eros.

Es wird ein unfassbar langer Brief, von Seelenforscherin zu Seelenforscher: *Wenn irgendeine Nuance fehlt, dann stört mich das, und beim Adam fehlen viele Nuancen … ein gewisses Etwas, was vielleicht im Grunde feminin ist, was aber doch viele sehr männliche Männer haben, eine Art Sensibilität, die sich sehr wohl mit Kraft vertragen könnte und die ich schmerzlich vermisse bei Menschen, die mir lieb sind … Wie gern möchte ich manchmal so mit Ihnen sprechen, wie in den letzten Münchner Tagen, wenn wir nach Tisch zusammensaßen. Sie haben mir damals unendlich viel geholfen. Es ist ein ähnliches Gefühl, wenn ich Ihnen jetzt schreibe.*[151]

Klages erfährt, dass sie ihr Kind im Hotel nur »Ahmed Effendi« nennen; Effendi war der erste Botschafter der Osmanen am Preußischen Hof. Mutter und Sohn sitzen oft in ihrem wunderbaren Hotelgarten mit Aussicht auf das Goldene Horn. *Ich habe es auch zu Hause nie so gefühlt, WIE das Kind an mir hängt. Ich kann mich kaum gegen all seine Zärtlichkeit wehren.*[152]

Wenn sie auf der Straße gehen, schiebt sich Rolf immer zwi-

schen Hentschel und sie.[153] Er nennt ihn Onkel Mühlberg. Das ist
Ahmed Effendis Distanzerklärung. Anderswo fiele es wohl auf,
wenn ein Kind seinen Vater Onkel Mühlberg nennt, aber sie sind
hier unter Osmanen.

Dem Paläontologen geht Ahmed Effendi ziemlich auf die Nerven, weshalb er beschließt, mit Effendis bislang versäumter Erziehung zu beginnen. Wo der Mann fehlt, bleibt das nicht aus, und er ist einer, demnach ist er die Autorität.

Wer ist die Autorität?

Wenn sie etwas nicht verträgt, ist das eine Autorität. Die Nachwelt würdigt in Franziska zu Reventlow gern die große Kritikerin des Wilhelminismus. Falsches Substantiv, Kritikerin ist falsch. Es ist Fremdheit, es sind verschiedene Weltordnungen. Sie könnte im Deutschen Kaiserreich gar nicht leben, sie kann nur in ihrer Welt leben. Schwabing ist die schützende Atmosphäre drum herum. Aber dieser Paläontologe scheint tatsächlich der Gesellschaft anzugehören, in die er geboren wurde. Das ist merkwürdig.

Niemals ließe sie ihr Kind von einem fremden Mann schlagen. Sie streiten wie ein altes Ehepaar. *Es ist schrecklich, wenn zwei Menschen immer so verkehrt ineinander eingreifen, bei jeder Kleinigkeit dies Hängenbleiben … Das hört nicht auf und ist so überflüssig.*[154] Und gerade im Umgang mit ihrem Kind weiß sie, dass sie alles richtig macht. *Fühle mich gerade darin meiner Sache so sicher … Wenn ein Instrument einen schlechten Ton gibt, haut man auch nicht drauf.*[155]

Der zunehmend entnervte Archäologe hält dieses Mutter-Sohn-Verhältnis für einen schwerwiegenden Irrtum. Wahrscheinlich schlafen Mutter und Sohn wie zu Hause Hand in Hand ein, und am Morgen weckt er sie mit seinen Küssen. Größere Nichteinverständnisse zwischen ihnen verlaufen meist so: *Wenn wir uns etwas zanken und ich ihm ein paar Klapse gebe oder ihn in die Ecke stelle, bin ich ganz unglücklich über jeden Augenblick, der so verdorben wird. Und ungezogen kann er gehörig sein, dabei ein so weiches und gutes Kind. Ich zwinge ihn nie dazu, den »ersten Schritt« zu tun, wenn wir uns bös sind, aber er kommt von selbst.*[156]

Als sie einmal in größter gegenseitiger Verstimmung in München durch den Englischen Garten gingen, behielt Rolf die Topografie der Krise noch lange im Gedächtnis; er blieb an dem Ort stehen, wo seine Mama besonders böse auf ihn war, und blieb noch einmal stehen an dem Ort, wo aus der bösen Mama wieder eine liebe Mama wurde.

Wenn er mit mir nicht einverstanden ist, macht er eine Faust und sagt drohend: Mama![157] Dieses Mutter-Sohn-Verhältnis kann der Paläontologe nicht mit ansehen. Der unmögliche, verzogene Junge braucht eine feste Hand, die hat er normalerweise nicht, umso mehr muss er sie jetzt spüren. Nur über meine Leiche!, antwortet seine Mutter, sinngemäß. Und das alles im Angesicht des Meeres, unter dem unendlichen blauen Himmel. Was für eine Verschwendung. Sie fühlt sich nur wohl, wenn er nicht da ist. Aber er ist fast immer da. Welche Zumutung Menschen doch füreinander sein können.

Umso stärker tritt der schwarze Mann, dessen Bild die südliche Sonne löschen sollte, ihr vor die Seele. Es gibt nur einen Menschen, dem sie sagen kann, wie sehr er ihr fehlt: Klages. Wie sie abends in den Garten geht, um mit ihm zu sprechen. Sie schreibt *Er, groß wie den Namen Gottes.* Der Adressat wird es mit Beunruhigung lesen.

Die höchste Tugend einer Ehefrau ist der Gehorsam. Sie hat es immer gewusst, dass sie für diese Lebensform vollkommen minderbegabt ist. Doch Onkel Mühlberg beharrt darauf, der Mann, der Befehlshaber, der Beschützer zu sein. Wahrscheinlich fehlt ihm schon die Fantasie, es anders zu denken. Der Mann führt? Das mag ja sein, aber doch nicht sie und ihr Kind.

Ich habe nun einmal nicht das Talent, mich Schutz suchend in die Arme des geliebten Mannes zu flüchten, komme im Moment nicht einmal auf den Gedanken.[158] Und selbst wenn er nur freundlich sein will, macht er sie rasend. Er streichelt die Beine des Ahmed Effendi mit der Reitpeitsche. Niemand, der noch nicht ganz verloren ist, streichelt die Beine eines Kindes mit der Reitpeitsche: *Sinnlose Wut in mir – Hassgefühl in dem Moment.*[159]

Der Paläontologe ist am Ende seiner Kraft, bevor er überhaupt angefangen hat zu graben. *Gefühl, als ob er mich innerlich ver-*

wünschte.[160] Zuletzt lastet Konstantinopel schwer auf ihr, sie hat das Gefühl, als ob die Stadt trotz all ihrer Schönheit tot ist, *als ob alle, die darin umhergehen, nicht wirklich leben – nur sich bewegen und sehr viel Lärm machen.*[161] Oder trifft die Diagnose eher auf sie zu?

Die Ankunft auf Lesbos empfinden beide als Befreiung. Onkel Mühlberg fährt allein nach Smyrna weiter, um die letzten Genehmigungen des osmanischen Erlaubniswesens einzuholen. Sie kann nicht mitkommen, denn Smyrna liegt unter Pestquarantäne. Die Pest als Rettung.

Allein mit ihrem Jungen in einem kleinen Dorf am Meer, gehen sie schon am frühen Morgen baden und fürchten die Rückkehr des Mannes, der nicht Siegfried ist, obgleich er seine Einfalt hat. Nur die Aussicht, dass er bald den ganzen Tag graben wird, lässt sie auf eine gemeinsame als nicht gemeinsame Zukunft hoffen. Doch als der Archäologe zurückkehrt, wird es noch schlimmer. Ihr körperliches Befinden, am Anfang der Reise noch hoffnungsvoll, zeigt die gleiche Tendenz. Mag sein, sie hat längst gespürt, dass sie wieder schwanger sein könnte. Aber was soll sie diesem allerfremdesten, allernächsten Mann sagen? Also nichts.

Und dann spricht er von Trennung. Sie muss zurückfahren. Er hat wohl recht. Es ist die einzig gerade Entscheidung. Aber ihr Körper ist ein Verräter. Er nimmt sie als Geisel, er will sie umbringen. So kann sie nicht abreisen, genauer: Keinen Schritt kann sie mehr tun. Hentschel ruft den Inselarzt.

Ihr Tagebuch legt eine Fehlgeburt nahe: *Warum wohl diesmal so wenig Muttergefühl? Ein Augenblick, wo ich glaubte, es sei der Tod, aber es war nur eine tiefe Ohnmacht. – – Zwei Nächte und anderthalb Tage ohne Schlaf um mich geschlagen. Ich kann nicht mehr.*[162]

Feuer auf Samos

Doktor Stamadiades hatte noch nie eine solche Patientin. Manchmal glaubt er, sie stirbt, das weckt seinen Ehrgeiz; sobald sie ansprechbar ist, sagt sie so ungeheuerliche Sätze wie: Es geht mir gut. Es geht mir gleich wieder gut! – Doktor Stamadiades hat dafür nur ein Wort: *C'est extraordinaire.*[163] Der Ehrgeiz des Doktors und der Lebenswille seiner Patientin siegen.

Wo waren Albert Hentschel und sie in ihrer Unterhaltung stehen geblieben? Bei der Trennung, richtig, bei ihrer Abreise. Sie fangen wieder an zu reden, aber anders als vor ihrem Ausflug an die Pforten des Totenreichs. Sie spielen keine Rollen mehr voreinander, die Masken fallen. Es ist *wie ein leises Gewitter, in dem sich alles löst.*

Sie liebt einen anderen Mann, so ist das, und es ist nicht der Seelenkundler, den Hentschel bei ihr traf. Aber auch der Paläontologe, Bescheidwisser und Experte für Kleinkindpädagogik ist nicht ganz der Mann, für den er sich ausgab. Vor allem ist er verlobt, akut verlobt. Mit einer Verlobten aber darf man nicht zusammen verreisen. Und warum sollte er nicht noch einmal ein wenig fremd lieben dürfen, bevor er vielleicht nie mehr ...? Das versteht sie. Das versteht sie durchaus. Beide haben nun das Gefühl, dass noch eine große gemeinsame Zukunft vor ihnen liegen könnte. Das Tagebuch vermerkt *schöne stille Tage. ... Trotzdem nicht Verstehen bis zum letzten Grunde wie bei Klages.*[164]

Sie muss liegen, vor allem liegen. Ihr Kind beginnt nun sein eigenes Inselleben, da kann sie nichts machen. »Adieu, Mama!«, sagt er, wenn er geht. Er besucht alle möglichen Leute, die ihm gefallen, isst den ganzen Tag Melone und Kartoffeln. Manchmal bringt er auch gestohlene Melonen mit. Oder einen Schuhputzer. Ahmed Effendi mag es, sich die Schuhe putzen zu lassen. Er borgt sich irgendwo Geld, geht zum Schuhputzer, und bald steht ein ganzer Kreis um ihn herum und staunt.

Onkel Mühlberg bekommt eine pädagogische Teilbefugnis. Er erklärt Ahmed Effendi, dass große Jungen allein essen, und zeigt ihm, wie man das macht. Als sie wieder aufstehen darf, laufen die beiden schon manchmal Seite an Seite, als gäbe es nichts Selbstverständlicheres.

Als sie wieder die ersten Wege geht, nimmt ihr Kind sie an der Hand, zieht und zerrt an seiner Mama, vor Freude. Nicht ziehen und nicht zerren!, sagt der Mann mit der pädagogischen Teilbefugnis. Vergeblich. Und noch mal. Vergeblich. Und noch ... Da wird Ahmed Effendi von Onkel Mühlberg auf offener Straße verhauen. Ahmed Effendi brüllt, dass die Insel erbebt. Doch seltsam, jetzt spürt sie keinen Zorn auf den Fremdverlobten an ihrer Seite, der ihr nicht Geliebter, nicht Freund, nicht Bruder ist und doch etwas von allen dreien. Was er tat, kommt ihr vollkommen falsch vor, aber sie weiß, es war Hilflosigkeit. Sie wird es dem Schläger erklären. Nachher liegen sich Mutter und Sohn lange in den Armen, Rolf sagt *immer nur: »Lieb haben, lieb haben.« Er soll nie Mangel an Liebe fühlen, wenn auch dabei mal ein Prinzip überhüpft wird.*[165]

Im Juni hat sie Klages geschrieben, Adam sei ein *guter Kamerad, aber kein Arzt, kein Pfleger. Ich glaube, er könnte einen Schwindsüchtigen für gesund halten, wenn er nur rote Backen hat.*[166] Das kann sie so keinesfalls wiederholen, einen besseren Pfleger als ihn gibt es nicht.

Jetzt liegen der Himmel und das Meer in ihrer glaubhaftesten Farbe vor ihr: in einem tiefen unermesslichen Blau. Wie viele Teile des Reisegepäcks noch bei ihnen sind, ist nicht überliefert.

Und sie muss noch so viel schaffen in den nächsten Wochen, in denen der Fremdverlobte gräbt. Sie hat sich nämlich von Langen einen Vorschuss geben lassen: für den Roman ihrer Jugend. Auf den Roman ihrer Jugend will sie ihre pekuniäre Zukunft bauen, es war wohl Klages' Idee. Autobiografisches Schreiben als seelische und finanzielle Grundsanierung! All ihre persönlichen Sachen liegen bei ihm, denn ihre Wohnung musste sie aufgeben bei so langer Abwesenheit. Klages erfährt, dass er ihr umgehend *die schwarze Mappe* nachschicken müsse, denn sie wolle jetzt bald anfangen *mit dem verwünschten Roman.*

Ob sie ihm auch etwas schickt? Vielleicht das Bild, auf dem sie ganz nackt am Saum des Meeres liegt, nein ruht, die Arme aufgestützt, auf der Grenze beider Elemente, der Oberkörper, unverhüllt im Sonnenlicht, über das Wasser gebeugt, der Schoß im Schatten? Die Ahnungslosen im Geiste würden es auf die Lichtverhältnisse am Abend oder am frühen Morgen schieben, aber er weiß es tiefer, er wird die Symbolik erkennen, denn er hat

Bachofen gelesen: »Der Wechsel der hellen und der dunklen Farbe drückt den steten Übergang von der Finsternis zum Licht, vom Tod zum Leben aus. Er zeigt uns die tellurische Schöpfung als das Resultat des ewigen Werdens und ewigen Vergehens.«[167] Und dann die Pose: fischend. Wie eine Sirene eben.

Er hat längst ihre Seele gesehen, wozu soll sie vor ihm ihren Körper geheim halten? »Das Äußere ist ein in den Geheimzustand erhobenes Inneres«, hat Novalis gesagt. Er wird diesen Satz einmal seinem Buch *Vom kosmogonischen Eros* voranstellen.

Die Zentralinkarnation des neuen Heidentums ist nicht schamhaft, im Gegenteil, sie ist selbstevident.

Ludwig Klages befestigt die Selbstevidenz über seinem Bett, sie ist fortan die Zeugin seiner schlaflosen Nächte. Sollte ein Kosmiker nicht besser schlafen können?

Immer weiß er das in den Geheimzustand erhobene Innere über sich.

Sie verbirgt ihm nichts. Sie fühle die Liebe ihres Kindes so stark, dass sie es *förmlich als Verbrechen empfinden würde, noch ein Kind zu haben. Außer wenn es von Ihm wäre.*[168] Wahrscheinlich ist Ludwig Klages nicht sicher, ob er noch der geeignete Empfänger solcher Nachrichten von *Ihm* ist. Und dass sie mit dem großen Blonden aus dem Reich der Tüchtigen nun offenbar ein Waffenstillstandsabkommen geschlossen hat, das beide Seiten tendenziell beglückt einhalten, könnte ihn beunruhigen. Immerhin weiß sie noch immer sehr genau, wohin sie gehört: an seine Seite, an die Seite derer, die, wenn ein Haus brennt, nicht zum nächsten Wassereimer greifen und ihr Leben riskieren im Kampf gegen die Flammen, sondern in stiller Faszination in das Feuer blicken.

Und es brennt nicht nur *ein* Haus auf Samos. Es herrscht Unruhe, die Insulaner haben ihren Wali abgesetzt. Samos ist ein weitgehend autonomes Fürstentum im Osmanischen Reich, aber das »weitgehend« geht vielen nicht weit genug. Und nun brennen die Häuser. Adam wird zum obersten Feuerwehrmann, sie aber bleibt auf ihrem Balkon und empfindet *die Wonne der Zerstörung, die Freude an dieser Gewalt und ... beinah ein Gefühl der Ver-*

achtung für all die Ameisen, die verzweifelt versuchen, ihre Ameiseneier in Sicherheit zu bringen. *Ich dachte dabei auch an Sie*, liest der Zuhausegebliebene, *ich kann mir Sie viel eher als jubelnden Zuschauer denken als beim Löschen.*[169] Sie weiß, dass sie recht hat.

Nicht zuletzt die Brände seiner Kindheit formten die Urlandschaften seiner Seele. Die Schlote der ersten Fabriken von Hannover und große Heidebrände vor der Stadt füllten die Atmosphäre mit Ruß und schufen, besonders an Sommertagen, unvergleichliche Farbenspiele, »bald ein zartverschleiertes Blau, bald ins Grünliche, bald ins Messingfarbene hinüberspielend«. Und dann »Sonnenuntergänge von einer tiefgoldenen und zugleich drohenden Pracht«, wie er sie nie mehr erlebte, »selbst nicht im schon maritimen Paris«. Wahrscheinlich würde er selbst die Sonnenuntergänge von Samos gegenüber denen Hannovers auf Platz zwei verweisen. Jeder Elementardenker ist ein Denker des Feuers, das hat sie schon ganz richtig vermutet, und er denkt auch nicht daran, den Brand, den sie in seinem Innern gelegt hat, zu löschen. Er ist ein Forscher und Chemiker, er studiert nicht nur Knallgasexplosionen, sondern er hat die Pflicht, die Feuerfestigkeit dieses allermerkwürdigsten Materials zu erkunden, Seele genannt, das so unstet ist und dabei doch die Mitte, aus der heraus wir leben.

In ihrem Fall wird diese Mitte zunehmend ruhiger. *Die Nervenanstalt Tigani fängt an, Wunder zu tun.*[170] Sie sitzt unter Zypressen, Olivenbäumen und Feigen, sieht auf einem Altan eine alte Frau Wäsche aufhängen, manchmal kommt ein singender Eseljunge den Weg entlang, vor ihr liegt die tiefblaue Ägäis, und sie schreibt die ersten Kapitel ihrer Kindheit an einem Geschwister-Meer, das meist grau war.

Samos. Sie kann sich nicht vorstellen, diesen Ort jemals wieder zu verlassen, auch wenn ihr die Insulaner bis auf den Doktor grundfremd bleiben. Nirgends ein Liebespaar; und die Schönheit um sie herum scheinen sie gar nicht zu bemerken. Ihr Hausmädchen Christa macht ihr mehr Arbeit, als sie abnehmen kann. Am meisten stört sie ihr Lächeln, nein, eben kein Lächeln, ein *Grinsen*, sagt sie. Klages könnte hier viel lernen über elementare, von keiner Außenwelt provozierte Kulturen. Seelen entfalten sich im Zwiespalt, nicht in archaischen, sich selbst überlassenen Lebensformen. *Was mögen sich diese »Leute« unter Leben vorstellen?*[171] Wahrscheinlich würden sie die Frage nicht einmal verstehen. *Lauter Larven.* Doktor Stamadiades ist *der einzig mögliche Mensch hier.*

Viele Kinder hier haben eine schwere Bindehautentzündung, die niemand behandelt. Im September wäscht sie täglich bis zu dreißig Jungen und Mädchen die Augen aus, dann hat sie die Entzündung auch. *Und ... Gott ... schlug mich mit Blindheit. Drei Wochen lang unfähig ... auszugehn. Bei jedem Lichtstrahl bohrt es im Gehirn bis zur Übelkeit.*[172] Ahmed Effendi hat öfter Durchfall. Wie sehr behindern sie beide Onkel Mühlberg, aber der lässt sich nichts anmerken. Und irgendwann hört Ahmed Effendi auf, Onkel Mühlberg zu sagen, und sagt PAPA.

Eigentlich wollte Schmitz sie im Herbst nach Paris holen, aber sie geht hier nicht weg. Als die Augen besser werden, liest sie die Briefe, die Emanuel Fehling ihr schrieb. Die braucht sie für den Roman. Tagelang versinkt sie darin, aber *ganz ohne Wehmut.* Nietzsches *Geburt der Tragödie* ist die Alternativlektüre.

Und dann ist es so weit. 22. November: *»Bubi, morgen gehn wir weg von Samos.«*

»Ja, Mama, morgen gehn wir weg von Samos.«[173]

Dritter Teil

»Dann hat er gesagt, jeder Mensch habe nun einmal seine Biographie,
der er nachleben müsse. Es käme nur darauf an, das richtig zu verstehen –
man müsse selbst fühlen, was in die Biographie hineingehört
und sich ihr anpasst – alles andere solle man ja beiseite lassen.«

Franziska zu Reventlow, *Herrn Dames Aufzeichnungen*

Der Revolver

Muss mich erst wieder an diesen grauen Himmel und die schweren Häuser und Menschen gewöhnen.[1] Zwei Tage vor Weihnachten, am frühen Morgen des 22. Dezember 1900, ist sie wieder zu Hause. Zu Hause?

Da ist kein Zuhause. Sie hat keine Wohnung mehr in München. Sie hätte unmöglich ein halbes Jahr lang die Miete für eine nicht bewohnte Wohnung zahlen können. Also *Adams Atelier.* Aber da kann sie nicht bleiben, denn überall sind Augen, die Augen der Welt, auch die Ohren der Welt. Und wenn die Ohren der Welt hören, wie Rolf den akut verlobten Nicht-Papa Papa nennt, irritiert sie das. Eine Frau mit Kind in einer Junggesellenwohnung irritiert ungemein.

Und die Irritationen sind überall. Hentschel will gleich weiterfahren nach Berlin, denn es wird Zeit, sich seiner Verlobten durch Realpräsenz ins Gedächtnis zu rufen. Doch ihre Familie lässt ihm ausrichten, das sei nicht mehr nötig. Zu spät. Der Archäologe, von Misstrauensanträgen umstellt, bleibt partiell gelähmt vorerst zu Hause. Aber dann beschließt er zu kämpfen. Es ist misslich, um eine Frau zu kämpfen, wenn schon eine da ist. Das sieht sie ein. Aber wohin soll sie gehen?

Helene von Basch, genannt *das Baschl,* dem sie einst die Hamsun-Hauptrolle stahl, nimmt die beiden Obdachlosen auf, und nach Weihnachten wird sie eine neue Wohnung suchen. Wer eine neue Wohnung will, braucht Geld.

Von Pontius zu Pilatus um Geld. Die Erwartungshaltungen sind sehr verschieden, als sie in der Tür ihres Verlegers erscheint. Was sie von ihm will, hat sie bereits im November angekündigt, in einem Brief voller *kühner Vorschläge, die darin bestehen, dass er mir weiter Vorschuss geben soll, obgleich ich nicht für ihn arbeiten will.* Sie findet es nur plausibel, am zu erwartenden ungeheuren finanziellen Erfolg ihres literarischen Debüts schon jetzt angemessen beteiligt zu werden, zumal sie Langen das Privileg zuteilwerden lässt, es verlegen zu dürfen. Das muss vergütet werden und *die Schinderei der letzten Jahre* aufhören, Klages sagt das auch.

Ja, sie erhofft entschiedenen monetären Beistand, als sie die Verlagsräume betritt. Redaktionssekretär Korfiz Holm wiederum erhofft ein Manuskript, ein fertiges oder zumindest halbfertiges Manuskript, gewissermaßen als Gegenleistung für den bereits geleisteten monetären Beistand. Auf diese Sachlage hingewiesen, erklärt die Rückkehrerin, dass es dieses Manuskript durchaus gäbe, nur sei es nicht dort, wo es sein sollte, nämlich bei ihr.

Es befände sich vielmehr in Venedig, und zwar genau in dem Koffer, der beim venezianischen Zoll explodierte. Nun, nicht eigentlich explodierte, vielmehr sei der ungesicherte Revolver in ihrem Manuskriptkoffer plötzlich losgegangen, gerade als der Zoll den Koffer prüfte, das machte den Zoll sehr böse; er wollte darum auch unbedingt wissen, wem der Koffer gehöre, aber keiner meldete sich, sie natürlich auch nicht. Waffenschmuggel. Unsachgemäße Aufbewahrung von Revolvern. Gefährdung von Zollbeamten. Undenkbar. Auch hätten sie keinerlei Zölle und Strafen zahlen können, denn sie besaßen am Ende nur noch eine einzige Lira. Kommentar der fehlbaren Autorin zu Hentschels Finanzgebaren: *Und der gute Adam, es ist nämlich wirklich ein Genuss, ihn mit Geld wirtschaften zu sehen, ungefähr so wie Bubi mit Steinen spielt.*[2]

In ihrer Erzählung *Das feindselige Gepäck* ist beim eigenmächtigen Schuss des Revolvers sogar ein Bahnbediensteter verletzt worden. Dort war gleich zu Beginn der Rückreise *unter dem Gepäck ... eine förmliche Meuterei* ausgebrochen: *Sie begann damit, dass der dunkelbraune Handkoffer beim Ausbooten über Bord sprang ...* Leider hatte sich auf seinem tiefsten Grund eine Brieftasche befunden, sodass sie, um weiterreisen zu können, den großen gelben Kabinenkoffer verpfänden mussten, *zu dem wir immer noch* das meiste Vertrauen hatten, weil er so ehrenhaft und solide aussah.[3] Und doch sahen die Zurückbleibenden nicht ohne heimliche Genugtuung, wie der ehrenhafte Gelbe mit *entstellenden Zetteln beklebt* wurde. So ungefähr erfährt es Holm.

Die Leser der Erzählung *Das feindselige Gepäck* erfahren darüber hinaus, dass die Reisenden allein die alte unansehnliche Plaidtasche mit nach Hause bringen, weshalb sie fortan in hohen Ehren gehalten wird. Aber noch ist an diese Erzählung gar nicht zu denken, denn ein Autor, der das Manuskript seines literarischen Debüts verliert, verwünscht die Literatur. Ein Autor, der das Manuskript verliert, von dem er sich seine Zukunft verspricht, verwünscht die Literatur und sich selbst.

Ein Autor, der das Manuskript verliert, von dem er sich seine Zukunft verspricht, und sein Verlag glaubt ihm nicht, verwünscht die Literatur, sich selbst und seinen Verlag. Holm glaubt ihr kein Wort.

Hält er sie für eine Lügnerin? Wahrscheinlich hat sie ihm nicht einmal erzählt, dass ihr Gepäck beständig versucht habe, den Eindruck zu erwecken, als gehörte es ihnen gar nicht. Vielleicht stimmt das auch nicht. Aber dass sie mit nur einer Lira in der Tasche wieder in München ankamen, das stimmt.

Sie mag nicht aussehen wie eine Gräfin. Sie ist eine tendenziell obdachlose Gräfin mit einem Berg Schulden und ohne einen Pfennig in der Tasche. Aber sie ist eine. Ihr Wort gilt. Wie kommt er dazu, ihr zu misstrauen?

Ein Autor, der das Manuskript verliert, von dem er sich seine Zukunft verspricht, und sein Verlag glaubt ihm nicht und hält ihn für einen Lügner, der verwünscht die Literatur und seinen Verlag und betritt ihn nie wieder. Ohne Gruß, ohne ein weiteres Wort verlässt sie die Redaktion. Kann sein, sie wirft die Tür hinter sich zu.

29. Dezember. ... Adam fort. Traurig und deprimiert. Sehne mich nach ihm. Wie bin ich an ihn gewöhnt, an die Wärme, die von ihm ausgeht. Ich weiß noch gar nicht, wie ohne ihn leben! ... Ein Atelier gemietet.[4]
Sie richtet es mit dem Baschl notdürftig ein, als Friess in der

Tür steht. Sie hat ihm geschrieben, dass sie wieder da ist, und ihre neue Adresse auch, sie konnte nicht anders, sie ist eine große Provokateurin des Schicksals. Und es ist doch ihre Neujahrsnacht, ein paar Kontinuitäten braucht selbst sie. Aber: *Ich kann die alte Seligkeit nicht wiederfinden.*[5]

Wenn Ahmed Effendi von sich selber spricht, sagt er nur *Mausi*. Er sagte »Mausi muss ins neue Heim gehen«, als er aus dem Atelier des Mannes abgeholt wurde, den er nun Papa nennt. Seine Mutter kommentiert: *Ach, mein Kind, wo haben wir beiden denn ein Heim?*[6]

Sie erfährt, dass ihre Mutter schwer krank ist. *Möchte hin.*[7] Aber die frühere Reichsgräfin zu Rantzau lässt ihre Tochter nicht rufen. Und nein, sie könnte ohnehin nicht fahren, Rolf, das Enkelkind, das seine Großmutter nie sah, bekommt immer wieder den griechischen Durchfall. Die Griechin für ein halbes Jahr wollte die Sonne festhalten, sie hatte sich vorgenommen, den ganzen Winter über vom letzten Sommer zu leben; jetzt hat sie Angst, es nicht zu schaffen. Von Adam kommt auch keine Nachricht mehr, dann am 8. Januar ein Telegramm: »Ich hab' sie. Zusammen in Berlin.« – »Sie«, das ist Sonja, Adams Verlobte, die Wiedergewonnene.

Es ist seltsam. Andere bekommen immer etwas dazu oder doch zumindest zurück; das Einzige, was sie bekommt, außer Verlustmeldungen menschlicher Art, sind Rechnungen, *ein Sturm von Rechnungen.* So schlimm war es noch nie.

»Mama, wollen wir jetzt betteln gehn?«, fragt das Kind.

Und dann ist Klages da, um nach seiner Seele zu schauen und nach ihr. Wahrscheinlich hat er die Weihnachtstage bei seinem Vater und seiner Schwester in Hannover verbracht. Sie hatte ihm zuletzt, noch von Samos, sehr erfreuliche Dinge geschrieben, und zwar über ihn selbst. Dem Archäologen an ihrer Seite komme die Bekanntschaft mit ihm, Klages, vor wie etwas *von dem Seltenen …, was man nur hier und da im Leben findet,* so hat sie das formuliert und fuhr fort: *Ob ich Ihre Werke wohl verstehen kann oder sind sie sehr wissenschaftlich? Ich erwarte von Ihnen – wie soll ich* sagen – *Worte, die noch niemand geredet hat.*[8] Wie sie das weiß! Woher sie das wohl weiß? Genau diese Worte erwartet er auch von sich. Und dann sprach sie den Eindruck aus, den sie gleich von ihm hatte: *Sie gehören für mich zu den Menschen, die »fliegen können«, zu den sehr seltenen.*[9]

Mag sein, er ist empfindlicher geworden für das, was er jetzt wiedersehen soll, das ist die Ökonomie der Liebe. Dieser Nachtmann greift nach Art der Männer nach dem Körper dieser Frau, das ist nicht das Primäranliegen des Graphologen. »Ich, wenn von Zuneigung erfüllt, bin ein Mensch voller Zärtlichkeitsbedürfnis und Zärtlichkeitsfähigkeit«, wird er sagen. Ihm ist bewusst, dass sie in dieser Hinsicht noch sehr ungebildet ist, schließlich ist er der Mitwisser ihres erotischen Temperaments: »In der Liebe kennt sie allein den Rausch, nicht etwa bloß der Begierde, sondern durchaus auch den der Preisgebung.«[10] Er will sie eine andere Liebe lehren, er will sie sich lehren. Er will ihre Seele gewinnen, nur die Gewöhnlichen wollen nichts als die Leiber. Und wenn er je ihren Körper berühren wird, dann als das Gefäß ihrer Seele, das macht ihn so kostbar. Das, nicht der Trieb, ist der tiefste Grund der Zärtlichkeit. Sie gilt der Seele. Sie muss noch sehr viel lernen.

Hat sie noch immer Augen, in denen man ertrinken kann? Der Besuch überliefert keinen Bericht ihres ersten Wiedersehens. Aber sie: *Vormittags Klages. Frohes, schönes Wiedersehn.*[11] Mit wem denn könnte sie besser die Symptome beraten, die sie nun an sich wahrnimmt: *Sobald ich von Samos spreche, tut es mir förmlich weh.*[12]

Das versteht er, manchmal besteht er nur aus allen möglichen Sehnsüchten rückwärts. Überhaupt ist er ein großer Experte für Nichtzugehörigkeiten, für alle Heimatvertriebenheiten der Seele, und sie ist eine exemplarisch heimatvertriebene Seele. Er wird sie führen, wird sie leiten. Und wirklich, nach ihrer Notiz über den Charakter des Wiedersehens – *schön, froh* – folgt nur zwei Worte und einen Punkt später der großartige Satz: *Jetzt fange ich an, mich wieder daseinsberechtigt zu fühlen.* Allerdings sind die Worte dazwischen etwas herabstimmend. Vollständig lautet die Notiz vom 8. Januar 1901: *Vormittags Klages. Frohes, schönes Wiedersehn. Abends*

Monsieur. Nun fange ich an, mich wieder daseinsberechtigt zu fühlen. Er war so gut, beinahe etwas von Weichheit. Fragte, was ich mir zu Weihnachten wünschte.[13]

Jedes Wiedersehen ist eine Prüfung, die man bestehen oder an der man scheitern kann. Immerhin, Klages hat die seine bestanden, Monsieur leider auch, aber das ist nicht allen gegeben: *Hielt Schmitz einmal für etwas Exquisites, – zweimal allein mit ihm zusammen – da merkte ich, dass er dumm ist. Ich mag jetzt überhaupt keine Menschen. Klages, Adam und Monsieur, mehr nicht, alle anderen überflüssiger Nervenballast.*[14]

Klages kommt jetzt fast jeden Tag. Klages ist es gewohnt, Menschen, die ihm wichtig sind, die zu ihm gehören, den Menschen vorzustellen, die ihm schon länger wichtig sind, die schon länger zu ihm gehören. So lernt sie am Beginn des Jahres 1901 das Personal ihres Schwabing-Romans kennen. *Überflüssiger Nervenballast?* Karl Wolfskehl und Stefan George, *überflüssiger Nervenballast?*

Das fette Rom

Wolfskehl trifft sie zuerst, er stammt aus einer Darmstädter Bankiersfamilie. Hofjuden nannte man traditionell die Inhaber des Geldhauses *Heyum Wolfskehl & Söhne* aus dem kleinen Nachbarort Wolfskehl; der Nachfahr selbst wird immer das Wort »Patrizier« bevorzugen, zumal die Familie angibt, ihre Wurzeln bis in die Zeit Karls des Großen zurückverfolgen zu können. Sagt Wolfskehl.

Vielleicht ist das der Grund, dass Karl Wolfskehl sich im 9. Jahrhundert wie auch in nahezu allen übrigen vorher und nachher auf eine berückend selbstverständliche Art beheimatet fühlt. Schließlich ist die Geschichte nichts anderes als ein großer Resonanzraum einander überlagernder Töne, und er kennt nichts Erfüllenderes, als ihnen nachzulauschen. Klages weiß viel, aber Wolfskehl weiß vielleicht noch mehr. Auch deshalb wohl wird er in *Herrn Dames Aufzeichnungen* als *Professor Hofmann* auftreten. Im Buch wie in der Wirklichkeit gibt Wolfskehl, der mit seiner Frau unlängst von Berlin nach München gezogen ist, allwöchentliche Empfangsabende, das sind die *Jours*. Wolfskehl gehört zu den vom Dasein bevorzugten Menschen, die sich über Geld keine Gedanken machen müssen, denn sie haben welches.

Am 19. Januar 1901 führt Klages sie bei Wolfskehl ein. Die Autorin wiederum wird den erstaunlichen Mann im Roman der Zeit, die nun beginnt, so vorstellen: *Der Professor sagte etwas über-stürzt: »Auf die Geste kommt es an.«*[15] Unwahrscheinlich, dass es sich um die Szenerie ihres ersten Januar-Abends im Hause Wolfs-kehl handelt, doch die Grundfrage bleibt immer gleich: Worauf kommt es bei einem Menschen an? Wobei man hier unter Men-schen nur maßgebliche Menschen versteht; auf diese Vorausset-zung jedoch ist die Neue, wenn nicht durch ihren Stammbaum, so doch durch ihre Nietzsche-Lektüre, sehr gut vorbereitet. Auch werden zu den *Jours* nur Leute eingeladen, bei denen zumindest ein Anfangsverdacht auf Maßgeblichkeit vorliegen muss. Und wodurch erwirbt man den? Entweder durch Empfehlung des innersten Kreises wie in ihrem Fall oder aber durch vorausgegan-gene Gesten der Maßgeblichkeit.

Klages würde der Gesten-Diagnose ganz und gar zustimmen, aber sie wird Niedertracht genug besitzen, ihn in dieser Szene gar nicht auftreten zu lassen. Dafür eine klassisch gebildete Dame, die eher den Status der Duldung genießt und, dafür völlig unempfindlich, nun einwirft, dass die »Echtheit des Empfindens« das Maß sein müsse. *»Empfinden ist immer echt«, bemerkte Hofmann wieder sehr definitiv, so dass man nicht anders konnte als ihm beistim-men.* Und doch wagt ein junger Mann, wiederum ist es nicht Kla-ges, von der Möglichkeit leerer oder bedeutungsloser Gesten zu sprechen, worauf die Frau des Hauses *förmlich triumphierend meinte: »Nun, worauf es ankommt, ist eben der Stil.«* Die Autorin wird einmal angeben, sich leider bei der Schilderung von Wolfs-kehls Frau, der Tochter des Dirigenten des Darmstädter Kam-merorchesters, auch mit Rücksicht auf ihren Mann große Zu-rückhaltung auferlegt zu haben, obwohl gerade die typisch weibliche forsche Dummheit literarisch ungemein reizvoll sei. *»Nun, worauf es ankommt, ist eben der Stil.«* – ?

»Gewiss, aber nicht jeder«, korrigierte ihr Mann und sah etwas beleidigt aus. *»Die Geste ist überhaupt die geistleibliche Urform allen Lebens und der Rhythmus der Geste ist der Stil.«* Diese Einsicht gehört zum Grundkonsens des Kreises der *Kosmiker*, dem neben Wolkskehl und Klages auch Alfred Schuler angehört, der der Ansicht ist, die Gräfin sei eine Sirene. Er sagt auch Sätze wie: »Die Intellektuellen wischt man mit dem Scheuerlappen weg.«

Dafür nennen die Intellektuellen Schuler gern »das fette Rom«: »Hier stand und dröhnte das fette Rom ...« Oder nein, nicht die Intellektuellen an sich, schon Klages' bester Freund, sein Schatten und Mitgraphologe Busse, spricht so. Die Erstteilnehmerin an den Wolfskehl'schen Jours war ihm an Klages' Seite begegnet, in seiner Gegenwart war ihr unbehaglich zumute. Busse könnte nie ein *Kosmiker* werden. Die Intellektuellen und die *Kosmiker* unterscheiden sich enorm, wie Klages sagen würde, was ihren Grundzugang zur Wirklichkeit betrifft.

Nur-Intellektuelle wollen oder können keine Gesten lesen, sie pflegen einen primär zerebralen Zugang zur Wirklichkeit, und, was noch schlimmer ist, auch zur Vergangenheit. *Kosmiker* dagegen lesen im Grunde nur Gesten. Schuler liest vorzugsweise die Gesten des alten Rom, etwa aus den Scherben einer Vase. Klages' Echolot, obgleich stumpfer, senkt sich noch tiefer hinab: »Die Wurzeln meines Wesens reichen in die diluviale Vorzeit. Es ist ein Mitfühlen mit den fernsten und totesten Entwicklungsstufen, mit dem Urbasalt, dem Meere, den Wolken und den Stürmen. Es ist Trauer und bisweilen unendliche Sehnsucht nach der Lichtwelt der Menschen.«[16]

Klages, Schuler und Wolfskehl halten den »Propheten«, den »Seher« keineswegs für einen verzichtbaren Repräsentanten des Geistes, was sie von vielen Zeitgenossen unterscheidet. Von August Endell etwa, der die Fassade des Münchner Fotoateliers *Elvira* drei Jahre zuvor mit einem riesigen feuerspeienden Drachen versehen hat. Klages über Endell: »Berliner, hochaufgeschossen, rundrückig, bleich, mit scharf vorspringender Habichtsnase, großen wasserblauen Augen, semmelblonden Haaren und dünner Fistelstimme, glich er insgesamt einem vermenschten STORCH. Hochintelligent und – wenigstens in kritischer Hinsicht – der *ars scribendi* mächtig, entwarf er nicht nur Tische, Stühle, Schränke, Truhen, Lampen«, sondern auch seine eigenen Kleider, also Storchenkonfektion, »Hose ohne Jacke unmittelbar an eine andersfarbige Weste schließend, so dass die Beine phantastisch lang erschienen.«[17] Geistige Welten haben ihre eigene Topografie, und wer kartografiert schon die Tiefseegräben der konstitutiven Feindschaften?

Die Gräfin befindet sich in der Orientierungsphase, und sie hat es denkbar schwer. Schuler etwa, den Busse nur »das fette Rom« nennt, nennt Endell einen »Gehirnstrolch«, dabei teilt Busse dessen Endell-Diagnose durchaus, er formuliert das so: »… sie ließen ihr Doctorgehirn / schon wieder begatten von einem zwirn- / dünnen und winkelreichen Mann. / Der sah sie mit klugen Äugelein an / und konnte, ohne ein Glied zu bewegen, / Gedankeneier in Damen legen.«[18] Das einzig Gute ist, dass August Endell München noch in diesem Jahr in Richtung Berlin verlassen wird. Doch ist er nicht der Einzige, »der Gedankeneier in Damen legen« kann.

Vielleicht vermag die Griechenlandrückkehrerin zu diesem Zeitpunkt noch gar nicht mit Bestimmtheit zu sagen, was kosmisch und was nicht kosmisch ist, im Roman wird sie das einen Philosophen erklären lassen, und der wiederum beruft sich auf Hallwig-Klages: »*Also – eben Ihr Freund Hallwig lehrt, dass nicht WIR handeln, dichten, träumen und so weiter, sondern die Ursubstanzen in uns. … Herr Dame, sehen Sie mich nicht so verzweifelt an, und brechen Sie nicht immer Ihren Bleistift ab … Also kosmisch – kosmisch ist das Prinzip, welches das WAHRE unmittelbare Leben aufbaut und in jedem Wesen, das überhaupt an ihm Teil hat, das gleiche ist.*«

Für die gewöhnlichen Geister, also fast alle außerhalb Schwabings, ist das Kosmische das Gegenprinzip zum Chaotischen, aber die tiefere Einsicht wende den Begriff statt auf das Gebilde auf die bildende Kraft selber an. Wir haben es hier also, ließe sich schlussfolgern, mit einem Spezialfall des Verhältnisses des Apollinischen und Dionysischen zu tun. Gut, dass sie auf Samos schon

Die Geburt der Tragödie begonnen hat; denn ohne zu wissen, was *apollinisch* und was *dionysisch* ist, kann sie in dieser neuen Welt keinen Schritt tun. Sie weiß auch schon, was sie als Nächstes lesen muss, vor allem Burckhardts Renaissance-Bücher. Hat sie ihr bisheriges Leben gar vergeudet, an die Übertragung zweitklassiger Romane und den kurzen Rausch dazwischen?

Erstaunlicherweise treten viele Schwabinger nicht als ihr eigener Prophet auf, sondern als der eines anderen. Wolfskehl etwa. Am auffälligsten scheint ihr dieses Apostolat an einem jungen Mann, der herausgefunden hat, dass zu wahrer Führerschaft berufen ist, wer die Fülle der seelischen und geistigen Möglichkeiten des Menschen in sich trage. Es ist Friedrich Gundolf, im Roman der junge Mann mit auffallend hohem Kragen und einer ganz ungewöhnlichen Krawatte. *Frau Susanna stieß den Philosophen an und raunte ihm zu, es sei wohl eine kultliche Krawatte.*[19] Und ebendieser frühamtierende Priester des Höchsten wird nie einen Zweifel daran lassen, wer dieser Höchste eigentlich ist: Stefan George, der Dichter. Sogar Klages schreibt gerade ein George-Buch.

Zum Begriff des Höchsten gehört die Schwierigkeit, wenn nicht Unmöglichkeit, ihn zu treffen. Alle reden von ihm, aber keiner hat ihn gesehen: Das ist die kürzeste Definition Gottes. Am 13. Februar lädt Wolfskehl, der weiß, dass die Geste die geistleibliche Urform allen Lebens ist, sie ein, den Gral zu treffen, persönlich. Und was macht sie? Sie sagt ab. Sie kann jetzt nicht. Es ist Faschingszeit, ihr Kopf ist zu unaufgeräumt.

Zum Begriff Gottes gehört aber nicht nur eine habituelle Schwererreichbarkeit; plötzliches unangemeldetes Erscheinen zählt zu seinen bevorzugten Auftrittsformen. Die zur Gefolgschaft Berufenen sprechen hier von Offenbarungen. Wer eintreten darf, ohne vorher anzuklopfen, ist kein gewöhnlicher Sterblicher. Und Friess?

Am gleichen Abend steht er vor ihr, aber diesmal empfindet sie es nicht als Offenbarung, im Gegenteil: *Monsieur, bleich, unangenehm und übernächtigt, eingebildet und greulich.*[20]

Der Unterschied zwischen ihnen ist doch, dass er im Gegensatz zu ihr nie eingeladen werden würde, Stefan George zu sehen. Waren es bisher nicht *lauter Krüppel, Lahme und Blinde, mit denen ich verkehrte,* fragt sie sich manchmal. Und gehört der Fledermausmann nicht zu ihnen?

Klages dürfte sie in diesem Eindruck nur bestärken. Sie läuft fast jeden Tag mit ihm Schlittschuh, abends trifft sie ihn im Leopold. Er wird das Geländer ihrer Tage, die Stufen aber heißen Adam. Mit ihm hat sie Samos geteilt, ein gemeinsames Leben. Den Paläontologen spricht sie auch nicht mit Sie an, den Graphologen schon. Beide gemeinsam geben ihr wohl die Kraft zu dem Eintrag des 14. Februar, den Nachtmann betreffend: *Beziehung zwischen uns nicht mehr möglich, Verbrechen gegen mich selbst und Kind. Mangel an Selbstachtung.*[21]

Ludwig Klages und Albert Hentschel: Das ist der neue Anti-Friess-Kampfbund. Gemeinsam werden sie diese Seele retten. Hentschel will ihr Gesangs- und Gitarrenunterricht geben; Klages assistiert der zu Rettenden auf dem Eis, in der Welt des Geistes sowie bei ihrem literarischen Debüt. Er wird sie unterwandern, radikal unterwandern.

Das Kind zeigt sich den neuen Kreisen, in denen seine Mutter jetzt verkehrt, bald ebenbürtig. Es sagt jetzt Sätze wie: *»Ich halte eine Puppe in den Händen, und diese Puppe ist der große Pan.«*[22] Oder: *»Ich bin die Göttervenus. Diese war so schön, dass ihre Schönheit krank machte.«*[23]

Klages versteht das Kind. Er sieht das auch so, die Mutter betreffend. An einem Märzmorgen schaut er sie an und kann seinen Eindruck nicht unerwähnt lassen: *»Sie sind eine heidnische Heilige.«* Eine Liebeserklärung, in Sie-Form vorgetragen, also eine kosmische Liebeserklärung. Der Paläontologe, das zweite Mitglied des Anti-Friess-Kampfbundes, ist auch da. Er scheint etwas zu verstehen, auch scheint es ihm das Natürlichste, dass eine Heilige und ihr Prophet zusammengehören. Er sagt das, er wird es künftig allen sagen. Klages und die Gräfin! Nur sie hört die Botschaft nicht, sie rekapituliert die Szene: *Klages: Sie sind eine heidnische Heilige.*

Adam stimmt ein.

(Warum hat er dann eine andre viel lieber? –)[24]

Sie mag diese Sonja, sogar sehr. Sie kann den Paläontologen verstehen, leider.

Der 2. März findet Ludwig Klages und Franziska zu Reventlow unterm Hakenkreuz. Es kann sich sogar drehen. Sie kommentiert: *Meine mystische Seite.* Wer weiß, was der Mystiker vom Dienst ihr erklärt hat. Die Swastika ist ein kosmisches Symbol, was sonst? *Svasti* bedeutet schon im älteren Sanskrit »Glück, Heil, Segen«. Die ältesten Fundstücke sind 12 000 Jahre alt. Als Aussage des Hakenkreuzes gilt seit je: »Alles ist gut, so wie es ist.« Die Römer verwoben es in ihre Ornamentik, Schliemann, der kürzlich Troja ausgrub, fand es auch dort, am äußersten Rand dessen also, was für die Griechen Vergangenheit war. Adolf Hitler ist noch keine zwölf Jahre alt.

Die Swastika, das kreisende Quadrat, die Quadratur des Kreises, also etwas latent Unmögliches. An die Möglichkeit des Unmöglichen möchten sie beide gern glauben, an die Quadratur des Kreises ebenso wie daran, dass alles gut ist. An das veränderlich Unveränderliche eben. Ihnen ist so paradox zumute.

In den Tagen darauf sitzt sie mit Klages und Stefan George im *Leopold.* Sie notiert es mit der größtmöglichen Beiläufigkeit. Am 20. Februar war sie ihm bei Wolfskehl zum ersten Mal begegnet: *Fast unheimlich, dieser seltsam gebildete Kopf mit den erloschenen Augen. Kommt einem nicht recht wie ein wirklicher Mensch vor, trotzdem er lachen kann.*[25]

George und sie teilen das Datum ihres Durchbruchs, den Herbst 1897. George brachte ein Buch zur Welt, *Das Jahr der Seele,* sie ein Kind. Und danach begann für beide das Leben neu. Deutschland wusste nun, wer Stefan George ist. Sie wusste nun, wer sie selber ist: Rolfs Mutter.

Ludwig Klages liegen solche Selbstgewissheiten noch fern. Er weiß nur, dass er kein Talent mehr hat, sich anders zu fühlen als sie. Wenn er nicht bei ihr ist, ist er außer sich. Das ist kein Leben. »Frühjahrerschöpfung und Blutarmut«, konstatiert Klages, »tief kraftlos«. Der Unterschied zwischen ihnen ist nur: Sie könnte jetzt Jahrhunderte durchschlafen, er aber wird immer wacher, je müder er ist. Und er sieht mit Sorge, dass sie, ihrer Fronarbeit enthoben, in sich zusammenfällt, die Kraft zur selbstbestimmten Arbeit nur selten findet.

Franziska, Ende März: *Ein paar ganz nichtssagende Tage, herumgedöst, Gitarre geübt, Zigaretten geraucht – ich bin wieder mit allem aus dem Geleise gekommen und könnte weinen, wenn die Zeit mir so vorübergeht. Klages erzählte mir, dass er aufs Land will, und mir kommt mit einemmal auch solche Sehnsucht hinaus.*[26]

Er will aufs Land? Nein, nicht er, nicht er zuerst, doch muss er jetzt auch für sie wollen, sie aus ihrer Lethargie, ihrem Eingesunkensein erwecken. Und er weiß, was es bedeutet, in der Abgeschiedenheit mit ihr allein zu sein. Es geht nicht nur um einen Menschen, der sich ihm öffnen oder verschließen wird, es geht darum, ob die Welt sich vor ihm öffnen oder verschließen wird. Mit Grauen erkennt er, dass alles durch sie hindurchgeht: »… der Zugang zum Frühling, zum Jubeln der Lerchen, zum Funkeln des Sternenhimmels, zum Brausen des Sturmes, zum Rauschen des Regens, der Zugang zu allen Höhen und Tiefen der Welt, menschlicher wie außermenschlicher«[27], alles durch sie.

Höhenroth

Anfang April. Ein altes Schloss am Ammersee, Höhenroth bei Wildenroth, auf der einen Seite Tannenwald, auf der anderen hügeliges Land und der Blick bis zum Wasser. Er weiß, wie empfänglich sie für Orte ist. Und dass sie ein Schloss verloren hat. Er wird ihr die Tür eines Schlosses öffnen.

Das zweite Mitglied des Anti-Friess-Kampfbundes hilft ihr packen, bringt sie zum Bahnhof. Dann sind Mutter und Kind im Coupé allein. Sag mal »Gitarre!«, schlägt sie Rolf vor.

Das kann nicht Mausi sagen, antwortet der Ermutigte und sagt stattdessen: *Regenwurm*.

Der Mutter und Kind Erwartende weiß, was die Stunde geschlagen hat: Es ist die Stunde der Verwirklichung. Aber kann man eine Liebe denn verwirklichen? Er ist der absolute Gegentypus des Verwirklichers. Das Nichtverwirklichte zählt! Als der Schüler Ludwig Klages einst bemerkte, was er für seine Tanzstundenpartnerin empfand, mied er sie. Die Scheu als Seelengrundierung. Sie kennt sie nicht.

Drei Tage. Drei für die Nachwelt fast stumme Tage. Als sie wieder fort ist, schreibt er dem Freund Friedrich Huch: Sie *waren märchenhaft schön und unbegreiflich.*[28] Franziskas Tagebuch: *Auf dem Land. – Sturmabend. – Klages und ich auf der kleinen Höhe vor dem Muttergottesbild mit der ewigen Lampe. Dann im Tannenwald.*[29] Was sie nicht sagt, sagt er im Brief an Huch. Wie Rolf neben ihnen gelaufen sei, manchmal auch weit zurückbleibend, »in Sinnen verloren«. Er erkennt »eine mitfühlende, wissende Zartheit des Gemüts, wie sie mir bei einem Kind noch nicht begegnet ist.«[30] Bald wird Ludwig Klages Rolfs Vormund werden, Vater an Vaters statt.

Abends, während der Wind um das Schloss geht, liegt sie auf dem Bett, er liest ihr vor. Und als sie das Kind weinen hören, rennen sie beide nach oben. Ein Bild wird ihm bleiben, das meint er noch vor sich zu sehen, als er im Dezember zurückkehren wird, allein: »Auf der Wiese glaubte ich Dich vor mir schreiten zu sehen, wie der Lenzsturm Dein Kleid um Deine Lenden schlug, mit dem roten Seefahrerhut und darunter Deine klaren, fernen, nur ganz in der Tiefe brandenden Augen.«[31]

Drei Tage. Dann bleibt er allein zurück, der Paläontologe holt Mutter und Kind wieder ab. Doch sie verspricht wiederzukommen, so schnell sie kann. Er hat das Schloss tagelang allein für sich. »O Liebe, Liebe, nun bist Du fort und ich bin allein in dem großen öden dunklen Haus ...«[32], ruft er ihr hinterher. Schlaflosigkeit, aber nicht wegen der Schlossgespenster. Warum dann?

Er weiß, dass er ihr viel bedeutet: *Ich habe Ihnen oft gesagt, dass mir in diesem Jahr ein ganz anderes Leben angefangen hat – das hat nicht nur das Ausruhen getan, ich habe von Ihnen unendlich viel genommen. Es ist mir so, als ob Sie einem die Augen anders machten, Schleier davon wegnähmen.*[33] Ja, das hat sie gesagt, über ihn. Das wird sie nie zurücknehmen. Warum also dann? Die Antwort ist zwei Worte lang, noch ahnt er sie nur: »Leidenschaft nicht.« Sosehr sie zueinanderfanden: Leidenschaft ist es nicht, nicht vonseiten der Leidenschaftlichen. Dafür spricht sie jetzt wieder viel von der *schwarzen Kralle*.

Schuler, »das fette Rom«, könnte es ihm erklären. Entweder Bruder oder Geliebter, entweder Vertrauter oder Antipode. Entweder die Sprache der Seele oder die Sprache des Geschlechts. Bruder also. Aber wie soll er mit dieser Diagnose leben? Sie spürt ihre Schuld, ihre Worte kommen zu ihm, lindernde Worte, Worte der Nähe: *Sie sollen nicht traurig sein und nicht schlecht schlafen.*[34] Sie beschreibt ihm einen Münchner Himmel, bei dessen Anblick *man die Tränen fühlt, ohne sie zu weinen. ... Ja, wir zwei Allereinsamsten; und das wird uns nie verlassen, auch wenn wir uns am allernahesten sind. Dann fühlen wir es noch mehr.* Und dann macht sie ihn vollends wehrlos, gibt das Spiel von Nähe und Distanz auf, sie wechselt zum »Du«: *... Ich bin oft bei Dir und ich behalte Dich immer lieb.*

Wenn er nach diesem Brief nicht schlafen kann, ist ihm nicht zu helfen.

Nur Tage später fährt sie noch einmal hinaus. Diesmal kein Zauber, keine Weltferne. *Diesmal arg verstimmt, weiß nicht weshalb.*[35] Aber sie könnte es wissen: Weil man keine Dritten auf ein einsames Schloss mitnimmt, und sei es nur in Gedanken; weil sie zu viel über den Mann ihrer Nächte redet, der sie wieder unter seine Kontrolle gebracht hat. Doch nicht auch noch hier! Sie merkt es nicht.

Als sie fort ist, schickt sie dem Zurückbleibenden Ermutigungspost: *Der seltsame Druck, der an jenem Abend auf uns beiden lag, hat sich mir schon wieder gelöst. Ob Sie das auf die Entfernung gefühlt haben?*[36] Und dann spricht sie tatsächlich wieder von dem Fatum: *Ich möchte doch, dass Sie den schwarzen Mann anders empfänden, aber ich kann auch so gut begreifen, dass Sie es nicht tun.* Das geht noch sätzelang so weiter. Erst in der letzten Minute, der letzten Zeile also, hält sie ein: *Sie sitzen vielleicht noch in dem Mittelzimmer und denken: jetzt denkt sie nur noch an schwarze Männer. – Aber sie denkt auch an blonde. – Nun will ich schlafen. Gute Nacht.*

Was heißt denn hier: Gute Nacht! –? Muss er sich von einer Grußformel erniedrigen lassen? Menschen, die noch schlafen können, haben ihre Lage nicht begriffen, ein Staubkorn im All zu sein.

Wie gut, dass er ihr Tagebuch nicht lesen kann, denn der schlimmste Hohn ist der vollkommen absichtslose. 4. Mai: *Kolosseum. Fiakerfahrt durch die hellen Straßen. Mir die Hände geküsst, mich so sonderbar angeschaut. Und der Rausch. Und heute so wonnig müde. Die ganze Welt erotisch durchleuchtet. Mit Klages vormittags … im Englischen Garten. Das dauerte tagelang.*[37] Die Zeitangaben in den letzten beiden Sätzen sind nicht miteinander vereinbar. Die einzige Person, die hier genannt wird, ist der Schlaflose. Andererseits kann kein Zweifel daran bestehen, dass von ihm nur insofern die Rede ist, als von ihm nicht die Rede ist. Mit der Fiakerfahrt, den spezifischen Lichtverhältnissen der Welt und deren Vergänglichkeitsresistenz sowie dem Kuss auf die Hände hat er nichts tun. Er sollte mal versuchen, ihr die Hände zu küssen: »… in den langen Intervallen zwischen Rausch und Rausch verträgt sie vom MANNE nicht die geringste Zärtlichkeit. Sie bebt zurück, wenn der Liebste zärtlich ihre Hand streichelt, verabscheut es, über die Haare gestrichen zu werden usw. Und das war für mich peinigend bis zum äußersten.«[38] So wird er das einmal sagen.

Ein großes Werk entsteht nur in der Einsamkeit, Nietzscheaner wissen das. Sie muss ihren Roman schreiben, statt mit dem Vampir schon am helllichten Tage Fiaker zu fahren. Klages ist entschlossen, sie aus München fortzubringen. Nebeneffekt: Der Fledermaus-Mann wird sie nicht finden. Er dafür umso mehr.

Franziska räumt schon ihre Wohnung aus, Putti, die Tochter von Klages' Zimmerwirtin, hilft ihr, Klages wohl auch. Putti liebt den Untermieter ihrer Mutter, er wohnt bei ihnen, solange sie denken kann, genauer seit sechs Jahren, da war sie noch ein Kind. Er hat jeden Umzug der Familie mitgemacht, auch ihr zuliebe. Weil sich das Kind ihm angeschlossen hat, weil ihre Welt ein Loch hätte, wenn er plötzlich fehlte. Jetzt ist sie fast sechzehn und soll nach Paris verschickt werden, Lehrjahre gewissermaßen. Und er erhebt keinen Einspruch dagegen, vielleicht ist er sogar froh. Und sie muss einer völlig fremden unordentlichen Frau helfen. Es ist nicht wahrscheinlich, dass Putti entgeht, was der Untermieter ihres Lebens für diese Fremde empfindet. Sie missbilligt es mit der ganzen Entschiedenheit ihrer sechzehn Jahre.

Putti hilft und leidet. Klages hilft und leidet. Friess hilft nicht und leidet nicht, sondern feiert mit der Ausziehenden Abschied wie zitiert, tagelang, *erosdurchleuchtet*. Mag sein, dass Ludwig Klages sie jetzt schon hasst, manchmal. Er wollte sie unterwandern, aber es ist wohl keine Frage mehr: Sie unterwandert ihn. Seine Freunde werden es mit wachsender Sorge beobachten.

Der Anti-Friess-Kampfbund aber bewährt sich. Der Paläontologe übernimmt die Finanzierung des ländlichen Schreibexils, der Graphologe übernimmt die Observation, die Ermutigung und allen sonstigen literarischen und außerliterarischen Beistand. Gemeinsam bringen sie die Romanautorin der Zukunft und ihr Kind zum Bahnhof. Das Ziel heißt Lenggries, sie hat den Ort selbst ausgesucht.

In dem Augenblick, wo der Zug wegfuhr, schrie es in mir auf, nein, ich will nicht fort. – Aber dann, als er weiterrollte, wurde mir immer friedlicher, beinahe apathisch zu Mute.[39] Und dann das Gefühl anzukommen, richtig anzukommen. Lenggries: *Diese wunderbare Ruhe, das große geräumige alte Haus mit richtigen Landwirtshauszimmern. Ich habe einen förmlichen Saal mit anspruchslosen hellen Möbeln, dabei aber jede Bequemlichkeit, sogar ein Sofa.*

Sie ist der einzige Gast und hat sogar ein *separates Esszimmer*, gut geheizt. Und morgens liegt nicht selten schon ein Brief des Freundes auf ihrem Platz. Sie wiederum schreibt ihm Sätze, für die muss er sie lieben: *Die Landleute empfindet man nie als »störende« Menschen, und andere sieht man hier nicht.* – Er formuliert diese Merkwürdigkeit fast zur selben Zeit so: »Dies entscheidet … über meine Neigung zu Menschen, ob ich sie wie ein Stück Erde verstehen kann, ob sie mir Scholle, Wald, Wolke, Meer, Felsen oder Blütenduft, Sommerschwüle, Windhauch sind. Die andern bleiben außerhalb des tellurischen Reigens. Sie sind anthropozentrisch, sie sind die Krankheit der Erde. Der Molochsbauch dieser am Geiste Kranken heißt Großstadt.«[40] Manchen Späteren, die nicht die tiefen Teller des Geistes erfunden haben, gilt das bereits als faschistoid.[41]

Egal wie, sie ist dem Molochsbauch entronnen und denkt sich das Arbeiten so: *als ob sich das Buch in mir weiterbaute, während ich gar nichts daran tue.*[42] Sie streift ganze Vormittage mit Rolf durch den Frühling. Das Stadtkind bleibt vor jedem Schaf, vor jeder Kuh, vor jedem Pferd stehen. Und als er einen Hirtenjungen sieht, der einen alten Ochsen schlägt, zweifelt der Dreijährige zum ersten Mal an der Einrichtung der Welt.

Auch seine Mutter misstraut ihr. Am 18. Mai wird sie dreißig Jahre alt. Die Pforte des Alters, aber sie hat kein Talent fürs Greisentum. Sie findet beim Frühstück ein Geburtstagspaket von Klages, sitzt in der Morgensonne im Garten und liest seine Gedichte. Er schickt ihr auch *1001 Nacht* und eine weiße Tulpe. Das Geburtstagskind, die Geburtstagsveteranin bedankt sich am gleichen Tag und schreibt ihm, worüber Dreißigjährige so schreiben: von der Todesmüdigkeit, über die sie gesprochen hätten, beim zweiten Mal in Höhenroth, und davon, dass sie eine Gekreuzigte sei, so wie er ein Gekreuzigter sei: *Lieber Freund, Sie sind nicht allein gekreuzigt, ich bin es auch.*[43] Nietzsche hatte einst mit derlei Selbstauskünften angefangen.

Mag sein, die Nachricht stimmt ihn euphorisch. Er hat eine Mitgekreuzigte! Eine mitgekreuzigte Elementarseele. Endlich! Und wiederum ist es gut, dass er das Tagebuch der Jubilarin nicht lesen kann: *Mein Geburtstag ... Traurig, weil A nicht kam.*[44] A ist Adam, Albert, der Paläontologe.

Aber sie kann auf Klages trotzdem nicht verzichten. Anfang Juni: *Ich habe eine flehende Bitte an Sie, bitte schicken Sie mir doch Zigaretten, aber Eile ist not. ... So halbe Morphinisten sind wir doch alle.*[45] 10. Juni: *Ach und bitte flehentlich um Zigaretten, ich glaube, mein Roman wird mehr geraucht als geschrieben. ... Möchte auch für mein Leben gern einen blauen und roten Bleistift und ein paar Rundschriftfedern 3½ haben.*[46]

Er liefert alles, augenblicklich, dazu oft Blumen. Fürsorglicher als der künftige Autor von *Der Geist als Widersacher der Seele* könnte keine Mutter sein, auch wenn Mütter eher selten Zigaretten schicken. Er macht das auch nur mit den entsprechenden Mahnungen versehen. Mütter stellen eine der rücksichtsvollsten, höchstkomfortablen Einrichtungen der Natur dar, aber sie haben auch schwere Nachteile. Sie neigen zur Aufsicht, zur Kontrolle.

Und sie wissen grundsätzlich, was gut für uns ist, wie wir leben sollten. Lange hält sie Klages von Lenggries fern, im Namen ihrer Einsamkeit und ihres guten Rufs. Eine alleinreisende junge Frau mit Kind in einem kleinen bayerischen Dorf ist schon bedenklich genug, aber eine alleinreisende junge Frau mit Kind, die Männerbesuch bekommt, steht in Gefahr der Ächtung. Adam war da, das war schon übel genug. Anfang Juni reist Klages trotzdem an, schon um seiner mütterlichen Aufsichtspflicht zu genügen, und macht mit Rolf eine Kutschfahrt – da fällt das bedenkliche Wort zum ersten Mal: *Der »Herr Oberkontrolleur« nahm ihn nachmittags mit zum Spazierenfahren.*[47] Und Anfang Juli, als sie Lenggries verlässt, zählt sie auf, was alles dort bleibt: ihr schattiger Garten, die Besuche des Paläontologen, *die Religions- und anderen Gespräche mit dem Oberkontrolleur.*[48] Das klingt gerade noch amüsiert und ist es doch schon nicht mehr.

Oberkontrolleur. Der Beschuldigte wird bald selbst einen Hang »zu verkehrtem Eingreifenwollen«, »zu dieser fast fanatischen Sorge um Ihr Wohl« einräumen, aber er kann das auch begründen: »Sehen Sie, meine Freundin, Sie werden es wohl nie ganz ermessen können, was Sie mir durch fast drei Jahre meines Lebens gewesen sind, in welcher Weise Sie mir Symbol alles letzten und abgründigsten Lebens waren.«[49] Und eben darum »kam stets diese blinde Angst, wenn ich Sie in Wirbel verstrickt sah, die ich für gefahrbringend hielt. Wohl unterlag ich oft dem quälenden Zweifel, ob dies Gefäß den furchtbaren Stößen des äußeren Lebens, denen ich es ausgesetzt sah, standhalten würde.«[50]

Und daraus entsteht, nun ja, der Terror der Fürsorglichkeit. Ahnt sie, dass Lenggries nur die erste Station eines groß angelegten Franziska-Rehabilitationsplans ist? Wohin sie rehabilitiert werden soll, ist klar: an seine Seite, eine mitgekreuzigte Elementarseele, die ideale Ergänzerin. Rein empirisch, rein sinnlich darf sie sich auch von anderen ergänzen lassen, da kann er nichts machen, da will er nichts machen, er ist nicht ihre Mutter. Nicht?

»Ich will auch unsere Liebe als seltenes Fest …«

Wahrscheinlich streiten sie schon jetzt über Dinge, über die sie noch öfter streiten werden, über Einzahl und Mehrzahl etwa. Er kann nur im Singular lieben, und er hat starke Parteigänger. Zwanzig Jahre später wird er sie aufzählen: »Für Kriemhild gibt es nur EINEN Siegfried, für Heloise nur einen Abailard, für Dante nur eine Beatrice, für Hölderlin nur eine Diotima. Geht dieses Eine unter oder wird ihm sonstwie dieses Eine entrissen, so ging dem Liebenden alles unter und wurde ihm alles entrissen.«[51]

Ihre Diagnose lautet: Hysterie. So etwas glauben nur Hysteriker. Er gibt das gern zu: »Liebe ist Angst und meine Angst ist groß«[52], wird er ihr schreiben. Ein Bekenntnis, fast ununterscheidbar von einer philosophischen Aussage. Die kann sie ihm nicht verwehren. Philosophien muss man entgegennehmen, als Adressatin für Liebeserklärungen in Singularform steht sie nicht zur Verfügung.

Es gibt nur eine Liebe? Im Gegenteil, es gibt viele. Wäre es denn sonst auszuhalten? Und was um Himmels willen hat sie in ihrer Tiefe verloren? In ihrer Tiefe wird sie immer traurig. Wie viel leichter ist doch das Leben an der eigenen Oberfläche. Er aber missbilligt die Oberfläche. Er ist ganz und gar nicht oberflächenbegabt. Das trennt sie voneinander.

Sie ist so oberflächenbegabt, dass sie sich sogar freut, als sie eine Karte von dem erfolgreich verbannten Fledermausmann erhält. Sie hat Mutter Klages gut zugehört, darum weiß sie jetzt, dass sie nicht diesen Mann liebt, sondern durch ihn hindurch die Liebe selbst. *Klages sagt, das wäre heidnisch, nicht die Person lieben, sondern die »Liebe, die sich ein Medium sucht.«*[53] Platonisch ist das aber auch. Wie gern würde er dieses Medium sein. »Oberkontrolleur« jedoch klingt nicht so, als habe sich die Wahrscheinlichkeit signifikant erhöht. Für das andere Medium geht es diesmal aber auch nicht gut aus: *Ich hasste ihn, fand ihn lächerlich klein, verächtlich-geschmacklos. Dachte, ich hole mir morgen eine Reitpeitsche, und wenn du wiederkommst, schlage ich dich ins Gesicht. – Ich sehne mich danach, ihn ins Gesicht zu schlagen. Ich bin wie das Daudetsche Maultier, das sich seine Fußtritte sieben Jahre aufsparte.*[54]

Diese Reaktion muss Mutter Klages ausdrücklich begrüßen, andere Ausdrucksweisen ihres In-der-Welt-Seins lassen ihn akut verzweifeln, er fürchtet, an ihr irrezuwerden, da sieht sie sich zu verschiedenen Stellungnahmen veranlasst: *Darf ich Dir noch anderes sagen? – Du könntest manchmal denken, dass gerade Du mein Begehren nicht wachriefest … Aber das ist nicht wahr, es ist allertiefste Wollust, die ich in unseren Stunden empfinde, nicht gütiges Gewähren, wie Du manchmal sagtest.*[55]

Bleibt die Frage, ob ihre Liebe zu ihm nicht größer wäre, wenn er diese nicht mit anderen teilen müsste. Sie nennt solche Überlegungen *töricht*, denn additiv ist hier nichts zu denken, ein Kosmiker könnte das wissen. Sonne oder Sterne? Das ist keine Alternative. Sie liebe wie ein Kind oder frivol, sie liebe blutdürstig, grausam, je nach Gegenüber, und noch einmal ganz anders liebe sie ihn, sie wüsste ganz genau wie, doch wenn man es benenne, werde es verkehrt, sie versuche es trotzdem: Es sei *wie Gottesdienst, durch den tiefe Schauer beben und auch spielender Reiz.* Hat er etwas falsch gemacht?

Und noch etwas müsse er verstehen: *Ich bin überhaupt kein Mensch, denke ich manchmal, wenigstens in den Stunden des Lebens nicht, da weiß ich nicht mehr, wer ich bin.* Natürlich versteht er das Phänomen kosmischer Löslichkeit, begreift, dass die festen Umrisse von Menschen mitunter eine reine optische Täuschung sind. Aber sie ist mit ihrer Belehrung des Kosmikers noch nicht fertig. Wenn sie also noch einmal zusammenfassen dürfe: *Ich will unsere Liebe als seltenes Fest, das nie ersonnen oder vorbereitet werden darf, und Du wirst nie begreifen, wie weise das ist. … Und nie, nie wieder so verzweifelt sein, nie – hörst Du.*

Der letzte Satz war ein Befehl.

Mitte August fahren beide wieder zusammen nach Höhenroth. Und es geschieht. Franziska: *Wildenroth. – Die verzauberte Halde im Wald. – Ich konnte mit einmal lachen, es klangen so viele Seiten in uns.* »*Sie sind heute ganz die kleine Fanny«, sagte Klages. Das Gefühl des Verliebtseins. – Wir waren beide so jung den Tag.*[56] Ihre Körper sind es auch.

Er: »Oh meine Freundin, nun wissen Sie auch, dass ich Sie mit Recht eine Seherin hieß und dass Ihr Mitternachtsselbst bis zu den Wurzeln der Sterne reicht.«[57] Kann der nicht mal Prosa reden? Vielleicht täuscht er sich ohnehin. Denn unter demselben 14. August des Wildenroth-Eintrags notiert das Mitternachtsselbst: *Wenn ich die Hände in den Schoß legte, würde ich nach einem Menschen schreien, nach dem, der mir fehlt, Adam. Er fehlt mir an allen Enden, teilt mein Leben nicht mehr so wie damals.*[58] Wie denn auch, er heiratet gleich. Vielleicht ist sie gar keine große Seherin, sondern nur wie die meisten, die immer das wollen, was sie gerade nicht haben können. Das ist eine seltsame Ökonomie der Seele.

Aber das Mitternachtsselbst ihres Kindes reicht gewiss bis zu den Wurzeln der Sterne. Sie braucht ihm gar nichts zu sagen, es errät alles von allein: »*Wein' nicht Mamai*«, bittet es und spricht mit tiefer Erbitterung: »*Der böse große Adam.*«[59] Rolf sagt schon länger nicht mehr Papa zu dem Paläontologen. Nur Tage darauf bestraft er den Unzuträglichen symbolisch, er spielt »*Großen Adam Kopf abschneiden.*«[60] Das ist Voodoo-Phase in jeder Kindheit, das ist archaischer Gerechtigkeitssinn. Und es ist elementarseelisch. Aber auch der Künder des Elementarseelischen gerät unter Verdacht des eigenmächtigen Sichentfernthabens. Der Sohn zur Mutter: »*Ja, du hast keinen großen Adam mehr – und wo ist der böse Klages?*« *Er weiß alle meine Gedanken.*[61]

Klages wandert durch eine große Wiese, erfährt das Kind. Schuler weiß es auch: »Klages ist fort in die Lueneburger Heide, um die Goetter zu suchen«[62], erfährt Hannah Wolfskehl. Oder hätte er besser von einer Göttin gesprochen? Im Bericht des Wandernden: »Eine tiefe Melancholie ergriff mich. Ich beschloss, zu Fuß die Lüneburger Heide zu durchwandern mit dem Endpunkt:

Schloss der Reventlows in Husum. Ich tat es; aber auf achtstündigen Wanderungen flogen die Heidekaten, die endlosen Hügelwellen, prangend im lilafarbenen Erikakleide, die Bauernhöfe, umstanden von mächtigen Eichen, die riesigen Fichtenwälder der Raubkammerheide, Gewitter, Regenschauer, das glockenartige Summen der Bienen – sie flogen an mir vorbei als einem, den nichts erregt, nichts freut, nichts bekümmert. Denn eine und nur eine Gestalt stand unablässig vor meinen Augen, zerrte unablässig an meinem schmerzhaft sehnenden Herzen.«[63] Und dabei verdankt er seine Seele der Lüneburger Heide, den frühen Besuchen bei den Großeltern dort, denen der Mutter und denen des Vaters; er hat eine Heide-Seele.

Er pflückt Heide und schickt sie ihr. Sie bekommt sie am 31. August, am Tag bevor ihr Kind vier Jahre alt wird: *Heute früh kam die herrliche Heide und leuchtet jetzt in meinem Zimmer, ich habe mich so gefreut … Eben erschien Schuler* – der erkannte, dass sie eine Sirene ist – *und hat bis jetzt ½ 12 mächtig geredet, über Panizza, über römische Haussklaven etc. Man sollte doch öfter mit ihm zusammenkommen, wenn er nicht so zeitraubend wäre.*[64] Sie weiß nicht, was sie sagt.

Rainer Maria Rilke wird die Begegnungen mit Schuler als »unendlichen Wert« im Gedächtnis behalten, Stefan George war ihnen kaum gewachsen. Und dieser Mann kommt sie besuchen! Sie wird einmal einen Roman über diese Zeit schreiben, und Autoren haben immer Zeit, wenn das Personal ihrer Bücher vor der Tür steht – aber das wird sie noch lange nicht begreifen. 24. November: *Es sollte ein schöner Maussonntag werden, wir hatten uns mit dem Maxl zum Schlittenrutschen verabredet, und dann wollte ich ihm wieder Märchen erzählen – statt dessen kam Schuler mit seinem Ferdinand, sie hatten unsere Spur im Schnee gefunden, und der ganze Nachmittag war hin.*[65] Doch noch ist Spätsommer statt Ende November.

Der von Rolf geköpfte und anschließend gevierteilte Paläontologe hat der Zurückgebliebenen versprochen, den *Mausgeburtstag* am 1. September mitzufeiern, so wie auf Samos im letzten Jahr. Und er vergisst es. Dafür prügelt sie ihn, als er kommt. Den

Geburtstag eines Kindes zu vergessen, das ist in ihrer Welt die höchste Treulosigkeit. Erst schlägt sie ihn nur zum Spaß, dann wurde es ernst, *und ich wollte ihm wehtun und hätte nun am liebsten alles entzweigeschlagen. Dann hab ich mich mit Zigaretten gebrannt, dass ich noch Narben an den Händen habe und er musste mir auch die Haut verbrennen, ich hatte ein Gefühl von Verrücktheit und Blutdurst den Abend.*[66]

Und da man solche elementarseelischen Zustände, die den Rahmen des Gefühlshaushaltes des zivilisierten Menschen sprengen, nicht einfach für sich behalten kann, schreibt sie es dem Heidewanderer auf seinem Weg zum Husumer Schloss: *Und dann dachte ich an Dich, ich muss Dich heute Du nennen, in Gedanken tue ich es oft, und an dem Abend war ich viel bei Dir. Ich verstand mit einemmal etwas von der Lust am Leiden ... Weißt Du, wie ich es meine, Du bist der einzige Mensch, der alles versteht und der fliegen kann. ... Und unsere Flügel sind doch noch nicht lahm, wie wir manchmal glauben. Du musst nur sehr viel Geduld mit mir haben ... Und ich werde vielleicht noch oft lahm sein. Es wird aber auch unsere Stunde kommen, wo wir miteinander fliegen. ... Heute abend küsse ich Dich wie in Wildenroth in unserem Zauberland, das uns beiden ganz allein gehört.*[67]

Am 10. September hält sie eine Karte von ihm in der Hand: eine Karte aus dem Husumer Schlossgarten. Dagegen ist sie machtlos. Den »Oberkontrolleur«, es gibt ihn nicht mehr. Der Sommer ihrer Liebe beginnt im Herbst. Der Paläontologe hat ihr immer wieder gesagt, dass sie diesen Mann heiraten müsse, ihn rundumumgeben also, und zwar gründlich. Also richtet sie ihm seine neue Wohnung ein – auch den Untermieter Klages gibt es nicht mehr, Putti ist nun in Paris. Als er wiederkommt vom Schloss der Reventlows, holt sie den Heidewanderer mit Freunden vom Bahnhof ab. Alle sind erleichtert, dass er nur halb so melancholisch ist, wie sie gefürchtet hatten.

Ein nächster Morgen, dann fährt sie zurück in die Schäftlarner Klostereinsamkeit, denn bis zum Jahresende soll ihr Buch fertig sein, die erste Fassung. Im Oktober liest sie ihm lange vor: *Steine, Zentner vom Herzen, dass er es gut fand.*[68] Und an ihn: *Ich tröste mich mit Deinen Zeilen – es war für mich das Kriterium meiner ganzen Arbeit – ob Du jene Schauer darin finden würdest*[69].

Und wieder schickt er ihr Zigaretten und Migräne-Pulver, Kämme, Ibsens Gedichte und den *Peer Gynt*, gibt ihre Schlüssel bei der Milchfrau ab, lässt andere Schlüssel nachmachen, holt ihre Reinigungsmarken von einer Zugehfrau. Nach Höhenroth muss er allein fahren, sie hat zu arbeiten. Sie empfängt Schlossnachrichten: »Ich fühle mit Bangen das tiefe, schwere Glück, dass ich – nach furchtbaren Fahrten durch alle Schlünde der Nacht – … Dich, Dich, Dich finden durfte!«[70] Dreimal »Dich«: Zu anderen Zeiten wäre ihr dieses Stakkato allzu besitzergreifend erschienen.

Sie schafft es, vor Weihnachten setzt sie den provisorisch letzten Punkt unter den Roman ihrer Jugend. Vor dem Abschreiben, Überarbeiten, Kürzen, Wiederabschreiben, Wiederüberarbeiten, Wiederkürzen hat sie keine Angst mehr.

Blütenüberladen

Auch Klages hält im Dezember 1901 sein erstes Buch in den Händen, und zwar bereits gedruckt: *Stefan George* erscheint. Der titelgebende Autor gehört zu den Menschen, deren tiefste Weisheit aus lauter Selbstbezüglichkeiten stammt. Sein Hauptprophet Gundolf gelangte früh zu der Auffassung: »Nicht dass die grossen Geister entstehen, sondern dass sie gewürdigt werden, macht glaub ich die Kultur.«[71] George sah sich außerstande, diese Sequenz unter Absehung von sich selbst zu denken.

Einer der Ersten, die im George'schen Sinn kulturschöpfend wirkten, indem sie ihn bemerkten, war der Berliner Privatgelehrte Georg Simmel, den eigentlich niemand unterbrach, wenn er einmal sprach. George schon. In einen Simmel'schen Monolog über den Vorzug der Induktion gegenüber der Deduktion und beider Streben in die Mitte fuhr er mitten hinein: »Wer nicht in der Mitte steht, gelangt niemals hin.«[72] Das ist Selbsteinsicht als Welteinsicht. Wem solcherart Evidenzen unhintergehbar scheinen, ist ein Kosmiker.

Klages fehlt durchaus das Temperament des bloßen Panegyrikers, des Fremdpreisers. Er hatte lediglich eine Gestalt gesucht, an deren Beispiel er zum ersten Mal die Grundlagen seiner Weltanschauung formulieren konnte, soweit ihm das schon möglich war. George war nichts als ein Exempel, und der Autor war nicht gesonnen, das zu verschweigen: »Über den Inhalt sei vorausgeschickt, dass meine Gedanken und Impulse geleitet waren, die im bildnerischen Einzelwesen wirksamen allgemeinen Grundkräfte zu erfassen, durch die es zwar zum scheinlosen Tropfen großer Geistesströme vermindert, aber auch erhöht wird zum Körper des Alls. Dichterische Neuerung und persönliche Anlagen … lockten mich nur in dem Maße wie sie auf jene Mächte verwiesen.«[73]

Dass ein Dichter Sprachrohr und Stellvertreter dieser Urgründe sei, wird Klages immer fraglos bleiben; George selbst war der Auffassung, Mundstück des Höchsten zu sein, wobei das Höchste nach Nietzsche selbstredend als das Tiefste zu fassen sei. Dass der Autor einst die Magie der Sprache am Stabreim erfahren hatte, wird sich zeitlebens an ihm rächen, die Kunst der Pause ist ihm fremd. Hugo von Hofmannsthal ließ das analysierte Exempel Stefan George wissen: »Es fanden sich da Metaphern, die ich zu vergessen trachte.«[74]

Selbst Klages' Freund Friedrich Huch ließ sich zu ganz und gar unpassender Aufrichtigkeit verleiten: »Aber mir ist die Sprache zu voll, zu blütenüberladen. Es kommt kaum ein Satz, an dessen Einfachheit man ausruhen könne.«[75] Doch Huch mangelt es ohnehin an Verständnis der George'schen Elementarseele, er hatte Klages bereits gefragt: »Sagen Sie, hat George irgendwo einen Vortrag mit violett ausgeschlagenem Saale, an einen Katafalk gelehnt, gehalten? – Damen mit rotem Haar wären ausgeschlossen gewesen? – Wann und wo ist dies geschehen?«[76]

Der Autor selbst ist über Weihnachten verreist, denn die in die Lebenserfahrung zwangsverschickte Putti hatte ihm zu verzweiflungsvolle Briefe aus ihrem Verbannungsort Paris geschrieben. Der Untermieter ihres Lebens fühlte sich schon lange schuldig, und Weihnachten, beschloss er, darf sie nicht allein sein in der gleichgültigen großen fremden Stadt, im Moloch Paris.

Dies ist eine gute Gelegenheit, die Schwabinger Grundkategorie des *Molochitischen* einzuführen. Im Roman wird der Philosoph Herrn Dame den Begriff einmal so erklären: »*Moloch, Herr Dame, wie Sie vielleicht wissen, war ein unangenehmer Götze, der sich von kleinen Kindern nährte, mithin also das Lebendige, Hoffnungsvolle verschlang. Molochitisch bedeutet daher in gutem Wahnmochinger Jargon alles Lebensfeindliche, Lebenvernichtende – kurz und gut, das Gegenteil von kosmisch.*[77]

Vielleicht, obgleich weit vorgreifend, sollte der Fortgang dieser Passage nicht verschwiegen werden. Man verwende das Begriffspaar *kosmisch* und *molochitisch* auch gern, um die Verschiedenheit des arischen und des semitischen Typus zu erkunden, mit folgendem Ergebnis: *die Arier repräsentieren das aufbauende, kosmische Prinzip, die Semiten dagegen das zersetzende, negativ-molochitische.* Diese Verwendung gehört jedoch schon der geistigen Zerfallsgeschichte Schwabings an, wie der Autorin in späterer polemischer Absicht sehr wohl bewusst sein wird.

Der jüdische Bankierssohn Karl Wolfskehl, dessen Weihnachtsbaum sie gerade schmückt, verwendet das Wort *molochitisch* mit Inbrunst. *Moloch* ist die griechische Umschreibung des hebräischen *molech*, was so viel wie *herrschen* heißt und den im Alten Testament mehrfach erwähnten phönizisch-kanaanäischen Opferritus bezeichnet. Alfred Schuler hat ihn für den Sprachgebrauch Schwabings entdeckt, wo er eine Welt bezeichnet, in der jeder Gegenstand zur Ware wird, jeder Ort zum Standort und die Selbstverwertung des Kapitals keine Grenze mehr kennt.

Klages also befindet sich bei Putti im Moloch Paris, als Franziska gemeinsam mit Helene Klages den Wolfskehl'schen Weihnachtsbaum schmückt unter ständigen korrigierenden Zurufen der Hausfrau, worüber beide sehr lachen müssen.

Nicht nur Putti, auch Klages' Schwester hatte ihn immer öfter um Hilfe gerufen. Unter dem Regiment des ebenso liebenden wie tyrannischen Vaters in Hannover könne sie nicht länger leben. Und so ist Helene Klages von einem Besuch in München nicht mehr nach Hause zurückgekehrt, der Bruder hat sich zwischen sie und den Zorn aus Hannover gestellt, aber wenn die Geschwister jetzt, jedes für sich, an den Verwaisten denken, möchten sie wohl, dass es nie wieder Weihnachten würde. Wie kann ein Vater seine Kinder so lieben und ihnen dabei doch so fremd sein?

Nachher kommen die Derleths zu Besuch, Bruder und Schwester, zwei Berufene. Franziska kommentiert den Derleth'schen Doppelauftritt gegenüber Klages so: ... *man stieg in höhere Regionen, so dass ich eilends entfloh. Darüber könnte ich Ihnen noch vieles sagen – mir haben die Derleths beide etwas Beklemmendes. – Und wenn sie DANN ALLE in Verzückung geraten ..., während Wolfskehl selbst mit verunglücktem Vortrag ein Gedicht von Baudelaire vorliest – ich weiß nicht, mir kamen sie alle vor wie galvanisierte Leichen ... Und ich dachte an Sie*[78].

Sie weiß, sie müsste dem unfreiwilligen Pariser jetzt etwas über sein George-Buch sagen. Auch sie mag die Sprache nicht, doch sie weiß, dass er es mit seinem Blut geschrieben hat, darauf zieht sie sich zurück, auf die Position der Mitverschworenen, und kann das sehr schön formulieren: *Und all die anderen Menschen hören vielleicht etwas von dem Klang, aber sie wissen nicht, was Blut und Ströme sind. Du BIST eine andere Welt.*

Wie soll er das verstehen? Dieses Buch ist vielleicht noch keine, aber er trägt sie in sich, die Manifestation der Zukunft –?!

Klages löst Putti aus ihrer Pariser Stellung und vermittelt ihr über Franziskas Fürsprache Schutz und Aufnahme bei Schluses Schwester, die als Malerin unter dem Künstlernamen Slavona in Paris lebt. So bewährt sich, manchmal, die Liebe von vorgestern.

Doch kaum aus Frankreich zurück, ist Klages schon wieder unterwegs, diesmal zur Rettung der Autorin der Rohfassung ihres ersten Romans. Die Sorge, ob dieses kostbare Gefäß seiner Seele »den furchtbaren Stößen des äußeren Lebens ... standhalten würde«, lässt ihn nicht los. Die schlimmsten Stöße sind natürlich die der habituellen Insolvenz, denn man spürt sie täglich.

Ludwig Klages, der inzwischen promovierte Chemiker und

verlorene Sohn seines Vaters, verdient sein Geld mit graphologischen Gutachten, und zu Beginn des neuen Jahres reist er nach Lodz, diesem von deutschen Tuchmachern begründeten Manchester Polens, um eine reiche Industriellengattin davon zu überzeugen, zur Sponsorin einer in Not geratenen hochbegabten Schriftstellerin aus bester Familie zu werden. Er hatte der vermögenden Frau zuvor ein graphologisches Gutachten erstellt, welches sie beeindruckte. Die Familie widmet sich der Expropriation der Lodzer Weber, es handelt sich demnach um eine im höchsten Maße molochitische Existenzform, doch der Kritiker des Molochismus ist nicht gekommen, das zu kritisieren, im Gegenteil.

Klages' Franziska-Mission ist erfolgreich. Die Expropriateurin der zentralpolnischen Weber willigt ein, der schreibenden Mutter in Not künftig 800 Mark pro Monat zu zahlen. Und was macht die gesponsorte Mutter in Not?

Es ist Februar, sie muss zum Fasching. Er hat dort nichts verloren, er will, dass sie beide nach Höhenroth fahren.

Aber doch nicht während des Faschings. Es gibt den Scharfrichterball, den Bauernball, die Nachkirchweih, die Schwabinger Bauernkirchweih und den Bal paré im Deutschen Theater natürlich. Nein, sie kann jetzt hier unmöglich weg. In *Herrn Dames Aufzeichnungen* wird Franziskas literarische Doppelgängerin Maria dem titelgebenden Herrn Dame ihre Not einmal, für jeden nachlesbar, so schildern: »... *ich muss immer gerade das tun, was er nicht leiden kann, er hasst den Karneval und sagt, es sei ein unechter Rausch. Aber für mich ist es ein wirklicher – ich bin nur glücklich, wenn jeden Abend ein Fest ist. Und jetzt will er aufs Land gehen, weil er das nicht mehr mitansehen kann, es wäre lebensfeindlich, sich so zuzurichten wie ich! Aber was soll ich tun? – was meinen Sie dazu, Monsieur Dame?*

Und Herr Dame, unter seinem Leben nicht minder als unter seinem Namen leidend, jener *matten, neutralen Note* sich ergebend, die ihm nun einmal zu eigen ist und die doch nicht zu hindern vermag, dass ihm fast immer das Herz wehtut, antwortet: »*Was soll ich meinen? – ich tue immer nur das, wozu ich verurteilt werde.*«[79]

Das würde sie nie tun. Sie verurteilt sich grundsätzlich selbst: und zwar zum unnachgiebigen Vergnügen.

Also bricht Ludwig Klages allein auf, schreibt der zu Alimentierenden einen viele Seiten langen Brief, in dem er ihr noch einmal darlegt, wer sie ist, genauer: wer sie für ihn ist. Er erklärt ihr die »Schlünde der Nacht« genauer, sein Abgetrenntsein von sich, von den Menschen, von der Gegenwart, dieser molochitischen Gegenwart, und dann: »So stand es, EHE ich Dich sah. Mit Dir aber hob sich ein andres mächtigeres Sternbild, hob sich, was ich längst verzichtend abgetan: der Glaube an eine neue Lebensmöglichkeit. Erst scheu und immer wieder zweifelnd ... Da aber gabst Du mir einen Trank des tiefsten Lebens voll. Und da loderte dieser Glaube hoch auf und nun will meine Seele nicht mehr davon lassen. Und müsste ich es dennoch – ich weiß nicht, ob ich noch einmal die Wüste der Entsagung ertrüge«[80].

Und was schreibt sie ihm? Sie könnte ihm mitteilen, dass sie sich in Frank Wedekind verliebt hat, dieser sich aber bislang nur ungenügend in sie. Sie meldet, *dass der Verbrecherball brillant überstanden ist,* was immer er sich dabei denken mag. Und dann: *Bulletin vom Faschingsdienstag 1902. ... War NICHT am Bal paré. Temperatur 36,5. Vergiftungssymptome im Abnehmen. Ohne 6-fache Maximaldosis geschlafen. Allgemein erwarteter exitus letalis bisher noch nicht eingetreten. Wann schreiben Sie einmal. ... F. R.*[81]

Soll er das lustig finden? Niedergeworfen von einer Nikotin- oder/und Alkoholvergiftung kann sie nicht zum Bal paré gehen, sonst wäre sie gegangen; ist das lustig? »Wäre es möglich, dass dies Gefäß das Leben nicht mehr fasst? Wäre es möglich, dass auch dieser, mein größter Mensch, den Weg des Behagens ginge?«[82], fragt er sie sehr nietzscheanisch. Das ärgert sie.

Sie taugt nicht zur Bürgerin einer Erziehungsdiktatur. Doch er kann auch bitten statt fordern: »... verlass den noch Verwirrten nicht sogleich! DURCH Dich ist er FÜR Dich auch stark und will Dich jubelnd durch Sümpfe und Strudel tragen und fest Dich halten, wenn Du strauchelst.«[83]

Aber was, wenn sie das Getragenwerden nicht erträgt? Und nicht das Festgehaltenwerden. Woher will er wissen, ob das, was er Straucheln nennt, nicht vielleicht ein Freudensprung war, nicht ideal abgefangen, schon wahr, aber doch ein Freudensprung. Fasching ist doch kein Straucheln. Und dann schmiedet er auch noch gemeinsam mit ihrem alten Arzt Dr. Noorden einen Kur- und Genesungsplan für die Uneinsichtige. Sie soll rundumgesunden in der Schweiz. Und vor allem: weniger rauchen, am besten gar nicht mehr rauchen.

Der Scherbenmann

Am 2. Mai fährt ihr Zug in ein neues, gesünderes Leben. Klages hatte das Gefühl, ein Schweizer Sanatorium wäre der ideale Aufbewahrungsort für sein »Gefäß des letzten, abgründigen Seins«. Dort würde es gewiss nicht in Scherben gehen, im Gegenteil, sicher wie in einer Vitrine würde es da stehen. Jede kleinste, noch fast unsichtbare Bruchlinie würde bemerkt und beseitigt oder doch wenigstens neu verfugt werden. Hätte sie ihm doch nie etwas von den Lungenstichen im Rücken und unterm Schlüsselbein erzählt. Fünfzig Zigaretten am Tag findet er zu viel. Dass sie nicht schreiben könne, wenn sie nicht denke, und nicht denken könne, wenn sie nicht rauche, lässt er nicht gelten. Dass ihr Unterleib aus lauter Nähten bestehen muss, weiß er, ihre Dauerkopfschmerzen kennt er auch. Also Sanatorium.

Sie haben sehr viel gestritten in diesem Frühjahr, auch fand sie das Angebot eines Bekannten, ihn nach Italien zu begleiten, ungemein attraktiv, im Gegensatz zu ihrem nicht legitimierten Erziehungs- und Liebesdiktator. Und Geld hat sie doch jetzt dank der monatlichen 800 Mark aus Lodz! In einem schwachen Augenblick stimmte sie dem Schweizplan jedoch zu, unter entschiedenem Protest ihres inneren Freiheitsbeauftragten. Dafür begegnet sie Klages nun mit äußerster Distanz. Der inzwischen verheiratete Paläontologe bringt Mutter und Kind zum Zug nach Montreux. *Im letzten Moment erscheint Klages strahlend in dem Siegesbewusstsein, dass ich doch abfahre, was er wohl für sein Werk hält, und mit unglücklichen Scherzen, auf die ich kein Wort antworte.*[84]

Siegesbewusstsein? Klages: »Seit der Abreise nach Montreux am 2. Mai 1902 fühle und weiß ich: nie werde ich dies Weib gewinnen; und es beginnt eine Zeitspanne der VERZWEIFLUNG. – In der Schule erwog ich einmal den Gedanken freiwilligen Abschieds vom Leben; aber damals hatte er etwas Düster-Großartiges. Jetzt RINGE ich täglich mit demselben Gedanken; aber dahinter steht Öde, Leere, Verrat am Werk, steht das Nichts.«[85]

Sie hat Adam geschrieben, wie Klages ihr vorkam im Augenblick ihrer Abfahrt. Wie lächerlich. Wie verfehlt. Und der hat es dem Kandidaten des Nichts vorgelesen, Wort für Wort. Diese Kälte! – Als sie davon erfährt, möchte sie den Verhöhnten am liebsten in die Arme nehmen, brieflich. Aber sie darf nicht, es kommt darauf an, seine Erzieher zu erziehen, also heißt es, pädagogisch klug vorzugehen, taktisch, rational, überlegen: ... *ich muss mir Zwang antun, um ablehnend und kühl zu schreiben.*[86]

Das klingt dann so: ... *immer wenn Sie glauben, mich ganz zu besitzen, dann tritt für Sie das ein, was Sie Gleichklang nennen, dann ist alles gut, und Sie sind überzeugt, es bleibt nun gut. Und umgekehrt, wenn Sie dieses Gefühl nicht haben – fällt alles auseinander. Zugleich aber bin ich fest überzeugt, dass Sie das NIE sehen werden.*[87] Und so geht das weiter. Strenge Didaktik, als spräche sie zu einem Fremden, zwei Seiten lang. Und der letzte Absatz erst: *Wenn Sie MIR Freude machen wollen, so leben Sie für sich etwas vernünftig mit oder ohne Versprechen, und denken Sie daran, was wir in letzter Zeit manchmal über Ihre Werke gesprochen haben. DEN Glauben möchte ich nicht gern verlieren. Aber schreiben Sie mir nur darüber, wenn Sie Gutes zu schreiben haben. Sonst will ich lieber nichts wissen. – Ihre F. R.*[88]

Er lädt seinen Revolver und legt ihn vor sich auf den Schreibtisch. Es wäre nicht gut, im Augenblick des Entschlusses erst suchen und laden zu müssen, es wäre zu profan. Wie kann sie nur?

Er hatte ihr doch genau gesagt, was passieren würde, wenn sie versagt. Er hatte ihr sogar gesagt, dass er leichter über ihren Tod hinwegkäme als über ihre Leichtfertigkeit. Aber ihr Tod steht wohl nicht zur Debatte, also seiner: »Und könnte es wirklich geschehen, dass auch dieser, dieser Mensch die Seele des Lebens nicht zu halten vermöchte – dann sind die ewigen Gestirne dem Blick der MENSCHHEIT für immer entrückt«, ihm zumindest, »und nichts kann mich mehr nötigen, noch länger zu verweilen ...«[89] Das hat er ihr gesagt.

Sie beobachten sich gegenseitig, der schussbereite Revolver und er. Mehr als ein Vierteljahr lang lassen sie sich nicht aus den Augen. Ob er ihr Bild am Saum des Meeres jetzt schon abhängt oder erst später: Es lässt sich nicht mehr ermitteln. Da ist etwas aus dem Ureinklang des Meeres gerade an Land gegangen, an den Saum seines Schicksals gespült, frei zur Selbstübernahme und doch noch nicht losgelöst von seiner Herkunft. Man nennt es auch die Menschwerdung. Und das alles gefasst im Bild einer Frau, in ihrem Bild. Vorbei.

Vernünftig soll er leben? Nicht sie fällt in Scherben, er. Es hat keinen Sinn mehr, sie aufzuheben und wieder zusammenzusetzen. Er würde sie doch nicht wiederfinden. Er zählt die Cognac-Flaschen nicht mehr, die er leert. Seine Schwester und Busse zählen sie durchaus. Stefan George registriert: »Er kam nie zu uns ohne zwei Flaschen Wein und betrank sich. Dass ein Frauenzimmer an einem so geistigen Menschen so etwas fertigbringen kann.«[90]

Aber der Scherbenmann betrinkt sich gar nicht immer bei George, Wolfskehl und den anderen. Meistens betrinkt er sich allein: »Manchmal wandere ich, mit der Flasche versehen, abends hinaus in die damals noch unbebaute Schwabinger Ebene und trinke und trinke an einem Grabenrande, bis die unheimlichste Morgenstunde beginnt, die Stunde VOR Sonnenaufgang mit ihrer fahlgrünen Färbung, die Stunde der Gespenster. Komme ich um vier oder fünf Uhr nach Hause, so falle ich bisweilen betäubt auf den Boden und schlafe auf den harten Dielen unausgekleidet ein paar Stunden, um mit dumpfem, verheertem Kopf zu erwachen.«[91]

Sie soll gesund leben, vor allem gesund, hat er ihr immer gesagt. Und wie lebt er? Oder ist das schon ein Sterben? Vielleicht hätte er ein Schweizer Sanatorium jetzt viel nötiger als sie, schon der geregelte Tagesablauf spricht für diese Einrichtung. Wenn er

wieder nüchtern ist, schickt er ihr das Geld aus Breslau, Bilder-
bücher für Rolf, in einem Anfall alter Fürsorglichkeit Anfang Juni
sogar ein Paket für beide, aber gewiss ohne Blumen. Zwischen
der Patientin in Montreux und ihm gehen Briefe größtmöglicher
Kühle hin und her. Immerhin, sie ist jetzt eine Frau mit regelmä-
ßigem Einkommen, also eine Frau mit Zukunft. Zurück in München, wird sie sich wohl eine neue Wohnung nehmen, vielleicht
sogar neue Möbel kaufen.

Und dann geschieht es. Es ist der 23. Juli: *Durch Klages die schlimme
Nachricht, dass Frau Paula Unterstützung eingestellt, alles aus, Pläne,
Träume.*[92] Frau Paula ist die bekennende Molochitin aus Lodz. Sie
fährt sofort nach München, trifft Klages, wahrscheinlich sehr
blass, und sieht ihre zwei Zimmer wieder, die sie in ihrer tenden-
ziellen Unbewohnbarkeit an die tiefste Misere erinnern. *Ich sehe
meine alten Sachen an und denke: Nun bleiben wir doch zusammen.*[93]

Der Kandidat des Alkoholismus muss wieder nach Lodz fahren, um die Fabrikantengattin umzustimmen. Mag sein, er macht
diesmal keinen wirklich überzeugenden Eindruck. Am 2. August
weiß sie, dass ihre Zukunft Vergangenheit ist.

Dann geht sie zurück nach Schäftlarn, ins Kloster, um weiter
an ihrem Roman zu arbeiten, dem es jetzt ganz allein obliegt, sie
zu einer wohlhabenden Frau zu machen. Am 10. September wagt
sie es, Klages zu fragen, ob er nicht Zigaretten schicken könne:
*Ich habe mich nur mit einem Zigarettentabak versehen, der mich ganz
melancholisch macht.*[94] Und da ein Brief, in dem nur das drinsteht,
nicht von Höflichkeit gegenüber dem Empfänger zeugt, Höflichkeit inzwischen aber zur Grundlage ihres Verkehrs geworden ist,
fügt sie noch hinzu: *Denken Sie sich meinen Schrecken, als vorgestern
plötzlich aus dem Walde Suchocki auftauchte.* Er kennt diesen polnischen Maler, das geht gar nicht anders, denn er fehlt auf keinem
Fasching. Und sie beschreibt Klages nun viele Sätze lang, wie es
ihr gelang, das polnische Karnevalsphantom wieder in den Wald
zurückzuschicken. *Übrigens ein Mensch, mit dem ich doch auf die
Länge nichts anfangen könnte, ... ein verblühter Bohemien, er ist eine
Art von Menschen, die NUR eine Jugend und nur EINE Jugend haben.*
Was für eine leichtfertige Auskunft.

»Und ist es Trieb, so ist es Pflicht!«

Am 4. November 1902 ist der Roman fertig. Erlösung und Glück-seligkeit. An einem wunderbaren sonnigen, halbnebligen Herbst-morgen verlässt sie das Kloster wie eine Heimat. München? *München ist viel weniger geworden, seit Klages von mir fort ist.* Trotzdem fährt sie zurück. Sie hat, wie so oft, kein Geld und keine Woh-nung. Das Baschl nimmt Mutter und Kind auf. Mag sein, die Hauptmieterin weiß schon, wer vor der Tür steht, als es wieder-holt klingelt. Sie öffnet nur einen Spalt und hält ihre schmale weiße Hand hinaus. Jemand legt etwas hinein. Für die Beher-bergte. Es ist eine Gürtelschnalle als Blumengesteck. Von Su-chocki, dem Mann mit *NUR einer Jugend und nur EINER Jugend.*

Einen Abend zu Klages, aber nicht hineingegangen, weil Putti mir aufmachte und alle zusammen im Zimmer sitzen. Geh' zu Fuß heim, ein Gemisch von Sehnsucht, Zorn, Abneigung, Abgestoßensein etc.[95] Seit dem vergangenen August ist Putti wieder da. Wahrscheinlich weiß die abgewehrte Besucherin nicht, dass Klages' Schwester Helene und sein Freund Busse ohne dessen Wissen an die unbe-gabte Pariserin geschrieben haben: Wenn sie den Untermieter ihres Lebens retten wolle, solle sie zurückkehren, und zwar un-verzüglich, bevor es zu spät sei. Und alles, was sie an Liebe habe, sei mitzubringen, vollzählig, wenn möglich mehr, sinngemäß, das Fahrgeld lag dem Notruf bei. Die Benachrichtigte begriff Größe und Umfang ihres Auftrags sofort, um ihn fortan keinen Tag mehr zu vergessen.

Das Ergebnis liest sich im Erstbericht der Gräfin, erstellt be-reits im August, so: *Einen Abend bei Klages, Friedrich Huch, Busse, Putti. – Fast dabei wie in einer fremden Welt – die Puttiatmosphäre ist schlimm, ich möchte nicht täglich drin atmen. Und sie meinen, ich bin es, die von ihnen fortbleibt.*[96] Schon im September des vergangenen Jahres, als die fünfzehn Jahre Jüngere gerade nach Paris verbannt wurde, hatte Franziska notiert: *… Angst vor Eifersucht, ob auch hier jemand anders kommt, mir etwas wegzunehmen. Wenn ich etwas mehr Zutrauen zu Putti hätte, schwiegen solche Gefühle in mir.*[97] Sie schreibt ihren Roman neu ab, Langen weigert sich, ihr noch einmal 100 Mark Vorschuss zu geben, dann wird ihr Kind krank; sie hat Angst, dass es die Masern sind, läuft zum Arzt, den muss sie bezahlen. Sie hätte die 100 Mark dringend gebraucht. Nieder mit Langen! Aber wer zahlt dann? Klages? Nein, der nicht, nicht mehr. Also Friess! *Die schwarze Kralle* muss zahlen. Sie halten manchmal noch Veteranentreffen ihrer Leidenschaft ab, er ist ihr diese Hilfe schuldig, aus alter Freundschaft. Nein, aus alter Leidenschaft. ... *verflucht, so zu betteln.* Doch sie kann jetzt keine Rücksicht nehmen auf ihren Stolz. Dann sitzt sie neben ihrem fiebrigen Kind, das aber doch keine Masern hat, und schreibt der Expropriateurin der zentralpolnischen Weber, dass sie sie besuchen wolle, mit Rolf, um einen guten Eindruck zu machen und wieder Geld zu bekommen. Sie formuliert das viel gewinnender, bekommt trotzdem eine Absage aus Lodz, die sie niederwirft. Der Zustand der Bedürftigkeit macht noch aus jedem Genie eine Larve.

Wer ist sie? Sie ist eine zu viel. Je mehr Helene von Basch sich bemüht, Mutter und Kind nicht merken zu lassen, dass in ihre kleine Wohnung nicht drei hineinpassen, zumindest nicht auf Dauer, desto mehr spürt Franziska es. ... *alles zersplittert wieder.* Die Korrektur des Meisterdenkers von nebenan kennt sie schon: ... *nach Klages' neuer Theorie bin ICH das, was zersplittert.*[98] Seltsam, dass sie diese Auffassung überrascht. Sein Gefäß des »höchsten und tiefsten Lebens« ist entzweigesprungen. Er fühlt sich für die Scherben schon aus Gründen des Selbstschutzes nur noch bedingt verantwortlich.

Otto Falckenberg, der unglückliche Liebhaber des Theaters, ist in Italien, also steht seine Wohnung am Englischen Garten sträflich leer, sie möchte das ändern. Sie findet *wüste* Zimmer, tendenziell unheizbar, *alles in bodenloser Unordnung, schmutzig und grauslich*, die Wasserleitung eingefroren, *zu Klages, um Hilfe zu holen.* Sie ist es so gewohnt. Das Badezimmer erweist sich als der einzig beheizbare Raum der Wohnung, er wird zum Frühstücks-, Arbeits- und Vorlesezimmer; wenn jemand kommt, der baden will – wer hat schon ein eigenes Bad? –, nimmt sie eine Benutzungsgebühr, vorzugsweise in Naturalien wie wollenen Strümp-

fen. Nur zum Schlafen verlassen Mutter und Kind den Feucht-
raum.

Wohin sollte sie auch gehen? Zu Klages kann sie nicht mehr,
denn da posiert jetzt Putti, als hätte sie eine Festung zu verteidi-
gen; aber Wolfskehls Tür steht ihr offen, bei ihm ist immer geheizt, obwohl sie auch dort mit dem fatalen Duo zusammen-
trifft. Also verharrt sie einen ganzen Abend lang neben dem
Ofen, statt mit den anderen am Tisch zu sitzen. Im Dezember
kann man solche Rückzüge begründen.

Dem Hausherrn, der einmal als Professor Hofmann in ihrem
Roman auftreten wird und die Geschichte seiner Familie bis zur
Zeit Karls des Großen zurückführen kann, entgeht das nicht. Am
nächsten Morgen steht er vor der Tür des Falckenberg'schen Eis-
schranks am Englischen Garten und hilft ihr umziehen. Eine
Freundin von Klages' Schwester fährt über Weihnachten nach
Hause und braucht ihr möbliertes Zimmer nicht. Marie Römermann hatte unlängst bei ihr baden dürfen, Obolus: zwei Woll-
strümpfe. Außerdem schreibt sie jetzt ihren Roman ab.

Weihnachten in einem möblierten Zimmer, das ist *zum Davon-
laufen*, hier kann sie keinen Baum aufstellen. Sie könnte ohnehin keinen bezahlen. Zwar hat ihr Bruder Ludwig gerade vor-
weihnachtliche 200 Mark geschickt, er hat auf Wulfshagen zum
allgemeinen Entsetzen sogar eine Gewinnbeteiligung für die
Gutsarbeiter eingeführt. Hoffentlich sind die Bauern bessere
Hausfrauen, ihr Vermögen *ist wie an der Sonne zerschmolzen und
rückwärts gegangen*. Sie hat ihre schlimmsten Schulden bezahlt,
vor allem an Adam, schon um den Anschein ihrer Kreditwürdig-
keit aufrechtzuerhalten, verübelt ihren Gläubigern aber doch ein
wenig die Bereitwilligkeit, mit der sie das Geld annahmen. Ahnt
denn keiner, wie es ihr geht? Sie ist zu stolz, um ihre Not zu
zeigen.

Und ausgerechnet jetzt erinnert sie der unerfreulichste ihrer
Backenzähne an seine Existenz, um den Beweis anzutreten, dass
das Fegefeuer keine Erfindung der Pfaffen ist. Der Ausweg heißt
Dr. Ermanno Ceconi, Dentist aus Padua. Die Schriftstellerin
Ricarda Huch hatte ihn aus Italien mitgebracht, was zu bereuen

sie wohl längst begonnen hat. Ceconi versteht viel von Frauen und von Zähnen. Das ist ihr Vorweihnachtstag.

Abends besucht sie Wolfskehls, um wie im letzten Jahr beim Tannenbaumschmücken zu helfen. Bei Wolfskehls fällt es ihr leichter, sich vorzustellen, dass morgen Weihnachten ist. Leider sind Klages und Putti auch da. Kommentar der Versehrten: *Ich schmerzgelähmt auf dem Sofa.*[99] Ist es mehr der Zahn oder der Putti-Klages-Anblick? Wohl beides.

Dem Hausherrn entgeht nichts. Die arme kleine Gräfin! Halb Schwabing weiß, dass die Liebe der Gräfin und des Kosmikers zu Komplikationen neigt, aber das hat sie nicht verdient.

Karl Wolfskehl hat ein großes Herz. Am 24. Dezember mittags steht er vor ihrer Interimstür, mit einem Kegelspiel für Rolf. Dann geht sie zum großen Rolf, zum Paten des kleinen Rolf. Dessen Frau schenkt ihr 100 Mark, das kommt so unverhofft, dass sie vor Erleichterung in Tränen ausbricht. Spielsachen kaufen für den Gabentisch! Es ist noch nicht zu spät. Dann Bescherung bei Helene von Basch, mit dem alten Hausmeisterpaar Maurer wie jedes Weihnachten. ... *große Mäuseseligkeit. Ich bin ganz Zahnweh. Spät mit der Maus und all ihren Weihnachtssachen im Fiaker heim ... Wie haben wir uns lieb, o Gott, meine Maus.*[100]

Am letzten Tag des Jahres begehen Friess und Ceconis Patientin in seiner Anwaltspraxis den fünften Jahrestag ihrer Begegnung. Wenn sie die Art ihres Zusammenseins definieren müsste, würde sie sagen: *Erotische Freundschaft mit etwas Heimweh drin.* Er hat noch etwas anderes vor, sie auch. Vielleicht wartet Karl Wolfskehl bereits auf sie, alle anderen sind schon da, leider auch Putti mit Klages als Geisel. Alfred Schuler ist mit seiner alten Mutter erschienen, sie sind beim Bleigießen. Schuler weissagt aus Blei: »*Klages, Sie sind ein zerfahrener Mensch.*« Sie zerfällt? Er zerfällt also auch.

Putti ist bereits ziemlich betrunken, die Spätgekommene beginnt die Wirkung des Alkohols ebenso zu spüren, als der Gastgeber sie in ein anderes Zimmer bittet. Karl Wolfskehl tritt vor sie hin, wohl nicht ohne eine gewisse Feierlichkeit, und gesteht ihr etwas überaus Merkwürdiges, etwas, worauf sie nie gekommen wäre: seine Liebe. Eine Jungfrau dürfte an dieser Stelle in Ohnmacht fallen, aber was soll sie tun? Die Überraschte wählt eine andere Möglichkeit aus dem Verhaltenskanon der ewigen Jungfrau: Sie flieht, und zwar nach Hause.

Am Neujahrsmorgen geht sie zu Klages, sie muss sich jetzt mit jemandem beraten, und mit wem sonst soll sie sich in Fällen wie diesem beraten, wenn nicht mit ihm? Es ist eine alte Gewohnheit der Seele. Oder ist der Richtige nunmehr der Falsche? Es gibt zwei Gebote, die jeder berufene Schwabinger kennt und bejaht: »Doch stört nur nie / den Frieden der Liebenden.« Hölderlin. Das andere: »Und ist es Trieb, so ist es Pflicht!« Die Schwabinger sagen, das sei von Goethe.

Etwas später erscheint auch Karl Wolfskehl bei Klages. Er benötigt dringend eine Einverständniserklärung. Als Mann von Ehre muss er es ablehnen, sich ohne Billigung des Vorliebenden der Gräfin zu nähern, zumal unter Kosmikern.

Beide gehen, versehen mit dem gewünschten Ermächtigungsbescheid. Noch geschmackloser als die Menschen ist manchmal das Leben selbst.

Der Stab des Dionysos

Schon nach dem Aufstehen fangen Mutter und Kind an zu singen, dann gehen sie eislaufen, gleich nach dem Frühstück; alle Tage, als wären sie ein Wesen, Mutter und Kind. Sie hat Geld für zwei Monate und eine neue Liebe. Oder eineinhalb neue Lieben? Wolfskehl und ... Sollte sie den besitzlosen polnischen Baron, der ihr folgt wie ein Schatten, mitzählen müssen, jetzt schon? Und schon in der ersten Januarwoche beginnt die Faschingszeit, ihre Jahreszeit. Zuerst ist *Elendenkirchweih* in Pullach.

Sie durfte in der Wohnung der Freundin von Klages' Schwester wohnen, die Helene nach München gefolgt ist und jetzt ihren Roman abschreibt. Beide waren noch nie auf einem Karneval, sie wird das ändern, sie wird die Neuen, die Furchtsamen einführen. Als Marketenderin – Helene Klages – und Zigeunermädchen –

die Freundin – stehen sie vor ihrer Tür, zu allem bereit. Die Gräfin trägt einen feinen roten Strich um den Hals, dazu ein zart blutbespritztes Arme-Sünder-Kleid. Das ist »die Hingerichtete«, Ludwig Klages hat sein Urteil über sie gesprochen. Jede gute Verkleidung ist zugleich eine Offenbarung. Ob er Masken lesen kann? Oder ob er sich von Suchocki täuschen lässt?

Suchocki, das weiß sie, wird als Henker in rasselndem Kettenhemd und mit Schwert erscheinen. Bei Wolfskehl treffen sich alle, die mitwollen und mitmüssen. Im Bericht des Zigeunermädchens: Stefan George kommt herunter, »um uns alle prüfend zu betrachten ... und sagt mit seiner schnarrenden Stimme ..., dass ich die beste Maske sei.«[101] Die Elevin des Karnevalwesens ist stumm vor Auserwähltheit.

Mit der Eisenbahn fahren sie bis Groß-Hesselohe, wo lange vierspännige Bauernschlitten auf die Schwabinger warten, Fackelreiter an beiden Seiten geben ihnen das Geleit, und ein unhintergehbares Gefühl des Lebendigseins überkommt die Boheme. So treffen sie in Pullach beim *Rabenwirt* ein. Überall Masken, tanzwillig, rauschbereit. Das von Stefan George ausgezeichnete Zigeunermädchen protokolliert: »Ich fliege von einem Arm in den anderen, tanze bis ich beinahe umfalle, sehe überhaupt keinen einzelnen mehr, über mir Tannengewinde, bunte Fahnentücher, Lichter, rote Lichter, Kränze, sich drehende Lichterkränze, Musik, Musik, bacchantisches Treiben. ... Das ERSTE Faschingsfest, unbeschreiblich, berauschend wie alles ERSTE Erleben.«[102] Und auch wenn es nicht das erste ist, wie im Fall der Gräfin, sie besitzt das Talent, es ebenso zu spüren, denn ebendas ist das Wesen des Festes, des Rausches. Alles ist wie zum ersten Mal.

Wie formuliert das doch der künftige Autor von *Der Geist als Widersacher der Seele* so treffend: »Einen Zentner Verstand für ein Quentchen Wahnsinn.«[103] Leider ist er selbst zum Wahnsinn nicht begabt, weshalb er sich damit begnügen muss, sich seinen Verstand wegzutrinken. Das ist zumindest ein echter Rausch, wenn auch der niederste der erreichbaren; den Karneval hält er noch immer *für einen unechten Rausch*. Gekommen ist er trotzdem, als Zeuge.

Es folgt der Scharfrichterball. Roderich Huch, Franziska zu Reventlow und der polnische Baron erscheinen als *griechische Knaben*: schwarze Trikots, rote Kränze und weiß beschnürte Beine, *wirklich sehr schön*. So vermerkt es das Tagebuch; *Herrn Dames Aufzeichnungen* zufolge handelt es sich bei den Knaben näherhin um Hermaphroditen: *Maria* – Franziska – *stieß Konstantin* – Roderich Huch – *an, und er sagte zögernd:* »*Ja, wir dachten, mit schwarzen Trikots. Maria behauptet, sie habe auf etruskischen Vasen so etwas gesehen – schwarze Beine, mit weißen Bändern umwickelt.*«[104] Alfred Schuler – Delius – befindet die schwarzen Trikots für historisch-kritisch unhaltbar, auch habe es Hermaphroditen auf römischen Prozessionen kaum gegeben, die drei Zwischenwesen erweisen sich jedoch als unbelehrbar. Die hermaphroditische Trinität erregt Aufsehen, nicht zuletzt als einer der griechischen Knaben *den schönen Meier* verprügelt, weil der sich einem der beiden anderen griechischen Knaben ungebührlich genähert hatte. Es ist Bohdan von Suchocki! Sie könnte gewarnt sein.

Mag sein, es ist dieser Ball, da sie einem jungen Mann begegnet, der ihrem Leben bald in folgenschwerer Weise assistieren sollte. Obwohl schon etwas länger da, ist er immer noch recht neu in München, er ist überhaupt nicht sehr begabt, irgendwo anzukommen, nicht in einer Stadt, nicht im Leben. Franz Hessel, Sohn eines Stettiner Getreidegroßhändlers, wird darüber zehn Jahre später einen Roman schreiben, einen kaum verhüllt autobiografischen Roman, den Konkurrenzbericht zu *Herrn Dames Aufzeichnungen*.

Auch seine erste Begegnung mit dem dritten griechischen Knaben im schwarzen Trikot ist darin vermerkt. Ein Faun mit Panflöte hatte ihn eingeladen, er müsse unter Menschen kommen, jeder müsse das, und der Ermahnte ging, widerstrebend, »mit schwerem Herzen« und vor lauter Scheu als Pierrot verkleidet hin: Er »stand auf und sah in die Wunderwelt. Da verließ eine Dame in Jünglingskleidung ihren Tänzer, einen schwer gepanzerten Ritter, und kam gerade auf ihn zu. Ihre schlanken Beine staken in schwarzen Trikots und machten elastische Schritte. Das weiße

Oberkleid war antikisch zugeschnitten. Nun traf ihn der Blick der weitoffenen Augen. Er fragte unwillkürlich: ›Wer bist du?‹

Sie war schon fast an ihm vorbei, drehte sich um und sagte: ›Das hat man mir gestern auseinandergesetzt. Irgend etwas sehr Entlegenes. Weißt du es denn nicht?‹

›Ach ich‹, sagte Gustav, ›ich weiß gar nichts.‹

›Das ist ja ganz tröstlich‹, meinte sie belustigt. ›Kannst du tanzen?‹

›Ja, aber nur richtigen Walzer wie in der Tanzstunde. Die hiesigen Tänze habe ich noch nicht gehabt.‹

›Auch das ist tröstlich‹, sagte sie, ›komm mein geliehener Pierrot.‹

Sie tanzte mit ihm erst durch den Saal und dann hinaus in den halbdunklen Gang. Gustav musste achtgeben, dass sie beim Drehen nicht an die aufgestapelten Tische und Stühle stießen.

›Wir tanzen Kehraus‹, sagte sie, ›der Karneval geht zuende.‹

Er sah ihre nahen Augen, die noch weiter und seltsamer erschienen in der Dämmerung des Vorsaals. Er fühlte den Atem und fast die Form ihrer Lippen.

›Geht der Karneval schon zuende?‹, sagte er und wusste nicht recht, was er meinte. ›Ich glaubte, er fängt eben erst an.‹

Die Lippen vor ihm lächelten gleichmäßig einladend. Aber es war ein Lächeln ohne Ansehen der Person, als wäre die Lächelnde der Karneval selbst. Wie es geschah, dass er sie küsste mitten im Tanz, wusste er selbst nachher nicht. Vielleicht hat sie ihn zuerst geküsst.«[105] Der Karneval im schwarzen Trikot erklärt seinem Tänzer, nun zurück in den Saal zu müssen; er bemerkt, wie das schwere Kettenhemd mit Schwert ebenso schwere Blicke auf sie richtet. Als der vom Fasching Geküsste wieder allein ist, klärt ein junges Mädchen ihn auf: »Wissen Sie auch, mit wem Sie vorhin getanzt haben? Das ist die berühmte Broderson, Gerda von Broderson.‹

›Wovon ist sie denn so berühmt?‹

›Sie ist als junges Mädchen von zu Haus fortgelaufen, nur um der Freiheit willen. Sie hat ein schönes Kind … Sie ist sehr erfahren und klug. Halten Sie sich an die, da können Sie das Leben kennen lernen, Sie kleiner Eckensteher.«»[106] Der Ermahnte wird es nicht vergessen. Der Mann in der Rüstung ist natürlich Suchocki, die Rüstung spricht für ein anderes Kostümfest, aber seine größten Auftritte wird der Baron immer als Mann in Eisen haben, mag sein, der Autor hat dem Typischen den Vorzug gegeben.

Bloß Tage später lädt Karl Wolfskehl zum »großen Antikenfest«. Prosaiker werden es beharrlich als »heidnische Orgie« bezeichnen und den Verdacht äußern, man habe Blut aus Schalen getrunken. So zumindest steht es in den *Aufzeichnungen*. Da Stefan George gerade bei Wolfskehl wohnt, muss er mitmachen. George wählt eine Figur, für die er sich kaum verleugnen muss: Julius Cäsar. Efeukranz und weiße Toga.

Im Jahr darauf wird er als Dante auftreten, demnach als er selbst. Dass der Dichter der *Göttlichen Komödie* ihm auf erstaunliche Weise ähnelt, fiel ihm früh auf. War Dantes Profil nicht das seine? Er wird nicht müde werden, *Die göttliche Komödie* neu zu übertragen. Dantes großes Werk ist jedoch viel mehr als eine Dichtung, eine Komödie ist sie schon gar nicht, höchstens vom Standpunkt Gottes aus gesehen: Sie ist ein Richtspruch. Das ist ihr wahres Naturell. Dichten heißt herrschen! Zwar legt alles, die Gegenwart zumal, die Richtigkeit des Gegenteils dieser Annahme nahe, aber der genötigte Karnevalist mit dem einschlägigen Profil hat nicht vor, sich beirren zu lassen. Nicht nur, dass Dichtung und Macht zusammengehören; Stefan George geht, wie sein Biograf Thomas Karlauf darlegt, noch einen Schritt weiter: In jeder Epoche stehe dieses Amt nur einem Einzigen zu, und der Mann, der sich in diesem Jahr noch mit der etwas subalternen Rolle des Julius Cäsar zufriedengibt, erfreut sich der Gewissheit, genau dieser eine zu sein.

Sein Apostel, der Hausherr und neue Hauptliebhaber der Gräfin, tritt ebenfalls als Herrschender auf, nämlich als rasender Dionysos, *in purpurrotem Gewand mit Weinlaubkranz und einem langen goldenen Stab*. Auch Wolfskehl trägt keinesfalls eine Maske, im Gegenteil, die Maske trägt ihn. Dionysos bejaht das Weib als solches, er neigt tendenziell zu der Ansicht, es gebe gar keine häss-

lichen Frauen. Jede darf sich unter seinem Blick als gemeint empfinden. Der Gewährsmann Bachofen selbst formuliert das in der
schamhaften, gleichwohl beredten Weise der Zeit wie folgt: »Die
zauberhafte Gewalt, mit welcher der phallische Herr des üppi-
gen Naturlebens die Welt der Frauen auf neue Bahnen fortriss,
offenbart sich in Erscheinungen, welche nicht nur die Grenzen
unserer Erfahrung, sondern selbst die unserer Einbildungskraft
hinter sich zurücklassen.«[107] Die Schwabinger würden sagen: Das
ist enorm! Wolfskehl-Dionysos verzichtet zwar darauf, die Grenzen der Erfahrung sowie der Einbildungskraft vor den Augen des
Publikums zu versetzen, doch soll es ihm gelungen sein, eine
halbe Stunde nur in Versen zu reden, was, in die letzte Konsequenz gedacht, wohl auf dasselbe herauskommt.

Die Gräfin erscheint diesmal, legitimiert durch sich selbst
ebenso wie durch ihre privilegierte Beziehung zum Gastgeber,
als Bacchantin. Alfred Schuler aber kommt in der Rolle seines
Lebens: als große Urmutter.

Wahrscheinlich sind sich beide Kosmiker bewusst, Wolfskehl
ebenso wie Schuler, dass Dionysos als der große Überwinder des
Matriarchats gelten muss. Bachofen: »Dionysos erscheint an der
Spitze der großen Bekämpfer des Mutterrechts, insbesondere der
amazonischen Steigerung desselben. Unversöhnlich … knüpft er
seine Versöhnung überall … an die Anerkennung der überragen-
den Herrlichkeit seiner eigenen männlich-phallischen Natur.«[108]

Mag sein, dass Schulers stupende Homosexualität ihm hilft,
seine Rolle mit Würde auszufüllen und die in ihr gelegene Demütigung zu genießen. Da Schuler aber ohne seine Mutter fast nirgendwohin geht, auch nicht zum Karneval, ist die große Urmutter mit ihrer eigenen Mutter gekommen. Zum ersten Mal scheint
er die alte Frau als tendenziell unpassend zu empfinden. Er
spricht nicht mit ihr.

Und Klages? Er tritt gemeinsam mit Busse ein. Im Bericht des
Zigeunermädchens: »Alles war schon versammelt, als die beiden
kamen – diese großen schlanken Gestalten, so gegensätzlich wie
nur möglich … Busse als Derwisch …, mit den großen leidenschaftlichen Augen unter den schweren Lidern, Klages wie ein

Gast aus einer anderen Welt, in langem, fließenden, purpurnen priesterlich anmutenden Gewande, bildschön, adlig, etwas fern und fremd wie meist bei solchen Gelegenheiten …«[109] Nüchtern formuliert: »Klages stets als Zuschauer abseits sich betrinkend …« Einen Zentner Verstand für ein Quäntchen Wahnsinn?

Wahrscheinlich blickt der Hohepriester der Vergangenheit voller Missbilligung auf diese karnevaleske Fehlinterpretation Friedrich Nietzsches vor seinen Augen. Mit wiederholtem Erstaunen und Befremden sieht er, wie sehr diese Dilettanten im Außer-sich-Sein bei sich sind. Inbesondere der zügellose Dionysos und seine Hauptbacchantin. Ob auch Klages bemerkt, wie Dionysos einen Augenblick lang die Fassung verliert, weil eine Unterbacchantin seinen goldenen Stab zerbricht? Oder ist es gar die Hauptbacchantin selbst? *Herrn Dames Aufzeichnungen* legen es nahe: *Maria*[110] *verfiel in einem animierten Moment darauf, an seinem ungeheuren goldenen Stab emporzuklettern – er schaute sie froh entgeistert an, hielt ihr den Stab hin, und der Stab brach in der Mitte durch.*[111] Ungläubig besieht er das geborstene Zepter.

Der Vorfall verstimmt ihn, lässt ihn vom Herrn des Rausches zum Herrn des Hauses werden, dessen Eigentum beschädigt wurde. Das ist so bürgerlich, das ist so undionysisch, sie wird es im Roman mit Tadel notieren. Dionysos' Ehefrau, die Darmstädter Kapellmeisterstochter, wird sofort nach einem neuen Stab, einem Ersatzstab laufen, Ehefrauen sind so. Im Übrigen aber gilt die Stellungnahme der Frau, die selbst über Dionysos triumphiert: *Überhaupt noch keinen Karneval erlebt wie diesen, so unendlich bewegt …*[112]

Das unterscheidet sie von Klages, der wohl gar nicht weiß, in welche Richtung er zuerst wegschauen soll. Aber wahrscheinlich stehen ihm Dionysos Wolfskehl und dieser unfassbare polnische Baron im Kettenhemd überall im Bild. Kann schon sein, dass sie mit dem Polen fliegt, aber niemals ihre Seele, niemals ihr Geist, so viel ist sicher. Und so wie dieser Mann Deutsch spricht, worüber will sie mit ihm reden? Franziskas Tagebuch: *Schon seit langem kommt der Such jeden Abend … Reden tun wir nicht viel, aber ich merke ihm vieles an, worüber er schweigt.*[113]

Klages schweigt auch. Priester und Henker begegnen sich mit größtmöglicher gegenseitiger Verachtung. Und Franz Hessel? In den *Aufzeichnungen* heißt er Willy, und er sagt zu Herrn Dame, dem Mann, der wie er niemals über die Schwelle tritt: »*... sehen Sie, der dort ist Hallwig, er ist entschieden ein ungewöhnlicher Mensch; ich möchte ihn schon lange kennenlernen, aber er hält sich vollständig zurück und verkehrt nicht mit belanglosen Leuten, wie Sie und ich es sind – nehmen Sie es nicht übel, Herr Dame ...*«[114]

Herr Dame fragt sich, woher andere so sicher sind, dass er belanglos sei. Oder ist es, weil er Jude ist, also gewissermaßen ursprungsverwandt mit dem molochitischen Prinzip? Franz Hessel – Willy – bestätigt diese Reserve gegenüber Herrn Dame so: »*Sehen Sie, lieber Herr Dame, ich habe nichts gegen die Enormen, ich verehre sie sogar aus der Ferne, und ziemlich hoffnungslos – denn sie schätzen meine Rasse nicht.*«[115]

Wie längst erwähnt verlangen Realismus und Wahrhaftigkeit, dass es Franziska zu Reventlow auf diesem Karneval doppelt gibt: als *Susanna* und als *Maria*. Als Susanna ist sie bereits Wolfskehls und Suchockis Gefährtin; als Maria aber gehört sie noch Klages-Hallwig an; und nicht nur Herr Dame registriert: *Ein auffallend schöner Mensch, und Maria scheint ihn sehr zu lieben.*[116] Maria erklärt, dass im geistigen Schwabing im Grunde nur Klages und Schuler zählen.

Als das Antikenfest vorüber ist, erklärt Ludwig Klages der Karnevalistin hingegen etwas, was sie sehr unglücklich macht und was Maria im Roman, aschermittwöchlich gestimmt, so wiedergibt: »*... er sagt, meine Seele sei am Erlöschen – Hallwig natürlich – was wollen Sie dabei machen? Und nur wegen dem Karneval.*«[117]

Herrn Dames Aufzeichnungen zufolge besiegelt dieser Karneval, unzweifelhafter Höhepunkt einer Ära, schon deren Untergang, den Untergang Schwabings, obgleich noch niemand es weiß. Und das liegt nicht zuletzt an der Missbilligung des Praeceptors Klages: *Wie ein zürnender Gott scheint er über Wahnmoching zu walten, aber immer aus der Ferne, immer in Nebel gehüllt.*[118] Wahnmoching – dieses Pseudonym Schwabings wird einmal Rolf finden, ihr Kind.

Drei Tage Ravello

Es gibt keine heidnische Heilige mehr. Die Stellvertreterin der Urmutterschaft verbringt ihre Nächte jetzt mit Wolfskehl und wahrscheinlich auch mit dem polnischen Henker. Für einen Mythologen ist das eine schwere Erkenntnis. Klages flüchtet in die tiefste Vergangenheit. Die Wiedergängerin der Gräfin ist Hestia, die römische Göttin des Herdfeuers, die Erhalterin des Menschengeschlechts.

Wenn eine Frau nicht zur Erhalterin des Herdfeuers begabt ist, dann die Gräfin. Es geht ihr immer wieder aus. Hestia ist die vollkommenere Franziska. Klages schreibt jetzt ein Buch über Hestia. Aber wo? Er braucht Abstand.

Er fährt mit Putti nach Lubochin bei Lodz. Wahrscheinlich hat er die Gutsherrin Rose Plehn während seiner Pro-Franziska-Besuche bei der Fabrikantengattin kennengelernt. Für die Malerin Rose Plehn ist Franziska keine Unbekannte. Ihre Schwester hat mit ihr das Lübecker Lehrerinnenseminar besucht, und als das Sorgenkind des Daseins nach Adelby verschickt oder gleich entmündigt werden sollte, bot Rose Plehn die Alternative. Die Schwester Marie Plehn elf Jahre zuvor an die Mitschülerin: »Ich habe ihr schon früher viel von Dir erzählt«, und nun, wo alles so traurig steht, »bittet sie Dich sehr, doch zu ihr zu kommen«.[119] Ihre Schwester male den ganzen Tag und lese Schopenhauer, sie könne bei ihr das Malen lernen und, wenn sie wolle, auch die Wirtschaft. Wie anders wäre wohl alles gekommen, hätte sie damals annehmen dürfen. Das 2000 Morgen große Familiengut mitten in Polen wird Ludwig Klages zur zweiten Heimat werden.

Es ist Mai in Lubochin, Mai 1903, und Ludwig Klages denkt über das Wesen der Liebe nach: »Wer ahnungslos, obschon mit reifem Bewusstsein, dennoch mit dem Blick des Kindes mäße, der müsste nicht nur diesen oder jenen Fund der Wissenschaft, er müsste als lieblos, ja grausam die verallgemeinernde Art des Erlebens selbst verwerfen. WIR haben mit der Reife diesen Blick verloren und nur in kargen Momenten des Heimwehs die wunde

Sehnsucht nach ihm zurückbehalten. Wir haben damit die Liebe überhaupt verloren.«[120]

Denn was ist die Liebe? »Sie WAR im Menschen als der Drang des Überströmens in JEDE Form: davon zeugt der Theriomorphismus der heidnischen Götterwelt«, immer neue Mischwesen zwischen Mensch und Tier hervorbringend, und »jedem Wesen die heimliche Seele des Vogels« leihend. »Sie flüchtete sich hartbedrängt von den entsetzlichen Verfluchungen des Christentums in einen Trieb der Anbetung einzig des Menschen. Die große Leidenschaft, ein der Urzeit unbekanntes Phänomen, entstand, der marternde Glaube, nur das Geliebte hege alle Schauer und Lüste des Alls, sei allein von allen Lebenden zündende Flamme, weihender Stern, berauschender Trank und ohne es die Welt entseelter Staub.«[121] Er wird aus dem Staub wieder Erde machen, er, der Theoretiker der Enttheoretisierung.

Der Mai der Gräfin ist anders, ganz anders. Zu den Primärerzeugnissen einer Elementarseele, selbst wenn es sich um eine amputierte Elementarseele, also einen Kosmiker handeln sollte, gehören keine Bücher, Klages müsste das wissen. Elementarseelen zeugen Liebe und Rausch statt Bücher. Bohdan von Suchocki an Franziska zu Reventlow: »Mein liebes Gemausse! Darff ich MEIN nennen? Nur ein kleines Stükchen, aber das MEIN muss ohne Klages verderblicher Theoryien sein. ... Das ich das Mai furchtbar lieb habe – wissen Sie schon.«[122]

DAS Mai, natürlich, warum ist sie nicht schon früher darauf gekommen, es muss »das Mai« heißen! Die Anrede »Mein liebes Gemausse« ist auch elementarseelisch, urdichterisch. Sie wiegt im Zweifel ganze Abhandlungen über die römische Göttin des Herdfeuers auf. Der Pole Suchocki hat den direkteren Zugang ins Herz der Sprache. Franziska nennt ihr Kind *die Maus*, weiß er. Das Kind ist ihr Ein und Alles. Wie aber heißt die Mutter einer Maus? »Das Gemausse« kombiniert Suchockis Genius.

Aber »das Mai« ist schon vergeben. Im Mai ist »das Gemausse« plötzlich weg, und zwar in Ravello, im Süden bei Wolfskehl. Dionysos mit dem zerbrochenen Stab schreibt ihr schon seit Jahresanfang fast täglich und fühlt sich tief vereinsamt, wenn er nicht ebenso oft Post erhält. Im April – da war er in Neapel – hatte sie sich noch gegen seinen Liebesruf in den Süden gewehrt. Und was heißt, sie habe nicht geschrieben? Einen Tag habe sie nicht geschrieben, *weil mir wirklich sehr schlecht war … um was beunruhigst Du Dich denn? – Dass ich Dich am Mittwoch nicht so lieb hätte wie am Dienstag?*[123] Das widerlegt man am besten durch persönliche Anwesenheit am Dienstag und am Mittwoch. Im Süden!

Suchocki hilft ihr packen, weil er glaubt, sie muss nach Berlin. Sie hält nicht für möglich, dass sie fährt, bis zur letzten Minute nicht. Noch nie war sie von Rolf getrennt. Wanda Falckenberg, die im Winter ihr ungeborenes Kind verloren hatte, nimmt Rolf auf. *Mamai, mach doch die Tür auf!*, hört sie ihn noch rufen und wäre beinahe dagebliebten, in der allerletzten Minute. *Dann zum Bahnhof. Mit Falckenberg bis Verona gefahren. – Abends elf in Rom, morgens früh in Neapel.*[124] Wolfskehl steht da, sie fahren nach Ravello, in Klingsors Garten. Der Zauberer Klingsor ist der große Anwalt der Sinnlichkeit im *Parsifal*, hier hat Wagner ihm Noten gefunden. Wolfskehl hat viel Sinn für solche Zusammenhänge.

Zwei Tage Ravello, ganz sonderbares Gefühl, mit einmal dort zu sein in dieser ganz anderen Welt, an der blauen Bucht. Wundervolle Tage, viele Aussprachen – in der Sonne herumgehn. Wahnsinnige Sehnsucht nach der Maus … Ob das Eine je wieder gut wird – je wieder kommt? Viel darüber geredet.[125]

Was *das Eine* ist, hatte sie Wolfskehl schon im April geschrieben. Klages. *Er ist das einzige, was mir noch fehlt, um an Wärme, Liebe … ganz ausgefüllt zu sein.* Und er, Wolfskehl, brauche ihr darum nicht böse zu sein: *… zu Klages steht doch wohl jeder, der ihn gekannt hat, so, dass eine Leere ist, wenn er fehlt.*[126]

Der Besprochene weiß, dass die unfehlbarste Form seiner Anwesenheit seine Abwesenheit ist, und lernt, das auszuhalten. Lubochin! Hestia statt Franziska!

Wolfskehl kann in Menschen untergehen, ist aber auch zum Auftauchen begabt. Sie wird einmal sagen, er durchwandere Menschen wie Landschaften. Mag sein, Dionysos Wolfskehl schaut erstaunt auf seine Bacchantin: Es ist nicht geschmackssicher, noch in seinen Umarmungen an einen anderen zu denken, gar an einen Mitkosmiker. Umarmt sie ihn etwa anstelle eines anderen? Er, der Zeus von Schwabing, ein Stellvertreter? Das ist desillusionierend. Es gibt viele Bacchantinnen, aber nur einen Dionysos. Der Gott des Rausches ist im Begriff, aus diesem Gefäß seiner Leidenschaft wieder aufzutauchen. Ob er es schon weiß, ob sie es schon weiß?

Die Nähe zwischen ihnen wird bleiben, denn sie teilen viel; sie haben beide ein Herz und einen Körper, der viele berühren will. Und sie werden füreinander darüber hinaus etwas bewahren, was man moderate Lust nennen dürfte, falls es eine solche Emotion geben sollte.

Noch nie war ihr Kind ohne sie. Noch nie war sie ohne ihr Kind. Was, wenn Rolf nicht aufgehört hat, nach ihr zu rufen? Erst als sie, nach zwei Tagen Ravello, wieder im Zug gen Norden sitzt, wird sie ruhiger. Aber sie fährt noch einen Bogen in die Landschaft, sie fährt über Venedig, wo sie Otto Falckenberg und die Erinnerungen ihrer Rückkehr von Samos weiß, nicht zuletzt den Koffer-Revolver, den Revolver-Koffer. Es ist ein Umweg, aber die Richtung stimmt, und sie ist unterwegs, das zählt. Sie feiert mit Falckenberg ihren Geburtstag in der Lagune, nimmt am nächsten Tag den Zug von Venedig nach München, wie damals.

Und dann hält das Kind seine Mamai ganz fest, lässt sie nicht mehr los, hat immer wieder Tränen in den Augen, tagelang. Ihr geht es nicht anders. Sie reden fast nichts. *Bisher ist noch niemand auf die Idee gekommen, ich könnte anderswo als in Berlin gewesen sein.*[127]

»... da ich Gott sei Dank den Nitsche nicht gelesen habe!« oder Der Subsensommer

Für eine wirkliche Laufbahn hat sich der Sohn eines Stettiner Getreidegroßhändlers und späteren Berliner Bankiers noch nicht entschieden, eher für eine Umlaufbahn: Sie führt rund um die Gräfin. Der junge, unlängst vom Karneval persönlich geküsste Franz Hessel könnte sich den Satz von Oscar A. H. Schmitz ausborgen, sein Vermögen sei der größte Feind seines Talents, näherhin seines Fleißes. Vor vier Jahren ist er nach München gekommen, um hier die Rechte zu studieren, doch mehr als von der Universität fühlt er sich nun von der Gräfin angezogen. Einen Trabanten zu besitzen, erhöht unzweifelhaft das Ansehen eines Planeten, doch ein wenig lästig ist es mitunter auch.

Sie wird ihn vorzugsweise den *Hesselfranz* nennen, schon der Name verrät, dass ihre Keuschheit, wenn dieses Wort hier denn am Platz sein sollte, keine Prüfung zu bestehen hat. Er schickt Rosen, er ist da, er spielt mit Rolf, liest ihm Märchen vor. Er führt, auf die knappste Formel gebracht, das Leben eines Mondes. Er kann sehr gut vorlesen; leider hat er irgendwann begonnen, Stefan Georges Art des Gedichtvortrags nachzuahmen, betont unbetont, leidenschaftslos, langsam, jedem Wort den gleichen Rang anweisend, kurz: enervierend avantgardistisch.[128]

Natürlich schreibt auch er alles klein und übernimmt den Ton des Imperators. Er beschickt sie mit Gedichten wie diesem:

Am Strande

Herrin gebiete deinen starken rast.
Schon schwellen deiner starken schultern an
des schwarzen schiffes fahrt gewohnte planken.
Gebiete: es verbleibe noch der kiel
auf meinem eiland.

Bleibe: verlass die düne und den strand
und sei mit mir und sei mit dem, was mein.
denn sonne bist du meinem weidethal
und milder reden meines feldes früchten. Reich ist mein
boden –
…

Auf meinem eiland bleibe. Wenn du bleibst,
wird meine hand geschickt sein jedem werke:
wird blumen warten und die scholle wühlen

und garben winden blonde wie dein haar.
Und meiner werke werden viele sein:
bleibe auf meinem eiland![129]

Das ist noch lange nicht zu Ende. Muss sie sehr lachen? Franz Hessel ist neun Jahre jünger als sie. Seine Verlegenheiten sind ganz anderer Natur als die ihren. Er wird leicht gehemmt in der Nähe anderer Menschen, gar der Gräfin. Sie wiederum wird gehemmt durch die Abwesenheit des Geldes, einer bezahlbaren Wohnung und immer so weiter. Da hat er eine Idee: Sie könnten für den Sommer gemeinsam nach Solln gehen, drei Monate lang, in den Süden, aufs Land. Nun ja, es ist nicht direkt der Süden, nur südlich von München, kurz vor der Stadt. Sie müsste sich um nichts sorgen. Frei wohnen, frei leben … »Herrin … bleibe auf meinem eiland!« Natürlich sagt sie ja. Suchocki kann ihr das nicht bieten, dem geht es nicht besser als ihr. Zweimal Hungeradel, sie passen zusammen.

Dabei wohnt Suchocki im Augenblick beinahe standesgemäß auf einem Schloss, nur ist es nicht sein Schloss, sondern das seines Freundes, des polnischen Grafen Ksawery Franziszek Aleksander Adam Stanislaw Orlowski.[130] Als Rolf geboren wurde, wurde Orlowski Attaché bei der kaiserlich-russischen Gesandtschaft in München. Abberufen nach Paris, kaufte er sich zur Erinnerung soeben dieses Schloss, in Winkl, fast am Chiemsee. Es wird ihr einer der liebsten Orte auf Erden werden. Der Baron ist aber nicht nur der Freund des Grafen Orlowski, sondern zugleich dessen Stallmeister. Kühe und Pferde stehen unter seiner Obhut. Sie sollen dem zu Beherbergenden nicht zuletzt das Gefühl geben, nicht als bloßer Kostgänger zur Welt gekommen zu sein.

Bohdan von Suchocki studiert das Liebesleben von Hans, dem Stier, er registriert nicht ohne Erstaunen, dass auch das Rindvieh zärtlich sein kann. Und Frösche! Vier Frösche »auf einem Blatt, überbiten sich in … Liebkosungen. Ich schaue und beneide.«[131] Irgendwann beginnt Suchocki, mit den Bergen zu sprechen, besonders mit dem Petersberg bei Oberaudorf:

»Peters Berg: Wo ist Ellen?

Such: Beim Bubi.

Peters Berg: Wos, hat sie einen Bubi?

Such: Ja!

Peters Berg: Soll mich Mal besuchen.«[132]

Das macht sie auch, ihr Solln-Fazit lautet bald: … *fad, fad. Möchte allein sein, nur allein.*[133] Immer wieder klagt sie über mangelnde *Uneinsamkeit.* Aber Rolf habe es gut, und sie hat neben dem Hesselfranz Zeit, die Fahnen ihres Romans zu lesen und Subskribentenlisten anzulegen, endlich. Ein polnischer Verleger, der sich in Deutschland einen Namen machen möchte, wird das Buch drucken, Julian Baltazar Marchlewski. Und Suchocki entwirft das Titelbild, und da sie im Roman Ellen heißt, sagte auch er Ellen, als er sich mit dem »Peters Berg« über sie unterhielt. Auch Wolfskehl spricht sie in seinen Briefen nur mit »Ellen« an, das gefällt ihr.

Mag sein, Marchlewski wird nicht so viel Reklame machen können wie Langen, aber sonst genieße sie vorzügliche Bedingungen: *Er übernimmt Druck, Vertrieb, etc. zum Selbstkostenpreis, und der Reingewinn, etwa 50 % kommt mir zu. – Außerdem gehört das Buch mir, nicht ihm*[134], sodass die Autorin freie Hand hätte, im Erfolgsfall zu einem anderen Verlag zu wechseln. Aber nicht zu Langen, der ihr noch zuletzt einen Vorschuss verweigerte. Nie wieder Langen!

Zuerst muss sie Subskribenten finden, auch *die Subsen* genannt, also Menschen, die das Buch kaufen, ohne vorher eine Zeile davon gelesen zu haben. Klages bekommt auch Post: *Sie sagten einstmals, dass Sie allerhand graphologische Leute wüssten …*[135] Der Lubochin-Rückkehrer antwortet, dass er die Liste für geschmacklos halte, Busse beschwert sich, dass sein Name ungefragt darauf erscheine, und hat noch viel mehr Einwände. So viel Ärger mit den Subsen. Aber am 10. August meldet sie: *350 Subskribenten – fühle mich millionenreich.*[136]

Mag sein, dass sie im Vorgefühl ihres künftigen, rein zerebral erworbenen Reichtums zu einer gewissen intellektuellen Arroganz neigt, durchaus gepaart mit physischer Zugewandtheit, zumindest sieht sich der Kuhhirte von Schloss Winkel mitten im

Sommer zu folgender Selbsterklärung veranlasst: »Liebstes Gemausse! Mit allem bin ich einferstanden: Mag auch sein, dass der Such dumm ist – er ist aber so, und so bleibt er! Ich habe vom Gemausse mehr gehabt als ich erwartet habe – werde mich aber jetzt bemühen nichts zu verlangen. Mein animalischer Trieb – wie Gemausse sagt – ist zwar sehr stark entwikelt, doch, er begert nur ein Wesen welches zuerst seelisch stark geliebt wird – ich dricke mich sehr plump aus, da ich Gott sei Dank den ›Nitsche‹ nicht gelesen habe!«[137]

Warum eigentlich nicht? Er würde Erstaunliches finden. Nicht nur, dass Friedrich Nietzsche vorsätzlich irrtümlich glaubte, polnische Vorfahren gehabt zu haben, schon weil er es für eine Zumutung hielt, von Deutschen abzustammen, und weil die Zugehörigkeit zu einer von der Landkarte getilgten Nation seiner intelligiblen Seele überaus angemessen vorkam. Auch sein verlöschender Geist vergaß nicht, der Nation seiner Wahlverwandtschaft eine letzte Botschaft zukommen zu lassen: »Den erlauchten Polen. Ich gehöre zu euch, ich bin mehr noch Pole als ich Gott bin, ich will euch Ehren geben, wo ich Ehren zu geben vermag … Ich lebe unter euch als Matejo … Der Gekreuzigte.«[138]

Ja, es könnte lohnen, diesen Autor zu lesen, aber noch kennt keiner diese Briefe. Die Vielreiche einer noch unbewiesenen Zukunft klettert mit ihrem erlauchten Polen auf den Wendelstein, sie laufen durch dunklen Wald, kochen Tee neben einer Kuhtränke. Um drei Uhr morgens stehen sie ganz oben auf der Spitze, dann Sonnenaufgang und: *Die wundervolle Morgenfrühe unter lauter greulichen Touristengesichtern.*[139]

Natürlich weilen alle Menschen bloß als Touristen auf Erden. Sie sind Durchreisende. Doch statt diesen Augenblick der Anwesenheit ganz auszufüllen, verstecken sich die meisten, zuerst in ihrer Kleidung, und nennen es Scham und Sittlichkeit.

Bis jetzt ist ihr Sohn jeden Morgen in seiner natürlichen Vollkommenheit die Treppen hinunter und auf die Wiese gelaufen. Jetzt will er das nicht mehr. Der Metzger nebenan hat ihn ausgelacht, und Rolf wusste nicht warum. Adam!, hat er ihn genannt. Es klang Spott darin. Rolf weiß genau, wer Adam ist; er ist niemand, über den man lacht. Und ein Mädchen hat gefragt: »*Schamst di denn net?*«[140]

Scham? Der Junge weiß nicht, was das Wort bedeutet. Er weiß auch nicht, was »Sünde« bedeutet. Sie erklärt ihrem Kind, dass die Nacktheit etwas Wunderbares ist, und wer das nicht wisse, der verdiene es nicht, dass man sich ihm zeige. Die meisten Menschen verdienten das nicht. Und weil sie so schwach sind, haben sie die »Sünde« erfunden, um nicht nur ihre Körper, sondern auch ihren Verstand vor sich selber zu verstecken. Für die Erwachsenen hatte sie das aus gegebenem Anlass noch einmal extra aufgeschrieben, unter der Überschrift *Erziehung und Sittlichkeit*. In Berlin fordert ein Gesetz zum moralischen Wohl des Volkes, entschlossen gegen die Zurschaustellung unbekleideter Menschen in der Kunst vorzugehen. Es könnte vom Metzgermeister mit der schamhaften Seele sein, folgt aber einer Anregung des Kaisers und ist nach dem Berliner Zuhälter Gotthilf Heinze benannt, weshalb es auch kurz die *Lex Heinze* genannt wird. Bilder und Schriften, »welche, ohne unzüchtig zu sein, das Schamgefühl gröblich verletzen«, seien zu verbieten. Die Streitschrift gegen die *Lex Heinze*, 1900 von Otto Falckenberg herausgegeben, hatte eine Kompromissfassung bewirkt, der »Kunst-«, der »Schaufenster-« sowie der »Theaterparagraph« wurden ersatzlos gestrichen.

Rolf erscheint die Argumentation seiner Mutter sehr plausibel, und er schlussfolgert, dass man das, was man nachher als »Sünde« bezeichne, gar nicht erst tun müsse, und schon gäbe es keine Sünde mehr. Sie könnte einwenden, dass dies Praxisargument die Problematik nicht erschöpfe, und doch ist sie gewiss stolz auf die geistige Kombinationsgabe ihres Kindes. Mutter und Sohn legen sich auf eine Lichtung in die Sonne, und sie erzählt Rolf vom Trojanischen Krieg. Er beobachtet währenddessen die Bäume. Wenn sie sich schütteln, sind sie vergnügt, weiß er, bei ihm sei das genauso. Darum schüttelt er so viele Bäume, wie er nur kann. Aber woher kamen die ersten Bäume, fragt er plötzlich. Und wichtiger noch: Woher kamen die ersten Menschen?

Mag sein, die Mutter schaut ihren Sohn nachdenklich an. Sollte sie ihrem Kind jetzt von den beiden Unbekleideten Adam und Eva erzählen und vom Sündenfall und der Scham? Das wäre nach der Metzger-Episode pädagogisch kontraproduktiv. Auf den Darwinismus aber ist ihr Kind seelisch auch noch nicht vorbereitet. Als sie ihm das Andersen-Märchen vom Vögelchen erzählte, das in seinem Käfig verdurstete, und vom Gänseblümchen, das die im Naturreich nicht vorgesehene Form des empathischen Verwelkens im Zeichen kreatürlicher Solidarität erprobte, begann Rolf so zu weinen, wie es die Märchen sagen: bitterlich. Nein, der Darwinismus würde die Seele ihres Kindes erkälten.

Klages hatte es soeben ausgesprochen: »Wer ahnungslos, obschon mit reifem Bewusstsein, dennoch mit dem Blick des Kindes mäße, der müsste nicht nur diesen oder jenen Fund der Wissenschaft, er müsste als lieblos, ja grausam die verallgemeinernde Art des Erlebens selbst verwerfen.« Darwin muss noch warten, und Rolfs Mutter schweigt nach Art der Erwachsenen, die hoffen, das Kind würde seine Frage schon wieder vergessen. Aber das machen Kinder fast nie, und auch Rolf wiederholt unerbittlich seine Erkundigung. Die Antwort lautet:

– *Die waren eben schon da.*

– *Und die ersten Bäume, wo noch keine Sonne und kein Mond da waren?*[141]

Unzufrieden mit den mütterlichen Erläuterungen zur Genesis, zur Entstehung des Lebens auf der Erde, gibt Rolf schließlich zu bedenken: *Mamai, manchmal sind Bäume doch keine Frauen, und dann haben sie kein kleines Bäumchen.*[142] Manchmal? In dem Kind steckt ein Systematiker, schlimmer noch: ein Schulkind.

Rolf wird sechs Jahre alt, wie soll sie ihren Sohn vor dem Zugriff der wilhelminischen Pädagogik bewahren? Und das muss sie. Die Schule gilt ihr als Ort der ebenso vorsätzlichen wie systematischen Zerstörung junger Seelen. Genau wie die Kirche.

Als sie Rolf zum ersten Mal der Schulbehörde vorstellen musste, ging sie in Klages' Begleitung. Er ist Rolfs Vormund. Noch ist nichts wieder gut zwischen ihnen, doch sie weiß, dass sie sich auf ihn verlassen kann. Sie versucht, ein Attest zu erlangen, das Rolf ein Jahr von der Schule zurückstellt, danach wird sie den Antrag stellen, ihn selbst zu unterrichten. Hier sollte sich das Lehrerinnenexamen doch bewähren. Und dann muss sie ihn beim Herrn abmelden, bei dessen Bodenpersonal. Sie wird Klages' Beistand nötig haben.

Noch ahnt sie nichts von den großen Zerwürfnissen des kommenden Winters, danach wird Schwabing als selbsternannter geistiger Weltvorort Geschichte sein, und seine Einwohner ziehen sich auf einander feindlich gesonnene Inseln zurück. Das alles beginnt wohl jetzt, im August 1903.

Gleich verlässt Franziska München, um im Schloss des Grafen Orlowski am Chiemsee zu wohnen. Suchocki hat dem Hausherrn erklärt, dass die Gräfin eine überaus talentierte Malerin ist, sie werde bei der Ausmalung einer Kapelle helfen. Überhaupt hegt der Graf den festen Vorsatz, auf seinem Schloss eine Künstlerkolonie zu gründen: Die beiden ersten Künstler hat er schon. Ihr Winkl-Vorsatz: *Ich will viel ausruhen, viel Bubi trinken und Zarathustra lesen.*[143] Und malen natürlich, viel malen. Das Malendürfen gilt ihr noch immer als Einswerden mit sich selbst. *Schäftlarnstimmung*, lange vermisst, überkommt sie. Sie beginnt ein Porträt ihres Kindes, *zitternd innerlich. Das erstemal, dass ich seit sechs Jahren einen Pinsel in der Hand habe, und mit dem Glücksgefühl, dass es doch »dasjenige« ist – alles einfach. Ich bin verwildert bei all dem Hin und Her der Muss-Arbeit.*

Franz Hessel und Karl Wolfskehl aber reisen nach Basel.

Von Kosmikern und Zionisten

Der Kosmiker Karl Wolfskehl und der Kandidat der Kosmiker Franz Hessel wollen zum Zionistenkongress, es ist der sechste. Über das Ergebnis des ersten im August 1897 hatte sein Initiator Theodor Herzl in sein Tagebuch notiert: »Fasse ich den Baseler Congress in ein Wort zusammen – das ich mich hüten werde öffentlich auszusprechen – so ist es dieses: in Basel habe ich den

Judenstaat gegründet. Wenn ich das heute laut sagte, würde mir ein universelles Gelächter antworten. Vielleicht in fünf Jahren, jedenfalls in fünfzig wird es jeder einsehen.«[144] Inzwischen sind genau sechs Jahre vergangen, und von universellem Gelächter kann keine Rede sein, im Gegenteil.

Ludwig Klages ist zutiefst irritiert. Was hat ein Kosmiker, dessen Heimat die tiefste Vergangenheit ist, kaum lotbar mit den feinsten Seelenfäden, in der Zukunft zu suchen, gar bei – aus Kosmiker-Sicht – so absurden Zielen wie dem einer neuen Staatsgründung, einer molochitischen Staatsgründung demnach? Die Nationalismen der Zeit sind schon eine Pest, und nun folgt also der jüdische Nationalismus.

Darüber, wer ein Jude ist und wer nicht, herrschen in Schwabing und der übrigen Welt durchaus geteilte Ansichten. Franziska zu Reventlow wird es dem großen Publikum einmal so erklären: »*Nun, mancher ist ein Jude, ohne es zu wissen*«, sagte Delius *monoton und abwesend. »Und manch anderer ist keiner, obwohl er dafür gilt*«, bemerkte ein schlanker, schwarzer junger Mann, der neben mir stand.[145]

Luther zum Beispiel gilt hier als Sinnbild eines Juden, Wolfskehls Frau hätte das auch nicht für möglich gehalten, dabei ist das Judentum Luthers mit Händen zu greifen. Im Roman dieser Zeit wird Franziska zu Reventlow nicht versäumen, das zu erläutern, und da wir spätestens jetzt genau durch das Zeittor von *Herrn Dames Aufzeichnungen* treten, sollen Buch und Leben sich ab sofort gegenseitig erläutern.

Luther als Jude also. Alfred Schuler, seelenursprünglich Römer, eigentlich Etrusker, hört hier auf den Namen Delius. Er betritt den Wolfskehl'schen Salon, *sich nach verschiedenen Seiten verneigend*, dabei auf seine so typische, für manche äußerst enervierende Weise *zwischen konventionellem Lächeln und plötzlicher Starrheit* wechselnd, und bleibt vor einem Tisch stehen, auf dem er ein Porträt des Reformators erkennt. Sein Urteil: Dies sei *ein überaus gelungenes Bild ... von jenem infamen Mönche, der uns um die schönsten Früchte der Renaissance betrogen hat.*[146] Die Autorin lässt die Dame des Hauses *triumphierend über die Anwesenden* hinweglächeln, *als fühle sie ..., dass eben etwas Bedeutendes unter ihrem Dache geschehen sei.* Schuler-Delius, inmitten betretenen Schweigens um nähere Auskunft gebeten, erläutert nun, dass der Protestantismus *den Sieg – ja, leider den Sieg des jüdisch-christlichen Elementes über den Rest von Heidentum in der katholischen Kirche*[147] bedeute. Diese Diagnose hatte vor ihm schon der Jude Harry Heine gestellt, seit seiner freiwilligen Zwangstaufe besser bekannt als Heinrich Heine.

Dass ein kleiner vorderasiatischer Erlösungsglaube, die Stammesreligion eines halben Nomadenvolks, eine so reiche Kultur wie die des alten Roms zerstören konnte, sind Klages und Schuler nicht bereit zu vergeben. Entweder man ist Heide oder Christ, Kosmiker oder Jude. Es gibt nichts dazwischen. Die Einheit von Wort und Tat ist den Kosmikern unabdingbar. Ein Kosmiker hat mit der Zukunft nichts zu schaffen und den in ihr gründenden Ersatzreligionen der falsch zur Welt Gekommenen: Sozialismus, Kommunismus, Zionismus.

Klages weiß, dass die Juden seit je ein besonders sentimentales Verhältnis zur Zukunft unterhalten als dem Ort der Erlösung. Wolfskehl selbst wird sieben Jahre später das schöne Wort finden: »Denn jetzt in der letzten Not / müssen wir selber das Wunder werden.«[148] Das ist eine äußerste Konsequenz des Messianismus.

Die Juden warten immer auf den Messias, und der Fortschrittsglaube ist nichts weiter als die Übersetzung dieses Wartens ins Säkulare. Darin liegt, weltpsychologisch betrachtet, aus Sicht der Kosmiker ihre Schuld. Und die Teilnahme an Zionistenkongressen darf als vorsätzliche Unterwanderung des kosmischen Gedankens gelten.

Ludwig Klages' Sympathien für den Karnevalisten Wolfskehl, den Typus des Gesellschafters, den die Leidenschaft nicht bei einem Thema und einem Menschen hält, der vielmehr durch Themen und Menschen hindurchgeht, sind seit dem 1. Januar dieses Jahres nicht gewachsen. In diesem Herbst 1903 nun gerät Karl Wolfskehl unter starke innerkosmische Anfeindungen. Bald werden alle sie spüren.

Und es ist nicht nur der Zionistenkongress von Basel. Ludwig Klages' Irritationen werden erheblich verstärkt von der neuen Wohnsituation der Gräfin. Eine Hetäre lebt allein, sie gewährt Männern ihre Gunst und verstößt sie wieder. Franziska, das waren nur sie und ihr Kind, das war die heilige Dyade, die ihn im Innersten berührt hatte. Er muss zur Kenntnis nehmen, dass diese Dyade nicht mehr existiert. Die Gräfin war über ihn gekommen, so der Betroffene, als »Springflut einer Liebesleidenschaft, welche alle Schranken meines Menschtums niederriss«,[149] aber jetzt, im Herbst 1903, steht der Entschränkte da und versucht, seine Seele in ein Verhältnis zu dem Umstand zu setzen, dass die Frau seines Lebens mit dem polnischen Kettenhemdträger und dem zweiten Zionisten, diesem Eckensteher des Daseins, zusammenziehen will. Dabei erträgt sie gar keine anderen Menschen neben sich. Das weiß sie selbst, auch jetzt: *Lebenskommunismus ist mir doch unmöglich!*[150] Das ist aristokratisch, das ist nietzscheanisch. Niemand störe die Einsamkeit der wenigen!

Und nun das. Alles wird so banal. Klages hat dafür nur ein Wort. Es lautet: Verfall. So wird er das auch dem Paläontologen mitteilen: Franziska war eine Täuschung. Dabei vermisst die angehende Wohnkommunistin niemanden so sehr wie den Verurteilenden: *Sehnsucht nach Klages, die manchmal ganz plötzlich und dann mit unglaublicher Heftigkeit aufwacht. Sie wird auch immer und immer bleiben – Von allem Persönlichen, womit wir uns gegenseitig zerreißen, abgerechnet, bleibt er doch der einzige Mensch, mit dem ich mich in den letzten Tiefen verstanden habe. In diesem bin ich seither ganz allein. –*[151]

Kurz darauf empfindet sie beinahe Hass für ihn.

»... für Dich und um Dich zu allem fehig«

Die Idee war ganz einfach. Es lässt sich im Nachhinein nicht mehr ermitteln, wer sie zuerst hatte. Sie hat sich lange gesträubt, doch was nützt es, gegen den eigenen Vorteil zu argumentieren? Wolfskehl erfuhr es schon im Sommer, und zwar so: ... *wir drei*

wollen *zusammenzuziehen, Such, Hessel und ich, mit möglichst separier-*
ten Räumen, eventuell sogar verschiedenen Wohnungen im selben Haus,
aber gemeinsame Küche, der Such und ich abwechselnd vorstehen
werden etc. – Mit dem, was Hessel besitzt und Such verdient, kommen
wir so heraus, dass ich ganz umsonst lebe und nichts zu tun brauche,
wie dem Haushalt etwas auf die Finger zu sehen.[152] Diese Ankündigung enthält drei unhaltbare Annahmen: Franz Hessel mag
zwar zu den Menschen gehören, die, wenn sie sich zurückleh-
nen, nie ins Leere fallen, sondern vom Saldo ihres Bankkontos
aufgefangen werden, doch neigt er zu einer für seine Besitzver-
hältnisse beinahe rührenden Sparsamkeit. Zweitens: Suchockis
Existenzmodus ist mitnichten der eines Verdieners, sie weiß das
längst: *... er geht eigentlich gar keinen Weg, hat gar keinen Weg, und*
das wirkt manchmal als arge Dissonanz auf mich.[153] Und *dem Haus-*
halt etwas auf die Finger zu sehen, gehört nicht zu ihren auffälligsten Talenten.

Aber sie haben ein Haus gefunden, ein Eckhaus mit Hof und
Garten, Ecke Kaulbachstraße. Es ist etwas älter und niedriger als
die umstehenden Häuser, eines von denen, die einmal bessere
Tage gesehen haben, so wie seine künftigen Bewohner respektive deren Familien. Hier sollte Platz genug sein, sich aus dem
Weg zu gehen. Als sein Besitzer im vorletzten Augenblick doch
nicht vermieten will, wird ihr ganz melancholisch zumute. Sie
hatte schon begonnen, auf Wanderungen Hufeisen liegen zu lassen, um sie wiederzufinden und die Götter des Glücks zu nötigen. Die Götter nehmen das Hufeisenopfer an: Sie bekommen
das Haus! Jetzt endlich soll alles gelingen. Ihr Roman muss in
jedem Augenblick erscheinen, und sie haben ein Haus!

Der Oberstallmeister Suchocki wird noch auf Schloss Winkl
gebraucht, Franz Hessel will helfen, steht aber überall im Weg,
weshalb die Beginnerin eines neuen Lebens ihn meist weg-
schickt. Franziska zu Reventlow gründet eine Kommune. Zu ihr
gehört, gewissermaßen als Seele des Hauses, ein zahmer Rabe.

An dieser Stelle wäre vielleicht Schulers Begriff der »Blutleuchte« zu erwähnen; die meisten Autoren halten den Begriffs-
raum dieser Leuchte für durchaus präfaschistisch, so wie tenden-

ziell alle mehrgliedrigen Worte, in denen das Teilwort »Blut«
vorkommt. Doch wäre »Liebe« die einfachere Übersetzung, auch
ist bereits jeder gelungene Beischlaf eine Blutleuchte. Gibt es
einen präfaschistischen Beischlaf? Die Konsequenzmacher ver-
derben vieles, vor allem die Relationen.

Zu präzisieren wäre, dass das Liebesband der Kosmiker nach
Möglichkeit mehr umschlingt als nur zwei Menschen. Selber das
Wunder werden! Für Klages ist in der Blutleuchte »das Geheim-
nis offenbar des mütterlichen Alls«.[154]

Herrn Dames Aufzeichnungen wissen sehr genau, wann im Weltvorort Schwabing die letzte Blutleuchte aufging: *... als Hofmann,
Delius und Hallwig sich kennenlernten und der Meister sein erstes Buch
schrieb – in dem Jahr hat Maria ihr erstes Baby bekommen.*[155] Die Autorin ist sich der entscheidenden Koinzidenzen sehr wohl bewusst,
auch wenn es nicht Georges erstes Buch war, das in jenem Herbst
1897 erschien, als ihr Sohn geboren wurde. Es war vielmehr
Georges Durchbruch; und auch Wolfskehl kam erst später nach
Schwabing. Was zählt, ist: In jenen Jahren ging eine Welt auf,
jetzt geht eher eine unter. Und nun?

Ludwig Klages stellt die Diagnose: Untergang. Da sind sie
noch nicht einmal ganz eingezogen. Mit welchen Worten genau
und wem er seine Einschätzungen mitteilt, lässt sich nicht mehr
ermitteln. Die Worte finden ihren Weg. Klages, der Brunnenver-
gifter. Als sie in den Adam-Brunnen schaut, in die Paläontologen-
Tiefe, erkennt sie ihr Spiegelbild nicht mehr. Das trifft sie bis ins
Mark. *Es ist vielleicht das Schwerste und Unfasslichste, was ich mit
Menschen erlebt habe.*[156] Hat der Paläontologe sie gar eine Hure
genannt? Eine Profiteurin Zions? Es ist ein kurzer Weg von der
Hetäre zur Hure.

Ende Oktober, Anfang November arbeitet sie mit einer Dienst-
frau, um das Eckhaus an der Kaulbachstraße in einen Zustand zu
versetzen, dem man mit etwas Zuversicht, utopischem Bewusstsein und Anspruchslosigkeit das Adjektiv »bewohnbar« zuspre-
chen könnte. *Tausend Schwierigkeiten ... Ringe um die Augen.* Nur
der Rabe bleibt zuversichtlich. Sie findet keine Ruhe mehr in der
Nacht, dabei arbeitet sie den ganzen Tag, während ihre Gedan-

ken immer wieder dieselben Wege gehen, aber es sind grundverschiedene, Hass- und Liebeswege, beide zugleich: *Ich möchte verrückt werden. Schlafe neben meinem Revolver und denke, sie sollen nur kommen. Ganz allein in dem unheimlichen Haus mit alldem. – Mit Klages und Adam war es doch die einzige Zeit, wo ich nicht allein war. Und nun werde ich es immer sein.*[157]

Natürlich schreibt sie auch Suchocki auf Schloss Winkl von ihrer Not. Und bekommt umgehend Antwort: »Und nun mein Herzgemausse zum Teufel mit der Spinnerei und hilft das, dass ich Jemanden von den Adam/aufhetzer paar Rippen brechen soll, so thue ich mit Vergnügen!!«[158] Ja, das wäre nicht übel, wenn der Kosmiker ein paar Rippen weniger hätte. Aber so einfach sei das nicht, erfährt der Mann mit Schwert und Kettenhemd, es sei überhaupt nicht einfach.

Ist es doch, beharrt Suchocki. Wenn sich einer verhetzen lässt »durch Jemand seine filosofisch Kosmisch-Enorme Vorträge«, so sei er selber schuld. Für die einen schrumpfe sie zusammen zu einem nassen Fleck, aber für die anderen! »... für ANDERE wächst Du zu einem Grösse!«

Zu einem Grösse? Nun ja. Und die ANDEREN bestehen wohl nur aus einem Einzigen: Bohdan von Suchocki. Und dann holt die Katze den Raben. Das ist zu viel.

Suchocki, auch er ein Hinterbliebener der Krähe, schickt eine Beileidsadresse. Er schreibt »Rabbi« statt »Rabi«: »Den Rabbi beweine ich bitter! Er kam mir öfter vor wie Pfilosof Momsen und gleich, wie englischer Excentrik.«[159] Wenn sie das liest, weiß sie wohl wieder, dass im Zweifel in einem einzigen Suchocki-Satz mehr Seele wohnt als in allen »jemand seine filosofisch Kosmisch-Enorme Vorträge«. Warum hilft ihr das nicht?

Suchi, des Gemäuses Herz ist ganz zerrissen und dann wieder von den wildesten Rachegedanken erfüllt und alle Reflexionen helfen nichts, – bei mir nie. ... Bin ein paar Tage nur mit Revolver im Muff ausgegangen, auch zu K.[160] Mit der Waffe in der Hand zu Klages! Bravo!, mag der Adressat bei der Lektüre denken: Erst bricht er ihm alle Rippen, und dann wird er erschossen. Aber der Fortgang des Briefes ist doch deprimierend: *Dann les ich wieder alte Briefe von ihm und von A und zerfliesse wieder und kann überhaupt nicht mehr schlafen. ... Samstag sehe ich K.* – Hoffentlich denkt sie an den Revolver, wenn sie Klages besucht. Oder sie ist gar nicht mehr in der Lage, allein hinzugehen; Suchocki weiß, dass sie stark ist, aber sie scheint es vergessen zu haben: *... ich hab andre Sachen im Leben durchgemacht, aber dies ist das Schlimmste.*[161] Der Ritter von Schloss Winkl versichert sie seines bedingungslosen Beistands: »*... für Dich und um Dich zu allem fehig, und küsst Dich auf Deine schönen Lippen – auch die Anderen – viele, viele Male.*«[162] Auch auf die anderen? Sie kann solche Auskünfte jetzt nur unzureichend genießen.

Sogar Wolfskehl ist nur noch ein Schatten seiner selbst, *blass, abgezehrt.* Gibt es auch negative Blutleuchten, wegen unkosmischen Verhaltens in Theorie und Praxis? Wolfskehl sieht Gespenster, Rachegespenster, Sühnegespenster, aber ihr geht es nicht anders: *Wenn ich abends allein und nervös bin, meine ich Schritte zu hören und Adam oder Schuler mit einem Dolch hinter der Tür ... O Klages, Klages, schlimmer, verheerender, göttlicher. Das wenigstens weiß ich jetzt: Wir kommen alle nie los von ihm und schlimm für uns, wenn wir es könnten.*[163] Das ist ihre Januar-Bilanz.

Schon Mitte Dezember hatte Wolfskehls irritierte Frau Stefan George zu Hilfe gerufen. Stefan George besitzt vielleicht nicht nur mit Dante Ähnlichkeit. Sieht er nicht auch aus wie ein Intrigant, ein möglicherweise rettender Intrigant?

Jetzt muss George sich entscheiden – für Wolfskehl oder für Klages und Schuler. Für Niedergang oder Aufgang. Niedergang oder Aufgang? Ich weiß gar nicht, wovon die reden, erklärt Wolfskehl, sinngemäß. Der Dichter Stefan George ist ohnehin keiner, der einer Partei beitritt; er selbst ist die Partei, der man beitritt, oder richtiger: Er ist das Ganze, dem man beitritt. Der Graphologe Klages wird in Georges Handschrift einmal »eine ins Künstlerische geratene, um nicht zu sagen entgleiste, Täternatur« erkennen. Was Aufgang und was Untergang ist, definiert George. Insofern ist alles schon entschieden, bevor etwas entschieden ist.

George stellt Klages den Misstrauensantrag. Klages stellt George den Misstrauensantrag. George bereitet gerade eine neue Nummer seiner *Blätter für die Kunst* vor. Klages argwöhnte schon früher, die aufgenommenen Beiträge würden eher persönliche Vorlieben des Herausgebers widerspiegeln als einen literarischen Wert. Jetzt spricht er es ohne Rücksicht aus. Das Ende der Rücksichten jedoch bedeutet gewöhnlich das Ende der persönlichen Beziehungen. Was soll George dazu sagen? Dass Klages George keine Gedichte mehr zum Druck überlässt, verstimmt den Herausgeber längst, aber Klages schreibt keine mehr, und die, die er schrieb, sind ihm sehr unangenehm, die meisten. Hier trennen sich also nicht nur Personen, sondern zugleich die Wege der Kunst und der Philosophie.

Mitte Januar gehen die letzten Briefe zwischen Klages und George hin und her. Klages schlägt eine persönliche Aussprache vor, aber George ist nicht bereit zu einer nochmaligen Unterredung, denn: »Sie würden verse die ich aufgenommen habe als kläglich stümperhaft usw bezeichnen ich würde Ihnen durch Sie beschützte verse entgegenhalten die ich noch für weit stümperhafter und verlogener erkläre – Sie würden menschen mit denen ich verkehre scheusslich nennen ich würde solche Ihres verkehrs anführen die mir noch widerlicher sind! ... Und – Ludwig Klages – wozu dies alles?«[164]

Der Empfänger dieser Auskunft teilt dem Skeptiker eines Unter-vier-Augen-Gesprächs mit, diese Position grundsätzlich zu akzeptieren, doch bedeute sie zugleich, »es sei die persönliche Beziehung zwischen Ihnen und mir nicht etwa in unbestimmter Weise verändert, sondern ABGEBROCHEN, und sowohl dies als auch die Prämisse davon im Sinne einer Tatsache von uneingeschränkter Öffentlichkeit zu nehmen. Ludwig Klages.«[165]

Schließt der geistige Weltvorort Schwabing demnach mit sofortiger Wirkung?

In *Herrn Dames Aufzeichnungen*, Schwabings literarischem Nachruf, kommentiert der Eckensteher Willy – Franz Hessel –, zu Herrn Dame gewandt: »*Wissen Sie, lieber Freund und Dame ... Sie sind etwas zu spät gekommen. Die große Wahnmochinger Bewegung hat sich schon überlebt – noch ehe sie eigentlich das Licht der Welt erblickt hat.*«[166] Das ist das Schicksal alles Großen auf Erden. Und doch: Was für eine Bilanz! Wenn Pathetiker eins missbilligen, dann sind das solche Schlüsse. Und die weitere Laufbahn des Klages-Hallwig betreffend, vermutet Willy: *Schließlich wird nur noch er selbst übrigbleiben.*[167]

Das jedoch ist keineswegs sicher. Denn Maria-Franziska wird noch einmal zu Hallwig-Klages gehen, und zwar in Begleitung *eines von Orlonskys spanischen Dolchen.* Ist Schwabing dem Leser nicht noch eine Blutleuchte schuldig? Schon möglich, aber *gegen Mitternacht* kommt sie wieder zurück, *warf den Dolch auf den Tisch und sagte: »Nein – es ist nichts daraus geworden, es war die ganze Zeit jemand im Nebenzimmer.«*[168] Ihr philosophischer Berater Paul Stern wird diesen Schluss einmal streichen wollen, sie wird auf ihm bestehen. *Herrn Dames Aufzeichnungen* sind gewissermaßen Franziska zu Reventlows kosmische Rache an Klages: Höhere Verleumdung durch gezielte Trivialisierung. Sie müsste es doch besser wissen! Muss sie? Er wollte es doch auch nicht besser wissen. Und sie selbst wird zur Virtuosin des Geistes, des Spotts als Widersacherin der Seele. Der Rest ist Literaturgeschichte.

Und das Leben?

Der letzte Jahresanfang war *wie ein hell lachender Tag und dieser* ist *wie eine Nacht voll Gespenster,* argwöhnt die Verfasserin, die noch lange nichts ahnt von dem Roman, den sie einmal schreiben wird.

Es ist wieder Karnevalszeit. Doch sie hat keine Kraft mehr, eine Maske zu tragen. Klages hat es geschafft. Suchocki geht erst recht. Intellektuelle! Halten die nicht immer während Fasching im Hirn? Da ist ihm der Bauernball lieber.

Die beiden anderen Kaulbachstraßenbewohner aber beginnen etwas, was Intellektuelle öfter machen, wenn sie mit roher Gewalt nicht zum Ziel kommen: Sie geben eine Zeitung heraus.

Das Eckhaus

Ludwig Derleth liest am Karfreitag 1904 in seiner Dreizimmer-
wohnung am Marienplatz 2, die er gemeinsam mit seiner Schwester bewohnt, aus seinen *Proklamationen*. Thomas Mann ist auch
da. Zehn Jahre später erscheint Manns Novelle *Beim Propheten*,
die diesen denkwürdigen Abend festhält, mit aller lebhaft befrem-
deten Distanz dessen, der diesen Kreisen niemals angehört hat:
»Seltsame Orte gibt es, seltsame Gehirne, seltsame Regionen des
Geistes, hoch und ärmlich.«[169] Das ist deutlich, gleich im allerers-
ten Satz.

»An den Peripherien der Großstädte, dort, wo die Laternen
spärlicher werden und die Gendarmen zu zweien gehen, muss
man in den Häusern emporsteigen, bis es nicht mehr weiter
geht, bis in schräge Dachkammern, wo junge bleiche Genies,
Verbrecher des Traumes, mit verschränkten Armen vor sich hin
brüten ... Hier ist das Ende, das Eis, die Reinheit und das Nichts.«
Mann schildert, wie sich das Publikum einfindet am Abend dieses Karfreitags 1904, dafür benötigt er fünf Seiten. Es kommen
etwa ein »junger Philosoph mit dem Äußern eines Känguruhs«,
»ein phantastischer Zeichner mit greisenhaftem Kindergesicht,
eine hinkende Dame, die sich als ›Erotikerin‹ vorstellen zu lassen
pflegte, eine unverheiratete junge Mutter von adeliger Herkunft,
die von ihrer Familie verstoßen, aber ohne alle geistigen Ansprü-
che war und einzig und allein auf Grund ihrer Mutterschaft in
diesen Kreisen Aufnahme gefunden hatte.« Das ist keine freundliche und zudem eine vollkommen unhaltbare Vorstellung der
ins Exil gegangenen Lübeckerin durch einen ins Exil gegangenen
Mit-Lübecker, wie schon die nächsten Tage zeigen werden.

Doch zum Vortragenden, »etwa achtundzwanzigjährig, kurz-
halsig und hässlich«: »Er stellte ein unheimliches Gemisch von
Brutalität und Schwäche dar, und was er las, stimmte auf seltsame Art damit überein ... Ein fieberhaftes und furchtbar gereiz-
tes Ich reckte sich in einsamen Größenwahn empor und bedrohte
die Welt ... Christus imperator maximus war sein Name, und er
warb todbereite Truppen zur Unterwerfung des Erdballs, erließ

Botschaften, stellte seine unerbittlichen Bedingungen, Armut und Keuschheit verlangte er ... Buddha, Alexander, Napoleon und Jesus wurden als seine demütigen Vorläufer genannt.«

Thomas Mann ist nicht der einzige Protokollant dieses Abends. Nicht erst zehn Jahre später, sondern schon binnen weniger Tage findet die kränkelnde geistige Stadtteil-Avantgarde bereits die zweite Nummer eines neuen Periodikums in ihren Briefkästen. *Herrn Dames Aufzeichnungen* haben einen Vorläufer.

Der *Schwabinger Beobachter*, herausgegeben ohne redaktionelle Anschrift, fasst die Semantik des Vortrag Derleths, des Christus imperatur maximus, der seine geistige Ahnentafel über Napoleon bis zu dem Galiläer zurückverfolgen kann, so zusammen: »Warte Schwabing, Schwabing warte / Dich holt Jesus Bonaparte«.[170]

Die erste Ausgabe des Zentralorgans erschien kurz zuvor, unmittelbar nach einem großen Fest im Hause Wolfskehl in demonstrativer Abwesenheit von Ludwig Klages. Es wurde anlässlich des Erscheinens der siebten Folge von Stefan Georges *Blätter für die Kunst* gefeiert. Der *Schwabinger Beobachter* kommentiert das Ereignis: »der aufenthalt des ERLAUCHTEN bei seinen schwabinger getreuen fand seinen weihevollen abschluss mit der gestrigen abendfeier im weihenstephinger georgianum.« Der erste *Schwabinger Beobachter* vermerkt nicht nur das Fest, sondern auch seinen Anlass: »soeben erschien im verlag der ›BLÄTTER für die Katz‹ die zweite Folge des epischen gedichtes ›das heymannskind‹ von ROLF-FELDMOLOCH (rudolf feldmochinger).« Und so geht das weiter.

Die Jubiläumsausgabe der *Blätter für die Kunst* enthält eine Seite mit dreizehn Bildnissen. In der Mitte ist George zu sehen; ihn umgeben seine wichtigsten Unter-Dichter wie die zwölf Apostel. Ein Apostel steht nie in seinem eigenen Licht, sondern grundsätzlich in dem des Gottes, von dem er kündet. Oben rechts unter den Aposteln findet sich Ludwig Klages wieder, im Heft ist zudem ein nicht autorisierter Vierzeiler des Porträtierten abgedruckt. Klages wird George und Gundolf daraufhin wegen Verletzung des Urheberrechts verklagen. Zwei Jahre später und nach einer Revisionsverhandlung vor dem Reichsgericht Leipzig am 10. Juli 1906 werden beide zu je 50 Mark Geldstrafe verurteilt.[171]

Klages tritt im *Beobachter* als »Graphomant« auf. Im Anzeigenteil stehen Annoncen wie diese: *GEBRAUCHTE BLUTLEUCHTER als ersatz für schabbeslampen gesucht. ablehnende Postkarte genügt.* Der *Beobachter* darf wie Mephisto sagen: »Allwissend bin ich nicht; / doch viel ist mir bewusst.«

Sie gibt eine Zeitung heraus, genauer, sie schreibt, redigiert, vervielfältigt und verteilt ein Periodikum, dessen kleinstes Komma mehr Geist und Urteilsvermögen besitzt als der Derleth'sche Vortrag. Und sie lässt sich damit nicht zehn Jahre Zeit wie ein verbummelter Großschriftsteller. Wir wissen nicht, ob auch Thomas Manns Briefkasten mit dem *Schwabinger Beobachter* bedacht wurde.

In der Redaktion in der Kaulbachstraße treffen sich ebenfalls Künstler und solche, die es werden wollen. Thomas Mann hat die Kaulbachstraße nie gesehen, und das ist wohl besser so und schonender für das Gedächtnis der Nachwelt; Ludwig Klages braucht sie gar nicht erst zu sehen, um zu wissen, was sie bedeutet; der russische Hochadel aber hat sie gesehen, das Eckhaus selbst und seine Bewohner. Mag sein Zeugnis ungekürzt hier stehen. Marianne von Werefkin, weitläufig befreundet mit Bohdan von Suchocki, gibt zu Protokoll:

»Der Freund, ein polnischer Maler, dessen Mutter eine Prinzessin war und der die Hosen eines anderen trägt, weil er keine eigenen mehr hat, öffnet mir und begrüßt mich mit einem Handkuss. Durch den dunklen Hof, der auf den Garten stößt, kommen wir zum Eingang. Die früher hier gewohnt haben, sind einst reich gewesen. Alle Zimmer sind bis zur halben Höhe vertäfelt. Überall Glaslüster. Jetzt alles verwahrlost, modriger Geruch und eine geheimnisvolle Stimmung. Eine kleine Treppe führt nach oben. Ein leeres Zimmer nach dem anderen. Das hohe Alter der Wände wetteifert mit dem hohen Alter der Gegenstände, die sie bergen. Endlich ein Zimmer, von dem man spürt, dass es bewohnt ist. Auf einem hohen Eisenbett liegt die so reizende Frau mit den Augen eines jungen Mädchens und mit ihrem vom Leben gezeichneten Gesicht ..., so zierlich, ganz Kind. Und in der jammervollen Umgebung Blumensträuße wie aus einer anderen Welt, der Welt der Illusionen, die Bescheid weiß über dieses aus seinen Bahnen geworfene Leben.«[172]

Welche Arroganz der Bessergestellten! Was weiß diese malende Tochter des russischen Hochadels von ihr? Nicht viel mehr als Thomas Mann vermutlich. Am 6. Februar 1904 lag Franziska zu Reventlow schon wieder unterm Messer der Ärzte, das spräche für ein weniger vom Leben als von der Krankheit gezeichnetes Gesicht. Und gewiss, der Ehrgeiz einer guten Hausfrau, ihre Mutter ist Zeugin, ging ihr immer schon ab. Außerdem hat sie zu arbeiten. Sie muss eine Zeitung herausgeben, aber wenn sie den Graphomanten wiedergewinnen könnte, ließe sie die Zeitung wohl fahren. Sie hat ihm wehgetan, ihn bloßgestellt, sie weiß es. Das Tagebuch: *O Klages, Klages. Es gab doch eine Serie von Dingen, wo er mir vollkommen war, in seiner ungeheuren Scham vor allem allzu Menschlichen. Und in allem anderen bei ihm, womit ich damals nicht fertig werden konnte, könnte ich es jetzt.*[173]

Der Graphomant

Wahrscheinlich hat er die Autorin erraten. Ludwig Klages hat in den letzten Monaten fast alle seine Freunde verloren. Nun unterrichtet er Franziska zu Reventlow davon, dass er nicht länger beabsichtige, der Vormund ihres Kindes zu sein, und dass sie alle Briefe wiederhaben könne, die sie ihm je geschrieben hat. Er benötige sie nicht mehr. Und die seinen möchte er zurück, Absender und Adressat hätten sich wechselseitig ineinander geirrt. Sie antwortet, dass ihre Zeit im Augenblick nicht erlaube, sich ihre Briefe persönlich abzuholen, weshalb sie ihn um einen letzten Freundschaftsdienst bitte: Könne er sie nicht schicken? Und vielleicht noch ein Foto von sich beilegen? Es ist Anfang Mai.

Als sie das notiert, hat gerade eine andere begonnen, den Platz einzunehmen, der einmal ihr gehörte. Es ist ein Kind, das uneheliche Kind seiner Schwester Helene. Heidi Klages wurde soeben, am 14. März 1904, in München geboren. Sie wird den künftigen Autor von *Der Geist als Widersacher der Seele* bald nur noch »das Gelül« nennen, er nennt sie »Bödly«. Franziska zu Reventlow kennt die Kinderliebe des Mannes, der nicht mehr Rolf zu Reventlows Ersatzvater sein will.

Ob er mit Rolf je so gespielt hat wie bald mit Bödly? Das Mädchen übergab »sich mit vollendetem Phlegma den Händen des ›Gelül‹«, berichtet Marie Römermann. »Bödly ließ sich von einem Bein des Onkels auf das andre hinüberschmeißen, als ›turnender Mehlsack‹ wurde sie auf die Schulter geschmettert, im Galopp durch das Zimmer und alle andern Räume getragen. …«,[174] ein Anblick, der ihre Mutter jedes Mal mit Furcht und Zittern erfüllt, weshalb Bödly und das Gelül ihr den Ehrennamen »bebendes Zittermammi« beilegen werden, woraus sie bald »zebendes Bittermammi« machen, wovon schließlich nur noch »Zebendes« übrig bleibt.

Die zur Briefrückgabe Aufgeforderte sondiert ihre zu restituierende Klages-Post, nimmt mehrere Briefe heraus, die ihr besonders wichtig sind, und schickt ihm den Rest. Er wird sie schon nicht nachzählen. Mitte Mai begegnet sie ihm im Traum: *Geträumt, dass ich vor Klages kniete, seine Handgelenke festhielt und sagte: Du hättest mich nicht von dir lassen sollen.*[175] Wie unangenehm pathetisch! Da schreibt sie ihm noch einmal, gibt zu, dass ihre Sendung nicht vollständig war, sie korrigiere das umgehend. Um sich seiner Vormundschaft für Rolf zu entledigen, müsse er jedoch selbst zum Amtsrichter gehen. Sie spricht noch einmal von ihren Bedenken, dass ein gänzlich Fremder eingesetzt werden könne. Auch glaube sie nicht, dass Klages jemals mit Rolfs Angelegenheiten behelligt werde. Dass Hessel und sie gerade dabei sind, den dritten *Schwabinger Beobachter* zu schreiben, in dem er die Hauptrolle bekommt, schreibt sie ihm lieber nicht.

Die *Faust*-Adaption mit Graphomant ist zweifellos der Höhepunkt der drei Nummern umfassenden Publikationsgeschichte des *Schwabinger Beobachters* ihrer Redaktion. Sie beginnt so:

Faust: Führtest mich die Weit und Breit / Auf Mantel, Ross und Welle / Wohin kommen wir denn heut / Was ist dies, Geselle?

Mephisto: Abend rot und Morgen fahl, / Felder voll Gemüse. / Schwabing heißt das feuchte Tal / Und dies ist die kosmische Wiese.[176]

Beide beobachten ein melancholisches Irrlicht, das ihnen ein Interview gibt, bevor es zu Bachofens Kabiren muss (*Irrlicht: Ach, die besten flogen fort, / die Mysterienkenner. / Zur Verehrung blieben dort / Nur noch alte Männer. / Locken junge Knaben an / Arisch und semitisch. / Dass daran sich laben kann / Satan molochitisch.*) Faust bemerkt ein junges Weib, *Adams erste Frau*. Da tritt der Graphomant tadelnd zwischen Faust und Mephisto, um sich der Urfrau, Wiedergängerin Franziskas, direkt zuzuwenden.

Graphomant: Weib, webst du noch gefährlich in den Nächten? / Du hattest teil an unseren Heidenfesten. / Nun gehst du zu den Guten und Gerechten / Und blendest sie mit den enormen Resten ... Zu den Guten und Gerechten zu gehören ist in diesem Kontext keine Auszeichnung als vielmehr die natürliche Verfassung derer, die die Lage nicht begriffen haben. Der Graphomant verstößt die Urfrau in die Belanglosigkeit, wird jedoch von Mephisto persönlich unterbrochen, lernt Orpheus kennen – *Graphomant: In den Bachofen mit dem Kerl* – und unterliegt dennoch am Ende einer langen Disputation dem Teufel.

Wenn der Porträtierte das liest: Er muss die Autorin erraten, nein: erkennen, erspüren. Sie wird sein Schatten, wenn er schon ihre Gegenwart nicht mehr will, sie wird bereits jetzt ganz Geist, Widersacherin seiner Seele, Koautor: Franz Hessel.

Sie arbeitet wie früher manchmal die Nächte durch, tagsüber erzählt sie Rolf vom Trojanischen Krieg, er muss dann immer weinen, will aber dennoch nichts anderes hören und fragt: »*Mamai, meinst du vielleicht, ich wäre der Seher Kalchas, dass ich alles wissen soll?*«[177]

Klages schweigt, lässt sie über Monate im Ungewissen, seine Vormundschaft für Rolf betreffend. Im August – die Wohngemeinschaft Kaulbachstraße 63 möchte gemeinsam verreisen – will sie Gewissheit. Sie sei auf dem Amtsgericht gewesen, teilt sie ihm am 8. August mit, und dieses wünsche zum Behufe etwaiger

Änderungen respektive Niederlegung einer Vormundschaft das gemeinsame Erscheinen beider bisherigen Vormünder: *Wollen Sie mich also wissen lassen, ob Sie bereit sind, sich morgen um 11 Uhr dort einzufinden, Zimmer 29. Ich werde dann um dieselbe Zeit pünktlich kommen.*[178]

Ludwig Klages erscheint nicht am 7. August 1904 um 11 Uhr vor Zimmer 29. Er wird immer Rolf zu Reventlows zweiter Vormund bleiben.

»Aber haben wir zu dreien überhaupt Platz auf der Welt?« Forte dei Marmi

Mamai, kannst du Eier legen? … Ich wollte wir wären zwei Vögelchen und könnten Eier legen und brüten. Dann gingen wir eine Zeitlang weg, und wenn wir wiederkämen, läge da ein kleines Baby. –[179] Das ist die Hellsicht des sechsjährigen Rolf zu Reventlow im März 1904.

Im Mai machen beide einen Ausflug nach Ammerland, sitzen auf einer Waldwiese in der Sonne, Rolfs Mutter schaut an sich hinunter: Was für ein Umfang! Suchockis gehaltvolle Küche genügt kaum als Erklärung. Sie fühlt einen *dumpfen Schrecken* und die Erfüllung *einer heimlichen Sehnsucht* zugleich. Der Arzt bestätigt ihren Verdacht.

Aber haben wir zu dreien überhaupt Platz auf der Welt? Was für ein schöner, schrecklicher Satz. Aber die drei, das sind nicht Vater, Mutter, Kind. Suchocki, den Vater, denkt sie gar nicht mit. Die drei, das sind sie, ihr Sohn und das Baby: *Hätt' ich nur soviel Geld, dass ich mit den zwei Kindern in irgendeinem abgelegenen Winkel leben könnte.*[180]

Manchmal möchte sie *weinen nach Einsamkeit.* Noch kurz zuvor hatte sie notiert: *Dieses ganze Zusammenleben ist ein langsames Gift, … weil ich immer unumstößlicher begreife, dass ich es nicht kann … Reptilwoche – habe alle Menschen satt bis da hinaus.*[181]

Dabei liebt sie Suchocki, es ist die Ur-Anziehung der Geschlechter, aber das Alltägliche ruiniert jede Leidenschaft, und gerade im Alltäglichen verstehen sie sich nur rudimentär. Tausend Kleinigkeiten stören sie, und er bemerkt es nicht einmal. Sie hasst seine Ziellosigkeit, sein Mit-aller-Welt-Freund-Sein. Sie versteht nicht, wie er aus der Tür gehen kann, kleinen Freuden mit kleinen Menschen entgegen, wo er doch die Chance hätte, den ganzen Tag mit ihr zusammen zu sein. Manche seiner Worte, seiner Harmlosgkeiten wecken in ihr *das Gefühl von krankhaftem Ekel, das ich nur zu gut kenne und zu oft erlebe. – Ich könnte weinen, wenn jemand wie S. in mir dieses Gefühl hervorruft und mag ihn dann eine ganze Zeit lang nicht. Von ihm will ich immer vornehme Reserve, die ihm so gut steht und die ich anfangs bei ihm so sicher glaubte.*[182] Sie sehnt sich nach einem Klages-Vorbehalt der Welt und den Menschen gegenüber. Der polnische Baron besitzt ihn nicht; seine, sagen wir, plebejischen Instinkte ruinieren ihre Nerven. Aber vor allem seine Eifersucht. Wie unangenehm war der Tag, als er Wolfskehls Briefe fand.

Einmal hatte der schwarze Mann vor ihrer Tür gestanden, mit einem großen schwarzen Hund. Sie haben geredet, natürlich, was sonst hätten sie tun sollen, unallein, wie sie war? Was hilft es jetzt noch, dass der schwarze Mann ihren Schlüssel hat? Und dann war da, eben erst, eine kurze, belanglose Affäre mit einem kurzen, belanglosen Mann, D. Aber Suckocki raste, sein Stolz war aufs Äußerste verletzt. Wie er Frauen wie sie normalerweise nennen würde, unterliegt keinem Zweifel.

Mai 1904: *Jetzt öfters die Einbildung, dass Such auf einmal vor mir stehen wird und mir den Hals umdreht oder mit einem Rasiermesser zur Tür hereinkommt.*[183] Das Fazit: *Träume von einem abgelegenen Häuschen mit den zwei Kindern, fortwährend.*[184] Dabei leben sie noch kein halbes Jahr in der Kaulbachstraße.

Wenn er schon in ihrer Familien-Numerik nicht vorkommt, so setzt sie ihn doch bald davon in Kenntnis, dass er Vater wird. Suchocki reagiert mit aller Zärtlichkeit, zu der sein Wesen fähig ist, mit einer überströmenden Zärtlichkeit also, da glaubt sie wieder, woran zu glauben gerade werdende Mütter angewiesen sind: dass alles gut wird. ... *ich muss nur noch viel mehr lernen, ihn zu nehmen, wie er ist. Will ihn fortwährend anders haben, und plage ihn auch damit. ... Im Grunde liegt es daran, dass zu große Nähe mit Menschen immer kleinlicher macht.*[185]

Rolf zu Reventlows prophetischer März-Verdacht lässt sich demnach wie folgt verifizieren: Seine Mutter kann zwar keine Eier legen, aber ein Baby wird sie trotzdem bekommen. Und ja, sie werden »eine Zeitlang« weggehen, aber das Baby werden sie nicht bei ihrer Rückkehr finden, sie nehmen es vielmehr mit, im Bauch seiner Mutter. Und wenn sie dann wieder nach Hause kommen, nach München, im nächsten Frühling erst, werden sie in der Kaulbachstraße statt zu viert zu fünft sein. Das ist der Sommer-Herbst-und-Winter-Plan. Richtiger gesagt: Sie wären zu sechst, denn Rolfs Mutter ist doppelt guter Hoffnung, doch das weiß sie nicht.

Sie will so schnell wie möglich aus München weg, kein Gerede mehr, keine Menschen mehr, keine *wiederaufwachenden Sentiments – Klages – Monsieur. – Die beiden steigen ... aus ihren Gräbern auf und verfolgen mich.*[186] Sie wird sie abschütteln.

Im August fährt die Kaulbachstraße 63 in den Gemeinschaftsurlaub nach Italien. Eigentlich brauchen ihre Bewohner auch eine Auszeit von einander, so gesehen wäre es besser, nicht als Wohngemeinschaft zu verreisen. Aber Franz Hessel würde ganz allein im Eckhaus verloren gehen, also nehmen sie ihn mit, nicht zuletzt als Portemonnaie, wenn auch als äußerst sparsames Portemonnaie.

Langen hatte ihr Buch nicht verlegt, bietet ihr aber eine neue Übersetzung an. Nie wieder wollte sie eine Übersetzung machen; die Kaulbachstraße sollte das Ende aller Fronarbeit bedeuten, also lehnte sie mit Entrüstung und *mit Schaudern* ab. Aber nun hat sich die Lage verändert: Sie bekommt ein Kind. Ihr Mutterinstinkt sagt ihr, dass sie keine Wahl hat: ... *dann doch angenommen. O weh, mein armer Kopf.*[187]

Ellen Olestjerne ist ein Achtungserfolg geworden, aber aus den finanziellen Nöten ihres In-der-Welt-Seins hat der Roman sie nicht befreit. Sie nimmt ihm das nicht übel, ja, fast ist sie froh darüber. Denn sie hat das Buch noch einmal gelesen, und es hat ihr, nun ja, es hat ihr nicht gefallen. Zu sentimental. Wie gut, dass die meisten es nicht kennen, dass es, wenn schon nicht ganz lautlos, so doch leise zu Boden fällt. Mag sein, zu ihrem Lektüreeindruck trug bei, dass sie nicht mehr in der Welt lebt, in der es entstand.

Die Reise ist ein Irrtum, von Anfang an. Mit Rücksicht auf ihre Finanzen fahren sie dritter Klasse. Erst Verona, dann Parma. Suchocki ärgert sich, dass er zu wenig sieht. Die Schwangere ärgert sich, dass sie zu viel sieht, und Hessel ärgert alle beide, mitunter schon durch seine bloße Anwesenheit. Am meisten ärgert sie sich jedoch über sich selbst: dass sie sich ärgert. Auch die Italiener sind ihr keine Erholung: laut, zudringlich, zu viele, *widerwärtiges Pack*. Unter dieses böse Wort fallen für sie alle Menschen, die keinen Sinn für Distanz haben.

In einem übervollen Albergo in Bocca di Magra spürt sie nachts zum ersten Mal die Bewegungen ihres Kindes. Sie hatte schon lange darauf gewartet, schon gefürchtet, es sei tot. Und dann bemerken sie alle noch etwas: Wanzen.

Sie finden ein Haus bei Forte dei Marmi, zwischen Pisa und La Spezia, direkt am Meer. Drei irgendwie Deplatzierte, deplatziert am Strand, deplatziert in sich selbst und miteinander. Wie schade. Suchocki würde gern weite Radtouren machen, gibt sich selbst aber keine Erlaubnis zu längerer Abwesenheit, außerdem untersteht ihm die Küche, er fristet am Herd *mit zornigem Pflichteifer* und geht dann hinunter in den Ort, unter Menschen, möglichst viele Menschen, und sei es nur, *um den Koch vom Stabilamente Tarantella tanzen zu sehen*. Wenn sie etwas nicht möchte, dann den Koch vom Ristorante Stabilamente Tarantella tanzen sehen.

Wie furchtbar allein war sie in den Monaten vor Rolfs Geburt, jetzt hätte es anders sein sollen: *So verläuft diese Zeit, die so schön hätte sein können*. Sie einmal im Leben mit einem anderen Menschen teilen dürfen! Es ist *ein Gefühl von Fruchttragen und Entgegenreifen*[188] in ihr, so als wäre sie der Mittelpunkt der Welt, aber er empfindet das nicht und sieht den Koch vom Stabilamente Tarantella tanzen.

Sie kann von ihrem Bett aus das Meer sehen, und doch fühlt

sie Traurigkeit und etwas Herablassung: Die Nordsee ist es nicht. Es besitzt einen viel geringeren Wirklichkeitsgrad, ist *selbst bei Sturm noch etwas dolce und ohne Ernst.*[189] Das Prädikat *salzig* möchte sie ihm nicht zuerkennen, es kommt ihr eher *bitter* vor, und vor allem fehlt ihm der Salzgeruch. Warum kann der Mensch sich nicht einfach an dem freuen, was und wie er es hat? Vielleicht sogar an Franz Hessel?

Schon in den ersten Wochen notiert sie: *Und der H. F. geht mir, wie ich schon ahnte, von Tag zu Tag mehr auf die Nerven.*[190] Bald nennt sie ihn nur noch *den schwarzen Käfer,* fast alles an ihm missfällt ihr. *Im Nebenzimmer den schwarzen Käfer als fremdes, beinah feindliches, zum mindesten störendes Element.*[191]

Am schönsten ist es, wenn Mutter und Sohn allein sind. Sie sprechen viel über das Baby und ihr neues Leben. Im Dezember wird es kommen, dann wollen sie in Florenz sein. Rolfs Geschwister wird ein Florentiner Kind. Sie legt sich nackt in den Sand und sagt, Rolf soll aufpassen, dass keiner kommt. Er spielt, vergisst es, und plötzlich umstehen mehrere Italiener die unfassbare, entkleidete Provokation im Sand: eine Frau, nackt und schwanger. Wie schamlos. Rolf weiß längst, dass seine Mamai und der Rest der Welt grundverschiedene Auffassungen haben über die Dinge, für die man sich schämen sollte. Er ist grundsätzlich auf der Seite seiner Mutter.

Sie schläft schlecht in den Nächten, quält sich tagsüber mit der Langen-Fronarbeit und hat öfter starke Schmerzen. Schreiben, schreiben, schreiben. Sie muss ihre Nerven *wie mit Stricken zusammenbinden* in ihrem Zustand, während die beiden Männer in der Sonne sitzen. Verkehrte Welt, denkt sie. Die Schmerzen nehmen zu. Suchocki spielt jetzt öfter mit jungen Schweden Fußball am Strand. Als sie Blut verliert, im Fieber liegt, läuft er nach einem Arzt, es ist der 24. September. Am 26. fängt der siebte Monat an, das hat sie ausgerechnet. Der Mann, der an ihr Bett tritt, ist ihr widerwärtig, ebenso wie seine Diagnose: Das Kind werde jetzt kommen, viel zu früh, aber nicht aufzuhalten. Er schicke die Hebamme. Sie will statt einer Hebamme einen anderen Arzt und bleibt regungslos liegen. Nicht jetzt! Sie muss nur ruhig bleiben.

Es ist noch ein Vierteljahr Zeit, ein ganzes Vierteljahr. Am 26. hört die Blutung auf, das Fieber geht, sie spürt sehr starke Bewegungen im Bauch. Gute Zeichen! Rolf bringt lauter Meeresgeschenke vom Strand. Sie muss nur ganz still liegen bleiben. Nein, sie werden nicht nach Florenz gehen, sie werden nach Rom gehen. Der Weltankömmling soll ein Römer werden. Mutter und Sohn stellen sich den römischen Winter vor, der bestimmt ein Sommer ist.

Doch dann, am Mittag des 27. September, spürt sie rasende Schmerzen. Der herbeigerufene Arzt lässt ihr keine Hoffnung. Das Kind wird kommen, doch es wird nicht leben können. So geht sie hinein in eine *physische Qual, die schließlich nur nach Erleichterung und Befreiung fragt.* Suchocki hält sie die ganze Nacht. Rolf muss in der Küche bleiben, hört seine Mutter schreien und weint mit. Das Kind kommt, das Kind, das nicht leben darf. Sie fragt, ob es atme. Nein. Es ist ein Mädchen. Ein totes Mädchen. Sieht die Mutter ihr totes Kind? Der Schmerz hört nicht auf, und dann begreifen sie: Es sind zwei.

Es sind zwei!, sagt Suchocki. Wieder ist es ein Mädchen. Und dieses atmet, schwach nur, aber es atmet. Sybille soll es heißen. Sein Vater packt es in Watte, so liegt es auf ihr, neben ihr. Sie versucht, ihm Milch zu geben, aber da ist nur ein Tropfen. Suchocki haucht das kleine Wesen an, spricht zu ihm, wärmt ihm Milch. Rolf steht an ihrem Bett, schenkt der kleinen Schwester ein Stück Silberpapier. Allen kommt es vor, als ob sie nächtelang nicht geschlafen hätten. Franziska küsst ihr Kind. Sie ist so matt, sie würde jetzt gern die Augen schließen, aber das darf sie nicht, denn sie weiß, sie würde ihr Kind nicht lebend wiedersehen. *Es war so überklein, aber so zierliche Händchen und Füßchen und Gesichtchen ... Da lag es nun wie ein ganz schwaches Flämmchen, das auslöschen wollte, die Stimme immer matter und das Köpfchen immer kälter.*[192] Ein ganzer nächster Tag noch, ein Tag voller Zärtlichkeit. Als Rolf ins Bett geht, singt er ganz leise: »*Sybillchen, bleib' am Leben, Sybillchen, bleib' am Leben.*«[193]

Am Abend dringen fremde Menschen ins Haus, denn man kann sein Kind nicht einfach in fremder Erde, in ihrer Erde begraben. Es braucht Totenzeugnisse, Erlaubnisse, zwei kleine Särge! – Begraben! Wenn sie könnte, sie würde die Eindringlinge aus dem Zimmer werfen. Sybille atmet noch immer. *Die Nacht dann tief und fest geschlafen, wache gerade auf, als Such das Kind hinausträgt.*[194]

Sie bleibt liegen, erlebt immer wieder dieses Frühjahr, seit sie es wusste, und den Sommer. Solange sie nicht aufsteht, denkt sie, ist es nicht vorbei. Wenn sie aufstehen könnte, ginge sie hinaus, um zu malen. Die zwei kleinen Toten haben Bohdan von Suchocki, Rolf und Franziska fast miteinander verwachsen lassen. So sollte es bleiben. Solange es so bleibt, sind Sybille und ihre Schwester noch bei ihnen.

Rolf erklärt: *»Sie sind jetzt in der Unterwelt, da finden wir sie wieder.*[195] Seine Mutter erzählt ihm noch immer die *Odyssee*, die Unterwelt ist Rolf ein sehr plausibler Aufenthaltsort. Ihr auch.

Einem Menschen berichtet Franziska noch aus Fonte dei Marmi, was ihr widerfahren ist. Sie schreibt an Herrn Dame, an die Titelfigur ihres späteren Romans, an *den Verurteilten*, den latent unglücklichen Mediziner und Psychologen Hans Walter Gruhle, den sie in diesem Frühjahr in München kennenlernte. Er weiß sich unaufhebbar fremd in der Welt, wohl auch darum hat sie ihn sofort zum Mitwisser ihrer Seele ernannt; er ersetzt ihr Klages, zumindest etwas, nur dass Gruhle, der Verurteilte, nicht fliegen kann. Vor ihm verbirgt sie nichts, auch nicht ihre Erleichterung, dass *der schwarze Käfer* Mitte Oktober abreist und erst im Januar nach München zurückkehren will.

Nein, es steht nicht gut um ihre Wohngemeinschaft. Auch Suchocki spricht davon, wieder ein eigenes Atelier haben zu wollen. Und sie? Sie braucht die Kaulbachstraße jetzt als Heimat. Nach Rom oder Florenz wollte sie mit ihren Kindern gehen, ohne sie: undenkbar. Aber sie spürt, wie viele Seelenfäden sie mit dem Unglücksort Forte dei Marmi und diesem Haus verbinden, wie viel Leben sie hier zurücklassen wird. Ganz langsam wird sie sich lösen, stärker werden. Es gelingt, aber sie träumt schwer, fast immer vom Gebären und Verlieren. Manchmal behält sie das Kind auch, bis zum Aufwachen. Manchmal weckt sie ihr Sohn: *»du niedliches Mamaichen, die Sonne geht auf«.*[196]

Sie beginnt viel zu zeichnen, das meiste kommt ihr schlecht vor. Wenn sich die Schaulustigen hinter ihrem Skizzenblock sammeln, um zu prüfen, ob die Pietra-Santa-Brücke auf dem Papier auch wirklich die Pietra-Santa-Brücke ist, macht sie das sehr nervös. Sie ist nicht der Koch vom Stabilamente, der immer besser Tarantella tanzt, je mehr Volk ihm dabei zusieht.

Am 1. November nehmen sie Abschied von Forte dei Marmi und dem Haus am Meer. Sie fahren mit dem Rad. Rolf hat zum Geburtstag ein Fahrrad geschenkt bekommen. Schon im Frühjahr war sie so stolz, als er neben ihr fuhr, als ob es nichts Selbstverständlicheres gäbe. Über Pisa, Lucca und Florenz wollen sie bis nach Venedig. Mitte November überqueren sie den Apennin, oder besser: Sie versuchen es. 15. November: ... *spät in Marradi. Maus übermüde und weint.*[197] Rolf von Reventlow wird niemals von der Auffassung abrücken, dass seine Mutter und Bohdan von Suchocki gar nicht gewusst hätten, dass zwischen Forte dei Marmi und Venedig ein großes, fieses Gebirge mitten auf dem Weg lümmelt. Es kostet viele Kindertränen.

»Bin ich es noch?
Ich glaube ... nicht«

Fast ein Jahr später, Ende September 1905. Sie geht nach Schäftlarn. Allein sein, zu sich finden, malen. Malen dürfen heißt eins werden mit sich, nach Hause finden, noch immer. Suchocki hat sie vorübergehend nach Polen verbannt, oder das, was einmal Polen war und beinahe »Südpreußen« genannt worden wäre, auf das Gut von Adams Bruder. Ein wenig Eros der Ferne tut ihnen not. Eigentlich wollte sie in München bleiben, allein in der Kaulbachstraße, aber sie ist nicht allein, solange Hessel da ist.

Und als sie einmal kurz fort war, hat er ihre Zimmer öffnen lassen, um *fremde Weiber* darin wohnen zu lassen, Töchter Zions. Das erfüllt sie mit zitternder, namenloser Wut. Was glaubt dieser Student der Literaturgeschichte, wer er ist? Sie weiß es nur zu genau: Er, der Vermögende, glaubt, sie auszuhalten. Der chronisch Sparsame zahlt die Miete, aufgrund seiner Sparsamkeit leider nur zögernd und auch nicht immer. Sie sind gewissermaßen eine Laune von ihm, eine andere, possierliche Art von Dienstboten. Die Zeichen über der Wohngemeinschaft in der Kaulbachstraße stehen auf Sturm.

Dennoch schweigt die Gräfin, denn sie kann nicht garantieren, was sie dem *schwarzen Käfer* alles sagen würde, wenn sie erst einmal damit begänne. Der Baron sieht das genauso: Entweder eine »energische Handbewegung« oder Schweigen, kein Drittes, rät er aus Polen. »Vor allen Dingen! nur von UNS soll das ausgehen Franzl hinauswerfen niemals von ihm! Er ist fehig absichtig irgend was zu unternehmen was Dir Ärgerniss bereitet um sich los zu lesen. Das dürfen wir nur thuen!!!«[198] Der missachtete Stolz des verarmten Adels nimmt Zuflucht zu den mentalen Beständen seiner Vorfahren. Und das ewige Bettelnmüssen gehört eher nicht dazu. Das erste Mitglied der Wohngemeinschaft an das zweite Mitglied der Wohngemeinschaft über das dritte Mitglied der Wohngemeinschaft: *Franzl nur 40 M hergegeben mit großer Überwindung und frisst alles auf was man in der Küche stehen lässt. Hab wirklich lachen müssen, als eine große Schüssel Compot heute früh leer war.*[199] Suchocki antwortet aus Witchenske, sobald er wieder da sei, wolle er ihm schon eine ordentliche Schüssel »Compot« kochen. Nein, es steht nicht gut um die Avantgarde des kollektiven Wohnens, Lebens und Arbeitens in der Kaulbachstraße.

Und darum ist sie nun in Schäftlarn, Ende September 1905. Als sie den vertrauten Ort wieder betritt, überkommt sie *ein rasendes Gefühl von Heimweh, und weiß nicht wonach. Klages – ein Mensch. Musste daran denken, wie ich mir damals oft gedacht habe: wieder ohne ihn leben – unmöglich, und nun leb' ich doch schon wieder Jahre ohne ihn, aber eigentlich kann ich's nicht. Ich warte immer noch, dass er wiederkommt. Für meine »Seele« war er die einzige Heimat, die sie jemals gefunden hat.*[200]

Sie denkt viel über sich nach. *Bin ich es überhaupt noch?* Die Antwort: *Ich glaube, die letzten Jahre war ich's nicht.*[201] Natürlich sind sie nach ihrer Rückkehr aus Forte dei Marmi ganz in den Fasching hineingefallen. Sich selber vergessen dürfen. Die große Zeit der

Kaulbachstraße begann, sie wurde der Ort, wo jeder bleiben konnte, Ruhe fand zwischen den Festen, nur sie war wie betäubt.

Das Klage'sche Gift hat sie unterwandert. Die Bilanz des Spitzwegfestes, der Kirch- und Nachkirchweih fiel bedenklich aus: *Halb mit Genugtuung und halb mit Schmerz konstatiert, dass ich keine Karnevalsseligkeit wie früher mehr habe. Man hat sich noch viel weiter von den Menschen entfremdet und entfernt. Vor allem der Degout, der bei mir schon bald pathologisch wird oder schon ist, at home and abroad.*[202]

Das Wort *Degout*, der Ekel, geht schon länger durch ihre Notizen, ebenso wie die Februar / März-Bilanz: *Es gibt seit Klages keinen Menschen mehr für mich, und meine Idiosynkrasien nachher sind schrecklich.*[203] Sie spricht wie eine gelehrte Frau. Idiosynkrasien sind geistig-körperliche Unverträglichkeitsreaktionen. Und was heißt *nachher*? Es gibt nur ein wirkliches Nachher, alle Dionysiker wissen das. Es ist das, was auf den Exzess folgt. Das Nachher ist keine Zeit eigenen Rechts, nur eine Folgefrist. Wenn sie daran denkt, welches Vergnügen es ihr früher bereitet hätte, morgens im Briefkasten *drei Polizeistrafmandate* zu finden. Wegen nächtlicher Ruhestörung, Beeinträchtigung der öffentlichen Ordnung und immer so weiter. Ja, wozu ist sie denn auf der Welt, wenn nicht zur Beeinträchtigung der öffentlichen Ordnung? Und im Eckhaus an der Kaulbachstraße hat sich diese Irritation gewissermaßen institutionalisiert, das sollte ihr sehr große Genugtuung bereiten, aber sie fühlte nur irgendeine Vorform von *Degout*. Sie sah ihr Kind seltsam fern mit einer ihrer alten Karnevalsmasken über den Hof streifen, *Mütze als Helm, Hut als Schild, unzählige Stöcke als Messer umgebunden.*[204]

Während des Faschings fasste sie den Entschluss, Suchocki gewaltsam von sich zu entfernen, vorübergehend, für eine tiefe Dosis Einsamkeit. Neben diesem Menschen ohne Plan, ohne Ehrgeiz, ohne Ziel würde sie untergehen. Mit einer gewissen Ratlosigkeit besah sie sein Vergnügen, als er nach einer Mai-Orgie zehn Fiaker in die Kaulbachstraße orderte, die alle wieder abfahren mussten, ohne einen einzigen Fahrgast. *Such im steifen Hut zur Abfahrt gepfiffen. Nächsten Tag ein anderer Polizist: »Ich glaube, wir kennen uns schon, Frau Gräfin.«*[205] Diese Nacht wird in die Schwabinger Überlieferung eingehen, doch sie fühlte sich fremd in der Szenerie, *eigentlich gegen den Geschmack ..., etwas krampfhaft, geht alles nicht aus Lust hervor, sondern bringt sich mühsam hinein. Ich habe genug davon.*[206]

Also delegierte sie ihn im Namen ihrer Einsamkeit auf das Gut von Adams Bruder bei Lodz. Der Paläontologe und der polnische Baron ohne eigene Hosen verstehen sich inzwischen sehr gut; Adam zumindest hat der Schwabinger Mahlstrom nicht verschlungen. Er glaubt an Klages und an sie, neuerdings sogar an Suchocki, aber es ist seltsam, wenn beide zusammen sind, mag sie weder den einen noch den anderen. Zuletzt fiel ihr das Loslassen, das Wegfahren viel schwerer als Suchocki.

Aber was sie hoffte, trat ein: Befreit vom Missvergnügen der Alltäglichkeit kehrte ihre Leidenschaft zurück, ihre Körper entbehren einander sehr, das macht sie sehr zärtlich, auch geistig, schließlich ist das Hirn nichts anderes als eine etwas exaltierte Verlängerung der Physis. Suchocki gefällt es auf dem Gut des dicken Woja in Witchenske, es ist ihm wie Nachhausekommen.

Auch Adam traf bald auf dem Gut seines Bruders ein; leider ist er ein Mann unter Einfluss, noch immer nicht geheilt von der Klages'schen kosmologischen Primärinfektion. Im Bericht Suchockis: »... und ... jetzt geht los – Svastjka Paradigma – Sonnengott – Metapfisik auf Rädern – Sonnenopfer u.s.w.«[207]

Zurück in München, greift die »Metapfisik auf Rädern« auch nach ihr, doch es ist die mehr konventionelle Form. 6. Oktober: *endlos im Rathaus wegen Bubis Religion.*[208] Sie hat ihn taufen lassen, mehr aus Vorsicht. Ein uneheliches Kind zu sein ist schon Bürde genug, aber ein uneheliches, gottloses Kind, hieße das nicht beinahe, ihren Jungen vorsätzlich aus der menschlichen Gesellschaft auszuschließen? Doch nun will die Kirche ihn im Glauben unterrichten, seine Seele gottesfest machen. Nicht mit ihr. Aber leicht gibt die Kirche dieses Lamm des Herrn nicht her. Wahrscheinlich konsultiert sie auch Rolfs zweiten Vormund, darf aber in dem Großkritiker des diktatorischen Eingotts, der das Christentum als kulturvernichtende Macht ansieht, keinesfalls auf Beistand hoffen.

16. Oktober: *Früh zur Kirche und den Austritt erklärt.*[209] Mit tragischer Gebärde wird ihr die Urkunde überreicht, der zufolge ihre Seele nun nicht mehr den Schutz des Herrn genießt. *Mich hat der liebe Gott aus allen Widersprüchen geschaffen, die er übrig hatte, soviel ist sicher. Fühle mich nur ganz als ich selbst, wenn alles durcheinandergeht, Wehmut, Sehnsucht, tiefe Liebe und frivole Oberflächlichkeit.*[210]

Derart auch für die Buchhaltung Gottes metaphysisch obdachlos geworden, erfährt sie im November vom Tod ihrer Mutter. Am 19. November 1905 ist Emilie Gräfin zu Reventlow gestorben. Ihre Anwesenheit beim Begräbnis der Mutter ist nicht erwünscht. Dass die Autorin von *Ellen Oljesterne* ihr das letzte Geleit geben könnte, erscheint der Familie wohl im höchsten Maße geschmacklos. Bruder Ludwig wird anders gesprochen haben, vergebens.

Am selben Morgen trifft sie zudem die Nachricht drohender physischer Obdachlosigkeit. Franz Hessel teilt ihr mit, dass er Ostern nach Berlin gehen werde. Nein, Hessel hat nicht vor, sich von Suchocki *eine große Schüssel Compot* kochen zu lassen. Nie darf er uns rauswerfen, wir müssen diejenigen sein, die ihn vor die Tür setzen, hatte der Baron dekretiert. Zu spät. Hessel hat es gar nicht nötig, jemanden hinauszuwerfen. Nur indem er sagt, ich gehe, sitzen die beiden anderen tendenziell schon auf der Straße. Oder nicht?

Ludwig, zum letzten Mal

Auf die Notiz vom Tod der Mutter folgen im Tagebuch die scheinbar wenig passenden Sätze: *Mir ist so himmlisch leicht im Gemüt, für ein paar Jahre vielleicht kann ich jetzt leben und malen, malen.*[211] Sie erbt. Ludwig muss es ihr im Sommer schon angedeutet haben, als er sie besuchte, so wie er eigentlich in jedem Sommer einmal vor ihrer Tür stand, sie hat sich so daran gewöhnt, nur sah er diesmal sehr leidend aus. Sie waren sich darüber einig, dass sich dies bessern müsse. Jetzt lädt der Reichstagsabgeordnete Ludwig zu Reventlow die Ausgeschlossene nach Berlin ein. Sie werden den Abschied von Emilie zu Reventlow noch einmal begehen, symbolisch, sie werden sich gemeinsam erinnern.

Anfangs fühlt sie sich durch die Aussicht, nach Berlin zu fahren, fast gestört. Sie war von Schäftlarn zurückgekehrt mit dem Entschluss, keine Zeit mehr zu versäumen, und was war das bisherige Kaulbachstraßenleben denn anderes als ein großes Zeit- und Selbstversäumnis? Der zumeist nicht glasmalende Glasmaler und tendenzielle Selbstversäumer Suchocki in Witchenske erfuhr, dass er bei seiner Rückkehr auch ein großer Arbeiter werden muss, in jedem ihrer Briefe steht das: ... *hab Dir schon gesagt, wenn Du jetzt kommst, musst Du artig arbeiten. – Wirst auch ebenso vergnügt dabei sein. Ich hab es wohl begriffen, dass du die letzten Jahre nichts gethan hast, aber jetzt ists Zeit ...*[212] Der Baron antwortete, das einzusehen, er wolle künftig bloß noch arbeiten und sparen, ein Faschings-Panzerhemd müsse er allerdings noch bezahlen, »sonst brauche ich gar nichts«. Und für Rolf wolle er der beste »Känguruvater« werden.

Auf Witchenske halte sich gerade ein kurländischer Baron auf, »der schpriecht ein Deutsch, dass ich schwietze, wenn ich zuhöre z. B.: ›Ich weiß nicht wie weit die Tiefe des Geistes disciplinirt worden ist‹ u-s-w.«[213] Da sei es ihm, Bohdan von Suchocki, schon lieber, der kurländische Baron übe sich, statt zu reden, im Pistolenschießen. Doch der Kurländer hat schon recht gut erfasst, worauf es ankommt, ihr ankommt: Die Tiefe des Geistes muss diszipliniert werden, jawohl! Darum steht sie nun alle Tage um sechs Uhr morgens auf, zeichnet, geht wieder zur Malschule, jetzt in die des Ungarn Simon Hollósy, unterrichtet ihr Kind, räumt auf, kocht, wenn auch viel schlechter als Suchocki, und nachmittags um fünf besucht sie noch den »Abendakt«, das erste Mal seit zehn Jahren. *Seit Jahren wieder ein festes Regime, und das hebt meinen Lebensmut sehr.*[214] Zugleich fühlt sie ein neues »Quartal« herannahen, sie kennt die Symptome: Eindruck *verstärkter Daseinsberechtigung*, All-Liebes-Empfänglichkeit, die sich nicht leicht auf den Polen-Rückkehrer Suchocki begrenzen lässt. Dabei meint sie ihn mehr zu lieben denn je.

In dieser tiefendisziplinierten und zugleich tiefengeöffneten Verfassung kommt sie in Berlin an. Hanna Wolfskehl hat ihr noch im letzten Moment ein schwarzes Kleid gegeben, auf dass sie als Trauernde unter Menschen gehen könne. Das verstimmte sie so, dass sie beinahe dageblieben wäre. Sie weiß schon, dass bürgerliche Frauen mit Schrecken auf ihre Garderobe blicken: *schlecht, auffallend und boheme*. Auch wäre es unpassend, nach dem Tod ihrer Mutter nicht Schwarz zu tragen.

Sie wohnt im *Askanischen Hof*, sehr gutes Hotel, schläft unter einer roten Decke, fährt alle Wege mit dem Fiaker, und überall begegnet man der Schwester des Reichstagsabgeordneten zu Reventlow mit der ausgesuchten Höflichkeit, die ihr Name nahelegt. Sie kann das genießen, sehr, und ab jetzt vielleicht sogar öfter: Ludwig teilt ihr mit, dass sie 8000 Mark erbt. 8000 Mark!

Gleich am ersten Tag macht der Erbe mit der Erbin eine Reichstagsführung. Dass er elend aussieht, hatte sie im Sommer schon bemerkt, er hat sein Versprechen, wieder gesund zu werden, nicht gehalten. *Der arme Ludwig ist sehr krank, schrecklich nervös und lieb.* Eine Operation ist unumgänglich, sagen die Ärzte. Wie gut sie diesen Satz kennt. Er wird es schaffen, er ist ihr Bruder. Er redet selbst den Reichskanzler unter den Tisch.

Trotz seiner Schwäche achtet er darauf, dass sie immer etwas vorhaben; er glaubt, sie könne anders gar nicht leben. Sie sieht eine alte Lübecker Familie wieder, die inzwischen eine reichshauptstädtische Familie geworden ist, und wird mit dem Ruf »O Gott, Fanny!« in die Arme geschlossen, als ob sie nicht wie von einem anderen Stern käme.

Genau so möchte sie vor Cattys Tür stehen, wie von einem anderen Stern heruntergefallen. Und er müsste genau das rufen: O Gott, Fanny! Auch Catty und Ernst wohnen in Berlin. Aber Ludwig sagt, sie solle nicht hingehen, Catty wolle sie nicht sehen, absolut nicht sehen. Sie spürt den alten Stich ins Herz.

Nicht Catty, aber Ernst scheint sich zu sagen, dass etwas Ungebührliches darin liege, die Schwester in der Stadt zu wissen und sie nicht zu empfangen. Sie möge kommen. Und dann steht sie Ernst gegenüber, dem fremden Ernst, fremd war er immer.

Franziska zu Reventlow hat Mühe, in dem gealterten, leicht adipös wirkenden Mann mit dem schweren Gang ihren Bruder zu erkennen, einst »das Mandelthier« genannt . Die Szenerie mit kranker bettlägriger Frau erweckt ihr den Eindruck *einer – allerdings mit fabelhafter Würde getragenen – Misere*.[215] Ernst, der Kriegstreiber und Nationalsozialist der Zukunft, ist der Nachfolger des Vaters als Familiengeschichtlicher. Er war der Einzige, der sich für seine Forschungen interessiert hat. Insofern begegnet er ihr wohl nicht zuletzt mit dem nüchternen Interesse des Historikers. Erst als sie vor Ernsts Schreibtisch steht, der der Schreibtisch ihres Vaters ist, und sie die Ahnenbilder sieht, die darauf standen, solange sie denken kann, begreift sie, dass er es ist. Und dann das alte Buffet aus dem Husumer Schloss, in dem die Süßigkeiten lagen und das sie als Kind immer heimlich geöffnet hatte. Ein paar Möbel als gegenwärtigste Vergangenheit. Und sie selbst? Gleicht ihre hilflose Konversation nicht auch dem Zwiegespräch zweier Möbel, die das Schicksal versehentlich im gleichen Zimmer abgestellt hat? Mit Catty wäre das anders.

Der Bruder, mit dem sie ihre Kindheit und ihre Jugend geteilt hatte, wird Ernst noch an diesem Abend besuchen, für 19 Uhr hat er sich angesagt. Zehn Minuten bevor er kommt, verlässt die Schwester das Haus.

Wird sie doch immer die vor die Tür Gewiesene, die Ausgeschlossene bleiben? Nein, sie hat einen Bruder in der Stadt, einen wirklichen Bruder. Mit Ludwig könnte sie ganze Nachmittage reden, auch über die Liebe, gerade über die Liebe.

»C'était plus fort que moi«

Das pfeifende Loch in der Lunge. Auch hat sie das Gefühl, auf einem Ohr zu ertauben. Sie weiß genau, Gott will sie strafen, weil sie nicht an ihn glaubt. Aber sie lässt sich nicht erpressen. Sollte sie vielleicht doch zum Karneval gehen? Der Karneval ist gemacht für Menschen, die ein Loch in der Lunge vergessen müssen und auf einem Ohr taub werden. Sie zögert lange, zu groß ist die Angst vor dem *Degout*, die Furcht, noch mehr von der alten Seligkeit zu verlieren. Mit einer gewissen Verachtung und nicht ohne *Tugendstolz* sieht sie Suchocki das Kettenhemd anlegen, die Kaulbachstraße ist der Treffpunkt der Karnevalisten. Sie winkt ihnen nach und lächelt milde, *wenn sie heimkommen und verjammert aussehen.*[216]

Doch dann hört sie, dass Klages und was von den Enormen noch übrig ist, auf dem Gauklerfest gesehen wurden. Klages geht zum Fasching, und sie bleibt zu Hause? Das ist eindeutig verkehrte Welt, vollkommen verkehrte Welt. ... *ich habe geflucht, dass ich nicht da war, ich möchte einmal wieder das schöne Gemisch von Hass und Liebe haben.*[217] Der Fortgang: *Gott sei Dank von meinem Sockel heruntergefallen und auf den zweiten Bauernball. C'était plus fort que moi.*[218] Es war stärker als ich. Diesen Satz mag sie von allen am liebsten.

Als die bösen Nachrichten aus Berlin zu ihr dringen, durchtanzt sie den Münchner Fasching, zunehmend vorbehaltlos, ohne einen Hauch von Degout, mit jeder Faser ihres Seins. Das neue *Quartal*, es hat tatsächlich begonnen, und sie dachte schon, es wäre keins mehr übrig. Und solvent ist sie auch, ein nie gekanntes Gefühl. Wer Geld hat, fühlt sich gleich viel *daseinsberechtigter* als der, der keins hat. Natürlich bekommt sie es nicht gleich, so eine Testamentsvollstreckung braucht Zeit, und die Klausel, die ihr Erbteil an die Zukunft ihres Sohnes bindet, kennt noch keiner. Im Herbst wird sie ihrer Lunge halber in den Süden gehen, *nach Griechenland.* Die Lunge kann warten. Den Gerichtsvollzieher empfängt sie noch im *Holländerkostüm.*

Sie fällt von einem Arm in den anderen, in Haupt- und Nebenarme. Die zugehörigen Herren treten im Tagebuch zumeist mit den Anfangsbuchstaben ihres Namens auf, dahinter folgt ein Punkt der Diskretion. Aber was heißt Arme? Auch Knie! *Nachher Luitpold, der Walzer auf Str.'s Knien, wo S. mich herausholt.*[219] S. gehört nun gar nicht zu denen, die mit einem Buchstaben plus Punkt genügend inventarisiert sind, nein, es ist Suchocki. Und dies ist nur einer seiner harmloseren Auftritte. Sie hätte nie geglaubt, dass sie noch einmal eine solche Überfülle des Lebens spüren könnte; welches Recht hätte sie, sich daran zu hindern? Welches Recht hat Suchocki, sie daran zu hindern? Er sagt ihr, dass er sie verabscheut. Da spürt der Vulkan, der sie ist, eine plötzlich aufsteigende Kälte von innen, aber was hilft am schnellsten und zuverlässigsten dagegen? Noch mehr Lava! Noch mehr Ausbruch.

Wie jeder feuerspeiende Berg, so kennt auch sie die Zwischenzeiten, da nur noch ein dünnes Rauchfähnlein oben über dem Kegel steht, doch auch in dieser posteruptiven Ermattung fühlt sie sich *sinnlos wohl*, keine Reue, kein Degout, stattdessen die Ruhe vor dem nächsten Ausbruch, dem nächsten Fest entgegenwartend.

Einmal, als sie in ihrem roten Kleid mit P. im Luitpold tanzt, spürt sie, als sie schon von der Tanzfläche gehen, Klages' Blicke. Er muss sie schon die ganze Zeit angesehen haben. Bin ich nicht enorm?, fragen ihre Augen. Sie liest keinen Widerspruch in seinem Gesicht.

Nur beim Nachhausekommen hat sie zunehmend Angst, *meine immer, dass Such hinter der Tür steht und mich totschlägt. Das wird ja doch einmal das Ende sein.*[220] Aber das Dionysische ist ein Doppelrausch aus Entzücken und Vernichtung, Klages weiß das, der Baron weiß es wohl nur ungenügend. Noch nie hat sie einem Menschen so viel gegeben wie ihm, sollte er ihrer Daseinslust da nicht mit mehr Entgegenkommen und Empathie begegnen? Doch er macht das Gegenteil.

Ich lebe »seltsam, wie auf den Wellenspitzen des Daseins«, hat der Autor des *Zarathustra* einmal bekannt, »eine Art fliegender Fisch«. Genauso geht es ihr, obwohl sie wohl weiß, dass Friedrich Nietzsche ihre augenblickliche Existenzform sicher ebenso tief missbilligt hätte wie Suchocki, nur aus anderen Motiven. Kein Entzücken ohne Arbeit!, verfügte er, und von Arbeit kann in ihrem Fall eher nicht die Rede sein. Die Gemeinsamkeit aber ist: Dort, wo sie sich gerade aufhält, gibt es keinen Tod, zumindest keinen, der für immer wäre. Und Ludwig zählt sie ohnehin nicht zu den Sterblichen. Dennoch fährt sie Ende März, irgendwo *zwischen Wachen und Schlafen,* nach Berlin. Sie findet den Bruder *zum Erschrecken elend*, aber er spricht mit ihr, er lebt. Es gibt keinen Tod, es gibt ihn nicht! Auf einer Mauer steht ganz groß *JA*, mit Kreide angeschrieben. Besser kann man das gar nicht formulieren.

Kurz bevor sie fuhr, zog Hessel aus. Ab jetzt werden keine kleinen zionistischen Weltkongresse mehr in der Kaulbachstraße tagen. *Ich hab' dem Greuel zum Abschied einen Kuss gegeben, und er zerschmolz vollständig. Ob vielleicht doch etwas Wahres hinter all dieser verlogenen Fratzenhaftigkeit steckt?*[221]

Die beiden insolventen Nebenmieter bleiben ratlos zurück mitsamt der Schulden, die Hessel nicht mehr beglichen hat. Hat Suchocki nicht versprochen, viel fleißiger zu sein? Aber statt Gläser zu bemalen und zu verkaufen, lauert er dem zweiten übrig gebliebenen Wohngemeinschaftsmitglied auf, um ihm zu erklären, dass es eine Hure sei. Das Tagebuch spricht dieses Wort nicht aus, schon aus Rücksicht gegen sich selbst, doch es donnert, dass sie sich nicht zu nahetreten lasse, in diesen Dingen empfinde sie *wie ein Korpsstudent*. Und da dieser nicht glasmalende Kettenhemdträger ihre Ehre beleidigt habe, sehe sie sich außerstande, den ersten Schritt auf ihn zuzugehen.

Das ist ohnehin nicht einfach, solange sie abends oft so spät nach Hause kommt. Sie hat da eine kleine Liebe übrig behalten aus diesem Winter, und es widerspricht ihrem gärtnerischen Instinkt, ihrem botanischen Gewissen, das zarte Pflänzchen auszureißen. Auch geht es gegen ihren Stolz. Es geht auch gegen ihren Stolz, dass sie nun immer beinahe *Todesangst* hat beim Nachhausekommen. Dionysische Welt, ungemindert von Hessel als unparteiischem Dritten.

Sie werden ausziehen. Weder finanztechnisch noch liebestechnisch noch bedrohungstechnisch ist die Kaulbachstraße länger zu halten.

Und doch bereitet ihr Suchocki gemeinsam mit Rolf – oder anders: Rolf gemeinsam mit Suchocki – am 18. Mai einen wunderbaren Geburtstag. Im letzten Jahr hatte ihr Sohn ihr sechsunddreißig Kriegsschiffe seines Reiches Fraksikarien geschenkt, so beurkundet auf einem festlichen Glückwunschschreiben. Ihre

Flotte vergrößert sich in diesem Jahr zwar nicht, dabei existiert Fraksikarien noch immer, doch Luftballons sind ihr ohnehin lieber. Der Baron spielt ihr zu Ehren Mundharmonika. Und sie selbst schreibt noch an diesem Tag einen Brief an ihre Frühlingsliebe, aus der vielleicht keine Sommerliebe mehr wird, umso mehr muss sie sie genau von diesem Tag aus grüßen. Sie wird den Gruß nicht mehr abschicken, denn am nächsten Mittag kommt ein Telegramm. Ludwig stirbt.

Sie fährt sofort nach Wiesbaden, dort wurde er operiert, dort schien alles besser zu werden. Catty ist schon da. Am Totenbett des Bruders sehen sich die Geschwister wieder, die einmal unzertrennlich waren, gehen nachher miteinander Wein trinken, seltsam vertraut, doch sobald sie sich dieser Wahrnehmung überlässt, schneidet der Tod hinein. Das Leben ist traurig, hat Ludwig immer gesagt, er hat es nicht so geliebt wie sie. Dennoch leistet es erbitterten Widerstand, noch zwei ganze Tage lang, die Geschwister sehen Ludwig sterben. Sie hat noch nie einen Menschen sterben sehen. Sie fährt zusammen bei jedem seiner unendlich schweren Atemzüge, vollzählig stehen die Geschwister im Zimmer, die anderen gefasster als sie, vielleicht weil sie dem Leben ohnehin ferner stehen. Sie sucht Schutz hinter Ernsts Rücken, hinter ihrem fremden Bruder, aber der hält sie ganz fest.

Als sie fast ohnmächtig vor Trauer zurückkehrt in die Kaulbachstraße, sagt ihr Suchocki, dass er ihren Brief gefunden und konfisziert habe. Suchocki, der miserable Spion! Wie kommt er dazu, ihre Post zu lesen, ihr Privatleben auszuspähen? Aber ich bin doch dein Privatleben, könnte der Glasmaler jetzt einwenden, und die meisten Menschen würden ihn wohl verstehen. Sie nicht. Für sie ist ihr Privatleben dasjenige, das nur ihr allein gehört. Sie könnte umfallen vor Entrüstung, er auch, nur aus vollkommen entgegengesetzten Gründen.

Dabei müssten sie, statt sich gegenseitig bis aufs Äußerste zu missbilligen, gemeinsam Abschied nehmen von ihrem Haus. Nur noch ein paar Tage werden sie hier sein. Sie will sich Zeit nehmen für alles, besonders für den Abschied von dem großen Feen-Zimmer, das sie so liebte, mit dem er sie vor genau einem

Jahr im Mai begrüßt hatte: die Wände, die Schränke, die Vorhänge, alles Weiß und Gold, vor jedem Fenster Blumen, *vor dem Bett wundervolle chinesische Pantoffeln.* Kurz: ein *Feenpalast.*[222] Hier, das wusste sie, konnte ihr nichts geschehen. Eine leichtfertige Annahme.

Hätte sie aufhören müssen, den Adressaten ihres konfiszierten Geburtstagsgrußes zu sehen? Aber musste sie ihn denn nicht erst recht sehen, wenn sie ihm keine Briefe schreiben durfte?

Am letzten Freitag im Eckhaus geschieht es. Mag sein, sie schläft den flachen Schlaf der Menschen, die den Feind unterm eigenen Dach wissen. Oder sie findet ohnehin keine Ruhe. Irgendwann in dieser Nacht steht Suchocki vor ihrem Bett, seine Hände, die so zärtlich sein können, gegen sie erhoben, dann spürt sie den Ring um ihre Kehle. *Grauen.* Sie kann noch schreien. Sie weiß, dass er es tun wird. Er weiß, dass sie weiß, dass er es tun wird. Das ist die dionysische Welt. Geboren werden und zerrissen werden, die letzte, die furchtbarste Blutleuchte.

Psychologen würden an dieser Stelle von einer gestörten, latent krankhaften Affektstruktur sprechen. Aber ist nicht jede Liebe, jede Leidenschaft vor allem eins: Euphemismus für eine gestörte, latent krankhafte Affektstruktur? Diese Frau zerstört sein Leben, tritt seine Liebe mit Füßen, anders wird er es kaum denken können. Was treibt ihn, ist es Rache? Es ist wohl viel einfacher und unentrinnbarer zugleich: Er muss seine Wut, seine Ohnmacht irgendwie betätigen, die Spannung in ihm, die ihn zu zerreißen droht, irgendwie lösen. Sie fühlt nichts als *Grauen,* Überraschung nicht. Und dann wacht das Kind auf, stürzt in ihren Arm. Der Mann, der ihr dieses Zimmer geschenkt hat, ganz in Weiß, lässt von ihr ab. Eine Frau mit Kind im Arm kann er nicht erwürgen, nicht gleich. Doch er geht nicht, er bleibt vor ihr stehen, *noch lange,* sie tastet *nach dem Revolver* und wagt doch nicht, sich zu regen, *ich ... dachte, wenn ich mich nun bewege, ist's aus, und er stürzt sich auf mich.*[223]

Auch auf diese Nacht, seltsam genug, folgt ein neuer Tag. Er ist gefüllt mit der Arbeit, die entsteht, wenn man das bisherige Gehäuse des Lebens zurücklassen will und damit einen Teil seiner selbst. Für den Abend schon ist der Möbelwagen bestellt. Ausräumen. Einpacken. Wegwerfen. Von früh bis spät. Und dabei nicht reden müssen. Anders könnten sie es gar nicht ertragen. Irgendwann wissen beide, dass sie niemals fertig werden, bis der Möbelwagen kommt, und bestellen ihn ab. Noch eine Nacht in ihrem weißen Feen-Zimmer, in dem er sie auslöschen wollte?

Sie findet mit Rolf Zuflucht im Badezimmer einer Freundin, nur ein schmales Bett passt dort hinein. Ohne Angst schlafen dürfen. Doch dass sie Suchocki nun allein weiß in dem großen Haus, allein in der allerletzten Nacht ihres bisherigen Lebens, lässt ihr keine Ruhe. Früh um fünf steht sie auf, Mutter und Kind fahren auf ihren Rädern durch einen wunderbaren milden Mai-Morgen, *und das alte Haus schimmerte vor Frühling.* Das letzte Frühstück in ihrer großen Küche, zu dritt. Die zweieinhalb Jahre hier sind wirklicher, als die Freitagnacht es war. Auch das ist Realismus, der Realismus der Dionysiker.

Dann kommen die Möbelpacker und tragen ihr bisheriges Leben hinaus. Sie werden es unterstellen, zwischenlagern. Es gibt keine neue Adresse.

Im Schatten des Achilleion

»Alle die mich begegnen, sagen: Die arme Gräfin, wer hat ihr zur Dalmatien geraten u. s. w. … Und das hat mich geerget!«,[224] lässt der zu Hause gebliebene, unlängst zum Puppenspieler promovierte Glasmaler Bohdan von Suchocki die Bedrohte am 7. Dezember wissen. Vor allem über Wolfskehl war der Baron tief verstimmt, immerhin ist er ein intimer Kenner der Liebesbriefe des Universalgelehrten an die gemeinsame Adressatin ihrer Lüste. Bohdan von Suchocki über Karl Wolfskehl: »Beim Tisch wieder Carlo stotternt, bbbbbleibt die Gräfin in Dalmatien?«[225]

Nein, die Gräfin ist nicht in Dalmatien geblieben. Sie hatte vom gefühlt langsamsten aller Dampfer aus die dalmatinische Küste betrachtet, sie für zu steil befunden und ist erst später ausgestiegen.

Darum sitzen Mutter und Sohn nun allein auf Korfu, Weihnachten 1906, und schauen nachdenklich hinaus aufs Meer, in Regen, Gewitter und Sturm. Seit Wochen geht das so. Das Mittelmeer probt den Aufstand. Vielleicht war es falsch gewesen, dass sie diesem Gewässer beim letzten Mal bescheinigt hatte, keinen Charakter zu besitzen, nicht einmal nach Salz zu riechen.

Franziska zu Reventlow hält den Traum von einem Winter im sonnigen Süden inzwischen für ein schweres Missverständnis und seine Verbreitung für tendenziell strafbar. Immerhin, das gefühlte Loch in ihrer Lunge, dessen Heilung diese Reise nicht zuletzt gilt, hat noch keinen höhnischen Kommentar abgegeben, sie ist ihm sehr dankbar dafür. Und Suchockis Briefe beginnen: »Liebes! Du mein Alles!« oder »Huzz geliebstes ...!« oder »Kalispéra! Mein teures Herz!«. Und dann folgt etwa: »Du fällst mir furchtbar!«[226] Oder sie bekommt eine Ansichtskarte, darauf lauter Rosse an der Tränke, umseitig folgt die Erklärung: »O! Mein Huzz! Ich habe Durst nach Dir wie die Pferdchen!«[227] Mehr steht da nicht.

Liebende, die einander fern sind, schicken sich manchmal etwas Haupthaar, doch die Locken, um welche Suchocki sie bittet, sind etwas niedrigerer, tiefer liegender Herkunft. Zu Weihnachten fragte er schon mal nach, wo die Gewünschten bleiben: *Kommen die Löckchen?*[228] Nach Erhalt meldet der Empfänger: »Und die Löckchen! Weist Du Hazz, wenn ich die Löckchen anschaue und anhauche dann bewegen sie sich. Ist das nicht inposibile?«[229]

Auch das ist der Eros der Ferne, nicht-klagesisch gedacht.

Doch ihr Kind spürt gar keinen Eros der Ferne. Mit Erschrecken und Rührung zugleich bemerkt sie, dass Rolf Heimweh hat, Heimweh nach Eis und Schnee, Heimweh nach einem Lichterbaum. Sie haben eine kleine Zypresse mit Apfelsinen behängt und Kerzen auf ihre widerstrebenden Zweige gesteckt. Ihre Schwester Agnes schickte einen Kuchen. Seit sie sich an Ludwigs Grab wiedersahen, ist Agnes manchmal sehr fürsorglich zumute, ihre kleine Schwester betreffend. Das wird so bleiben. Vielleicht hat der Bruder Agnes' gottesfürchtiges Gemüt auch noch ermahnt, bevor er starb, ihre Mitschwesterlichkeit betreffend. Agnes vermisst den Bruder wohl genauso sehr wie Franziska, bloß kann diese es besser ausdrücken: *Komme mir so viel alleiner vor.*[230]

Am Vormittag waren Mutter und Sohn in der Stadt, in Gastouri. Unterwegs mussten sie eine Viertelstunde halten, weil der Kutscher seine Peitsche verloren hatte; kurz darauf fielen beide Pferde hin, und das Geschirr zerbrach. Sie halfen beim Aufstellen der Pferde und bei der Reparatur des Geschirrs. Gewöhnlich gehen sie ohnehin zu Fuß nach Gastouri, aber dann reißen die Leute immer die Fenster auf, um das skandalöse Duo zu betrachten. Eine Frau, ohne Mann, und dann noch mit Kind und um diese Zeit. Es ist so kompromittierend.

Dass mit den Frauen aus dem Norden etwas nicht stimmt, ist den Einheimischen schon lange klar. Vor siebzehn Jahren kam sogar eine Kaiserin, ganz allein, ohne ihren Kaiser, und ließ sich hier einen Palast bauen, das Achilleion. Seit wann bauen Frauen Paläste? Elisabeth von Österreich hatte ihren Kaiser davon in Kenntnis gesetzt, dass sie beschlossen habe, nach Griechenland auszuwandern. Achill war der griechische Lieblingsheld der Kaiserin, wahrscheinlich wegen seiner Ferse. Franziska scheint das Achilleion fast so komisch wie Herrenchiemsee. Aber wo Elisabeth von Österreich leben konnte, wird Franziska doch wohl einen Winter überstehen. Auch wenn es ihr manchmal scheint, ihr Leben bestünde nur noch aus Achillesfersen.

Sie wohnt ganz nah beim Achilleion und kennt den Verwalter. Der hat ihr erzählt, wie er gemeinsam mit ihrem Vermieter unlängst einen italienischen Prinzen ausplünderte, so weit, dass er am Ende nur noch eine Bettdecke hatte, mit Löchern zum Durchstecken für die Arme. Der Tisch des Prinzen steht jetzt im Zimmer der Gräfin. Sie grüßt das Möbel hochachtungsvoll, wenngleich ein bisschen befangen. Hoffentlich bleibt ihr am Ende mehr als eine Bettdecke mit Löchern zum Durchstecken für die Arme.

Kaum dass ihr Zug den Münchner Bahnhof verließ, wäre sie am liebsten wieder umgekehrt, doch sie fürchtete die Blamage.

Sie hatte nach dem Auszug aus der Kaulbachstraße gemeinsam mit Suchocki Obdach auf Schloss Winkl am Chiemsee gefunden, doch Winkl steht zum Verkauf, Orlowski kann oder will es nicht halten. Darum hatte sie auch geglaubt, der Gerichtsvollzieher wolle zum Hausherrn, als er im Oktober überraschend vor der Tür stand und sie ihn nicht ohne jene Arroganz empfing, die ihr diesem Berufsstand gegenüber angemessen erscheint. Doch es verhielt sich anders. Der Besuch galt ihr persönlich, und er pfändete alle ihre *bewegliche Habe*. Eine *alte Rechnung*, erinnerte sie sich, also eine von denen, die man am besten vergisst. Suchocki war schon weg, eine Wanderbühne hatte ihn im September als Puppenspieler nach Nürnberg engagiert.

Sie leiden beide unter dieser Trennung und haben doch tiefe Erholung voneinander nötig. Auch sie dachte den ganzen Sommer lang über ihre berufliche Zukunft nach: *Mein neuester Plan ist eigentlich, nach Monte Carlo im Winter zu gehen und den abergläubischen alten Herrn zu finden, der mich für sich spielen lässt,*[231] hatte sie Franz Hessel mitgeteilt. Sie meine das sehr ernst: *Ich bin sicher, dass ich dort mein Genre in Lebemännern mit gebrochenem Deutsch finden würde.*[232] Und was soll Suchocki machen in Monte Carlo? Spielen etwa? – Ihre Zukunftspläne beinhalten einander nicht mehr unbedingt. Zwei Menschen, von denen der eine dem anderen bereits nach dem Leben trachtete, wobei das Beinahe-Opfer jedoch einräumt, dass der Beinahe-Täter ein Motiv hatte, sollten etwas Abstand voneinander halten. Wenn die Nürnberger Puppenbühne ihn fallen lässt, möchte Suchocki nach Mexiko auswandern.

Er schläft jetzt manchmal bis nachmittags um fünf, geht nachher in den *Simplicissimus*, diese neue Kabarettkneipe, die drei Jahre zuvor in der Türkenstraße aufgemacht hatte, fühlt sich jedoch kaum besser, wenn er wieder nach Hause kommt. Einmal hatte er schon den »Revolver« in der Hand, mit der Begründung, so einer wie er verdiene nichts anderes.

Es hätte nicht viel gefehlt, und sie säße jetzt statt Suchocki bei den Azteken: Entweder der Paläontologe will in Mexiko etwas ausgraben, oder er verfolgt schon die Idee, ganz groß in das mexikanische Silberminengeschäft einzusteigen, egal wie, er wollte sie mitnehmen, doch es war zu spät: Der letzte Augenblick, irgendeine Formalie war dagegen. Also Zeichnen und Malen auf Korfu. Die Ärzte wollten sie nach Davos schicken. Aber was soll ausgerechnet sie in Davos? Sie würde sich zu Tode langweilen, unangenehm auffallen und am Ende doch nicht zahlen können. Wie schade, dass kein Mensch ihre Bilder kauft.

Rolf sagt, dass er nach Hause will. Er sagt das öfter. Am 31. Dezember teilt sie ihm nicht mit, was für ein Tag heute ist, um ihn nicht traurig zu machen. Als das Achilleion fertig war, soll Elisabeth von Österreich geschlussfolgert haben, dass unsere Träume doch immer viel schöner seien, wenn wir sie nicht verwirklichen. Ein ziemlich Klages'scher Satz, doch wahrscheinlich hat sie recht. Sisi hat Korfu bald wieder verlassen, aber sie ist noch hier. Malen, malen, nochmals malen!

Sie ermahnt den Beinahe-Mörder, jetzt in pädagogischer Absicht *Huzze-Paz* genannt, es genauso zu machen: *Dazu giebts nur eins arbeiten u. nochmal arbeiten …, dass man … aufwacht u. denkt: nun tu ich das u. das.*[233] Die Vermeidungshaltung, die Arbeit und andere partiell schwierige Dinge betreffend, führe leicht zu unerwünschten Konstellationen, *aus Angst vor unangenehmen thust du welche die dir schließlich noch viel unangenehmer werden.*

Doch nichts könnte falscher sein als der Eindruck, sie sei in diesem Verhältnis die Meisterin des Alltags. Im September, als Suchocki schon als Puppenspieler in Nürnberg war, oblag ihr allein die provisorische Unterbringung ihres Besitzstandes, eine Aufgabe, die sie nur unter Fehlleistungen erfüllte, was sie ihm recht launig schilderte. Da wurde Suchocki sehr zornig, was ihn beinahe zum Meister der Relativsätze machte. Der Kaulbachstraßenbewohner a. D. an die Kaulbachstraßenbewohnerin a. D.: »Es geht mir wirklich jedes Verständnis der Humoristik beim Umzug, wenn mein Gelump auf der Strasse liegt, und wenn zwei Hausfrauen noch so pucklig sind – vollstendig ab.«[234]

Es sei ihm auch sehr unangenehm, wenn Dienstboten ihre Habe zu sehen bekommen, denn mit privatem Geschmack habe das sehr wenig zu tun. Der Baron an die Gräfin: »Du bist in grossem Irrtuhm wenn Du glaubst, dass jeder Mensch muss den ›Charm‹ unserer zerlumpten Sachen begreifen. Die sehen nur eine ›Misere‹ darin.« Und er fordert sie auf, ihre Aktivitäten unverzüglich einzustellen, »befasse Dich gar nicht mehr, fahre nach Winkl oder bleibe in München, ich werde am 8. Oct. kommen und das Alles besorgen«. Sie sind durchaus ein reziprok defizitäres Paar, und insofern hat ihre Novemberforderung, *ein Ruck* müsse durch den Baron gehen – *leb vernünftig und fang an zu arbeiten* –, ein kleines Legitimationsproblem. Suchocki schickt am gleichen Tag seinerseits Ermahnungen nach Korfu: Nachts immer zwei Stühle von innen an die Tür stellen, und zwar übereinander, so fällt der zweite Stuhl runter, wenn ein Einbrecher kommt, und die Besuchte braucht nur noch nach ihrem Revolver zu greifen. Rolf findet die Idee so plausibel, dass er fortan diese Doppelbarrikade vor jede Öffnung des Hauses baut, auch vor die Fenster. Die Mutter lernt indes besser kochen: »Nehme Dir beim Kochen eins vor: nie vom Herd so lange Du kochst fortgehen, dann gehts schnell«,[235] empfiehlt Suchocki, oder gar nicht erst kochen: »thue viel Salat essen! Unreife Orangen in Scheiben schneiden und mit Zucker streuen – Stunde stehen lassen –. Blumenkohl auch als Salat und viel Öl – (Natürlich zuerst Blumenkohl kochen.) … O Huzz! O Huzz!«[236] Auch sei Öl im Zweifel viel besser als Butter, »Du verwehnte Butterholsteinerin!! Du!«

Am 14. Dezember teilt Suchocki der minderbegabten Köchin mit, dass Marianne Werefkin, Ehefrau des Malers Alexeij Jawlenski und Verfasserin des leicht desillusionierenden Kaulbachstraßenporträts, sich beim russischen Innenminister für seine Papiere eingesetzt habe, leider vergeblich. Und Bohdan von Suchockis Papiere müssen in Ordnung kommen, denn er will bald heiraten. Jeder Bräutigam braucht vor allem eins: einen gültigen Ausweis. Die Überwinternde von Korfu begreift das gut, die Nachricht scheint sie nicht zu überraschen.

Suchocki heiratet eine andere. Dass er Rolf eben noch einen Weihnachtsbrief geschrieben hatte, wie ihn nur selten ein leiblicher Sohn von seinem Vater bekommt, ist dabei keine Unaufrichtigkeit. Rolf las: »Als ich Dein Brief aufmachte da flog mir

Deine Sehle zirka 5 Millimeter groß in die Augen und dann wollte sie zum Fenster hinaus – weil hier sehr kalt ist – da sagte ich: Oho! Jetzt mus Du schon hier bleiben! Aber sie ist doch davon. Hast Du sie wieder?«[237]

Bohdan von Suchocki heiratet das Baschl, Helene von Basch, Franziskas älteste Münchner Freundin, der sie einst die Hauptrolle in Falckenbergs desaströsem Laientheater weggenommen hatte. Immer wieder haben sie sich gegenseitig geholfen, das heißt, zumeist hat Helene von Basch Franziska zu Reventlow geholfen, jetzt kann sie sich revanchieren und ihr mit einem Ehemann aushelfen.

Helene von Basch bekommt ein Kind, durchaus möglich, beinahe wahrscheinlich, dass es Suchockis Kind ist. Die gewöhnliche außerschwabinger Moral würde allein in diesem Umstand einen Heiratsgrund erblicken, hier liegen die Dinge jedoch komplizierter. Die Malerin guter Hoffnung wünschte sich schon längst ein Kind, in freier Mutterschaft wollte sie ihm Mutter und Vater zugleich sein, so wie Franziska. Wahrscheinlich sah Suchocki keinen Grund, diesem Ansinnen im Wege zu stehen, mag auch sein, dass es ein anderer Sympathisant war. Doch jetzt, als ihr Wunsch schon in Erfüllung ging, verließ sie der Mut. Ein uneheliches Kind ist ein Bastard im Verständnis der Zeit, und adlige Familien neigen in diesem Punkt zu noch größerer Empfindlichkeit. Nein, Helene von Basch will einen Vater für ihr Kind, sie kann ihn bezahlen, und so unterbreitete sie Suchocki das Angebot, sie zu heiraten: für Geld, für genau 1080 Mark, das entspricht einer Bestechungssumme von rund 4000 Euro.

Das ist nicht Ausnutzung der Notlage eines anderen, das ist Umverteilung zum gegenseitigen Vorteil, denn das Baschl wurde soeben in einem Wiener Testament bedacht. Suchocki am 14. Dezember: »Baschl kommt am Montag zurück, hat viel Perlen, Brilanten und 40 seidene Unterröcke geerbt.«[238] Doch Ende Dezember ist die Erbin noch immer nicht zurück, im Bericht Suchockis: »Baschl sitzt noch immer in Wien und zählt ihre Perlenschnüren, sie schrieb mir wenn sie ihre Pretiosen anlegt, so gibts Menschenauflauf am Standesamt.«[239]

Andere heiraten wegen des Geldes, er heiratet für Geld. Immerhin will sich Helene von Basch mit dem altpolnischen Adel vermählen. Allerdings sollte der altpolnische Adel in diesem Fall auch gültige, ihn beglaubigende Ausweispapiere besitzen; die Russen, ausgestattet mit einem traditionell gestörten Verhältnis zur polonischen Aristokratie, sind also nicht geneigt, seine Identität zu bestätigen. Nun sucht Suchocki bei der Münchner Polizei um ein Ledigkeitszeugnis nach, doch dort vertritt man die Auffassung, dass man über den Zivilstatus eines Menschen, der noch gar nicht angemeldet sei, keine Auskunft geben könne.

Suchocki hat noch einen weiten Weg vor sich. Auf die Solidarität der Nachbarin des Achilleion kann er rechnen, auch wenn es wehtut oder genau weil es wehtut; weil es das Leben ist, zugleich ihre »*Löckchen*« anzuhauchen und eine andere zu heiraten; weil sie zu denen gehört, die immer auf den Grund des Glases schauen müssen.

Zudem ist die Überdauernde auf Korfu für jede Exkommunikation heiliger Bräuche zu haben, Scheinehen gehören dazu. Am 8. Dezember wurde sie Zeugin des Festes der »Unbefleckten Empfängnis Mariens« und begriff wieder, was religiöse Inbrunst ist. Sie schickt *dem Baschl* noch von Korfu ein *Myrtenkränzchen … mit Beeren daran.*[240] Ein sehr passendes Symbol, lässt sie den Bräutigam wissen und fragt gleich im nächsten Satz, ob er ihre *Löckchen* geküsst habe.

Jules und Jim. Und Franziska

»Das Geld wirst Du siecher haben, mein Liebstes …«[241] Suchocki ist doch ein Sprachgenie: Wenn sie Geld hat, dann fängt es sofort an zu siechen, mit einem einzigen »e« hat er die Lage erfasst. Und darum hat sie jetzt fast keins mehr. Mit 1400 Mark ist sie im November losgefahren, das entspricht über 5000 Euro, alles weg, jetzt muss der bezahlte Bräutigam Suchocki helfen, von seinem Ehebestechungsgeld, denn viele Gläser hat er bestimmt nicht bemalt.

Es ist Ende Februar, sie hat schon wochenlang keine Post mehr von ihm bekommen und beschließt, mit ihrer letzten Barschaft nach Rom zu fahren, bevor sie keinen Pfennig mehr hat und hilflos auf der Insel festsitzt. Über Rom wollte sie ohnehin zurückreisen, wenn auch erst nach dem Frühling auf Korfu, aber sie glaubt nicht mehr daran, dass es auf Korfu überhaupt noch Frühling wird, und ja, sie ist insolvent. Das ist auch nicht erstaunlich, bei den Lebenshaltungskosten hier, von Dr. Kapso Kavadhes zu schweigen. Dr. Kapso Kavadhes ist der Arzt, von ihr auch *Kapsokavades* genannt.

Die Einheimischen lassen ihn, schon aus finanziellen Gründen, erst kommen, wenn sie sterben, aber sie hatte am Ende doch nicht die Nerven, so lange zu warten. Jeden Abend Fieber und immer Schmerzen im Unterleib, kurz *das Gebäuche* genannt, *wieder eine persönliche Chikane von meinem lieben Gott.*[242]

Jeder Besuch kostete 8 Drachmen, *Dr. Kapsokavades* blieb jedes Mal mindestens zwei Stunden, sprach Griechisch und Französisch mit ihr, aber so, dass sie beides nicht verstand, und rauchte inzwischen all ihre Zigaretten; einmal musste sie sogar im Restaurant Korfu mit ihm Wein trinken. Und am nächsten Tag hatte sie neben Fieber und Schmerzen auch noch einen üblen Kopf. Es lässt sich nicht mehr sagen, wer den Eingriff zuerst vorschlug, sie selbst oder Dr. Kapso Kavadhes. Der Operateur legte seine Instrumente sorgfältig auf den Tisch, und sie musste deren griechische Namen wiederholen. Der Doktor rauchte viel und mit Behagen, ehe er ihr *einen Ring* einsetzte. Sie kannte die Prozedur schon, wahrscheinlich hat sie diese selbst empfohlen. Danach lud sie ihn in der Taverne gegenüber zum Kaffee ein, es ist Sitte auf Korfu, dass der Patient seinem Arzt jeden Wunsch erfüllt. Der Doktor war im Budget nicht vorgesehen.

Und Suchocki schreibt nicht mehr.

Er hat auch nie ihre blaue Matrosenbluse geschickt, um die sie ihn gebeten hatte, und nicht den blauen Feldstuhl, um den sie ihn noch dringender gebeten hatte, weil sie mit ihren Unterleibsschmerzen unmöglich vor einer Staffelei stehen konnte.

Als sich Helene von Baschs Bräutigam schließlich doch wieder

meldet, trägt sein Brief eine seltsame Anrede: »Liebe Gräfin!«
Auf solche Förmlichkeiten verfällt ein Löckchenbesitzer höchstens in Gegenwart seiner Geliebten.[243] Was dieser Spezies widerfährt, wenn sie wiederkommt, weiß er längst: Dann *erwürge ich die Nebenhäzzchen.*[244]

Und wirklich, gleich zwei Briefe nacheinander berichten von einer jungen Frau, die er unlängst in München traf: »Ich habe hier Deine Lantmännin kennengelernt, aus Itzehoe: blond, weiß, üppig und kalt wie Hundeschnautze …«[245] Ihr Name ist Reylaender, Ottilie Reylaender, Malerin in Worpswede und ausgestattet mit einem hochironischen Verhältnis zur Schwabinger Kultur, zu Klages, Wolfskehl und Co. Diesen Ton liebt der intellektuell Gedemütigte.

Eine neue Franziska, eine neue Butterholsteinerin? Mit der alten – das wissen sie beide – kann der Beinahe-Attentäter nicht mehr unter einem Dach leben, mit ihm kann sie nicht mehr unter einem Dach leben, so sehr auch ihre Körper, ihre Seelen umeinander trauern. Wie heißt es doch in dem schönen alten Kirchenlied: »Geh aus, mein Herz, und suche Freud!« Es muss gar nicht immer das Herz sein, auch das wissen sie beide.

Er unterrichtet sie vor allem deshalb von der Existenz der Butterholsteinerin, weil diese eine gut situierte deutsche Dame in Rom kennt, die auch mit Klages und Fritz Huch verkehrt und von der sie herbergstechnisch profitieren könne. Es ist die Tochter des großen Bremer Reeders Adolph Woermann, sie möge von der Itzehoerin grüßen, und Geld schicke er auch.

Es gibt keine Zeugnisse darüber, ob »die Gräfin« von Adolph Woermanns Tochter noch angemessen profitiert hat. Sie läuft durch die Villa Borghese und denkt, wie schön es hier wäre ohne *die verdammte Menschheit. … Nur ein fetter Priester war tröstlich anzusehen.*[246]

Die Überwinternde kehrt am Ende des Geldes wegen viel früher als geplant und aus ganzer Seele widerstrebend aus Rom zurück. Mag sein, die Malerin Ottilie Reylaender ist schon zurück in Worpswede.

Es gibt zwei Personen, über die sich Suchocki im vergangenen Winter besonders unfreundlich geäußert hat. Weil der Mensch etwas vorhaben muss, auch wenn er nichts vorhat, besuchte der Baron öfter den *Simplicissimus*, die Kabarettkneipe in der Türkenstraße. Er ist vielleicht nicht der beste Zuhörer, aber Metapfisik auf Rädern erkennt er sofort, allerdings auch das Gegenteil, und ein Vortragender missfiel ihm besonders: »Misahm das dreckige zottige Schwein Gedichte vorgetragen: Vom Abort! zum sterben!«[247]

Offenbar ist Suchocki der Ansicht, dass die Toilette kein Ort ist, der in ein Gedicht gehört, nicht mal im Kabarett. Die Avantgarde sieht das anders, die Benachrichtigte wohl auch. Mit »Misahm«, dem Poeten des stillen Örtchens, der mit bürgerlichem Namen Erich Mühsam heißt, verbindet sie weit mehr als ein lebendiger Sinn für Dichtung an ungewöhnlichen Orten. Etwa die Tatsache, dass sie beide jung waren in Lübeck, Mühsam noch sieben Jahre jünger als sie, wobei ihm schon als Junge die blauen Augen der Comtesse auffielen und er diese still bewundernd und entsagungsvoll der Kategorie der Unerreichbaren zuordnete. Mühsam selbst wird sagen, es war Rolfs Sympathie, die ihm schließlich auch die der Mutter zutrug. Zuerst war er mit ihrem Kind befreundet.

Der zweite Geschmähte dieses Winters ist Hessel. »Sollte Dich Franzl in Corfu besuchen, dann komme ich nach und die Schwertfische bekommen einen fetten Bissen!«,[248] kündigte ihr Suchocki an, und sie wusste wohl, wie ernst er das meinte. Sie mahnte zur Milde, sie seien beide ungerecht gewesen gegen ihn. Mit den meisten Menschen steht es doch so: Je weiter sie weg sind, desto weniger gehen sie einem auf die Nerven. Und Hessel ist in Paris, er ist ein Hinterbliebener der Kaulbachstraße, das macht sie einander verwandt, und er verfügt über Nuancen, über Klangfarben der Seele, von denen Suchocki nichts ahnt, und wenn er tausendmal weiß, wie fünf Millimeter große »Sehlen« einem ins Auge fliegen können. Franziska zu Reventlow hat Franz Hessel sogar schon vergeben, dass er einst zwei Zionistinnen in ihrem Zimmer schlafen ließ.

Aber nach München zu fahren, kann ihm keiner verbieten, er reist gemeinsam mit seinem neuen Pariser Freund. Franz Hessel und Henri-Pierre Roché, der spätere Autor des Romans *Jules und Jim,* haben sich im vergangenen Mai auf dem Pariser Karneval Bal des Quat'z'Arts kennengelernt, seitdem verbindet das ungleiche Paar eine tiefe Freundschaft im Zeichen der Frauen.

Sie begehren die gleichen – blonde, blauäugige; Hessel betet sie an, Henri-Pierre Roché vertilgt sie. Aus einem psychologisch nicht unmittelbar einsehbaren Grund sind beide mit dieser erotischen Arbeitsteilung zufrieden. Hessel gehört dem Typus an, der nicht ohne Genuss leidet. Jules und Jim, das sind sie selber, Roché und Hessel.

Im März trifft das Duo in München ein. Suchocki kommentiert Hessels Versuch, ihn hier zu begrüßen: »Dieser Juden Bengel vermeidet keine Gelegenheit mir neher zu komen, neulich sass er neben mir, fängt sogar an mit mir zu sprechen und schaut mir dabei in die Augen wie ein Hund der ein Fusstritt bekommen hat.«[249] In München kann Suchocki ihn höchstens in den Kleinhesseloher See werfen.

Von der vorzeitig zurückkehrenden Römerin bekommt der Gefährdete keinen Fußtritt, im Gegenteil. Er hatte schon früher in der Kaulbachstraße in unfassbarer Demut bittend vor ihrem Bett gestanden, aber da meinte sie, schon Suchockis Dolch im Herzen zu spüren für den Fall, sie ließe zu, was Hessel sich wünschte. Jetzt braucht sie solche Rücksicht nicht mehr zu nehmen, nicht auf einen Mann, der gleich ihre Freundin heiratet und zwischendurch nach Worpswede schaut.

Sie ist wieder frei, obwohl der Baron ihr seine Wohnung überlässt, auch das »Höllchen« genannt. Mittags kommt er öfter vorbei, um für Mutter und Sohn zu kochen. Gewiss erscheint er auch nachts, und trotzdem: Sie ist wieder der uneingeschränkte Souverän ihres erotischen Lebens, der Zugang zum Erdmittelpunkt ist in ihre Hand zurückgelegt, und wenn sie den Planeten um seine eigene Achse rotieren fühlt, vergisst sie besonders gut alle Bürden und Ungereimtheiten ihrer Existenz, wozu nicht zuletzt Fragen der Form zählen: Wovon soll ich leben? Wer zahlt meine Miete? Werde ich jemals wieder gesund? Lacht Gott mich aus, weil ich Angst hatte, meine Farben reichen nicht im Süden, und nachher vor Sturm und Schmerz so wenig malte?

Das Tagebuch der erotisch Vielbeschäftigten vermerkt rückblickend lakonisch: *April bis Mitte Mai die Franzl-Roché-Zeit – dann die Roché-Zeit, dazwischen große Krankheitsattacke.*[250] Hat *Kapsokavades* doch versagt?

Ihre alte Fehde mit Gott, die Frage betreffend, wie viel ein Mensch aushält, scheint in die nächste Runde zu gehen. Sie hat schon ihren Nachfolgetermin auf dem Operationstisch, da wird alles still in ihr, ganz plötzlich, und draußen ist, was auf Korfu nicht war: Frühling. Das nimmt sie nun doppelt wahr. Ein Zeichen des inexistenten Gottes? Sie ist die abergläubischste Atheistin weit und breit, sie fühlt neu geschenktes Leben und gibt es weiter an den hauptberuflichen Erotomanen Henri-Pierre Roché, der sich tief beeindruckt zeigt. Sie ist nicht die einzige Münchnerin mit dieser Wirkung, und doch: Einer solchen Frau ist er noch nicht begegnet, er nennt sie Fabia. Sogar die Anzahl ihrer Liebhaber weiß er: fünfzig. Er hält diese Zahl in seinem erotischen Tagebuch für die Nachwelt fest, als Informantin gibt er sie selbst an; sie wäre diskreter gewesen.

Sie scheint der Welt der Männer so zu begegnen wie er der Welt der Frauen. Nur sieht sie keine Auszeichnung, kein Verdienst darin. Sie ist keine Trophäensammlerin. Das ist wohl Realismus: Sein Paarungsverhalten betreffend bleibt der Mensch, dieses entlaufene Tier, den meisten Tieren doch hoffnungslos unterlegen. Roché füllt bis zu seinem erotischen Lebensabend – Frau um Frau – 350 Notizbücher mit ethnologischen Befunden, diese Spezies betreffend. François Truffaut, Regisseur von *Jules und Jim*, wird sie einmal sorgfältig abschreiben lassen. Weiningers *Geschlecht und Charakter* hat Roché jetzt schon gelesen; er weiß, dass ihn die ganze Verachtung des Autors trifft, und zwar als denkbar weibischsten Typus des Mannes. Es ist fast nicht vorstellbar, dass sie nicht auch über Weininger reden, denn dass beide in einen einschlägigen Expertendiskurs eintreten, ist gewiss. Sie machen Pläne für einen Sommer zu dritt.

Und dann ist Roché wieder weg. Er lässt nicht nur sie in München zurück. Es ist nicht anzunehmen, dass er das gleiche Gefühl hat wie sie: dass ihm eine Welt entzogen wird. *Cher Grand, ach, wie hab' ich die Freude gebraucht, wie hör ich noch das »guérir, guérir Gräfin«.*[251] Sie liebte es, wenn Kellner ihr Komplimente machten für ihr gutes Deutsch, wenn sie ihre Tischkonversation für ein paar Sätze in dieser schwerfälligen Sprache unterbrach.

Das Verhältnis zu Roché, Hessel inklusive, hat sie Suchocki nicht nähergebracht. Gleich nach ihrem Geburtstag – *traurig, ohne Geld, ohne Festlichkeit –*, am ersten Todestag ihres Bruders Ludwig, heiraten Bohdan von Suchocki und Helene von Basch.

Alle ihre finanziellen Hoffnungen lassen sie sitzen, auch will sie niemand zum Schein heiraten und Geld dafür zahlen. Also verdient sie es auf längst entwöhnte Weise, *zwei Abende mit gut situiertem Kavalier à 100 M., ganz lustig und sympathisch.*[252] Doch über seine Nachfolger konnte sie das nicht sagen, die ließ sie am Ende stehen. Gegen das Votum ihres Körpers mit einem Mann zu schlafen, ist ihr undenkbar, das wäre Prostitution. Selbst im Fall von Männern, die ihr Geist und ihre Seele übereinstimmend bejahen, gilt das Vetorecht ihrer Physis. Im Fall Hans von Strahlendorffs etwa hatte diese mit Nein gestimmt. Dabei bestand durchaus Grund zu etwas Entgegenkommen, denn der Maler hatte ihr und ihrem Kind ein Obdach gegeben, als niemand mehr eins für sie hatte; er wiederum wünschte sich eines in ihr, worauf ihm die Kompromisslose bündig erklärte: »Sie sind mir körperlich unsympathisch!«[253] Sie kann von so schockierender Direktheit sein, auch gegen sich selbst, noch auf den Tiefpunkten ihres Daseins: *Wenn schon, dann nicht in diesem kleinen Stil, um Gottes willen, das ist dann schließlich doch eine Schmach.*[254] Sagt der Verstand.

Der Verstand? Ja, wenn sie dazu einen einsichtigen Körper hätte, der sich so verhielte, wie man es von jemandem verlangen darf, der keine weiteren Qualifikationen besitzt, als bloße Physis zu sein: also unauffällig. Funktionieren, mehr ist nicht verlangt. Doch ihre Organe proben wieder den Aufstand. Wenn sie es schwer hat, wahrlich schwer, und ihre Eingeweide glauben, nicht mehr mit ihr kooperieren zu müssen, wie soll sie dann noch den Laden zusammenhalten, den ein paar weltfremde Philosophen in ihrer maßlosen Art zu übertreiben einmal das »Ich« genannt haben? *Meine körperliche Misere war ... auf den Punkt gekommen, wo man ... lieber als seine eigene Leiche herumläuft, als die wenigen Kräfte zu schonen.*[255]

Erich Mühsam, der Mit-Lübecker, der Dichter der Abtritte, der Anarchist, der Verfasser der schönsten Kurzcharakteristik, die je jemand von ihr gegeben hat und die später zitiert sei, begreift ihre Misere. Ein Anarchist also. Ein Anarchist kann vieles bieten, doch ein Auskommen, einen materiellen Halt fast nie. Aber Mühsam ist, wie fast alle Anarchisten, nicht ohne Sinn für die große Form. Der *kleine Stil* widerstrebt ihr? Das begreift er gut. Also etwas Großes! Sie träumt von wohlhabenden Männern, die sie in Monte Carlo am Roulettetisch für sich spielen lassen? Nun, nach Monte Carlo hat er keine Verbindungen, aber dafür nach Ascona im Tessin.

Zwar halten sich in Ascona neuerdings vor allem Mit-Anarchisten auf und Leute, die glauben, dass es noch ein anderes Leben geben müsse als das vorfindliche. Denn was man denken kann, muss irgendwo auch existieren, zumindest in der Zukunft. Ascona ist U-topia. Die Träumer haben hier bereits einen ganzen Berg besetzt und ihn in ihrer pathetischen Weise *Monte verita* genannt, *Berg der Wahrheit*, aber es soll daneben noch ein paar Ureinwohner und Zugereiste geben, die dort nichts wollen, als vor grandioser Kulisse ihr nicht sehr grandioses, aber vermögendes Dasein stilvoll zu beenden. Da könnte sie helfen, sagt der Anarchist Mühsam sinngemäß. Anarchisten seien »nette Menschen ..., die in Kaffeehäusern sitzen, andere anpumpen und das dann die Expropriation der Expropriateure«[256] nennen, wird die Mutter ihrem Kind einmal erklären.

Den Plan überliefert sie so: *Komplott mit Mühsam für Ascona.*[257]

Die Glasmalerin

Es gibt kein Ascona, noch nicht, noch lange nicht. Dieser Ort wird sie einmal, Mühsam sei Dank, retten vor sich selbst; er wird sie zur Schriftstellerin machen und zur Ehefrau eines baltischen Barons und Alkoholikers, der noch in seinen größten Delirien ein Mann der vollendeten Form bleiben wird, eine Geisel seiner vorbildlichen, unhintergehbaren Erziehung. Delirien jedoch verursacht längst nicht nur der Alkohol.

De-lirare – aus der Furche geraten. Wahrscheinlich würde sie nicht behaupten, Inhaberin einer ureigenen Lebensfurche zu sein, aber wenn das Dasein beginnt, vollends neben der Spur zu laufen, so ist das doch eine neue Qualität. Das große De-lirare der Franziska zu Reventlow beginnt im Sommer 1907 und währt knapp drei Jahre.

Der Juli findet sie weder mit Mühsam in Ascona noch mit Roché und Hessel in Südfrankreich, sondern im vertrauten Münchner Josephinum. Es ist eine Art letzter Augenblick. Operation unumgänglich, entweder gleich oder im Herbst, hatte Professor Klein ihr noch erklärt, und sie antwortete: Im Herbst natürlich! Aber als sie dann an einem frühen Julitag mit Mühsams Freunden im Café saß, allesamt in irgendeiner Form vom Leben benachteiligt wie der Freud-Schüler und Psychoanalytiker Otto Gross, den die Wiener psychoanalytische Gesellschaft ausgeschlossen hatte, und zwar wegen exzentrischer Auffassungen, wusste sie plötzlich und unumstößlich: Nicht im Herbst, jetzt, augenblicklich, sofort! Zu exzentrischen Auffassungen neigten sie hier am Tisch alle, aber auch der Tod ist ein großer Exzentriker, sicher ist sicher! Und sie hat ein Kind.

Sie bringt Rolf zu ihren engsten Freunden, die dieser Lebensbericht schon längst hätte vorstellen müssen. Aber wie im Leben, so geschieht es manchmal auch in Büchern, dass die, die immer da sind, immer helfen, am Ende fast vergessen werden, gerade ob der Selbstverständlichkeit, der Lautlosigkeit ihrer Fürsorge. Es sind die Sängerin Philippine Landshoff, genannt das Fädchen, und der Kapellmeister Ludwig Landshoff. Sie wohnen in Solln auf der anderen Isarseite. Suchocki war im Winter oft bei ihnen eingeladen, auch zu Weihnachten, denn Franziska hatte der Freundin gesagt, er müsse es gut haben. Und sie haben jedes Mal auf das Wohl der fernen Gräfin angestoßen. Vom *Fädchen* hat Rolf sein erstes Fahrrad bekommen, mit dem er von Forte dei Marmi bis nach Venedig fuhr. Fädchen und ihr Kapellmeister sind da, wenn Franziska zu Reventlow Hilfe braucht, also eigentlich immer.

Als sie aufwacht, liest sie in den Gesichtern von Ärzten und Schwestern, wie knapp es war. Einer sagt »Armes Kind!«, mehr zu sich selbst als zu ihr. Ihren Blinddarm hat sie nun nicht mehr. Die übrigen meuternden Innereien sahen auch nicht so aus, dass die Ärzte sie guten Gewissens drin ließen, doch sie wussten um ihre Grenzen. Die Schmerzen müssen unerträglich gewesen sein, niemand verstehe, dass sie so spät kam. Das hört sie öfter und nicht ohne Genugtuung. Ihr Kind legt ihr einen riesigen Strauß Rosen aufs Bett. So schwach war sie noch nie.

Auch der Mann, um dessentwillen Suchocki die Rekonvaleszente im letzten Frühjahr beinahe erwürgt hätte, muss von ihrem Beinahe-Rendesvouz mit dem Tod gehört haben: Er schickt zuerst ein Geldtelegramm und dann sich selbst. Zum größten Missfallen Suchockis. Aber fast immer, wenn sie aufwacht, findet sie Helene von Baschs Mann neben ihrem Bett, wenn auch meist in jenem Zustand, in dem eine finstere Verzweiflung in große Entschlossenheit übergeht. Bohdan von Suchockis Ehe ist zu diesem Zeitpunkt bereits in die Phase eines schweren Deliriums eingetreten, die Dinge sind restlos außer Kontrolle geraten. Vielleicht dachte Helene von Basch, ein gekaufter Ehemann habe sich ganz besonders mustergültig zu betragen. Vielleicht glaubte sie, Ehemann ist Ehemann, das Ergebnis zählt, egal auf welche Weise man ihn erworben hat.

Immerhin hat er jetzt Weib und Kind und erhebliche Pflichten der Repräsentation. Fest steht, Helene von Baschs muss sich eine grenzenlose Enttäuschung bemächtigt haben. Die Enttäuschung ist ein psychologisch sehr unbefriedigender Zustand, der nur beendet werden kann, indem man selbst das Heft des Handelns übernimmt. Und so forderte Helene von Suchocki von ihrem Mann ab sofort den Unterhalt für ihr Kind. Der Unterhaltspflichtige war sprachlos. Er hat seinen Namen verkauft und soll jetzt für ein Kind zahlen?

Darauf, weiß Bohdan von Suchocki, gibt es nur eine Antwort: Mexiko! Mexiko, am besten schon übermorgen.

Ausgeschlossen! Völlig unmöglich!, denkt die Genesende. *Wenn er nicht mehr da ist, morgens, abends, mittags – immer – jede Tageszeit, jedes Erleben wird voll schmerzlicher Stiche sein.*[258] Und zugleich weiß sie, dass sie nicht das Recht hat, ihn zurückzuhalten.

Ihr Körper gibt sich keine Mühe, den Pflichten eines Körpers wieder nachzukommen. 30. August: *Heut sind's sechs Wochen seit der Operation. ... Diese Tage ganz elende Schmerzen. Vormittags Adam ..., erzählte mir, dass Klages mein Bild wiederaufgehängt hat, weil er jetzt ganz mit mir fertig wäre.*[259] Sie beneidet ihn. Wenn sie doch auch fertig wäre mit sich selbst.

Und wer kocht für sie, wenn Suchocki in Mexiko ist? Aber eins ist klar: Bevor er fährt, lernt sie von ihm das Glasmalen. Wenn er sie verlässt, dann verlässt er eine Glasmalerin! Der designierte Lehrmeister sieht das anders. Er zeigt wenig Neigung, ihr Unterricht zu geben, denn es handele sich um ein zu betrübliches, zu defizitäres Gewerbe. Wahrscheinlich schaut er bei Worten wie diesen in das Gesicht einer unerbittlichen Preußin: Mit der nötigen Disziplin, mit Konsequenz und Nachdruck betrieben ... Es ist ihr alter Streit. Sie ist fest entschlossen, den Praxisbeweis zu führen. Wer weiß, vielleicht wird sie noch eher im Glasmalgeschäft reich als Suchocki im Silberminengeschäft von Mexiko. Er gibt nach, verschiebt Anfang Oktober sogar seine Abreise.

Und dann kommt sie doch: *Die letzte Nacht, o Gott. Ich habe gar keine Kraft mehr, bin immer wieder aufgestanden und gedacht, es kann nicht sein.*[260] Es ist der 15. Oktober 1907. Alles, was sie noch von ihm hat, sind seine Glasmal-Utensilien. Und dann kommt, als allerletzter Gruß, ein Schwarzbrot aus Worpswede, ein Moorbrot gewissermaßen. Der gescheiterte Ehemann, Puppenspieler und Glasmaler Bohdan von Suchocki fährt über Worpswede, über Ottilie Reylaender nach Amerika.

Vierter Teil

Man muss noch Chaos in sich haben,
um einen tanzenden Stern gebären zu können.

Friedrich Nietzsche, *Also sprach Zarathustra*

Monte Verità

Drei Jahre später. Es ist eine lange Bahnfahrt von Paris nach Ascona, Umweg inklusive, und es ist November. November 1910. Im Pariser Grand Palais ging soeben die Münchner Kunstgewerbeausstellung zu Ende, wo sie in letzter Minute ein Engagement als Verkaufsdame bekommen hatte. Das Grand Palais bewahrte sie vor der Berliner Friedrichstraße, ihren Nachtbars und Tanzlokalen. Es gibt über 20 000 Prostituierte in Berlin, beinahe wäre es eine mehr gewesen.

Wenn die Tore des Grand Palais schlossen, lag sie manchmal bei Hessel auf der Couch. Hessel wohnt in Montparnasse. Ein unparteiischer Beobachter fand die Interimsangestellte des Grand Palais »unter Decken, müde, witzig, desillusioniert«,[1] Hessel kochte Tee. Seine Fürsorge wird sie nun vermissen, warum kann so eine Gewerbeausstellung nicht ein halbes Jahr dauern? Wahrscheinlich nennt sie Hessel nicht einmal mehr in Gedanken den *schwarzen Käfer*, auch er war für die Ascona-Idee. Sie ist den Umständen angemessen. Ihr angemessen. Eine ihr angemessene Idee ist eine Idee, zu deren Ausführung sie allein infrage kommt. Auch das ist eine Form der Auserwählung. Wer an der Friedrichstraße steht, ist dagegen vor allem eins: nicht auserwählt.

Rolf ist schon seit zwei Monaten nicht mehr bei ihr. Als was hätte sie ihn denn mitnehmen sollen, als Hurensohn? Im Februar 1909 sprach sie zum ersten Mal davon, ihn im Namen einer noch zu erwerbenden Zukunft *fortzugeben*. Und dann immer wieder: *Wenn ich denke, dass ich das Kind vielleicht doch auf längere Zeit weggeben muss, um eine Existenz zu gründen. Ich möchte wahnsinnig wer-*

den, aber vielleicht wird's nicht anders gehn, wir müssen aus der chronischen Misere heraus.[2]

Sieben Mal sind sie umgezogen in den letzten Jahren, fast nie freiwillig. Am Ende konnte sie oft nicht einmal mehr die Trambahn bezahlen. Nein, sie hatte kein Recht, ihr Kind dem Elend preiszugeben. Kind? Einen nunmehr Dreizehnjährigen! Er gehört jetzt unter männliche Obhut, beschworen sie Freunde. Was soll denn aus ihm werden? Liftboy, pflegte sie auf solche Fragen zu antworten. Doch in einer schwachen Stunde gab sie nach. Dr. Brandeis, ein alter Bekannter aus dem Josephinum, inzwischen Badearzt in Deutsch-Altenburg an der Donau, meldete sich freiwillig als Pflegevater.

So ging Rolf zum ersten Mal allein auf Reisen, es war eine weite Fahrt von München nach Wien. Im Bericht Rolfs: »Dr. Brandeis und sein Freund« – ein Apotheker – »stellten alsbald mit Erstaunen und Entsetzen fest, welch rudimentäre Schulbildung ich besaß und machten sich mit Feuereifer daran, sie aufzubessern und fortzuführen.«[3] Rolf bekam österreichische Schulbücher. Das idyllische kleine Bauernhaus seiner Pflegeväter mit dem verwilderten, verwunschenen Garten verwandelte sich für den Dreizehnjährigen in ein Gymnasium. Und aufs Gymnasium würde er bald gehen, die Matura machen und dann in Wien studieren. Badearzt und Apotheker sind entsetzt, als sie Post von Rolfs Mutter bekommen: Sie will ihren Sohn zurück, um künftig mit ihm im Tessin zu leben. Die Pflegeväter wollen Rolf nicht ausliefern. Briefkrieg. Die Siegerin heißt Franziska: »Am Bahnsteig in Zürich stand meine Mutter, überglücklich, ihr Kind wiederzuhaben.«

Erst jetzt erfährt Rolf, was sie vorhat. Sie wird Bohdan von Suchocki, diesem Dilettanten, zeigen, wie man eine Scheinheirat eingeht. Die Ehe ist nichts für Anfänger.

Der letzte Brief von Suchocki kam vor über einem Jahr, er schrieb ihn am 14. November 1909 aus Chicago. Jetzt haben wir den 27. November 1910. »Fanny! Sei doch ein Mann!«,[4] hatte er ihr zugerufen, wenn er wieder einen ihrer Lebensabschiedsbriefe bekam. Und nein, sie solle ihm nicht folgen nach Amerika, dies sei ein »Land für Tagelöhner«, nicht für Menschen. Aber diese Worpsweder Malerin, die im Gegensatz zu ihr schon eigene Bilder verkauft hat, ist die denn eine Tagelöhnerin? Inzwischen ist Ottilie Reylaender schon in Amerika, bei Suchocki.

Fanny! Sei doch ein Mann! Aber er hatte sie auch anders zu trösten versucht: »... eins bleibt uns wie Du selbst gesagt hast: wir sind noch jung.«[5] Ja, aber das war früher! Vor bald zehn Jahren hat sie das gesagt.

Ottilie Reylaender ist jung, sie aber wird im nächsten Mai vierzig. Ausgerechnet sie. Es gibt bestimmt Frauen, die mit Fassung und Würde, vielleicht sogar mit Erleichterung in den Feierabend des Lebens eintreten.

Vierzig. Das ist eigentlich kein Heiratsalter mehr für eine Frau. Um 1900 gilt man schon mit Mitte zwanzig als Sitzengebliebene. Im Augenblick ist sie noch neununddreißig. Vielleicht ist sie auch deshalb so entschlossen losgefahren, kurz entschlossen also, denn andere Entschlüsse taugen in einer solchen Situation nicht. Mit einer Vier vorn wird sie als Braut absolut unglaubwürdig. Sie kann sich diesen baltischen Alkoholiker doch einmal ansehen. Schwerer Alkoholiker, um präzise zu sein.

Es ist dem Menschen nicht gegeben, allen Lastern auszuweichen, denn das hieße, dem Leben selbst auszuweichen, wer wüsste das besser als sie. Ihrem Freund Erich Mühsam zufolge gehört der Baron Alexander von Rechenberg-Linten zu den liebenswertesten Alkoholikern weit und breit. Auch steht er ganz allein in Opposition zum Monte Verità.

Der Monte Verità ist der berühmteste Berg von ganz Ascona. Früher hieß er ganz einfach Monte Monescia, aber dann kamen die Gesundheitsapostel, die Vegetarier, die Brüder und Schwestern vom richtigen Leben und nannten den Monte Monescia in ihrer pathetischen Art Monte Verità. Hügel der Wahrheit wäre richtiger, ganze 321 Meter ist er hoch. Und der Baron ist der einzige Gegenapostel. Was für eine exaltierte Stellung. Sie mag Menschen auf aussichtslosen Posten, es sind Verwandte gewissermaßen.

Vielleicht geht es Alexander von Rechenberg-Linten genau

wie ihr. Er glaubt nicht an Gott, und dafür straft ihn dieser, wo er nur kann. Vollkommen taub soll der Gewohnheitstrinker auch sein. Sie nennt das die Schikane des Herrn. Auch in ihrem Fall hat er seine Feindseligkeiten nie eingestellt, aber noch muss seine Sonne sie jeden Tag von neuem bescheinen. Und dieser Gedanke tut ihr sehr gut. Sonne? Nein, eher nicht, wahrscheinlich schafft sie es jetzt im November nicht einmal mehr über die Berge. Seltsam, dass selbst ein Zug Heimat sein kann, transitorische Heimat, eine Schicksalsenthobenheit auf Zeit. *Ein unschätzbares Gefühl: nicht hier oder da zu sein, sondern einfach fort.* Sie wird mehr als einen fremden Ort betreten, sobald ihr Fuß den Boden berührt, es wird der Boden der Wirklichkeit selbst sein. Ein fataler Aufenthalt.

Fanny! Sei doch ein Mann! Suchocki hat recht. Präzision und Konsequenz sind alles im Leben. Es ist schon dunkel, als Mutter und Sohn ihr Abteil verlassen. Sie finden ein *Ristorante al Lago* und bekommen ein Zimmer, wie es dem Wirt für unbegleitete, unverheiratete Damen wohl angemessen scheint, die im November abends eine Unterkunft suchen. Sie könnte ihm erklären, um das zu ändern, sei sie doch hier, aber es würde seine Auffassung kaum bessern. Für wen, wenn nicht für unseriöse Menschen, hat man unseriöse Zimmer?

Ein Loch! Niemals wird sie ihre erste Nacht an dem Ort, den sie nach Möglichkeit als Frau Baronin von Rechenberg-Linten wieder zu verlassen gedenkt, in einem Loch verbringen. Es mag sein, dass ihr nicht alles glückte im Leben, aber das ist kein Grund, sie unangemessen zu beherbergen. Und wenn sie am See schlafen müssten!

Immerhin wäre sie beinahe eine erfolgreiche Unternehmerin geworden. Es fehlte nicht viel, und sie hätte Bohdan von Suchocki gezeigt, wohin es ein begabter Glasmaler mit unbeugsamem Fleiß und unerschütterlicher Disziplin bringen kann. Sie hat um ihr Leben gemalt, schon im Juli 1908: *Fayenceschüsseln für Merkl ..., dann das große Reichsadlerglas, das allein fünf Tage kostete.*[6] Merkl ist ein geiziger Münchner Antiquitätenhändler, der ihr Talent nur ungenügend würdigte. Und dennoch: Lieber eigene

Gläser bemalen als die Romane fremder Leute übersetzen, dachte sie. Aber was hieß »eigene Gläser«?

Alte Gläser sind viel wertvoller als neue. Jeder Fälscher ist ein unglücklicher Liebhaber der Wahrheit. Allein die betagten Original-Goldränder fordern ein Höchstmaß an Kunstfertigkeit. Und beim Anblick der alten deutschen Wappen, mit Emailfarben aufgetragen, wird jedem Zecher zumute, als reichten die Fäden des eigenen Seins bis in die Urtiefen der eigenen Nation. Darauf kommt es an. Darauf setzte schon Suchocki.

Diese Gläser waren mitnichten tendenziell unverkäuflich, wie die Antiquitätenhändler behaupteten, Merkl und Co. Die hatten nicht den Abglanz einer Idee, was es bedeutete, ein zeitgemäßes Geschäft zu betreiben. Und sie erkannte, dass sie alles in ihre eigenen Hände nehmen musste: künstlerische Entwürfe, Produktion, Werbung und Vertrieb! Nieder mit den Merkls dieser Erde!

Nein, sie ist keine Frau, die man in ein Loch steckt, nicht einmal für eine Nacht. Das Personal mag diese Auskunft in ihren Blicken lesen, als sie das *Ristorante al Lago* verlässt. Es dauert nicht lang, bis der Hoteldiener des *Albergo Quattrini* ihre Koffer holen lässt. Das *Albergo Quattrini* ist das erste Haus am Platz. Wahrscheinlich beschließt sie noch in dieser Nacht, sich einen letzten Aufschub zu gewähren: *Der Idiot – ich habe noch gar keine Lust, ihn zu interviewen.*[7]

Der *Idiot*. Was für ein herabstimmendes Wort für einen designierten Ehemann, selbst wenn man ihn nur um seines Geldes willen heiratet. Es so zu formulieren wäre allerdings ungenau. Um seines unter bestimmten günstigen Umständen zu erwerbenden künftigen Geldes willen, müsste es richtiger heißen. Die augenblicklichen wirtschaftlichen Verhältnisse des Barons, auch das weiß sie, sind durchaus bedenklich: Sein Vater gewährt ihm ein monatliches Salär, das er regelmäßig schon vor Monatsende vertrinkt. Da am Ende seiner Barschaft jedes Mal noch viel Durst übrig ist, säuft er in der zweiten Monatshälfte auf Kredit, und den bekommt er, denn die Wirte der Schenken ringsum kennen nicht nur Alexander von Rechenberg-Linten junior, sondern auch Ale-

xander von Rechenberg-Linten senior. Der vielleicht unglück-
lichste Baron des Baltikums, früher Gesandter des Zaren am Hof
von Madrid, kommt regelmäßig nach Ascona, um nach seinen
beiden verlorenen Söhnen zu sehen. Bei dieser Gelegenheit pflegt
Alexander von Rechenberg-Linten senior regelmäßig alle offenen Rechnungen des Alexander von Rechenberg-Linten junior
zu begleichen.

Der Trinker und das Zeitalter der Päule

Der alte Baron von Rechenberg-Linten leidet sehr unter seinen
missratenen Söhnen. Der eine ist zu den Gemüseaposteln vom
Berg übergelaufen, und der andere trinkt. Er hat beide enterbt.

Der Jüngere ist durch eine solche Geste nicht zu beeindru-
cken, denn am Monte Verità enden viele Welten, vor allem die
des Geldes. Und es beginnt die Welt des Menschen. So zumindest sagen es die vom Hügel der Wahrheit. Sie wollen den Menschen, wie er einmal gemeint war, bevor die Zivilisation ihn zugrunde richtete. So zumindest sagen es die vom Hügel der
Wahrheit. Sie wollen den Menschen so, wie die Natur ihn schuf.
Hochwohlgeboren sind ihr alle; die Natur kennt keinen Stand.
Der wahre Mensch erbt nichts außer sich selbst in der ganzen
Vollkommenheit des Anfangs.

Wir wissen nicht, ob der jüngere Sohn des unglücklichen
Barons zu den radikalen Rohköstlern oder den gemäßigten Vege-
tariern zählt – er sagt, er gärtnere hier in der Nachfolge Tols-
tois –, aber an seinem Vorsatz, sich auf dem Pfad der Erleuchtung
von niemandem aufhalten lassen, am wenigsten von einer so
plumpen, durchschaubaren Versuchung wie der einer Erbschaft,
ändert das nichts.

Im Fall des Alexander von Rechenberg-Linten junior liegen die
Dinge etwas anders. Er liebt seinen jüngeren Bruder, er ist ihm
bis hinunter in dieses merkwürdige kleine Land gefolgt, aber auf
den letzten Metern hielt er inne. Auf dem Monte Verità gibt es
nichts zu trinken. Die vom Hügel sagen, die Natur habe den

Menschen mit null Promille erschaffen, sie formulieren das nur ein wenig anders. Der Heiratskandidat, den seine unbekannte Braut leichtfertig einen Idioten nennt, kann sich das nicht vorstellen. Ja, sehen diese Rohköstler denn überhaupt noch, was sie sehen? Ascona ist umgeben von Weinbergen. Was hat sich die Natur wohl dabei gedacht, als sie die Rebe schuf?

Alexander von Rechenberg-Linten junior blieb unten. Einmal würde der Hügel seinen kleinen Bruder wieder hergeben müssen. Er trank fortan mit aller Kraft gegen den Monte Verità an. Und wenn ihm ein Ehrgeiz geblieben ist, dann der, dies aus eigener Kraft, auf eigene Rechnung zu tun. Es ist so demütigend, nicht sein eigenes Geld vertrinken zu dürfen. Und da ist noch ein Motiv. Er liebt eine italienische Waschfrau mit Kind. Er liebt sie mit aller Zartheit, aller Scheu eines wahrhaft Verfallenen. Aber er kann sie nicht heiraten. Im Angesicht einer italienischen Waschfrau würde sein Vater ihn gleich noch einmal enterben. Doch er soll, er darf nicht das letzte Wort behalten!

Alexander von Rechenberg-Linten junior kennt die größte Schwäche von Alexander von Rechenberg-Linten senior: eine standesgemäße Verbindung seines Ältesten. In diesem Fall, das hatte er oft genug angedeutet, würde er ihn wieder in seine Rechte einsetzen.[8] Der ehemalige russische Gesandte in Madrid neigt zu einer etwas altmodischen Überschätzung des kultivierenden Einflusses einer Ehefrau. Zumal nicht wenige Männer eher anfangen zu trinken, wenn sie heiraten, als dass sie aus diesem Anlass damit aufhören würden.

Sind wir nicht füreinander geschaffen? Mag sein, Franziska zu Reventlow, die im *Albergo Quattrini* ihre erste Nacht in Ascona verbringt, hat sich das auch schon gefragt. Wenn er nur kein Idiot wäre.

Jeder Idiot heiratet, das mag sein. Doch man heiratet keinen Idioten. Das ist der Punkt. Warum nur muss man jemanden sehen, bevor man »Ja« sagt? ... *was soll ich tun, wenn er zu wüst ist?*[9]

Der erste Sonnenaufgang: *Ascona heut morgen bei Tageslicht war eine freudige Überraschung.*[10] Der See, die Häuser, die Weinberge. Sie wandert mit ihrem Kind *zum Monte Verita, wo die Vegetarianer hausen.* Die Leute von Ascona, meist Fischer, gewöhnten sich sogar daran, dass die Vegetarier-Kinder mit lautem Protest die Läden verließen, sobald ein Fischer mit Fischen den Raum betrat. Der Erste, den sie trifft, ist ein alter Russe, der stark berlinert und in einem Glashaus sitzt. Niemand werfe den ersten Stein! Wahrscheinlich hat er es selbst gebaut aus lauter Scherben, denn Zivilisationsprodukte sind hier nicht geduldet, allenfalls kaputte Zivilisationsprodukte, die so jeglicher Funktion beraubt wiedereingetreten sind in den Stand der Unschuld.

Sie begegnet drei Alten vom Berge, alle drei angezogen. Das ist ungemein erleichternd, aber nicht selbstverständlich, denn die Natur hat den Mensch nicht nur ohne Geld, ohne Erbschaft, sondern auch ohne Jacke und Hose geschaffen, weshalb die Leute vom Monte Verità gewöhnlich in der Mode umhergehen, die sie für das Kleid halten, das die Natur selbst ihnen angelegt hat. Zwar ließ der November schon manchen umdenken, denn auch die Verachtung ist eine Frage der Jahreszeit. Im Herbst wird den Bewohnern des Monte Verità so kompromisslerisch zumute, als gehörten sie zu jenen blinden Menschenlarven, die sich zusammenballend die Städte bevölkern. Die meisten sind längst fort, sogar ihre Prediger: *Propheten … im Winter fast gar keine.*[11]

Ihren designierten Ehemann kennen fast alle. *Ziemlich verkommen* soll er sein und nicht nur halb, sondern *ganz taub.* Was soll sie hier machen? Heiraten und schreiben, nein, schreiben und heiraten. Langen hat ihr einen Detektivroman zum Übersetzen gegeben, schließlich muss sie irgendwie über den Winter kommen. Vor allem aber wird sie ein Buch schreiben. Wenn sie tatsächlich bald nicht mehr ihren eigenen Namen tragen sollte, wird es Zeit, die Bilanz ihres ungebundenen Liebeslebens zu ziehen. Schwer zu sagen, ob das ihre Idee war oder die Hessels, oder ob sie beide gemeinsam darauf kamen. Hessel erfährt: *Ich habe jetzt geradezu Lust, etwas zu tun, erst die Übersetzung und dann Selbstgeschriebenes.*[12]

Sie wird ihr Liebesleben in Briefen darlegen, und zwar in Briefen an ihn, denn Hessel ist der ideale Mitwisser eines jeden Liebeslebens, aber dann wird sie den eigentlichen Adressaten streichen und das derart Entrückte *Teegespräche* nennen. Der Verlag wiederum wird *Teegespräche* streichen und ihren zweiten Roman *Von Paul zu Pedro* nennen. Der Titel erschließt sich jedoch nur Lesern folgender Passage: Paul war bloß *ein Sammelname. Paul ist eine Begebenheit, die immer von Zeit zu Zeit wiederkehrt. Nicht etwa, weil sie besonders tiefen Eindruck gemacht hätte – im Gegenteil, Paul ist immer etwas Lustiges, Belangloses, ohne Bedenken und Konsequenzen. … Paul kann alles mögliche sein, verheiratet oder Junggeselle, Leutnant, Ingenieur, junger Arzt, Afrikareisender.*[13] Es komme auch vor, dass Paul gar keinen Beruf habe; man lerne ihn vorzugsweise in Sommerfrischen, in Hotels und auf Reisen kennen, *an einem festen Wohnsitz – nein, ich glaube kaum, höchstens wenn er sich vorübergehend dort aufhält. Zu Paul gehören immer Koffer und Kellner, irgendeine momentane und geräuschvolle Umgebung.*[14]

Und Pedro wiederum ist auch nur Paul, bloß dass er Spanisch spricht und das »r« rollt. So wird ihr Buch also genau genommen *Von Paul zu Paul* heißen. Und dazwischen liegen all die anderen Männer, vom Typus *elegante Begleitdogge* bis zum Typus *Retter*. Der Retter ist Klages, wer sonst? Sein Porträt beginnt so: *Am schlimmsten ist der Typus »Retter« … Der Retter meint es gut und aufrichtig, schon das ist schwer zu ertragen. … Er ist unbequem und nimmt es übel, wenn man nicht viel Zeit für ihn übrig hat. So schlägt er gerne mehrtägige Ausflüge vor, damit man einmal wirklich etwas voneinander hat und alles Trübe und Schwere von sich abschütteln kann …*[15]

Wie gern würde sie einmal wieder gerettet werden. Diese Briefe in zu veröffentlichender Absicht sind auch literarische Selbstheilungen. Ihre letzten Münchner Jahre waren nicht gut. Wenn sie daran denkt, dass der Retter von einst graphologische und sonstige Vorträge hielt vor einem unaufhaltsam wachsenden Publikum – und welches Publikum hatte sie, seine Ersthörerin, gewissermaßen, als sie immer öfter vorm Sendlinger Tor stand, kaum unterscheidbar von den anderen Straßenprostituierten, nur dass sie schon älter war? Kein Ort war weiter weg vom Eros der Ferne als das Sendlinger Tor.

Die männergenießerische Kulinarik ihres Romans *Von Paul zu Pedro* wird nur ein Teil der Wahrheit sein, vielleicht nicht einmal der größte. Aber der Alkoholiker wird in ihrem Briefroman fehlen. Der fällt aus jedem Rahmen. Als sie Hessel am 9. Dezember von ihrer schriftstellerischen Doppellust, ihrer Doppelentschlossenheit berichtet, ist sie ihm offenbar noch nicht begegnet, sonst stünde es da.

Alexander von Rechenberg-Linten junior

Niemals würde Alexander von Rechenberg-Linten betrunken zur Begegnung mit einer Frau erscheinen, gar mit der Frau, die bald seinen Namen tragen soll. Das fordert ihren Respekt.

Sie sitzen im Kaminzimmer ihres Hotels, des ersten Hauses am Platz. Meistens schweigen Paare am ersten Abend zu zweit vor Verlegenheit. Das Personal des *Albergo Quattrini* versucht gewiss mitzuhören, aber wahrscheinlich sieht es sich außerstande, dieses Rendezvous zu deuten. Meist herrscht Stille. Dann plötzlich brüllt er etwas, darauf brüllt sie etwas. Ein vorgezogener Ehekrach? Und wieder tiefe Stille.

Am Kamin sprechen die Menschen gewöhnlich leise oder besser gar nicht. Die Stimme des Feuers übertönt alle anderen, das Knacken der Scheite, das verzehrende Spiel von Licht, Wärme und Vernichtung. Die Illusion von Heimat, von Sicherheit. Schon die ersten Menschen, kaum dass sie ihrer exzentrischen Position im Universum innewurden, saßen so um das Feuer. Der Mensch ist das Tier, das sich selber beobachten kann. Umwelt wurde zur Welt, welch erschreckende Dehnung aller Dimensionen. Aber am gemeinsamen Feuer verlor die neue Weite ihren Schrecken, im Kreis des Feuers war Sicherheit.

Denkt sie an Hestia, die römische Göttin des Herdfeuers, über die Klages schrieb? Mann, Frau und ein Herdfeuer. Das alte Spiel. Schade, dass der Baron das Feuer nicht hören kann. Und sie versteht er natürlich auch nicht. Aber Idiot stimmt nicht. Zwischen einem Schwerhörigen und einem Idioten gibt es Unterschiede. Nach diesem ersten Abend wird sie nie mehr Idiot sagen. Er ist sehr groß, sehr stark und doch beinahe hilflos. Trägt er auch heute wie sonst mehrere billige Hemden übereinander?

Vor Jahren hatte er bei der Regulierung der Maggia geholfen, aber so große Felsstücke auf die Schubkarren geladen, dass sie regelmäßig auseinanderbrachen. Da schickte man ihn wieder fort. Davor war er Goldwäscher in Sibirien. Die Explosionen, die die Goldadern freilegten, ließen ihn wohl ertauben.

Sie sagt nun *Seemann,* Matrose war er auch. Der schwankende Hochsee-Gang rührt inzwischen aber mehr vom Alkohol her. *Wettergebräunt* kommt er ihr vor. Im Januar? Vielleicht ist es mehr das Gelb seiner Leber, so gesehen ist ihr *wettergebräunt* eine große Zartheit. Und sie sagt sich: Er ist *kein Vegetarier mit langen Locken, davon gibt es hier böse Exemplare.*[16] Auch wenn er seinen Verstand schon fast vertrunken haben sollte, zählt er doch zu den intellektuell Zurechnungsfähigen.

Die Heiratswilligen schreiben sich Briefe, obwohl sie am selben Tisch sitzen. Jedem schriftlichen Einverständnis folgt seine akustische Besiegelung. Der einstige sibirische Goldwäscher brüllt vor Begeisterung, sie ist der Kontraktpartner, sie brüllt zurück. So macht man Verträge.

Wahrscheinlich hält er diese schöne Frau für eine Chimäre, für ein Fabelwesen, sagt Rolf. Also bleibt der Trinker auch die folgenden Tage nüchtern, schon um herauszufinden, ob diese Erscheinung einem Delirium angehört oder der Wirklichkeit. Es ist unendlich schwer. Was, wenn die Wirklichkeit ein Rausch ist und der Rausch eine Wirklichkeit? Es bleibt ihm keine andere Wahl, als seiner Braut aufzulauern. Wenn er sich ihr plötzlich in den Weg stellt und er sie dann immer noch vor sich sieht, wäre das ein Prüfstein für ihren Realitätsgrad. Geister schätzen es nicht, überrascht zu werden.

Mit einem roten Regenschirm bricht er eines Tages aus dem Dickicht hervor und steht vor seiner designierten Ehefrau. Aber sie ist nicht allein. Rolf ist tief beeindruckt. Der Baron auch. Und das Bild zerrinnt nicht. Zwei Erscheinungen! Bis eben hatte er nur eine. Unvorstellbar, dass auch er einen solchen Sohn haben könnte. Und eine solche Frau. Hätte haben können. Was für eine Zeitform. Die seine ist nur noch das Plusquamperfekt, auf das Futur hat er jedes Anrecht verwirkt.

Menschen, die im Plusquamperfekt leben, haben starke Gründe zu trinken. Nach seiner Goldwäscherzeit in Sibirien hat er wohl nie mehr einen Zustand erreicht, dem er gesonnen war, das Prädikat der Realität zuzusprechen. Im Gegenteil.

Ist die Schweiz eigentlich wirklich? Ist sein rohköstlerischer Bruder etwa kein Irrtum? Er könnte ganze Meere austrinken, um dies zu vergessen. Woda ist das Wasser. Wodka ist das Wässerchen. Aber er darf nicht. Er wird bald heiraten. Diese Aussicht wirkt auf manchen ernüchternd, auf ihn auch, aber völlig anders. Er hat jetzt einen Anhalt im Dasein. Und eine Verpflichtung. Es ist, als ob er plötzlich Wurzeln schlüge. Und dieser Junge würde sein Junge werden. Als Alexander von Rechenberg-Linten zum ersten Mal Rolf von Reventlow gegenübersteht, ist er fest entschlossen, ihn zu adoptieren. Bald nennt Rolf ihn nur noch Alexander Alexandrowitsch. Alexander Alexandrowitsch beschenkt ihn, lädt ihn überallhin ein, spricht viel mit ihm – auf Russisch. Sein Name ist das Einzige und das Letzte, was er zu vergeben hat.

Er will niemanden täuschen außer seinen Vater. Am wenigsten will er diese schöne Frau und ihren Sohn betrügen. Er weiß, was Mannesehre ist. Er wird einen Vertrag machen, einen Kontrakt zwischen ihm, Alexander von Rechenberg-Linten junior, und der Gräfin. Feierlich führt er die Frau, die er zu heiraten gedenkt und die erwiesenermaßen keine Spottgeburt seines Hirns ist, zum Notar. In ihrem Beisein soll der Vertrag aufgesetzt werden, in aller gebührenden Feierlichkeit. Was drinstehen soll, teilt er dem Obmann der Rechtsgültigkeit ungefähr so mit: »... *ich will Kontrakt machen, dass meine Frau und ich gar nichts miteinander zu tun haben, jeder vollständig frei ist, außerdem bestimme ich, dass sie mein halbes Vermögen bekommt und sich verpflichtet, die andere Hälfte an das Kind einer Wäscherin ... in Ronco zu geben.*«[17]

Der Notar hatte bereits durch verzweiflungsvolle Mienen angedeutet, dass er einen Vertrag dieser Art nicht aufsetzen könne, jetzt spricht er es aus. Und da diese Mitteilungsweise im Fall des Klienten wenig bewirkt, brüllt er es ihm ins Ohr wie eine Posaune des Herrn. Die zu Begünstigende beschreibt die Reaktion des derart Informierten wie folgt: Wütende Faustschläge auf den Notarstisch. Schwere Beleidigung aller anwesenden Sachverständigen, der Angestellten sowie des Rechtswesens als solchem, gipfelnd in dem Satz: »*Ihr verfluchten Bürokraten begreift auch nichts auf der Welt* ...« Das wiederum will der Hauptbeschuldigte so nicht gelten lassen und schlägt dem Baron vor, statt eines Vertrags sein Testament zu machen. Da dürfe er all seine Wünsche hineinschreiben, so wenig haltbar sie zu Lebzeiten auch sein mögen, denn es sei schließlich sein letzter Wille und die Justiz daher machtlos. Dieses Testament müsse er allerdings selbst zu Papier bringen.

Stumm umstehen die Zeugen den Versuch des Barons, der widerstrebenden Feder, dem widerstrebenden Papier seinen letzten Willen aufzuzwingen, und koste es sein Leben. Und genau das ist der Fall, um den es geht. Es braucht viel Zeit. Die Wände widerhallen vor dem Unflat russischer Flüche; die Zeugen verstehen nichts und doch alles, sie befinden sich gleichsam in der Herzkammer der russischen Sprache.

Dann ist es getan; der Notar beglaubigt, was er liest. Die Braut gibt zu Protokoll: Und er *überreichte es mir, als ob es eine Schachtel Streichhölzer wäre. In diesem Augenblick war er wirklich groß.*

Wie schade, dass man sich nicht mit ihm unterhalten kann. Sie würden gewiss den kuriosen, ungewöhnlichen Fall eines Ehepaars stellen, dem der Gesprächsstoff bis an sein Lebensende nicht ausgeht. Das Hörrohr, das ihm sein Vater gab, hat er sofort zerschmettert. Es war zu entwürdigend. Sie können einander nur ahnen. Noch sind sie nicht verheiratet. Vor ihnen liegen noch große Hindernisse, das hat mehrere Ursachen.

Die schwerwiegendste ist: Alexander von Rechenberg-Linten senior kommt zu Besuch, das heißt, eigentlich hat er beschlossen, sich künftig dauerhaft in der Nähe seiner gefallenen Söhne aufzuhalten. Wohin auch sollte ein vereinsamter Vater am Jahresende gehen, wenn nicht zu seinen Kindern? Aber doch nicht zu diesen, könnte man einwenden. Und wäre er bei seinem Jüngsten, dem Licht seines Lebens, Hüter der väterlichen Güter, nicht besser aufgehoben? Aber der braucht seine Hilfe nicht. Und seiner Tochter ist nicht mehr zu helfen. Sie duldet keine anderen Männer in ihrer Nähe als den Vater, den Sohn und den heiligen Geist. Im Augenblick verharrt der einstige Gesandte des Zaren am spanischen Hof in Locarno.

Wenn man das Verhältnis von Alexander von Rechenberg-Linten junior zu Alexander von Rechenberg-Linten senior mit der nötigen Zartheit beschreiben wollte, müsste man von tiefer Zerrüttung sprechen. Wie also soll der alte Mann glauben, dass sein Ältester plötzlich eine Frau gefunden hat? Die Heilige Jungfrau, vielleicht, ließe sich mit ihm ein, aus Mitleid, denn das ist ihr Beruf. Aber welche Frau von Fleisch und Blut würde seinen Sohn nehmen? Und Fleisch und Blut genügt nicht einmal; eine Qualifikation fehlt noch: eine Frau von Stand.

Er will Sie sehen!, erklärt schuldbewusst der Alkoholiker. Ihr Ehrgeiz ist geweckt. Sie kandidierte nicht zufällig dereinst für die Bühne.

Alexander von Rechenberg-Linten senior

Alexander von Rechenberg-Linten senior hat gewiss mit vielem gerechnet, aber mit dieser Frau nicht. Sein Sohn hat schon einmal geheiratet, nur um ihn zu brüskieren, und es war weiß Gott nicht einfach, diese Ehe für ungültig erklären zu lassen. Aber die Dame vor ihm ist gewiss weder Kellnerin noch Wäscherin. Wahrscheinlich ist sogar ihr Name echt. Fanny Liane Wilhelmine Sophie Auguste Adrienne Comtesse zu Reventlow. Sie kommt von der Nordsee statt von der Ostsee wie er. Aber Weltmeer ist Weltmeer, und nun sitzen sie, zwei ins Binnenland Verbannte, an dieser hochmütigen kleinen Pfütze, die sich Lago Maggiore nennt. Sie sind beide im Exil. Warum er hier ist, weiß er. Aber warum ist sie da? Sein Sohn scheidet als Erklärung aus.

Ohne Zweifel, diese Gräfin ist echt. Sie spricht besser Französisch als er. Und es gibt Fragen, die stellen nur Menschen aus vornehmer Familie, und man muss selbst aus einer solchen kommen, um sie beantworten zu können. Sie kann es. Und ihr Adelstitel ist weiß Gott nicht geringer. Von der Gräfin herabgestuft zur Baronin, ist das nicht, als ob sie unter die Bauern fiele?

Aber wo liegt der Fehler? Eine solche Frau könnte gewiss viele Männer heiraten. Andererseits, und das irritiert ihn nun wirklich: Sein Sohn hat aufgehört zu trinken. Er ist schon seit vielen Tagen auf ganz und gar schockierende Weise nüchtern.

Es ist der 2. Januar 1911.

Fanny Liane Wilhelmine Sophie Auguste Adrienne Comtesse zu Reventlow hat gewiss mit vielem gerechnet, aber nicht mit diesem alten Mann. Sie mag ihn. Das ist sehr unpassend, schließlich will sie im Vorgefühl seines Todes in den heiligen Stand der Ehe treten. Drei Wochen nach ihrer ersten Begegnung wird sie ihre Verwirrung so formulieren: *Der Schwiegervater freut mich eigentlich an der ganzen Sache am meisten, es ist eine ganz neue Sensation, denn ich habe noch nie einen gehabt.* Der letzte Halbsatz nimmt schon zurück, was sie kaum ausgesprochen hatte, denn es ist jetzt gewiss nicht der richtige Augenblick für Sentimentalitäten. Und doch, es ist, als ob sie, die konstitutiv Elternlose, einen Vater bekommen sollte, nach alldem und aus völlig falschem Anlass, obgleich es der einzig mögliche ist.

Worüber unverfänglich reden, aus einem solch verfänglichen Anlass? Sie könnte dem alten Baron erklären, was sie schon Mühsam sagte: dass Rechenberg ein überaus gewinnender Name sei. Reventlow. Rechenberg. Da brauche sie nicht einmal die Monogramme in ihrer Aussteuer umsticken.

Natürlich fragt er sehr schwierige Dinge. Etwa, wovon sie leben wollen. Er interessiert sich sehr für ihre Vermögensverhältnisse.

Sie könnte ihm erzählen, wie sie beinahe eine erfolgreiche Geschäftsfrau und Glasmalerin geworden wäre; wie ihre Tagebuch-Einträge im letzten Sommer begannen, monoton zu werden: *Die Woche geglast und kein Geld.*[18]

Mühsam fand die Unternehmerin inmitten von Hunderten Gläsern, die vorzugsweise Szenen aus der Christusgeschichte und die Landschaften von Oberammergau zeigten. Sie war zuversichtlich: So viele Gläser konnte sie gar nicht bemalen, wie sie bei den Passionsspielen verkaufen würde, vorzugsweise an reiche Amerikaner. Sie könnte diesem sympathischen alten Mann erzählen – gewissermaßen von Tochter zu Vater –, wie sie tagelang mit Rolf bei strömendem Regen hinter ihrem kleinen Stand in Oberammergau ausgeharrt hatte, aber fast alle sind vorbeigelaufen. Vor allem die reichen Amerikaner. Ihre Andenken waren vor allem eins: viel zu billig, als dass es gelohnt hätte, sie überhaupt näher zu betrachten. Und es war kein Wetter zum Stehenbleiben.

Es kam ihr vor, als trüge sie viel mehr Gläser zurück, als sie mitgebracht hatte. Der Fehler war wohl, sie überhaupt wieder einzupacken. Zurück in München, begegneten die Unverkäuflichen und die fehlbare Geschäftsfrau einander mit offener Feindseligkeit. Materialkosten schauten sie an. Als ob sie nicht schon genug Schulden hätte. Den Fortgang schildert Erich Mühsam so: »Sie mietete im Englischen Garten ein Boot, ruderte in die Mitte des Klein-Hesseloher Sees und wollte eben das mächtige Paket mit den Passionsgläsern über Bord gehen lassen, als ein Parkwächter erschien und ihr zuschrie, das Versenken von Gegenständen im See sei bei hoher Strafe verboten.«[19]

Das alles könnte sie dem Alten erklären. Und mehr ist zu ihren Vermögensverhältnissen nicht zu sagen. Dass sie Farben und Gläser auf Kredit gekauft hat, versteht sich von selbst, was umso schwerer wiegt angesichts der Tatsache, dass sie zu dem Personenkreis gehört, der eigentlich gar keinen Kredit bekommt. Kurz und gut, die derzeitigen Vermögensverhältnisse ihres enterbten designierten Ehemanns und die ihren harmonieren durchaus, vielleicht könnte sie noch hinzufügen, dass sie in all den Jahren vor Weihnachten eine finanzielle Zuwendung von ihrer Familie erhalten hatte, eine Geste, die sie diesmal schmerzlich vermisste.

Oder sollte sie dem einstigen Botschafter der Zaren erzählen, wie sie beinahe Privatsekretärin des Nationalökonomen Edgar Jaffé geworden wäre, der in nicht allzu ferner Zukunft als Finanzminister der Münchner Räterepublik auffallen wird? Privatsekretärin. Wer geneigt ist, dieses Engagement im bedenklichsten

Wortsinn aufzufassen, liegt richtig. Und Jaffé gehört genau zu dem Typus Mann, dem sie sonst mit entwaffnender Offenheit entgegenzutreten pflegt: Sie sind mir körperlich unsympathisch! Zwei Jahre zuvor hatte sie notiert: *Jafféabend. Vor Graus beinah vergangen, geheult etc. Lieber Gott, diesen Kelch lass an mir vorübergehn.*[20] Und nun habe sie schon danach greifen wollen, aus purer Not, sich in letzter Minute aber für den trunksüchtigen Sohn des Barons entschieden.

Mehr gibt es zu ihren Vermögensverhältnissen definitiv nicht zu sagen. Oder doch, eins wäre da noch: Sie haust in Ascona im letzten Loch, weil sich das Albergo auf die Dauer als nicht finanzierbar erwies, und wenn diese Ehe nicht bald zustande kommt und der Mann, der sich so angelegentlich für ihre Vermögensverhältnisse interessiert, nicht bald unter der Erde liegt, weiß sie wirklich nicht, wie es weitergehen soll.

Aber von all diesen berichtenswerten Dingen erfährt der frühere Botschafter des Zaren am spanischen Hof wohl nur, dass es empfindlich kalt ist in ihrem Zimmer.

Alexander von Rechenberg-Linten senior zeigt sich beunruhigt. Seine künftige Schwiegertochter friert in Ascona? Natürlich kann sie jetzt noch nicht zu seinem Sohn ziehen, aber der alte Baron würde ihr gern einen Ofen leihen.

Sein Vater leiht ihr einen Ofen? Alexander von Rechenberg-Linten junior ist außer sich vor Empörung. Elender Aristokrat! Die Wäscherin und ihr Kind hätten nie einen Ofen von ihm bekommen, und wenn seine künftige Frau einen Ofen benötigt, so leiht er ihr selber einen! Wahrscheinlich entnimmt der Sohn der Geste des Vaters vor allem eins: dass sie sein Wohlgefallen erregt. Er könnte, ja er müsste seinen Vater zum Duell fordern. Stattdessen nimmt der Trinker, der aufgehört hat zu trinken, in ohnmächtiger Wut die 100 Franken, die er zur Bezahlung einer akuten Schuld bekam, betritt eine Schenke, säuft und spendet den Rest der *polnischen Wanze*, schon um ein Zeichen zu setzen. Er verachtet das Geld. Für die Expropriation der Expropriateure!

Die *polnische Wanze* ist ein Züricher Anarchist und der Hauptparasit des Trinkers. Zwar hat Franziska zu Reventlow gleichsam eine natürliche Schwäche für Polen, aber nicht für *die polnische Wanze*. Der Bräutigam hat versprochen, ihr Zimmer in Ascona zu zahlen, aber *die polnische Wanze*, da ist sie sicher, wird immer schneller sein. Und sie lässt nichts übrig.

Es kommt zu heftigen Auseinandersetzungen zwischen Alexander von Rechenberg-Linten junior und Alexander von Rechenberg-Linten senior wegen des Ofens. Der Vater beharrt auf seiner Souveränität, Öfen zu verleihen, an wen immer er will. Zugleich verweist er auf seine Souveränität, die noch offenen Schulden seines Sohns nicht zu zahlen. Ein verschuldeter Mann aber kann nicht heiraten.

Die designierte Braut geht in diplomatischer Mission zwischen Ronco und Locarno hin und her. Und da es gefährlich ist, wenn Vater und Sohn allein aufeinandertreffen, kommt es zu wiederholten diplomatischen Unterredungen unter sechs Augen und vier Ohren. Dass der Vater eine Entziehungskur verlangt, bevor er die Restschulden seines Sohns tilge, scheint ihr durchaus plausibel. Sie bekundet ihrem Schwiegervater Verständnis, ja Sympathie, was sein Sohn höchstens fürchten, aber nicht hören kann. Sie reden, als wäre er gar nicht da.

Als Alexander von Rechenberg-Linten senior tatsächlich zahlt, betrinkt sich Alexander von Rechenberg-Linten junior ob der Schmach und als Zeichen seiner Autonomie in schwerstmöglicher Form. Entziehungskuren sind etwas für Schwächlinge, er aber ist ein Mann! Die Mitbetroffene: *Ich zittere, dass der Alte ihn am Ende noch enterbt, sie haben seit diesem Rückfall fortwährend Krach.*[21]

Vielleicht vertraut der Baron nur einem Menschen auf der Welt ganz ohne Vorbehalt, es ist der frühere, stark zur Melancholie neigende Sibirien-Sträfling Wasja. Wenn sie nur wieder zurückkönnten nach Sibirien! Seit einiger Zeit weckt der Baron Wasja jeden Morgen mit der Frage: »Wasja, glaubst du, dass meine Herrin immer gut gegen mich sein wird?«[22] Diese Frage bejaht Wasja.

Auf Wasja kann sie sich verlassen. Sie gehen oben am Berg zusammen Holz stehlen, denn der geliehene Ofen des Schwiegervaters muss beheizt werden. Manchmal stehlen Wasja und seine Helfershelfer ganze Stämme, und sie brauchen die ganze Nacht, um das Raubgut in ihrer Küche zu zersägen. Das schönste Verlobungsgeschenk, das sie von ihrem künftigen Mann bekommt, ist *eine ungeheure Säge.*

Und dann findet sie den alten Vogelsteller-Turm, den *Roccolo.* Dieser Ort war ursprünglich dem grausamen Gewerbe gewidmet, die Lerchen, Schwalben und übrigen Bewohner des Sommerhimmels in Netzen zu fangen und zu Tode zu martern. Er wird ihr zweites Zuhause werden, ja mehr noch: Der Roccolo wird sie vollends zur Schriftstellerin machen. Ob sie weiß, dass ihre Vormieterin Käthe Kruse war, die Puppenfrau?

Es wird Frühling im Tessin.

Der Turm hat drei kleine Räume übereinander, *die durch Leiter und Luke verbunden sind, drum herum große Lorbeerbüsche und Weinberge.*[23] Im unteren Zimmer ist die Küche, im mittleren ihre Schreibklause, und ganz oben sitzt Rolf und tippt die handschriftlichen Manuskripte seiner Mutter ab. Wasja baut inzwischen Möbel aus gestohlenem Holz, gegessen wird draußen an dem großen alten Steintisch.

Niemand kommt ihr den ganzen Tag lang entgegen als der eigene Text. Keiner kann sie überraschen als sie sich selbst. Das ist mitunter sehr unbefriedigend: *Ich habe manchmal elendiges Heimweh und möchte wieder Menschen sehen. Hier gibt es keine, nur Narren und Propheten.*[24] Es bleibt vorläufig keine andere Wahl, als selbst einer zu werden. Aber wer von beiden, Narr oder Prophet? Landläufig und im besten Fall nennt man den menschlichen Schnittpunkt zwischen einem Narren und einem Propheten auch Schriftsteller.

Die Lage des Autors ist schon sehr misslich, abgesehen davon, dass sie auch wunderbar ist. Sie wünschte, das Buch wäre schon fertig, *und ich könnte in vegetativer Ergriffenheit draußen unter dem Lorbeerbaum sitzen.*

Im April steht ihre Hochzeitsanzeige in den *Münchener Neuesten Nachrichten.* Wird Klages sie lesen? Und Wolfskehl und all die anderen?

Die Bürger von Ascona beginnen, sie zu beglückwünschen. Oder kondolieren sie ihr nicht vielmehr?

Der Dorfidiot ruft jedem entgegen, er lasse niemals zu, dass die schöne Contessa diesen *bollardo* heirate.

Die Hochzeit

Der Trinker und die Contessa heiraten! Das will jeder sehen, zuerst am Vormittag in Ronco beim Bürgermeister. Doch der ist nicht da. Schließlich wird er in seinem Weinberg entdeckt. Die Arbeitskluft behält der Bürgermeister an, schließlich will er gleich wieder zurück sein, und eine festliche Garderobe hätte überdies schlecht zu seinen immer wieder misslingenden Versuchen gepasst, die in den fremdsprachigen amtlichen Dokumenten verzeichneten Namen in halbwegs geraden italienischen Sätzen unterzubringen. *Sämtliche Dorfbewohner standen mit ihren Kindern am Arm um uns herum, und wir legten unsere Zigaretten nur weg, um »Si« zu sagen.*[25] Am Nachmittag soll die Zeremonie in der Kirche folgen, in Locarno. Das muss sein, denn Ehen werden vor Gott geschlossen, oder es sind keine, glaubt man in Russland. Der Bräutigam sagt, er wisse, wo die evangelische Kirche sei. Sie fahren mit dem Boot nach Locarno. Das Brautpaar irrt durch die Straßen. Schließlich äußert der Bräutigam die Vermutung, sich getäuscht zu haben. Er habe keine Ahnung, wo die Chiesa Protestante sei.

Irgendwann, als es schon fast zu spät ist, kann ein Fuhrmann helfen. Im Bericht der Braut: *Vor der Kirche standen Schwiegervater und Schwester in tiefstem Schwarz – wir alle in hellen Sommerkleidern – sahen aus wie eine Tennispartie. … Ich ließ, von plötzlichem Entsetzen erfasst, alles stehen und rannte in die Kirche … bis zum Altar – die anderen behaupteten nachher, es hätte ausgesehen, als ob ich zu einem Bahnhofsbüfett stürzte, um noch rasch etwas zu trinken.* Der Pastor, dessen Beredsamkeit der Schwiegervater mit 100 Franken extra anspornte, spricht sehr lange. Dem Bräutigam ist, als müsste er gleich umfallen, wahrscheinlich hat er an diesem Morgen noch nichts getrunken. Die Braut versucht nicht zu lachen, vor allem an Stellen wie: *Herr, Du wolltest ihnen beistehen in allen ihren rechtmäßigen Geschäften.*

Als Mann und Frau verlassen sie die Chiesa Protestante. *Draußen zog der Alte mich beiseite, schwiegertochterte und duzte mich und überreichte mir ein Portemonnaie mit 100 Frcs.* Seinem Sohn will er segnend die Hand auf den Kopf legen, doch der macht im letzten Augenblick einen schwer auszubalancierenden Notsprung zur Seite.

Sie ist nun Untertanin des Zaren Nikolaus Alexandrowitsch Romanow, genannt Nikolaus II., eine Bürgerin des großen russischen Reichs.

Ihr Schwiegervater sagt jetzt »Du« zu ihr, ihr Mann bleibt hochachtungsvoll beim »Sie«.

Schon am nächsten Morgen, es ist traditionell der bedeutsamste Morgen im Leben einer Braut – als Mädchen geht sie zu Bett, als Frau wacht sie auf, so will es die Tradition –, steht Alexander von Rechenberg-Linten senior vor der Tür, um das Brautpaar zu besuchen. Er ist sehr erstaunt, den Bräutigam nicht anzutreffen. Oder fühlt er eine vage Vermutung bestätigt?

Kurz darauf ist Alexander von Rechenberg-Linten junior plötzlich verschwunden. Mag sein, er hat sich in seine eigene Frau verliebt. Mag sein, diese Feststellung geht über seine Kraft. Und wenn der Lago Maggiore voller Wodka wäre, er kann wohl nicht sein, wo sie ist. Es ist sehr schwer, nur insofern eine Frau zu haben, als man keine Frau hat.

Das ist eine Situation, die selbst dem Nüchternsten über den Kopf wachsen könnte, zum Beispiel Herrn Fischötter. Herr Fischötter ist der Held ihrer neuen Erzählung, der die Gäste eines Seebades dadurch irritiert, dass er halb Mensch, halb Fischotter ist. Genau wie ihr verschwundener Mann, der auch eine Amphibie ist. Sein eigentliches Leben beginnt, wenn seine missliche Festkörperexistenz sich endlich löst im anderen Element. Es ist ein Flüssigwerden.

Die verlassene Ehefrau, die Schriftstellerin, steigt in aller Ruhe zurück auf ihren Turm. Wer schreibt, lebt nicht. Wer lebt, schreibt nicht. So ist das.

Leider wollen weder der *Simplicissimus* noch die *Jugend* den *Herrn Fischötter* haben. Und die *Teegespräche* muss sie auch noch beenden.

Sie wartet auf Nachricht von ihrem Verlag. Wird er die *Teegespräche* nehmen? Mitte Dezember träumt die Bürgerin des Zarenreichs, die inzwischen auch mehrere Kurzgeschichten verfasst hat, von Thomas Mann: *... man schickte mir die Teegespräche zurück mit einem langen Brief von Thomas Mann, ich schreibe immer daha – daher und jaha – ja, deshalb könnten sie das Buch nur zu 5–6 % nehmen. Jetzt ist mir natürlich sehr bange – um Neujahr werde ich wohl Bescheid haben.*[26]

Doch die erlösende Nachricht kommt schon früher. Weihnachten 1911 teilt ihr Korfitz Holm mit, dass die *Teegespräche* angenommen sind! Sie jubelt.

Andere schreiben für die Ehre, sie schreibt für Geld. Und dafür, bald gar nichts mehr tun zu müssen. Gegen die Berufsbezeichnung Schriftstellerin hat sie sich schon in den *Teegesprächen* verwahrt: *Beruf ist etwas, woran man stirbt. ... es hat so viel peinlichen Beigeschmack – eine schreibende Frau – schrecklich. Denken Sie nur, alle Leute, die man nicht kennt, taxieren einen auf geistige Interessen und dergleichen. Sonst hätte es vielleicht etwas für sich: man brauchte nur einen Füllfederhalter und einen guten Diwan.*[27] Das Gute ist, dass nach einer solchen Selbstvorstellung jeder, der lesen kann, erkennt, dass sie doch eine ist.

Sie weiß auch schon, was sie als Nächstes schreiben wird: einen Schwabing-Roman. Sie wird Ludwig Klages zeigen, dass man sie nicht einfach so zurücklassen kann. Gleich im Januar will sie anfangen, und zwar in Rom. Stern, der Philosoph, muss ihr helfen!

Doktor Stern

Wenn Friedrich Huch begann, umgeben von Busse, Klages und den anderen, am Schwabinger Biertisch das *Rumpelstilzchen* aufzusagen – »Heute back ich, morgen brau ich …« –, wussten alle, wer gemeint war: der Philosoph Paul Stern. In abenteuerlicher Geschwindigkeit gelangte Huch-Stern bis fast zum Ende: »O wie froh bin ich, dass die Frau Königin nicht weiß / Dass ich Rumpelstilzchen heiß.« Aber bei »Frau Königin« blieb der Philosoph stecken, dabei fehlten nur noch wenige Worte. Doch über »Frau K… KKKK« führte nichts hinaus. Also noch einmal von vorn, doch jetzt gelangte Stern nicht einmal mehr bis zu »Frau K«, sondern prallte schon bei »übermorgen« zurück.

Auf den Wolfskehl'schen *Jours* warteten die Anwesenden jedes Mal sehnsüchtig auf Sterns erste Wortmeldung, pflegten mit besonders gebannten Mienen den leichtsilbig geistgelösten Ausführungen des Philosophen zu folgen und ließen sich möglichst nichts anmerken, als er unweigerlich kurz vor der Schlusspointe auf die Frau-K-Stelle stieß. Nun begannen die immer kürzer werdenden Repetitionen des bereits Vorgetragenen, dem das Auditorium grundsätzlich mit fasziniertem Ernst folgte, was den Redner anspornte und ihn irgendwann zum Sieg führte. Nicht zuletzt dieser Zweikampf – Philosoph gegen Sprache – machte einen Besuch bei Wolfskehl zum Erlebnis.

Der Privatgelehrte Stern, auch *Sternchen* genannt, ist ihr Mann, der Philosoph vom Dienst. *Sternchen.* Philosophen schätzen solche Anreden im Allgemeinen nicht, aber er ist duldsam. Seine Ersterwähnung in ihrem Tagebuch fand 1901 statt, und zwar als Sklave beim Sonnenwendfest in Murnau. 26. Juni 1901: *Stern, mein Sklave, musste mir Bowle kredenzen und bekam meinen Fuß auf den Nacken, fühlte mich den Abend inspiriert und redete mit Zungen.*[28]

Er weilte unlängst seiner Lunge halber in Davos und ist sofort bereit, sie in Ascona zu besuchen. Ausgerechnet jetzt, als sie nach Rom will, um ihren Schwabing-Roman in angemessener Umgebung zu beginnen. Thomas Mann schrieb seine *Buddenbrooks* schließlich auch in Italien.

Am 30. März treffen sich der Philosoph und die Rom-Rückkehrerin zum ersten Mal in der *Konditorei Scheurer* von Ascona, und sie beginnt ihre philosophischen Privatstunden, die später in Aufforderungen wie dieser münden: *Stern, können Sie mir nicht ein kleines Gespräch über schwarze und weiße Magie machen und etwas allgemein Orientierendes über Kreis und Meister?*[29]

Es sind großartige Frühlingswochen am See, Stern lernt auch ihre engsten Freunde kennen, etwa Emil Ludwig und seine Frau. Ludwig, Sohn einer reichen jüdischen Breslauer Familie, hatte sich vor ein paar Jahren um der besseren Konzentration willen nach Ascona zurückgezogen und soeben eine große Bismarck-Biografie beendet. Zehn Jahre jünger als die Contessa von Rechenberg-Linten, pflegt er sich ihr gewöhnlich mit Handkuss zu nähern und dabei auf die Knie zu fallen. Sie hält das für übertrieben.

Doch der wichtigste Mensch in Ascona ist für sie Frieda Gross, sie kennt diese Frau schon aus München. Den Gesprächen mit ihrem Mann, dem Psychoanalytiker Otto Gross, hatte sie einst überrascht entnommen, dass auch andere wissen, was sie weiß, »dass in der Familie der Herd aller Autorität liegt, dass die Verbindung von Sexualität und Autorität, wie sie sich in der Familie mit dem noch geltenden Vaterrecht zeigt, jede Individualität in Ketten schlägt«.[30]

Vor allem die der Frauen, könnte sie hinzufügen. Für seine Absicht, auf dem 1. Psychoanalytischen Kongress in Salzburg Erkenntnisse wie diese darzulegen, wurde Gross von Freud exkommuniziert. Oder lag es mehr an den Schlussfolgerungen? Gross forderte die »kompromisslose Befreiung jedes Einzelnen vom Autoritätsprinzip« sowie »die Zertrümmerung der Vaterrechtsfamilie unter Errichtung des kommunistischen Mutterrechts«. Eine solche Vision fand mitnichten Freuds Beifall, gesellschaftspolitische Analyse sei nicht Aufgabe der Ärzte und Zivilisation ohne Triebmanagement unmöglich. In der Tat bot der rundum befreite Einzelne einen irritierenden Anblick, der Kompromisslose selbst etwa.

1906 hatte der Psychoanalytiker Otto Gross auf dem Monte Verità versucht, seine Kokainsucht zu kurieren, musste den Berg jedoch nach dem Tod einer Siedlerin, an dem er nicht ganz unschuldig war, überstürzt verlassen. So kam er nach München. Und erst im März des letzten Jahres hatte sich eine seiner Geliebten hier in Ascona das Leben genommen. Frieda Gross erschien das befreite Liebesleben ihres Mannes auf die Dauer zu anstrengend, weshalb sie ihn verließ, mitsamt den Kindern. Sie lebt nun mit dem Metallgießer Ernst Frick in Ascona, der hier in Ermangelung von Metallgießereien zum Maler geworden ist. Doch wird er unaufhörlich beim Malen gestört. 1907 hatte er versucht, einen Russen aus der Gewalt der Kantonspolizei zu befreien, das nimmt die Kantonspolizei ihm noch immer sehr übel, ebenso wie die vorsätzliche Herbeiführung einer Straßenbahnentgleisung im Jahr darauf.

Ständig muss Frick vor Gericht erscheinen, aber Frieda auch, denn Otto Gross' Vater, Inkarnation des zu bekämpfenden autoritären Paternalismus, lehnt es ab, den gemeinsamen Sohn in ihrer Obhut zu lassen, trotz ausdrücklicher Zustimmung des Vaters, bei dem C. G. Jung jedoch *dementia praecox* diagnostizierte. Es ist sehr kompliziert.

Frieda Gross und Ernst Frick haben sehr viele Gerichtstermine, und die neue Untertanin des Zaren kommt meistens mit, als moralischer Beistand. Dem Tessiner Rechtsanwalt Mario Respini-Orelli fällt sie wohl sofort auf. Man sagt, er sei ohne jegliches Talent, schönen Frauen aus dem Weg zu gehen; sie ist ähnlich unbegabt, was die Männer betrifft.

Aber es ist nicht Respini-Orelli allein. Der alte Besitzer des Roccolo hat inzwischen ein neues Häuschen gebaut, extra für sie, sie solle einziehen. Sie kann den alten Mann nicht davon abhalten, vor ihr auf die Knie zu fallen und ihr die Füße zu küssen. Sie kann jedoch auch nicht annehmen, denn ihr zweiter greiser Vermieter, in dessen Haus ganz in Wohnturm-Nähe sie die Nächte verbringt, bittet inständig, sie möge bleiben. Er wünsche, diese Mieterin zu behalten, bis er sterbe, also nicht mehr lange.

Das hat sie noch nie erlebt: Zwei Hausbesitzer streiten um die

Auszeichnung, sie als Mieterin behalten oder gar befördern zu dürfen. Mit Wehmut gedenkt sie ihrer gepfändeten Resthabe in München.

Mario Respini-Orelli. Dieser Name ist gewiss ein Missklang in den Ohren ihres Ehemanns, wenn dieses Sprachbild in seinem Fall denn angemessen sein sollte. Alexander von Rechenberg-Linten junior erwägt inzwischen, sich scheiden zu lassen. Lieber gar nichts erben, als zugleich eine Frau und keine Frau zu haben. Respini-Orelli! Andererseits liebt er Rolf.

Sie macht sich große Sorgen. Ihr Schwiegervater jedoch wohnt weiterhin in Locarno, besucht oft seine Schwiegertochter und erfreut sich bester Gesundheit.

Sie hat einen schwierigen Ehemann, zwei schwierige Vermieter, zwei Freunde in Schwierigkeiten und muss währenddessen ein sehr schwieriges Buch schreiben. Nur Respini-Orelli ist nicht schwierig, aber das bessert die Situation nur unwesentlich.

Ohne Sterns Hilfe hätte sie gar keine Chance. Wegen eines Trauerfalls musste er schon im Mai wieder abreisen. Ob er ihr wohl Klages' George-Buch schicken könne? Das ihre sei gepfändet. Natürlich kann er und erfährt: *Das Georgebuch las ich gestern wieder durch und wurde ganz sentimental. K. schrieb es, als wir zusammen in Wildenroth waren 1902 ... Der Stil ist mir auch greulich. Den persönlichen Klages möchte ich ganz draußen lassen, nur in Erzählungen der anderen – ich bringe es noch heute nicht übers Herz – lachen Sie nur.*[31]

Im Roccolo arbeiten Mutter und Sohn um die Wette; sie muss den Schwabing-Roman beenden, denn sie braucht dringend Geld. Änderungsvorschläge des Philosophen nimmt sie nur bei größtem Wohlgefallen an, und meistens empfindet sie das nicht.

Mitte September: *Lieber Stern – Bitte sagen Sie Mirobuk, denn es ist fertig.*[32]

Nur Tage später schreibt ihr Korfitz Holm: Angenommen!

Stern muss versprechen, niemandem etwas zu sagen, denn auch ihre Münchner Honorare werden gepfändet.

Das Ende einer großen Arbeit ist ein guter Grund für eine große Reise. Sie nimmt eine Einladung ihres Cousins Viktor von Levetzow an; sie waren sich vor Jahren in Berlin wiederbegegnet.

Sie befürchtet, ihn nicht zu mögen, aber Levetzow hat ein großes Haus auf Mallorca.

Sie bestellt telegrafisch zwei Dampfer-Passagen nach Barcelona und wird sehr ungehalten, als sie im Hafen von Genua erfährt, dass für sie, schon aufgrund ihres Namens, selbstverständlich eine Luxuskabine reserviert sei. Ein erbitterter Wortwechsel folgt. Wenn ihr die Kabine zu teuer sei, erklärt die tief beleidigte Reederei schließlich mit ironischer Verachtung, könne sie ja mit der *Valenciana* fahren. Rolf: »Natürlich fahre ich mit der *Valenciana*, antwortete Mutter, und verließ das Büro.«[33] Die *Valenciana* ist auch eine Reederei.

Mutter und Sohn werden weit hinausgerudert; als sie das Schiff der *Valenciana* schließlich erreichen, »meinte Mutter, sehr viel größer seien die Dampfer auf dem Starnberger See eigentlich auch nicht.« Der Kapitän und sein erster Maschinenmeister begrüßen die schöne Frau und den Jungen mit vollendeter spanischer Höflichkeit. Sie hatten noch nie Passagiere an Bord. Es reisen auch vierundzwanzig Milchkühe mit. Der Koch macht persönlich seine Aufwartung und teilt mit, dass es zwei Mahlzeiten am Tag gebe, um 10 Uhr vormittags und um 5 Uhr nachmittags.

Mitten in der Nacht legen sie ab, bei schwerer See. Die vierundzwanzig Kühe brüllen, Rolf und sie halten sich an ihren Betten fest, um nicht rauszufallen. Irgendwann schlafen sie doch ein. Als die Mallorca-Reisenden am nächsten Morgen an Bord kommen, sind sie wieder in Genua – zum Wohl von vierundzwanzig sich erbrechenden seekranken Kühen habe man umkehren müssen, ein zweiter Versuch sei beabsichtigt, jedoch nicht heute, denn es sei *Allerheiligen*, der Tag der ruhenden Schifffahrt.

Weit draußen liegt der verirrte Starnberger-See-Dampfer, das Land unerreichbar. Rolf: »Mutter seufzte ein wenig und holte aus dem Gepäck die Druckfahnen eines Buches über Schwabing hervor.« Es ist ein Konkurrenzroman, *Wenn wir Frauen erwachen* von O. H. A. Schmitz, vom obersten Sprachrichter Karl Kraus gern Oha Schmitz oder auch Aha Schmitz genannt.

Ihr Urteil: *Das Buch des O. A. H. – ist u. a. K.*

Der kleine Dampfer verlässt erneut den Hafen. Sie macht sich darauf gefasst, wieder in Genua aufzuwachen. Es würde zu ihr passen.

Die Eisenbahn Moskau – Kiew – Woronesch

Winter 1913. Sie hat das große Haus auf Mallorca ganz für sich allein und übersetzt in aller gebotenen Lethargie ein Kochbuch von Alexandre Dumas, das *Grand Dictionnaire de Cuisine*. Besser kann man nicht überwintern, sie mag diese Insel. Sie hat keine Ahnung, wo ihr Cousin jetzt ist, es interessiert sie auch nicht. Das Angebot zur Alleinnutzung seiner Immobilie kam in letzter Minute, als sie schon wieder abreisefertig war: Nein, sie brauche nicht zu gehen, er werde gehen! Mit Fächerbart, Monokel, in verknülltem großkariertem Jackett hatte Viktor von Levetzow am Hafen gestanden, darunter trug er seinen Schlafanzug. Er begrüßte sie in jenem unnachahmlich-schnarrenden Ton, der, so Rolf, »den Gardeleutnants des Kaiserreichs offenbar von Natur aus gegeben war.« Und es sei nicht nur die helle Sonne des Südens gewesen, die seine Mutter blinzeln ließ.

Gewiss hat Viktor von Levetzow geglaubt, sie gehöre zu den Damen, die man mieten kann, sie sei eine öffentliche Frau. Sie waren als Kinder Spielgefährten, vielleicht ließe sich dieses Verhältnis neu etablieren, mit aller nun gebotenen Frivolität? Wie gern würde sie Hessel die Konkreta erzählen: *Es war absolut fürchterlich, sehr komisch und gänzlich gespenstisch.*[34] Nun ist alles umso schöner, vielleicht sollte man seine Winter nie anders verbringen als am Meer sitzend und Kochbücher übersetzend? Rolf hat sich mit dem Leiter des Staatlichen Tiefseeforschungsinstituts angefreundet und sie sich mit einem Maler aus Bremen.

Wenn sie sich vorstellt, welchen Aufruhr ihr Buch bald in München stiften wird, bei den Porträtierten. Auf Gegendarstellungen der Kosmiker ist sie gefasst. Sie war mal kurz da, um nachzuschauen, wich ihren Gläubigern mit Geschick aus, lief aber Klages in die Arme. Sie nahm diese Begegnung als Zeichen und schrieb ihm das. Die Autorin von *Herrn Dames Aufzeichnun-*

gen kann sich jetzt große Gesten leisten, denn sie besitzt, was Frauen fast nie besitzen: die Deutungshoheit.

Und nun liegt sein Antwortbrief schon wochenlang auf ihrem Tisch, sie liest ihn immer wieder. Klages schreibt ihr, dass es sie beide, so wie sie damals waren, nicht mehr gebe.

Was will er sagen? Dass von einem Wiedersehen nicht die Rede sein könne, eher von einer neuen Bekanntschaft, aber hat man nicht ohnehin schon zu viele Bekannte? Sie schlägt ihm eine optimistische Deutung vor: *Sie haben wohl recht, dass wir beide, wie wir damals waren, tot sind. Aber dann ist auch alles andere, Irrtümer, Missverstehen und Verfehlen vielleicht mit tot und untergegangen. – Aber warum ist die Sehnsucht lebendig geblieben, in mir wenigstens ist sie nie eingeschlafen, sondern immer stärker geworden, und denken Sie nicht, Klages, dass ich es mit Erinnerung verwechsle.*[35]

Es sei wohl eine Art Heimweh. Sie weiß, dass der Leiter des Münchner Psychodiagnostischen Seminars im Grunde aus nichts anderem gemacht ist als aus Heimweh, Heimweh »nach der mütterlichen Seele des Alls«. Wenn ihr verschollener Ehemann trinkt, dann schließlich auch aus Heimweh nach der mütterlichen Seele des Alls. Denken und Trinken, zwei Formen des Heimwehs. Entscheidend aber ist, dass er nicht zu schnell bei den Müttern ankommt, vor allem nicht vor seinem Vater.

Und dann trifft ein Telegramm ein, adressiert an Rolf – von Alexander von Rechenberg-Linten junior! Ihr Mann telegrafiert? Dann muss etwas passiert sein. Und das ist es: Der Ernstfall, der Erbfall, er ist eingetreten. Alexander von Rechenberg-Linten senior ist tot. Wie mag sie jetzt durch die Zimmer des schönen Hauses gehen, wie mag sie auf das Mittelmeer schauen? Als reiche Frau? Als Finanzgenie, das künftig so leben wird, wie wir alle leben sollten: von den Zinsen unseres Kapitals? Und ihr Roman wird auch gleich erscheinen. Schwabing, hört sie, ist schon sehr beunruhigt. Dieses neue Jahr scheint ihr einen Zug ins Großartige andeuten zu wollen.

Die Testamentseröffnung wird aber erst im Mai stattfinden, und zwar in Zürich. Rolf, der vielleicht bald Rolf von Rechenberg-Linten heißt, reist auf Vorschlag des Mannes seiner Mutter voraus, sie wird inzwischen noch eine Weile aufs Meer schauen, das Dumas-Kochbuch zu Ende übersetzen und darüber nachdenken, was sie alles mit ihrem Geld machen wird und, fast genauso wichtig, in welcher Reihenfolge. Um dann vielleicht nie wieder einen Stift in die Hand nehmen zu müssen! Wie hatte das Freund Mühsam in seiner Ascona-Broschüre so treffend formuliert: »Nur der Deutsche ist stolz, weil er arbeitet. Der Romane empfindet Arbeit als ein notwendiges Uebel und empfindet es als Schmach, dass er sich der Notwendigkeit dieses Uebels beugen muss.«[36] Sie muss wohl eine Romanin sein.

Fast meint man sie zu sehen, die Rentiers in spe Alexander von Rechenberg-Linten junior und seine Gemahlin, in dezente Trauer gehüllt, zur Testamentseröffnung in Zürich. Wie sie den Saal in aller Würde betreten, die die Wohlhabenheit den Menschen verleiht, indem sie sie mit einem Fluidum der Unbelangbarkeit umgibt.

Allein so war es nicht. Die Testamentseröffnung findet in Mitau statt. Sie sind enterbt. Alexander von Rechenberg-Linten senior hat die Heiratsschwindler auf das Pflichtteil gesetzt. Also 20 000 Mark statt 200 000, höchstens. Und die 20 000 können bedauerlicherweise nicht ausgezahlt werden, zumindest nicht gleich, auch nicht bald, wie ihnen das Geldinstitut ihres Vertrauens, die *Credito Ticinese,* mitteilt. Alexander von Rechenberg-Linten junior und seine Frau haben russische Eisenbahnaktien der Strecke Moskau – Kiew – Woronesch geerbt.

1914

Sie gehört zu der Generation, die noch nie einen Krieg erlebte. Als der letzte zu Ende ging, wurde sie geboren. Nein, sie glaubt nicht an einen Krieg, er liegt jenseits der Vorstellungskraft. Aber sie weiß, dass das Deutsche Reich bald seine eiserne Hand nach Rolf ausstrecken und ihn zum Militärdienst rufen wird – so wie es versucht hat, ihr Kind in seine Schulen, in seine Kirche zu schicken. Niemals! Ihr Junge wird keine deutsche Kaserne betreten. Im September ist Rolfs siebzehnter Geburtstag. Es gibt nur eine Möglichkeit: Sie muss ihn zum Schweizer machen. Auch wäre eine berufliche Laufbahn für einen Schweizer in der Schweiz viel einfacher, zumal Rolf nun doch nicht Großgrundbesitzer in Russland wird.

Der Soziologe und Sozialwissenschaftler Max Weber persönlich, Autor des schon bald legendären Werks *Die protestantische Ethik und Der Geist des Kapitalismus*, hat ihr alle nötigen Auskünfte besorgt. Vor Vollendung des siebzehnten Lebensjahrs mache das Deutsche Reich wenig Schwierigkeiten, ein Kind aus seiner Staatsbürgerschaft zu entlassen. Außerdem ist seine Mutter Russin. Vormund Klages bekommt Arbeit: Er muss das Gesuch einreichen, Rolf aus der deutschen Staatsbürgerschaft zu befreien. Natürlich kann er als Begründung nicht Vermeidung des Wehrdienstes angeben, auch wird die Schweiz kaum die Absicht haben, den Sohn einer Russin zum Schweizer zu machen, doch egal wie: Klages soll sich beeilen. Wäre Staatenlosigkeit zuletzt nicht eine Auszeichnung?

Manchmal dachte sie daran, nach München zurückzugehen, traf sogar schon ein paar halbherzige Vorbereitungen, aber dann hätte der Zivilist Rolf keine Chance. Und sie kann hier ohnehin nicht weg, sie muss die Ankunft des Erlöses der Aktienanteile der Streck Moskau–Kiew–Woronesch abwarten. Fast ein Jahr ist schon vergangen nach dem Tod des alten Barons.

Es kann doch nicht so schwer sein, Aktienanteile zu verkaufen, und selbst wenn es solche der Eisenbahn Moskau–Kiew–Woronesch sind? Immerhin hatte die Bank ihres Vertrauens, die *Credito Ticinese*, ihnen im letzten Jahr einen Kreditbrief in Höhe von 10 000 Franken überreicht, gewissermaßen als Vorschuss. Sie hat ihre Schulden bezahlt und ist nach Monte Carlo ins Casino gefahren, um einen alten Traum zu verwirklichen. Wahrscheinlich wies ihr Sohn sie darauf hin, dass sie immer das Geld fremder reicher Männer verspielen wollte statt ihr eigenes. Das sah sie ein. Sie setzte 50 Franc, verlor und verließ das Casino. Vorläufig. Sie wird wiederkommen. Vielleicht steigt der Wert ihrer Eisenbahnaktien sogar, die Strecke Moskau – Kiew – Woronesch ist schließlich nicht irgendeine. Sie wird nach Monte Carlo zurückkehren, und wenn es noch ein Jahr dauern sollte, bis die *Credito Ticinese* endlich ihren Pflichten nachkommt.

Frühjahr 1914. Rolfs Lieblingscafé in Ascona ist das *Café Sport*. Er liest dort Zeitung wie an anderen Tagen auch, als er unter den Kaffeetrinkern eine ungewöhnliche Erregung wahrnimmt. Stimmen überschlagen sich und erreichen allerhöchste Register. Die machen morgen nicht mehr auf!, sagt jemand. Niemand widerspricht. Wer macht morgen nicht mehr auf?

Es ist der Tag, der als Großer Tessiner Bankenkrach in die Geschichte Asconas und Locarnos eingehen wird. Drei Kreditinstitute sind bankrott. Die *Credito Ticinese* gehört zu ihnen.

Rolf läuft hinüber ins *Albergo Quattrini*, in dem sie ihre ersten Nächte in Ascona verbrachten. Dort sitzt seine Mutter mit Frieda Gross und Ernst Frick am Kamin. Hier hatte sie ihr erstes Gespräch mit ihrem künftigen Mann, oder sollte man von stiller Post nebst Verbrüderungsrufen sprechen? Die Baronin von Rechenberg-Linten hört Rolfs Bericht, wendet sich dann mit überlegener Fassung Frieda Gross sowie dem Verursacher einer Straßenbahnentgleisung zu und spricht, den Erinnerungen ihres Sohnes zufolge: »Es filmt mal wieder!« Ihr Leben neigt zu bedenklich kinematografischen Pointen.

Sie hat das Surreale längst für ihre Kurzprosa entdeckt, diese Geschichte jedoch könnte einen Roman tragen. Sie wird darüber nachdenken, später. Den Mann vorm Kamin trifft es viel härter als sie. Der frühere Metallgießer Ernst Frick muss nun doch ins Gefängnis wegen der Straßenbahn und des fast befreiten russischen Anarchisten, dabei schien seine Lage zwischenzeitlich so hoffnungsvoll: Zeugen widerriefen oder wurden für unzurechnungsfähig erklärt, und er ging von einer Berufung in die nächste.

Oder Frieda. Ihr früherer Mann, der Psychoanalytiker Otto Gross, sitzt inzwischen in der Landesirrenanstalt Troppau unter Kuratel seines Vaters, der ihr die Kinder wegnehmen will. Wahrscheinlich wird die Nachricht, dass seine einstige Geliebte Frieda von Richthofen jetzt einen seiner Schüler heiraten will, nämlich den Schriftsteller D. H. Lawrence, nicht zur Gesundung des Otto Gross beitragen. Lawrence wird Frieda von Richthofen bald zur Lady Chatterley machen. So viel Verwirrung ist in der Welt, da ist es vergleichsweise komfortabel, nur Geld zu verlieren statt seine Freiheit oder seine Kinder, mag sich die Gläubigerin der *Credito Ticinese* sagen.

Sein Kind verlieren? Sie kann sich ihren Sohn nicht in einer Kaserne des Reichs vorstellen, militärischem Drill preisgegeben. Aber Klages antwortet nicht. Überhaupt hätte er ihr längst etwas über *Herrn Dame* sagen müssen, schließlich ist er nicht nur der Vormund ihres Sohnes, sondern auch der Ahnherr der Schriftstellerin Franziska zu Reventlow. Sein Schweigen wird allmählich ungezogen.

Ludwig Klages aber kann seine Post nicht beantworten, denn er weilt in Locarno Monti, um dort atmen zu lernen. Kaum einer atmet schon richtig. Zur Linderung der Beschwerden seines Lungenemphysems aber sei diese Kunst unabdingbar.

Kurz nach dem Tessiner Bankenkrach, im Frühsommer 1914, nimmt die Gläubigerin der fehlbaren *Credito Ticinese* bedenkliche, obgleich wohlbekannte Zeichen an sich wahr. Was soll das? Weiß ihr Körper denn nicht, wie alt sie ist? Sie ist in einem Alter, wo der Mensch beginnen sollte, von seinem Erbe zu leben oder von dem eines anderen, sie hat wahrlich ihr Bestes getan, um vorzusorgen; sie ist eine Veteranin ihres Geschlechts, andere sind da längst in den sexuellen Ruhestand eingetreten. Es ist ein schwerer Irrtum der Natur, sie nochmals zur Mutter machen zu wollen. Sie ist entschlossen, diesen Fehler zu korrigieren.

Und dann bekommt Rolf ein Telegramm aus Mailand. Er kennt niemanden in Mailand. Im Telegramm steht, dass er unverzüglich kommen müsse, wenn er seine Mutter noch unter den

Lebenden antreffen möchte. Das Telegramm ist von ihr. Er findet sie in hohem Fieber.

Sie kannte das Risiko, sich in die Hände einer Kurpfuscherin zu begeben, aber andere Hände sind für Fälle wie den ihren nicht vorgesehen. Und Geld kosten sie auch, sie hätte den finanziellen Beistand der *Credito Ticinese* jetzt dringend gebraucht. Aber sie überlebt.

Ende Juni schickt die Geschwächte einen Mahnruf an Klages: ... *möchte ich Sie ... DRINGEND bitten, das Gesuch zu beschleunigen ...*[37]

In dem Maße, wie ihr Befinden sich vorsichtig bessert, gerät die Weltlage außer Kontrolle. Die Staaten Europas, die sich für die Erfinder der Zivilisation halten, erklären sich gegenseitig den Krieg. Die einstigen Bürger des Weltvororts Schwabing sind erschüttert.

Für sie liegt die Erklärung auf der Hand: Das *molochitische System*, dessen feindliche Beobachter sie waren, ist vollends außer Kontrolle geraten. Für Ludwig Klages sind die Nationalismen dessen ebenso folgerichtige wie groteske Äußerungen.

Menschen, auch geistig zurechnungsfähige, denen am 4. August 1914 nicht eine Sekunde lang patriotisch, kriegsbegeistert zumute war, muss man lange suchen. Ludwig Klages gehört wohl zu diesen wenigsten. Wozu richtig atmen lernen, wenn die ganze Welt plötzlich keine Luft mehr bekommt?

Im letzten Herbst noch hatte er auf dem Hohen Meißner das erste ökologische Manifest in deutscher Sprache[38] verkündet, hatte eine große Todesliste dessen verlesen, was dem Fortschrittswahn der Menschheit bereits zum Opfer fiel, und gefolgert: »Zerrissen ist der Zusammenhang zwischen Menschenschöpfung und Erde, vernichtet für Jahrhunderte, wenn nicht für immer, das Urlied der Landschaft.«[39] Der Modus der zeitgenössischen menschlichen Existenz sei die Selbstzerstörung, sein Befund lautet: »Die meisten leben nicht, sondern existieren nur mehr, sei es als Sklaven des ›Berufs‹, die sich maschinenhaft im Dienste großer Betriebe verbrauchen, sei es als Sklaven des Geldes, besinnungslos anheimgegeben dem Zahlendelirium der

Aktien und Gründungen, sei es endlich als Sklaven großstädtischen Zerstörungstaumels.«[40] Ja, Ludwig Klages ist ein Apokalyptiker geblieben, ein sehr gefragter Apokalyptiker inzwischen. Er hat im letzten halben Jahr an über dreißig Orten mehr als fünfzig Vorträge gehalten. Apokalyptiker haben gewöhnlich kein Talent zur Dialektik, sie denken keine Gegenläufigkeiten. Und wenn er tausendmal gesagt hat, das Wesen der modernen Welt sei die Selbstzerstörung: Muss er darum auf so fatale Weise Recht bekommen?

Jetzt endlich begreift Rolfs Vormund, was er versäumt hat. Am 3. August 1914 erklärt das Deutsche Reich Frankreich den Krieg, am 4. August, als Großbritannien dem Deutschen Reich den Krieg erklärt, erscheint Ludwig Klages vor dem Vormundschaftsgericht in München.

Er versucht, was er kann, doch es ist zu spät. Der säumige Apokalyptiker erhält den Bescheid, »dass der Antrag auf Entlassung des Mündels aus dem deutschen Staatsverband vormundschaftsgerichtlich nicht genehmigt wird, weil dieser Antrag wegen des ausgebrochenen Krieges aussichtslos ist.«[41]

Im Oktober fahren Mutter und Sohn nach München. Sie ist auf dem Operationstisch des Josephinums schon fast zu Hause; sie spürt, dass auch jetzt kein Weg an ihm vorbeiführt. Rolf begleitet sie. An der Grenze will man sie zurückschicken. Feindliche Ausländer, insbesondere Russen, könne man im Augenblick nicht einreisen lassen. Wahrscheinlich muss sie viel erklären, bis die Wächter des Vaterlands begreifen, dass sie nur sehr bedingt eine Russin sei, und außerdem brauche sie Hilfe.

Sie erkennt ihre Stadt nicht wieder.

Wahnmoching – den Namen hatte Rolf für Schwabing gefunden – ist plötzlich überall. Nur dass ihr dieser Wahn vollkommen fremd und unbegreiflich ist. Rolf geht es anders.

Die Menschen sagen nicht mehr »Grüß Gott!« zueinander, sondern »Gott strafe England!«. Der Gegengruß lautet: »Er strafe es!« Das ist nicht bloßer Nationalismus, sondern vielmehr der Reflex auf den Umstand, dass Deutschland geglaubt hatte, sich auf die Neutralität Englands verlassen zu können, und nicht nur weil Kaiser Wilhelm der Lieblingsenkel von Königin Victoria ist.

Natürlich war es bedenklich, durch ein ausdrücklich neutrales Land zu marschieren, um schneller zu sein als der Feind, zumal in einem Zwei-Fronten-Krieg – das neutrale Land war Belgien. Aber dem Reich daraufhin binnen eines Tages den Krieg zu erklären, empfanden selbst die größten Freunde des Vereinigten Königreichs als Verrat, Ernst Haeckel etwa. Doch die Zurückgekehrte spürt nur die Hysterie in den Straßen, die sie zur Fremden macht in der eigenen Stadt. Sie sah sich außerstande, das Militär ernstzunehmen. Bei der Wachablösung vor der Münchner Residenz ging sie immer schnell weg vor Lachen. Uniformen verglich sie stets mit denen von Hotelportiers. Vielleicht hat Rolf zu Reventlow, siebzehn Jahre alt, zum ersten Mal das Gefühl, mehr zu verstehen als seine Mutter. Als sie vom Krankenbett aufsteht, hat sie einen Freiwilligen, einen Patrioten zum Sohn.

Was mag sich zwischen Mutter und Sohn zugetragen haben?

Klages! Sie muss ihn jetzt sprechen, er ist Rolfs Vormund, er muss ihr helfen. Klages ist wegen unpassender habitueller Schwarzseherei inmitten der allgemeinen Euphorie ungefähr so isoliert wie sie. Er gehörte dem Jahrgang nach zum ungedienten Landsturm, wurde jedoch ausgemustert, wahrscheinlich aufgrund seines Lungenemphysems. Er empfängt erst die Mutter, dann den Sohn. Es gibt kein direktes Zeugnis. Erklärt Klages seinem Mündel, gewissermaßen von Mann zu Mann, in was für einer Welt es lebt und dass es möglicherweise nur zwei Menschen weit und breit gibt, die noch bei klarem Verstand seien, er und seine Mutter?

Am 18. September hatte er an Rose Plehn in Lubochin geschrieben: »Was ich über diesen Krieg zu sagen hätte, eignet sich wenig für einen Brief. Ich bin leider wie in vielem Schwarzseher. Ich glaube, dass wir zwar alles verlieren, aber selbst bei siegreichem Ausgang nur wenig gewinnen können. Und ich werde den Alpdruck des Entsetzens nicht los bei dem Gedanken, dass die Blüte eines der größten Völker schonungslos hingeopfert wird.«[42]

Wie mag er es empfinden, diesem jungen Mann gegenüberzustehen, den er schon als kleines Kind kannte? Dass er diesen Krieg für den »Ausbruch eines Menschheitsirrsinns« halte, erklärt er wohl auch dem Patrioten Rolf. Dem Klages-Biografen Hans Eggert Schröder zufolge erspart Klages seinem Mündel nichts, aber am Ende ihrer Unterredung beharrt Rolf noch immer darauf, sich freiwillig zu melden. Da habe Klages sich ihm nicht mehr in den Weg gestellt.

In welcher inneren Verfassung mag Rolfs Mutter Ludwig Klages mitgeteilt haben, er möge sich umgehend beim Wehramt in der Winzerstraße, erster Stock, Zimmer Nr. 15 einfinden, denn im Falle eines minderjährigen Kriegsfreiwilligen müsse die Zustimmung des Vormunds persönlich und mündlich abgegeben werden. Sie setzt hinzu: *Falls noch etwas zu bereden wäre, rufen Sie mich bitte an bei Dr. Wahl, Praterstr. 2, Tel. 40405.*[43]

Es darf als sicher gelten, dass Klages die 40405 gewählt hat. Ist er jemals in der Winzerstraße, erster Stock, Zimmer Nr. 15 erschienen? Oder verschmäht das Vaterland den minderjährigen Freiwilligen Rolf zu Reventlow aus freien Stücken, noch?

Sie will nur noch zurück in die Schweiz, und wenn sie ihren widerstrebenden Sohn im Koffer mitführen müsste. An der Grenze erklärt ihr das allmächtige *Stellvertretende Generalkommando,* ausgestattet mit unmittelbarem Vortragsrecht beim Kaiser, militärisch knapp, ihre Ausreise in die Schweiz sei ausgeschlossen. Es sei ausgeschlossen, dass ihre Ausreise ausgeschlossen sei, erfuhr das *Stellvertretende Generalkommando.* Dass seine Mutter sich am Ende gegen das *Stellvertretende Generalkommando* durchsetzte, wird Rolf immer merkwürdig scheinen. Verlässt sie die Unterredung formell als Spionin des Deutschen Reichs? Denn wenn sie beweisen wolle, dass sie keine russische Spionin sei, wäre dies der einzige Weg. Ihr Sinn fürs Absurde, für das Abenteuer ist geweckt. Auch muss sie Rolf beschützen, wenn das »Vaterland« ihn ruft. Das *Stellvertretende Generalkommando* weiß nicht, mit wem es sich da einlässt: nicht nur mit einer Frau, die nichts und niemanden verraten würde, höchstens das Deutsche Reich. Es hat die anarchistische Internationale selbst engagiert.

Zurück in Ascona, zurück im Frieden, weiß sie, was sie als Nächstes schreibt: eine Erzählung über die Gäste eines Schweizer Kurortes, die der Kriegsausbruch überrascht. Es sind *drei Deutsche, zwei Wienerinnen, ein amerikanisches Ehepaar namens Strong und ein Italiener, welcher Ravelli hieß, ferner ein Pole*[44] und dazu ein Herr, der offenbar vom Balkan kommt, dessen genauen Namen und genaue Herkunft sich aber keiner merken kann, weshalb die Übrigen ihn, seine Abwesenheit vorausgesetzt, nur *Balkan* nennen.

Bis eben pflegten die Kurgäste einen vertrauten, beinahe freundschaftlichen Umgang, den nach dem Vorbild ihrer Vaterländer in plötzliche Feindschaft zu verwandeln ihnen wenig plausibel scheint. Also fassen sie einen Entschluss: *Es war gewissermaßen unser Ehrgeiz zu beweisen, dass man unter gebildeten Menschen sich selbst in solchen Zeiten auf eine internationale Basis stellen könne.*

Wider Erwarten ist das manchmal gar nicht einfach, *zum Beispiel fiel der Unterseebootkrieg Mr. Strong des öfteren auf die Nerven … Der Pole war Revolutionär und schwur bei jeder Gelegenheit, er würde noch auf einer Kanone in Warschau einreiten … Zwischen den Wienerinnen und Signor Ravelli spannen sich ebenfalls zarte Fäden; sie konnten stundenlang über der Karte von Südtirol sitzen und versuchten dann, sich freundschaftlich über die Berechtigung der Irredenta zu einigen.*

Diese Autorin besitzt etwas, was nicht nur den schwersten Skeptikern ihres Geschlechts als vollkommen unweiblich gilt: Grazie des Geistes. So führt sie ihre internationale, eigensinnige Kurgesellschaft durch immer neue Fährnisse: *Das Ehepaar Strong interessierte sich nach unserem Gefühl in übertriebener Weise für die Feldpostkarten, die wir von Bekannten oder Angehörigen erhielten,* was es nicht davon abhielt, auf Erkundigungen in umgekehrter Richtung, etwa nach angelsächsischem Brauchtum, *in geradezu verletzender Weise zu antworten:* »*Uarum uollen sie das uissen?*«

Auch der Ton, in dem die Wienerinnen und Signor Ravelli immer neue österreichisch-italienische Grenzverläufe diskutieren, changiert unmerklich, ja er bekommt einen Zug ins Bittere. Niemand der Beteiligten würde leugnen, dass trotz bester Vorsätze ein gewisser Argwohn gegeneinander erwachte, der jedoch nicht vergleichbar ist mit dem grenzenlosen Erstaunen, das die Vielvölker-Kurgesellschaft trifft, wenn sie gemeinsam hinunter in den Ort geht. Wissen die denn nicht, dass sie Feinde sind? Dieses Einverständnis ist sehr verdächtig. Und so ist es nur noch eine Frage der Zeit, bis die Polizei aufmerksam wird und die Internationalisten verhaftet: und zwar wegen Spionageverdachts.

Die Autorin selbst wird erst ab März 1917 zum Gegenstand einer regen Korrespondenz der Kantonspolizeibehörden. Sie suchen nach dunklen, das Wohl der Schweiz gefährdenden Seiten im Rätsel ihrer Existenz. Die bedenklichste schildert der Commissario di Governo nel Distretto di Locarno der Direzione di Polizia Bellinzona schließlich so: Die Gemeinde Muralto habe versucht, von ihr Gemeindesteuer auf ein Vermögen von 1000 Franken zu erheben, was sie zurückgewiesen habe mit der Begründung, ein solches nicht zu besitzen.[45]

Seit Kriegsbeginn müssen alle Ausländer in der Schweiz eine Sondersteuer zahlen, auch die Habenichtse, die Habenichtse erst recht.

»Meinen Gläubigern zugeeignet«

Es gibt Momente, wo Leute anfangen zu beten. Und es gab einen Moment, wo ich anfing zu rechnen. Ich rechnete beim Aufwachen und beim Einschlafen, rechnete, wo ich ging und stand, rechnete all die Summen, die ich brauchte, in meinem früheren Leben gebraucht hätte und später brauchen würde, zusammen und wieder auseinander ... Mein ganzes Leben zog ... an mir vorüber bis in die kleinste pekuniäre Einzelheit.[46]

In dieser irritierenden Verfassung findet sich urplötzlich die Ich-Erzählerin ihres neuen Buches vor, die zum Geld, solange sie denken kann, ein Verhältnis größtmöglicher Herablassung kultiviert hat, was auf Gegenseitigkeit beruhte. Franziska zu Reventlow schreibt den Roman ihrer lebenslangen strukturellen Insolvenz, Erbschaft und Bankenkrach inklusive. Sie wird nicht zuletzt von Rechenberg-Linten darin ein schönes Denkmal setzen und das Ganze ihren Gläubigern widmen.

Sie verachtete das Geld. Das Geld verachtete sie. Ja, es war eine lang erprobte Beziehung, und doch hatte sie irgendwann die Nerven verloren: *die Wohnung ist gekündigt, jedes menschenwürdige Einrichtungsstück gepfändet ... – es klingelt beständig, aber man macht nicht mehr auf – jedes Poststück, das ins Haus kommt, beginnt »Im Namen des Königs ...«* So kam der Tag, an dem ihr die gewohnte Weltwahrnehmung schwand und zahlenförmig wurde. Freunde zogen sich zurück, *denn war ich mit Menschen zusammen, so tat ich im Stillen nichts anderes, als sie taxieren und geeignete Momente abzuwarten, um sie zu einer Anleihe, einer Schiebung oder Unterschrift zu verlocken.*

In dieser Verfassung begegnet sie einem Bekannten, einem Nervenarzt und Schüler von *Professor Freud in Wien,* weshalb seine *Anhänger »Freudianer«* heißen. Sie glaubt das erklären zu müssen, man *möchte sonst glauben, es bedeutet irgend etwas besonders Lustiges oder gar Zweifelhaftes.*

Der Psychoanalytiker diagnostiziert, was Psychoanalytiker immer diagnostizieren: einen Komplex, in ihrem Falle einen Geldkomplex. Die klassische Diagnose träfe auf sie ohnehin nicht zu, denn: *Dass ich in der Verdrängung der »Erotik« Erhebliches geleistet habe, konnte ich nun beim besten Willen nicht behaupten.* Der Psychoanalytiker empfiehlt den Aufenthalt in einem Sanatorium, aber sie zögert. Eigentlich dürfte sie auf spontane Selbstheilung hoffen, denn ihr steht eine erhebliche Erbschaft in Aussicht. Und doch bewirkt diese Perspektive das genaue Gegenteil: *Als ich kurz darauf die Nachricht von der schweren Erkrankung des alten Erbherrn bekam, war mein Entschluss gefasst, denn nun auch noch mit positiven Kapitalsmöglichkeiten zu rechnen, das ging, weiß Gott, über meine Kraft.*

Das Genre Sanatoriumsroman wird ohne Zweifel der frühere Volontär des Langen-Verlags Thomas Mann zur Vollendung führen – man kennt das Ergebnis unter dem Titel *Der Zauberberg –,* doch besitzt er in Franziska zu Reventlow eine beachtliche Vorläuferin, um nicht von einer Inspiratorin zu sprechen. In der

Nervenheilanstalt, schonend Sanatorium genannt, begegnet die Erzählerin einem Privatdozenten der Nationalökonomie, der *extravaganten Ideen über die Erwerbsfähigkeit der Frau* anhängt, weiterhin einem atheistischen Pfarrerssohn, der Witwe eines Baulöwen am Rande des Nervenzusammenbruchs sowie einer Medizinstudentin in ähnlicher Verfassung.

Es besteht Anlass, die Unterhaltung mit der Medizinstudentin etwas ausführlicher wiederzugeben, da sie von erlesener antifeministischer Bosheit ist: ... *ihr Steckenpferd ist das weibliche Gehirn, das trotz irgendwelcher Unterschiede ebenso brauchbar sein soll wie das männliche. Über dieses Gehirn wären wir neulich beinahe hart aneinandergekommen. Das verblendete Mädchen trat aufs lebhafteste dafür ein, dass möglichst viele Frauen sich den wissenschaftlichen Berufen zuwenden sollten und dabei bessere Chancen hätten als in anderen. Dr. Lukas – der Privatdozent – hielt das Erwerbsleben für noch geeigneter, und ich meinte aus tiefster Überzeugung, dass wir überhaupt zu keiner ernstlichen Tätigkeit taugten, nicht einmal zum Schneidern oder Kochen, denn jeder Schneider oder Koch macht es immer noch besser. Und die sogenannte geistige Arbeit ist vollends ruinös und schrecklich. ... Die Medizinerin setzte ihren Zwicker auf und sah mich fast erschrocken an:* »Aber Sie sind doch selbst Schriftstellerin ...« Die derart Identifizierte gibt zu, gegen dieses Wort eine *förmliche Idiosynkrasie* zu besitzen, weshalb sie der Studentin mitteilt: *Nein, ich sei gar nichts. Aber ich müsse hier und da Geld verdienen, und dann schriebe ich eben, weil ich nichts anderes gelernt hätte. Gerade wie die Arbeitslosen im Winter Schnee schaufeln. Und zu denen sage man doch auch nicht:* »Ah, Sie sind Schneeschaufler!«

Das verstand sie nicht und sagte etwas von der Befriedigung, die alles geistige Schaffen gewähre. »Nein, die kenne ich nicht, aber ich habe manchmal davon gehört«, *wagte ich hier zu bemerken,* »was mich selbst in solchen Fällen aufrechterhält, ist ausschließlich der Gedanke an das Honorar.« *Daraufhin ließ sie mich, nicht aber das weibliche Gehirn fallen und behauptete, immerhin müsse doch auch meines so organisiert sein, dass ich etwas damit leisten könne.*

Nur ungern unterbrechen wir das Zwiegespräch an dieser Stelle, um es an seinem Höhe- und Endpunkt wieder aufzunehmen. »... *Nein – ich glaube unbedingt an den Schwachsinn des Weibes, und zwar aus eigener schmerzlicher Erfahrung. Seien wir nur ehrlich, liebes Fräulein Doktor«, fügte ich versöhnlich hinzu, »wenn unsere Gehirne wirklich so viel taugten, wären wir doch alle beide nicht hier.«*

Das ist schon ein starkes Stück im Fall einer Autorin, die mit der ersten promovierten Frau Deutschlands befreundet war. Immer wieder, den ganzen Sommer 1901 über, badete Franziska mit Anita Augspurg in der Isar, nackt, wie wir voraussetzen dürfen. Die praktische Weltsicht der Leute vom Monte Verità war ihr einmal sehr vertraut: Je mehr Kleider er ablegt, desto mehr kommt der Mensch zu sich. Mit seiner Garderobe wirft er die Hüllen der Zivilisation ab. Sie badete auch mit Klages und anderen Schwabingern, alle gekleidet in nichts als ihre kosmische Einfachheit, aber mit Anita Augspurg badete sie besonders oft und gern.

Die Autorin von *Über die Entstehung und Praxis der Volksvertretung in England* ist eine radikale Frauenrechtlerin, Vorkämpferin für das Stimmrecht der zweiten Hälfte der Menschheit. Aber worüber sie beim Baden sprachen, vermerkte das Tagebuch nirgends. Nur einmal, am 6. September 1901, versprach das anders zu werden, diesmal badeten sie auch nicht: *Abends bei der Augspurg. Nachts langes Zwiegespräch.* Na endlich, denkt man, und dann folgt die Wortgruppe: *mit der Maus.* Was die erste promovierte Frau des Reichs denkt, ist ihr keine Erwähnung wert, was Rolf fragt und sagt, wird immer wieder notiert. Auch das ist Souveränität.

Doch lassen wir uns nicht täuschen: Es ist nicht Gegnerschaft. Es ist nur der abstrakte Geist, gegen den sich diese Autorin wehrt, wo immer er ihr begegnet, ob auf dem Monte Verità oder unter den Frauenrechtlerinnen. Selbst Reventlow-Kenner glauben bis heute beharrlich, sie hätte sich den Männern gegenüber vorsätzlich geistig gedemütigt, etwa als sie Klages fragte, ob sie denn verstehen könne, was er schreibe. Sie spüren nicht die Ironie in dieser Erkundigung. Der Hang zur Abstraktion ist für sie männlich; und seltsam genug macht Gelehrsamkeit die kleineren

Talente geistig unbeweglich. Diese Autorin, deren Leben keine Niederungen scheute, ist doch in wesentlichen Bereichen des Lebens immer Aristokratin geblieben, das Terrain des geistigen Geschmacks zählt dazu.

Die Ich-Erzählerin begegnet im Ort unterhalb des Sanatoriums einem alten Bekannten wieder, Henry genannt. Es ist kein anderer als Adam, der ewige Gründer und Spekulant: »*Woran denkst du denn, Henry?*« – »*Ich rechne.*« – »*Immer?*« – »*Immer.*«

Also folgt Henry ihr zur Erholung ins Sanatorium, und spätestens jetzt verlieren die Therapeuten jede Kontrolle. Sind Menschen, die von ihren Zinsen leben, unnatürlicher als solche, die ihr Geld verspekulieren? Klingt das Wort »Leibrente« wirklich *nach Leibweh, Leibbinde und Kamillentee*? Und wonach klingt »Pflichtteil«? Über Erörterungen wie diesen vergisst sogar die Anwältin des weiblichen Gehirns den wahren Grund ihrer Anwesenheit hier oben. Und als der »Erbfall« schließlich eintritt und ihr russischer Miterbe Balailoff, der *rauhe Gatte*, im besten Hotel am Platz eintrifft, damit sie gemeinsam des finanziellen Wunders harren, das da kommen möge, erinnert sich keiner mehr an sein Ursprungsleiden.

Und Balailoffs reales Vorbild? Das Letzte, was sie von Rechenberg-Linten hörte, war, dass er auf dem Wochenmarkt von Bellinzona sein letztes Geld in Fünf-Franken-Stücken unter die Leute warf.

Sie schreibt ihr Buch, während die großen Materialschlachten des Ersten Weltkriegs längst begonnen haben. Franziska zu Reventlow, das Friedenskind, ist jetzt 43 Jahre alt, so alt wie das Deutsche Reich, und kannte wie dieses bis eben nichts als den Frieden.

Rolf ist der Auffassung, dass Ascona zu klein ist für einen jungen Mann wie ihn, er geht jetzt doch nach München, und zwar als Filmvorführer, dagegen kann sie nichts sagen. Frau Güttner nimmt ihn auf.

1916 erscheint der *Geldkomplex*. Das Kriegsjahr 1916 hält wohl kaum das richtige Publikum für diesen so übermütigen Roman bereit. Aber manche bemerken sehr wohl, was sie da in den Händen halten: »Eine entzückende Laune beherrscht dieses Buch, dessen Unbefangenheit selbst einen Philister gewinnen müsste, so unphiliströs es auch ist; stilistisch durchsichtig und bewegt, in der Haltung geistreich und ungemein unterhaltend.«[47] Der Name des Kritikers ist Theodor Heuss, maßgeblicher Vater des *Grundgesetzes* und späterer Bundespräsident.

Rolf zieht in den Krieg

Im April 1916 wird ihr Kind einberufen. Rolf kennt keine Schule, keinen Zwang, keine Hierarchie. Und nun gleich das Militär. Es ist hart. Die Uniform, Kameraden und Vorgesetzte bedrängen ihn in der Kaserne von Donauwörth. Und doch dürfte Franziska stolz sein auf ihren Jungen. Er sieht sich außerstande, den Fahneneid zu leisten:

»Infanterist Reventlow, vortreten … Sie wollen nicht schwören?‹ – ›Ich bin konfessionslos, Herr Oberst.‹ – ›Hm, was moachen wir denn da?‹ – ›Weiß nicht, Herr Oberst.‹ – ›Zurücktreten!‹«[48] Kurz darauf kommt der Gerichtsoffizier auf ihn zu: »›Hebst Hand hoch und hoilt's s' Mai. Eingesperrt wirst doch, baid davonlaafst – – –‹«.

Mit wem soll sie reden über ihre Angst um Rolf, mit wem, wenn nicht mit seinem Vormund? Nur ein Mensch, der fliegen kann, kann ihr jetzt noch helfen. War es je anders?

Sie sind zwei Wahlschweizer, verschont vom großen Krieg, und sie sollten einander nicht sehen? Klages hatte München im vergangenen Herbst verlassen, er bekam keine Luft mehr unter den Patrioten. Er musste sich täglich wehren, auch gegen Gedichte. Poeten widmen sich neuerdings Anrufungen der Götter des Krieges. Klages' Reaktion: »Keine ›Götter‹ sind in DIESEM Kriege dabei und niemals noch haben auf SOLCHE Weise ›Götter‹ Blut getrunken. … Es ist kein gutes Zeichen, die treibende Kraft des Kapitalismus mit den längst verschollenen GÖTTERN zu verwechseln.«[49] Sie muss mit ihm reden.

Rolf bekommt zu Pfingsten Urlaub, sie darf ihn besuchen. Er

wird das nie begreifen. Den Rückweg möchte sie über Rüschlikon am Zürichsee machen. Hier haben die vermögensten Schweizer ihre Villen, hier hat Klages das Rothaus samt Park vorübergehend für sich allein. Die Mäzene mögen den Mann. *Wird das nicht sehr merkwürdig sein, nach so vielen Jahren sich einmal wieder auf dem Lande zu treffen*, hatte sie ihn gefragt und vermutet: *Augenscheinlich musste der liebe Gott dazu erst einen Weltkrieg inszenieren.*[50] Wahrscheinlich ist es ihm unangenehm. Aber er kann ihre Bitte um ein Wiedersehen nicht abschlagen.

Sie kommt zum Tee. Nach mehr als einem Jahrzehnt, nach der großen Leidenschaft zwischen ihnen, wie schockierend alltäglich. »Dass wir uns trafen, dass wir Großes miteinander erlebten, dass wir uns trennen mussten, war SCHICKSAL.« So ungefähr hatte er es ihr wohl schon in München erklärt: »Sie, Gräfin, als wir uns begegneten, hatten ein reiches Liebesleben hinter sich und brauchten den reifen, den in der Liebe mindestens gleicherfahrenen Mann. ... Sie wurden für mich zur Leidenschaft auf Tod und Leben, ich für Sie ein sympathischer Freund. Es war durchaus der Natur gemäß, dass Sie meine Liebesleidenschaft nicht erwidern konnten; und es war wiederum der Natur gemäß, dass ich mich losreißen musste, um nicht zugrunde zu gehen. Wenn man will, kann man das tragisch nennen für den Liebhaber und mindestens bedauerlich für die Freundin. Aber keines von beiden hat dem andern etwas vorzuwerfen; und was mich betrifft, so wird das leuchtende Bild unsrer schönsten Tage bis zum Ende ungetrübt in mir fortleben.«[51] Aber: Es ist Vergangenheit.

Er hat *Herrn Dames Aufzeichnungen* noch immer nicht gelesen. Er weiß, dass sie seine höchsten Absichten verspottet. Dieses abstrakte Wissen ändert nicht viel, das Abstrakte hat keinen seelischen Zugang. Doch wenn er läse, würde er sie hassen müssen, weiß der Seelenkundler. Also las er nicht.

Es ist schwer, nach Hause zu kommen und ihr Kind nicht mehr zu finden. Genauso schwer, wie sie befürchtet hatte, eher noch schwerer. *Ich denke oft an Ihren Park mit heimlicher Abendstimmung*,[52] schreibt sie Klages. Sie schickt dem Schutzpatron ihrer Autorschaft ihren neuen Roman, er bedankt sich für den *Geld-*

komplex. Und diesmal liest er. »Die Sache hat sozusagen Kino-charakter und den dazu passenden Konversationsstil von ganz eigener Leichtigkeit. Es könnte nun doch fast locken, nachträglich auch noch Herrn Dames Aufzeichnungen zu lesen.«[53] Das ist Anerkennung und Vernichtung zugleich.

Der Roman, an dem sie jetzt arbeitet, ist anders. Sie will ihn *Der Selbstmordverein* nennen. Da ist nichts Launiges mehr.

Und dann kommen alle ihre Briefe zurück, die sie an Rolf schickt. *Nachts träumt man wenigstens noch, dass es nicht wahr ist – aber man sollte weder darüber schreiben noch sprechen, denn wenn man den Mund auftut, fängt man eben an zu schreien.*[54]

Die Stellung, irgendwo in der Picardie, ist schon keine mehr. Statt Graben und Unterständen gibt es bloß noch Granatlöcher, »Tag und Nacht flossen ineinander, die Tage waren düster und dunkelgrau, die Nächte durch die wahnwitzige Artillerieschlacht erleuchtet«[55], berichtet der Soldat. Das ist die Front an der Somme. Eine heftige Mittelohrentzündung rettet ihn vorerst; ein Offizier engagiert ihn als »Burschen«, als stummes Werkzeug seines Komforts. Alles in ihm empört sich gegen den Kastengeist des Militärs. Schließlich wird Rolf einer Elite-Truppe zugeteilt, einer Maschinengewehr-Einheit: »Der Marsch in die Stellung war kein Marsch, sondern ein Wettlauf mit dem Tod …« Er ist in *Chemin des Dames*, wo die französische Armee einen Durchbruch versuchte. Was soll er seiner Mutter schreiben? Soll er ihr vom Geruch der Leichen und Pferdekadaver erzählen? Oder wie er fast jede Nacht Verpflegungstrupps durch den Sumpf und die Sperrfeuerzone führt?

Der Bubi, Stern, der Bubi! Jetzt ist er richtig draußen –»in Stellung«, muss man da nicht den Verstand verlieren? Ich weiß nicht, wie andere das aushalten …[56]

Sie hat absolut kein Talent zur Heldenmutter.

Die Roulette-Dame

Sommer 1917. Rolf bekommt Fronturlaub. Sie treffen sich an der Grenze, da seine Mutter als feindliche Ausländerin den Boden des Deutschen Reichs nicht betreten darf. Er steht auf der Konstanzer Seite, sie auf der Kreuzlinger/Kurzrickenbacher Seite.

Als sie Rolf unter ihrem Herzen trug, war sie hier gewesen, meinte, den richtigen Ort gefunden zu haben, sich vor der Welt zu verstecken und ihr möglicherweise abhandenzukommen. Manchmal war sie auf den See hinausgerudert und musste ihre ganze Geistesgegenwart aufbieten, um nicht hineinzufallen. Diesen Sog der Tiefe hat sie nie wieder gespürt.

Liest sie in Rolfs Augen das Grauen des Stellungskriegs? Mit Erleichterung erkennt sie, dass sie einem Pazifisten gegenübersteht. Sie muss also nicht viel erklären. Sie kann gar nicht viel erklären. Ob er bereit sei, zu desertieren? Ja, sagt Rolf. Kein Zögern.

Und dann ist sie plötzlich in Konstanz und bekommt umgehend Besuch von zwei diskreten Herren in Zivil. Im Nebenzimmer des Hotels lauschend, hört Rolf den Plan: Seine Mutter liefert dem Reich die kriegswichtige, äußerst knappe Ware Kautschuk. Ort des Transfers: der Bodensee. Dafür lässt das Reich ihren Sohn auf der Wassergrenze zur Schweiz unbehelligt von Bord des Schmugglerboots gehen.

Der Plan trifft auf Zustimmung, muss jedoch noch genehmigt werden. So lange währt Rolfs Urlaub nicht. Franziska zu Reventlow unterrichtet Rolf von ihrem Reserveplan. Der designierte Kautschuk-Schmuggler, ein Bekannter ihres Freundes Frick, würde auch anders helfen. Die anarchistische Internationale, natürliche Verbündete aller Deserteure, arbeitet wie eine Mutter: stumm und zuverlässig. Verbindungsleute des Schmugglers geben Rolf Zivilkleidung und Instruktionen.

Im Bericht des Deserteurs: »Bei Nacht und Nebel zog ich mich in einem Gebüsch um und versuchte, entsprechend dem Hinweis, hinter einigen Schuppen am Kai, nahe der Grenze, ins Wasser zu gleiten um dann entlang der Kaimauer hinüber zu schlei-

chen oder zu schwimmen. Doch es gab Wachtposten.«[57] Der
Mann, auf den er stößt, hält ihn für einen Romantiker. Sie sprechen über den Vollmond; der Deserteur glaubt, der Wachtposten
müsse seinen Herzschlag hören können. Rolf: »Was sollte ich
tun? Aufgeben und zur Front zurück, Mutter vielleicht den
Schmerz ihres Lebens bereiten? Nein, dazu war ich nicht mehr
bereit.« Er zieht seine Uniform wieder an. Vierundzwanzig Stunden bleiben ihm noch.

Am nächsten Morgen gelingt es ihm zu seiner Überraschung,
ein Boot zu leihen. Man glaubt ihm den Verwundeten auf Hei-
maturlaub, der Erholung auf dem Wasser sucht. Er rudert weit
hinaus, sieht das Schiff des Grenzschutzes noch weiter draußen.
»Zurück also in Ufernähe, eine schnelle Wende, und dann legte
ich mich in die Riemen, direkt auf die Kreuzlinger Badeanstalt
zu. Ich hörte einen Mann in einem Boot laut schreien, den ich
für einen Angler gehalten hatte, der aber ein Wachtposten war.
Als ich nicht reagierte, holte er ein Gewehr hervor und begann,
um mich herum Löcher in die Luft zu schießen. Er war viel zu
aufgeregt, um zu zielen.« Anders die Wachtposten am Konstanzer Kai. Rolf weiß, dass ihre Gewehre gesichert sind. Das zu
ändern, kostet sie Zeit. Doch dann klaffen, dicht neben ihm,
zwei Löcher im Boot. Er rudert um sein Leben. Der spätere Spa-
nienkämpfer Rolf Reventlow erreicht die Kreuzlinger Badeanstalt.

»Das ischt ja Nütralitätsverletzig!«, brüllen hochachtungsvoll
zwei Schweizer Grenzpolizisten. Die Badegäste gratulieren mit
lauten Zurufen.

Die Westschweizer Presse meldet: »Der Neffe des bekannten
alldeutschen Kriegshetzers Graf Ernst Reventlow desertierte in
abenteuerlicher Weise aus der Armee.«[58]

Für Franziska ist ihr Sohn ein Held.

Fast mehr noch als der Sohn ist seine Mutter gerettet. Sie hält es
nicht mehr für eine äußerste Geschmacklosigkeit, wenn morgens die Sonne aufgeht.

Rolf findet Arbeit in einem kleinen Metallbetrieb, kündigt

aber mit Empörung, als er begreift, dass er für einen Rüstungsbetrieb arbeitet, und sei er noch so klein. Niemals werde mit seiner Hilfe auch nur eine einzige Waffe hergestellt. Nieder mit den Kriegsgewinnlern!

Es ist schwer zu sagen, ob die Kantonspolizei schon früher auf den jungen fahnenflüchtigen Pazifisten aufmerksam wurde oder erst jetzt. Ein Deserteur! Deserteure aber könne das Tessin nicht dulden, schon gar nicht im Grenzgebiet. Rolf wird nach Zürich ausgewiesen. Dabei findet Mario Respini-Orelli – der Anwalt, der die Frauen liebt, aber Franziska am meisten – eine neue Arbeit für Rolf. Wieder ist es ein Metallbetrieb, aber einer, der garantiert nur Uhren herstellt. Seine Mutter schreibt Einspruch um Einspruch, vergebens. Rolf wird von Polizisten nach Bellinzona begleitet und dort in den Zug nach Zürich gesetzt. Von dort aus ist es nicht weit nach Rüschlikon.

»Sie besuchte mich angesichts einer kurzen Reise nach Zürich in Rüschlikon. Abermals die übliche Bewirtung; sogar ein paar gemeinsame Gänge durch Zürich und ein Spaziergang unter Blütenbäumen; aber frei von Reminiszenzen«, vermerkt Klages. Und weiter: »Sie erzählte von der abenteuerlichen Errettung ihres Sohnes, der ab Konstanz desertierte … Kurz, diese Begegnung war ohne Farbe und Akzente, aber in einem wichtigen Punkte bedeutungsvoll. Zum ersten und einzigen Mal erkannte ich: Die Gräfin war GEALTERT: gealtert in einem nicht alltäglichen Sinn. Sie wirkte auf mich wie eine welke KNOSPE. Ich fühlte: Diese Frau, deren ›Ballade des äußeren Lebens‹ überreich war, ist im Tiefsten unerschlossen geblieben. Aus der herrlichen Knospe wurde keine Blüte, geschweige denn eine Frucht, und nun welkt die Knospe. Jetzt, dachte ich, müsste sie Abschied nehmen für immer; sonst würde ihr weiteres Leben zur Banalität. – Am 27. Juli des gleichen Jahres starb sie.«[59]

Muss sich die Autorin der soeben erschienenen Novellensammlung *Das Logierhaus zur schwankenden Weltkugel* das sagen lassen? »Im Tiefsten unerschlossen«? Man wird sie um dieser Erzählungen willen bald zu einer modernen Baronin von Münchhausen ernennen, wird ihre Beobachtungskunst mit der Edgar

Allan Poes vergleichen und ihr Gespür für den Einbruch des Surrealen ins Alltägliche mit dem E. T. A. Hoffmanns.

Im Mai bekommt sie Besuch von einer schreibenden Frau – es ist Annette Kolb. Ihr Erstlingsroman *Das Exemplar* ist wie ihr *Herr Dame* 1913 erschienen, doch sie erhielt gleich den Fontane-Preis dafür. Schreibende Frauen sind ihr noch immer unheimlich, und ausgezeichnete Frauen wohl erst recht. »Wir … gingen mit einer Art kalter Vertraulichkeit hinab zum See«, berichtet Kolb, die sich, obgleich ein Jahr jünger, doch zu einer gewissen Überlegenheit berechtigt fühlte: »Ich drängte zu größerem Fleiß.« Denn sie, Annette Kolb, kenne keine denen der Reventlow vergleichbaren Bücher, »so blass, so spöttisch, so geistreich«. Fleiß würde sich lohnen.

Aber die Besuchte ist durch nichts zu korrumpieren, schon gar nicht durch Lob: »Sie schüttelte den Kopf; es sei zu schwer.«[60] Ihr Ideal sei vielmehr die Leitung eines großen Hotels. So viele Menschen kämen einem täglich entgegen, interessante, uninteressante, jeden Tag ein neues Universum. Und wie viele Päule wären darunter. Aber das erklärt sie Annette Kolb wohl nicht. Höchstens, dass es etwas vollkommen anderes sei, als von morgens bis abends mit dem eigenen Text zu verkehren. Aber niemand würde dem Finanzgenie der Contessa wohl ein Hotel anvertrauen.

Doch ein anderer großer Lebenstraum ist in Erfüllung gegangen. Sie hat eine Festanstellung am Spieltisch! Das schafft nicht jeder. Für sie ist ein Casino der erholsamste Ort überhaupt: *Am Spieltisch gibt es keine Vergangenheit, keine Zukunft und keine Gegenwart mehr, keine Spannungen und keine Gedanken.*[61] In vornehmem Schwarz sitzt sie mit vollkommen aufrichtiger Faszination beim Roulette und setzt. Ihr Beispiel hat im Allgemeinen eine sehr belebende Wirkung im Casino von Locarno, die Einsätze steigen. Man sieht nicht jeden Tag eine schöne Frau ihr Geld verspielen. Aber das eben ist das Gute: Sie bekommt das, was sie verliert, jeden Abend vom Direttore zurück. Als Nachteil wäre anzuführen, dass sie auch ihren Gewinn nicht behalten darf. Dafür erhält sie ein festes Honorar von zehn Franken pro Tag.

Noch lieber aber wäre sie mit dem chinesischen Messerwerfer gegangen, den sie kurz vor Kriegsbeginn kennenlernte. Er bot ihr an, ihn auf seiner Welttournee zu begleiten: als Ziel. Jeden Tag würde er die Umrisse ihres Körpers mit fliegenden Klingen neu erkunden. Ein Leben auf Messers Schneide, nein, auf vieler Messer Schneiden! Mag sein, dass die Überlebenswahrscheinlichkeit in anderen Berufen höher liegt, doch sie konnte sich nicht erinnern, dass ihr jemals eine attraktivere Stelle angeboten wurde.

Am 25. Juli 1918 stürzt Franziska zu Reventlow vom Fahrrad. Sie schafft es noch, ihre Wohnung zu erreichen, wo die Haushaltshilfe Giuseppina Vicinelli sie findet, kaum mehr bei Bewusstsein, sich windend vor Schmerz. Sie wird in die *Clinica Balli* gebracht.

Während der Operation stellt der Arzt Darmverschlingungen fest, wahrscheinlich haben sie zu dem Unfall geführt. Franziska zu Reventlow stirbt noch während des Eingriffs am 26. Juli morgens um 4 Uhr an Herzversagen.

Die Versuchsfrau. Ein Nachwort

> Bubi hat doch viel Feminines, aber das liebe ich sehr an ihm
> und protegiere es, damit er später nicht einmal mannsimpelt.
> Denn ein wirklicher Mensch hat doch beides in sich – ich zum Beispiel.

> Franziska zu Reventlow, Herbst 1903

Die Geschichte der Affären einer Person ergibt niemals eine Biografie. Das war die Verlegenheit Casanovas, das war die Verlegenheit dieses Buches. Oder, um mit den zeitgenössischen Stimmen der Männer zu sprechen: Die Sphäre des Weibes ist die des Geschlechtlichen. Es hat vielleicht Verhältnisse, aber niemals eine Biografie. Ja, sie war eine Vielberührte, Vielberührende. Undenkbar, sie hätte jemals *me too* gesagt. Was ist der Adel? Kein *von* und *zu*. Zuerst und zuletzt ist er eine Geste der Distanz. Sie gehört auch zum Spiel der Geschlechter. Nie geschah etwas gegen ihren Willen. Das unanständigste Wort, das ein junges Mädchen um 1900 sagen konnte, hatte drei Buchstaben: Ich. Sie hat sie immer wiederholt.

Wenige Frauen dürfen wie sie die unumschränkten Autorenrechte am eigenen Dasein beanspruchen, und doch waren ihr die *Bewegungsweiber* ein Greuel. Über ihre Nachfahrinnen hätte sie wohl gelacht, nicht ohne Trauer.

Ein Widerspruch?

Das Leben dieser Frau ist bisher vor allem als Emanzipationsgeschichte erzählt worden, als lebenslanger Kampf gegen den Schatten ihrer Mutter mit Tendenz zur – erotischen – Überkompensation. Das ist gewiss nicht falsch. Doch verfehlt diese Optik den eigentlichen Gestus ihrer Art, in der Welt zu sein: frei, gleichsam von Anfang an frei. »Der Kampf um …« ist kein Reventlow-Modus.

Woran erkennt man einen freien Menschen inmitten der Unfreiheit seiner Verhältnisse? An seinem Witz, an seiner Fähigkeit zur Selbstironie. Humor ist eine Art Höflichkeit des Geistes angesichts der Unvollkommenheit der Welt. Franziska zu Reventlow besaß ihn in einem staunenswerten Maße, gepaart mit einer frappierenden Urteilskraft.

»Ich habe mein Genie in mein Leben investiert, in mein Werk nur mein Talent!« Dieser Satz könnte von ihr sein. Doch er ist von Oscar Wilde, also bleibt nur, ihn sich auszuborgen. Das Talent also. Muss man die Schriftstellerin Franziska zu Reventlow beweisen? Sie ist gleichsam von Anfang an da. Was für Adjektive! *Ein schäbiges Ehepaar,* heißt es in der frühen Skizze *Altenburg.* Welches junge Mädchen spräche so? Ihr gesamter Weltwiderstand, die Lust ihrer Weltinterpretation, auch die Lust, dieser Welt ins Gesicht zu schlagen, sammeln sich in solchen knappen Worten. Den Autor macht zum Autor, dass er sich getrennt von der Welt weiß. Im Humor, im Witz, liegt seine Art von Humanität, wieder auf sie zuzutreten. Im Vergleich zu ihr schreiben die meisten Männer der Zeit wie sentimental gewordene Gouvernanten.

Die deutsche Sprache ist voll von Metaphern des Biedersinns. Niemals wird sie in der Nähe einer solchen anzutreffen sein. Das gilt selbstredend auch für Adverbien: *angekaisert.* Man könnte meinen, das ist Heine, aber es ist Franziska zu Reventlow, keine zwanzig Jahre alt. Als Untertanin von Wilhelm II. ist sie schon mit diesem einen Wort verloren.

Kommen wir zum Genie. Auf nichts als sich selbst gestellt niemandem folgen als seinem eigenen Beispiel? Das ist beispiellos. In diesem Wort steckt neben dem mangelnden Vorbild – was das Genie seit je definiert – auch die Tendenz zum Unmaß. Kann man das: zu viel leben? Wer außer ihr hätte ihr Leben durchgehalten?

Doch es bleibt eine Verlegenheit: So viel Selbsterschaffung, so viel Kompromisslosigkeit der Freiheit, um sich letztlich den Voten des eigenen Unterleibs auszuliefern? Man hat in ihr die Urgroßmutter der sexuellen Revolution identifiziert, aber den Preis übersehen, den sie zahlte.

Menschliche Verhältnisse setzen wohl voraus, einem anderen treu zu bleiben, zumindest solange man ihn liebt. Das war nie ihr Ehrgeiz. »Sie haben wenig Liebe!«, sagte Ludwig Klages zu ihr. Nicht zuletzt gegen Franziska zu Reventlow hat er seinen *Kosmogonischen Eros* geschrieben.

Wie oft erscheinen im Lebensbericht von vielliebenden Männern die Frauen tendenziell gesichtslos, im Fall der Franziska zu Reventlow besteht die gegenteilige Gefahr. Dieses Buch hat versucht, das zu ändern. Insbesondere das Verhältnis zu Ludwig Klages war neu zu konturieren. Dieser Biografie widerstrebte es, körperliche Vereinigungen ernster zu nehmen als geistige. Sie wollte die geistigen Konturen dieses Lebens schärfen inklusive der Umrisse derer, die darin vorkommen.

Manchmal sind Bücher überlange Briefe an einen einzigen Menschen. *Herrn Dames Aufzeichnungen* war ein solcher Brief an Ludwig Klages. Er hat ihn zu ihren Lebzeiten nicht gelesen. Das Buch gilt gemeinhin als frühe Entlarvung der »präfaschistischen« Tendenzen des Kosmikerkreises von Schwabing um 1900, schon ein Wort wie »Blutleuchte« spricht manchem Bände. Aber jeder gelungene Beischlaf ist eine Blutleuchte. Gibt es einen präfaschistischen Beischlaf? Fragen wie diese waren zu berücksichtigen.

Unzweifelhaft war sie wie wenige damals gewappnet gegen die »Metapfisik auf Rädern«. Das wunderbare Wort zur Bezeichnung lebensfeindlicher Abstrakta aller Art mit Tendenz zur Schaffung einer Parallelwirklichkeit hat ihr Lebensgefährte, der Pole und Klages-Feind Bohdan von Suchocki gefunden.

»Es gibt keine Frauen, die in ihrem persönlichen Leid das Wesen des Leids entdecken, denn gegenüber dem Universalen sind sie vollkommen stumpf.« Das hat leider E. M. Cioran gesagt, der Experte des Schmerzes sowie der Schlaflosigkeit, der als junger Mann Vorlesungen bei Ludwig Klages in Berlin hörte. Aber das ist ein anderes Thema. Dass Franziska zu Reventlow metaphysisch außerordentlich begabt war, dürfte an dieser Stelle nicht mehr begründungspflichtig sein.

Die um 1875 Geborenen waren die 68er des 19. Jahrhunderts, Kinder eines neuen Wohlstands, aufgrund dieser existenziellen Entlastung zur Elternkritik aufgelegt. Es war eine bemerkenswert schöpferische Generation, wie jeder sofort wahrnimmt, der sich nur einige Namen ins Gedächtnis ruft, die ihren Klang bis heute nicht verloren haben: Thomas Mann, Rainer Maria Rilke, Hermann Hesse, Paula Modersohn-Becker … Sie teilen die gleichen Prägungen, Nietzsche und Ibsen, und empfinden, dass ihre Zeit des ungestümen wirtschaftlichen Aufstiegs doch eine des kulturellen Niedergangs ist. Ganze Horizonte werden ausgelöscht, unbemerkt von den Betriebsamen des Tages. Sie öffnen sie wieder. Franziska zu Reventlows Name gehört in diese Reihe.

Sie teilt, wie längst bemerkt wurde, ihre Lebensdaten mit denen des Deutschen Reichs. Geboren 1871, gestorben 1918. Niemand, der über Franziska zu Reventlow schreibt, versäumt es, ihren Widerstand gegen Wilhelm II. lobend hervorzuheben. Allein, da war keiner. Sie ging ihrer Zeit so gut es ging aus dem Wege, sie hätte in keine gepasst. Wer schon als junges Mädchen Worte wie *angekaisert* erfindet, der ist als Parteigänger für immer verloren. Und das gilt auch für solche Parteien, die sich als die wahren Vollstrecker der Emanzipation des Menschengeschlechts begreifen. Man mag sich nicht recht vorstellen, was Franziska zu Reventlow zu den Gender-Debatten unserer Tage gesagt hätte. »Metapfisik auf Rädern« hätte die Skeptikerin der Frauenbewegung sie wohl genannt.

Der Welt das Aroma des Eros, der Uranziehung der Geschlechter zu nehmen, seine Zeugnisse bis in die Museen hinein zu zensieren, hieße, ihr alles zu nehmen. Wird die Freiheit so zu ihrer eigenen Karikatur?

Für sie stellte sich die Emanzipationsfrage anders: Müssen wir uns nicht alle erst emanzipieren? Noch ist keiner schon richtig zur Welt gekommen.

Die Auszeichnung des Mütterlichen, vielleicht vor allen anderen menschlichen Verhältnissen, schien ihr fraglos. Und in der

Tat gibt es kaum etwas Berührenderes, Wunderbareres als die Geschichte Franziska zu Reventlows und ihres Kindes. Vor dem Zugriff der wilhelminischen Schule, seiner Kirche hat sie Rolf bewahrt: Nichts von den Irrtümern ihrer Erziehung sollte an ihm wiederholt werden. Und das alles nur, um ihn, wie so viele seiner Generation, an den *Großen Krieg* zu verlieren? Zur Spionin zu werden, um noch jetzt seine Wege lenken zu können, war wohl nur dieser Anarchistin gegeben, die nichts und niemanden verraten hätte, höchstens das Deutsche Reich.

Der Rechtsanwalt Mario Respini-Orelli, von der Verstorbenen als »seriöse Dauersache mit einem Stich ins Ewige« inventarisiert, hatte Rolf von ihrem Tod benachrichtigt. Der Deserteur mit Aufenthaltspflicht in Zürich bekam Urlaub für acht Tage zum Begräbnis seiner Mutter. Nach dem Krieg würde er, Journalist, Kosmopolit, das »zu« in seinem Namen ablegen und später für die Republik in den Spanischen Bürgerkrieg ziehen.

Emil Ludwig hielt ihre Trauerrede. »Furchtbar nette Leute, die Ludwigs, nur zu bengalisch«[62], pflegte sie über die Familie zu sagen. Literaturkritik in einem hingeworfenen Satz. Egal was er macht, er macht immer zu viel. Emil Ludwigs Trauerrede war gewiss von ebendiesem Charakter. Mag sein, sie lächelte unter der leichten Julierde. Es ist nun einmal die Grundgeste der Freiheit und des Humanums, es ist ihre Grundgeste.

Lassen wir das letzte Wort einem, der ihr nah war, Erich Mühsam: »Im Sommer 1918 erreichte mich in Traunstein, wo ich interniert war, die Nachricht, dass Franziska zu Reventlow gestorben sei. Es war schwer, daran zu glauben. Ich grüße diese Tote mit inniger Verehrung. Sie trug, außer ihrem Namen, nichts an sich, was vom Moder der Vergangenheit benagt war. In die Zukunft gerichtet war ihr Leben, ihr Blick, ihr Denken; sie war ein Mensch, der wusste, was Freiheit bedeutet. ... Wenn sie lachte, dann lachte der Mund und das ganze Gesicht, dass es eine Freude war hineinzusehen. Aber die Augen, die großen, tiefblauen Augen, standen ernst und unbewegt zwischen den lachenden Zügen.«[63]

Anmerkungen

Alle Zitate aus Franziska zu Reventlows Werken, Tagebüchern und Briefen sind kursiv gesetzt. Die Schreibung von »ss« und »ß« folgt durchgängig der neuen Rechtschreibung.

Erster Teil

1   Franziska zu Reventlow hat ihre Zeit als Zögling des Freiadligen Magdalenenstifts zu Altenburg zweimal beschrieben, zum einen in ihrem stark autobiografischen Roman *Ellen Olestjerne* sowie in einer unmittelbar autobiografischen Erinnerungsskizze an diese Zeit. Das nächtliche Heulen im Schlafsaal und was noch folgt, schildert *Ellen Olestjerne*; die Skizze bleibt hier allgemeiner, lässt jedoch keinen Zweifel an der Dynamik des Geschehens: *Ich fühlte mich ... entsetzlich allein und von allen guten Geistern verlassen ... Ich wurde jeden Tag mehrmals angezeigt, hatte die schlechtesten Zeugnisse und trieb es auf die ärgste Weise.* Vgl. Altenburg, in: Franziska zu Reventlow, *Autobiographisches. Novellen, Schriften, Selbstzeugnisse*, hrsg. von Else Reventlow, Berlin 1986, S. 24.

2   Henriette Katharine Freifrau von Gersdorf regte die Gründung des Freiadligen Magdalenenstifts zu Altenburg an, das am 4. Dezember 1705 eröffnet wurde. Sie pflegte freundschaftlichen Umgang mit den »Urvätern« des Pietismus Philipp Jacob Spener sowie August Hermann Francke; Graf Nikolaus Ludwig von Zinzendorf, der spätere Gründer der Herrnhuter Brudergemeinde, war ihr Enkel.

3   So steht es in *Ellen Olestjerne*; wiederum bleibt eine letzte Unsicherheit, den Rang des Tatsächlichen betreffend. Doch selbst in dem Fall, dass die wirkliche Fanny ohne Stelzen war – ihrem Alter Ego gab sie welche, sie gehören zu ihr.

4   Franziska zu Reventlow an Emanuel Fehling, 16. April 1890; *Sämtliche Werke, Briefe und Tagebücher*, im Folgenden SW genannt, Bd. 4, S. 10. Diese Aussage kehrt häufig wieder: *Ich habe mir als Kind immer eingebildet, nicht das rechte Kind meiner Eltern zu sein –, weil ich nicht begreifen konnte, dass Mama mich so behandelte.* Franziska zu Reventlow an Emanuel Fehling, 26. April 1890; ebd., S. 21.

5   Friedrich Nietzsche, Also sprach Zarathustra, *Kritische Studienausgabe* 4, München 1988, S. 16f.

6   Altenburg, *Autobiographisches*, S. 14.

7   Ellen Olestjerne, SW 1, S. 45. Zur Analogie zwischen Romanhandlung und dem Leben der Autorin vgl. Anmerkung 1.

8   ebd., S. 38.
9   ebd., S. 47.
10 Altenburg, *Autobiographisches*, S. 9.
11 Ellen Olestjerne, *SW* I., S. 45.
12 vgl. Altenburg, *Autobiographisches*, S. 19.
13 Ellen Olestjerne, *SW* I, S. 21.
14 ebd., S. 22.
15 Altenburg, *Autobiographisches*, S. 19.
16 ebd., S. 46.
17 Oster-Zeugnis 1887, abgedruckt in: Brigitta Kubitschek, *Franziska Gräfin zu Reventlow 1871–1918. Ein Frauenleben im Umbruch – Studien zu einer Biographie*, Prien/Chiemsee 1994, im Folgenden Kubitschek I genannt, Anhang S. V.
18 Ludwig zu Reventlow an Fanny zu Reventlow, 15. Oktober 1886; zit. nach Brigitta Kubitschek, *Franziska zu Reventlow. Leben und Werk*, München/Wien 1998, im Folgenden Kubitschek II genannt, S. 142.
19 Ellen Olestjerne, *SW* I, S. 48.
20 ebd., S. 13.
21 Altenburg, *Autobiographisches*, S. 26.
22 vgl. Altenburg, *Autobiographisches*, S. 26.
23 ebd.
24 ebd., S. 12.
25 Ellen Olestjerne, *SW* I., S. 13.
26 ebd., S. 28.
27 Zit. nach Kubitschek I, S. 30.
28 Ellen Olestjerne, *SW* I, S. 50.
29 ebd., S. 51.
30 ebd., S. 53.
31 ebd.
32 ebd., S. 54.
33 ebd., S. 56.
34 ebd.
35 ebd., S. 57.
36 Franziska zu Reventlow an Emanuel Fehling, 4. Mai 1890; *SW* 4, S. 30.
37 Franziska zu Reventlow an Emanuel Fehling, März 1890; ebd., S. 7.
38 Franziska zu Reventlow an Emanuel Fehling, 26. April 1890; ebd., S. 21.
39 Franziska zu Reventlow an Emanuel Fehling, 22. August 1890; ebd., S. 97.
40 ebd.
41 Franziska zu Reventlow an Emanuel Fehling, 28. April 1890; ebd., S. 25.
42 Franziska zu Reventlow an Emanuel Fehling, 14. Mai 1890; ebd., S. 35.
43 Franziska zu Reventlow zitiert ihren Vater im Brief an Emanuel Fehling, 7. Juli 1890; ebd., S. 72 f.
44 Franziska zu Reventlow an Emanuel Fehling, 7. Oktober 1890; ebd., S. 118.
45 Franziska zu Reventlow an Emanuel Fehling, 28. Oktober 1890; ebd., S. 127.
46 Franziska zu Reventlow an Emanuel Fehling, 10. November 1890; ebd., S. 134.
47 Franziska zu Reventlow an Emanuel Fehling, 12. April 1891; ebd., S. 248.
48 Franziska zu Reventlow an Emanuel Fehling, 29. Dezember 1890; ebd., S. 173.

49 Franziska zu Reventlow an Emanuel Fehling, 30. April 1890; ebd., S. 29.
50 Ellen Olestjerne, *SW* 1, S. 34.
51 Franziska zu Reventlow an Emanuel Fehling, 30. Dezember 1890; *SW* 4, S. 176. Alle Zitate bis auf Weiteres ebd., S. 176 ff.
52 Franziska zu Reventlow an Emanuel Fehling, 1. Januar 1891; ebd., S. 179.
53 Franziska zu Reventlow an Emanuel Fehling, 5. April 1891; ebd., S. 244.
54 ebd., S. 245.
55 Franziska zu Reventlow an Emanuel Fehling, 11. April 1891; ebd., S. 247.
56 Ellen Olestjerne, *SW* 1, S. 72 f.
57 ebd.
58 Franziska zu Reventlow an Emanuel Fehling, 15. Februar 1891; ebd., S. 258.
59 Franziska zu Reventlow an Emanuel Fehling, 30. Oktober 1891; ebd., S. 268.
60 Klaus Harpprecht, *Thomas Mann. Eine Biographie*, Reinbek bei Hamburg 1995, S. 53.
61 Nach Jahren, *SW* 5, S. 47; erstmals veröffentlicht in den *Husumer Nachrichten*, Jg. 21, 13. Mai 1893.
62 Agnes zu Reventlow an Franziska zu Reventlow, 2. Oktober 1889; zit. nach Kubitschek II, S. 113.
63 Nach Jahren, *SW* 5, S. 47.
64 Ellen Olestjerne, *SW* 1, S. 86.
65 ebd., S. 87 f.
66 Käthe Wohlert an Franziska zu Reventlow, 31. Juli 1892; Nachlass Franziska zu Reventlow, Münchner Stadtbibliothek/Monacensia.
67 Agnes zu Reventlow an Franziska zu Reventlow, 2. Oktober 1889; zit. nach Kubitschek II, S. 113.
68 Ellen Olestjerne, *SW* 1, S. 88.
69 Franziska zu Reventlow an den Vater, Januar/Februar 1893; *SW* 4, S. 269.
70 Ellen Olestjerne, *SW* 1, S. 79.
71 ebd.
72 ebd.
73 ebd., S. 91.
74 ebd.
75 ebd., S. 92.
76 Ludwig zu Reventlow an Fanny zu Reventlow, 24. April 1893; Münchner Stadtbibliothek/Monacensia, FR B 83.
77 Korfiz Holm, *ich – kleingeschrieben*, München 2008, S. 134.
78 Ellen Olestjerne, *SW* 1, S. 94. Diese Anmutung der Walter-Lübke-Figur aus *Ellen Olestjerne* so umstandslos auf den wirklichen Walter Lübke zu übertragen scheint insofern gerechtfertigt, als die fremden Namen im Buch ihres Lebens der Schutz sind, unter dem sie die Menschen, die ihr nahekamen, umso unverstellter so beschreiben kann, wie sie ihr begegneten.
79 Ludwig zu Reventlow an Franziska zu Reventlow, 26. Mai 1893; Münchner Stadtbibliothek/Monacensia, FR B 83.
80 ebd.
81 Fanny zu Reventlow an Emanuel Fehling, 16. Dezember 1890; *SW* 4, S. 157.
82 ebd., S. 157 f.

83 Ellen Olestjerne, *SW* 1, S. 102.
84 ebd.
85 ebd., S. 103 f.
86 Ellen Olestjerne, *SW* 1, S. 117.
87 Karl zu Reventlow an Fanny zu Reventlow, Juli 1893; zit. nach Kubitschek II, S. 271.
88 Emilie zu Reventlow an Fanny zu Reventlow, 3. August 1893; zit. nach Kubitschek II, S. 272.
89 ebd.

Zweiter Teil

1 Leonhard Frank, *jk*, München 1952, S. 27 f.
2 Ellen Olestjerne, *SW* 1, S. 118 ff.; alle Zitate bis auf Weiteres ebd.
3 ebd., S. 138.
4 in: Friedrich Hitzer, *Lenin in München. Dokumentation und Bericht*, München 1977, S. 346.
5 Ellen Olestjerne, *SW* 1, S. 133.
6 ebd.
7 ebd., S. 134.
8 ebd., S. 135.
9 Ludwig Klages, zit. nach Hans Eggert Schröder, *Ludwig Klages. Die Geschichte seines Lebens*, II/1, Bonn 1972; im Folgenden Schröder II genannt, S. 491.
10 Ellen Olestjerne, *SW* 1, S. 136 ff.; alle Zitate bis auf Weiteres ebd.
11 ebd., S. 143 f.; alle Zitate bis auf Weiteres ebd. Meine Wiedergabe hält sich unmittelbar an die Romanvorlage, denn die psychische Dynamik dürfte sehr genau wiedergegeben sein. Um Irritation durch die fremden Namen zu vermeiden, wird nicht durchgängig das Original zitiert.
12 Tagebuch v. 22. Mai 1895, *SW* 3, S. 34.
13 Karl zu Reventlow an Franziska zu Reventlow, 21. Mai 1894; Nachlass, zit. nach Kubitschek II, S. 301.
14 Tagebuch v. 22. Mai 1895, *SW* 3, S. 37.
15 ebd., S. 36.
16 Ellen Olestjerne, *SW* 1, S. 148.
17 ebd., S. 149 ff.; alle Zitate bis auf Weiteres ebd.
18 Tagebuch v. 22. Mai 1895, *SW* 3, S. 37 f.
19 Tagebuch v. 16. Juni 1895, ebd., S. 37 f.
20 Tagebuch v. 22. Mai 1895, ebd., S. 30.
21 Tagebuch v. 31. Februar 1895, ebd., S. 31 ff.; alle Zitate bis auf Weiteres ebd.
22 Tagebuch v. 4. März 1895, ebd., S. 32 f.
23 Tagebuch v. 22. Mai 1895, ebd., S. 35 f.
24 ebd., S. 36.
25 Tagebuch v. 13. Juni 1895, ebd., S. 37.
26 Ellen Olestjerne, *SW* 1, S. 162.
27 ebd., S. 168.
28 Tagebuch v. Anfang April 1897, *SW* 3, S. 51.
29 Das Jüngste Gericht, *SW* 5, S. 77 ff.; alle Zitate bis auf Weiteres ebd.

30 Ellen Olestjerne, *SW* 1, S. 170 f.
31 Tagebuch vom 1. Januar 1897, *SW* 3, S. 43.
32 ebd. S. 44.
33 Tagebuch v. Januar 1897, ebd., S. 45.
34 Tagebuch v. 20. Januar, ebd.
35 Franziska zu Reventlow, Das allerjüngste Gericht, *SW* 5, S. 87 ff.; alle Zitate bis auf Weiteres ebd.
36 Tagebuch v. Februar, *SW* 3, S. 47.
37 Tagebuch v. 7. Februar, ebd., S. 48.
38 Tagebuch v. 26. Februar 1897, ebd., S. 48 f.
39 Tagebuch v. 29. Februar 1897, ebd., S. 49.
40 ebd.
41 Tagebuch v. 2. März 1897, ebd., S. 49 f.
42 Tagebuch v. März 1897, ebd., S. 50.
43 Scheidungsurkunde v. 14. April 1897, in: Kubitschek I, S. 298; die Urkunde ist im Anhang abgedruckt.
44 Franziska zu Reventlow an Paul Schwabe, zwischen dem 7. und 13. Februar 1897, *SW* 3, S. 277.
45 Tagebuch v. Februar 1897, ebd., S. 46.
46 Tagebuch v. Anfang April 1897, ebd., S. 51.
47 Tagebuch zwischen 13. und 24. April, ebd., S. 53.
48 Zit. nach Donald A. Prater, *Ein klingendes Glas. Das Leben Rainer Maria Rilkes*, München 1986, S. 74.
49 ebd.
50 Tagebuch v. 24. April, *SW* 3, S. 53.
51 Tagebuch v. 29. April, ebd., S. 55.
52 ebd.
53 Tagebuch v. 28. April 1897, ebd., S. 54 f.; alle Zitate bis auf Weiteres ebd.
54 Tagebuch v. 30. April 1897, ebd., S. 56.
55 Tagebuch v. 1. Mai 1897, ebd., S. 57.
56 Tagebuch v. 3. Mai 1897, ebd.
57 Tagebuch v. 5. Mai 1897, ebd.
58 Tagebuch v. 16. Mai 1897, ebd., S. 59.
59 Tagebuch v. 18. Mai 1897, ebd.
60 Tagebuch v. 6. Juni 1897, ebd., S. 61 f.
61 Tagebuch v. 27. Juni 1897, ebd., S. 63.
62 Tagebuch v. Anfang August 1897, ebd., S. 67.
63 Tagebuch v. 5. August 1897, ebd.
64 Fanny zu Reventlow an Paul Schwabe, 14. August 1897; *SW* 4, S. 284.
65 Tagebuch v. 20. August 1897, *SW* 3, S. 68.
66 Tagebuch v. 31. August 1897, ebd., S. 69.
67 Tagebuch v. 20. September 1897, ebd., S. 74.
68 Tagebuch v. 28. September 1897, ebd.
69 Das gräfliche Milchgeschäft, *SW* 5, S. 104 ff.; alle Zitate bis auf Weiteres ebd.
70 Tagebuch v. 30. November 1897, *SW* 3, S. 80.
71 Tagebuch v. 7. November 1897, ebd., S. 79.

72 Tagebuch v. 24. Dezember 1897; ebd., S. 8 f.

73 Ludwig zu Reventlow an Franziska zu Reventlow, 17. Dezember 1897; abgedruckt in: Kubitschek II, S. 63.

74 Tagebuch v. 1. Januar 1898, *SW* 3, S. 8 f.

75 ebd.

76 Sigmund Freud, Über das Unbehagen in der Kultur, in: Sigmund Freud, *Trauer und Melancholie. Essays*, hrsg. von Franz Fühmann und Dietrich Simon, Berlin 1982, S. 118.

77 Tagebuch v. 1. Januar 1898, *SW* 3, S. 82.

78 Tagebuch v. März 1898, ebd., S. 83; alle Zitate bis auf Weiteres ebd.

79 Oskar Panizza an Franziska zu Reventlow, 23. November 1897; Nachlass Franziska zu Reventlow, Münchner Stadtbibliothek/Monacensia.

80 Das Männerphantom der Frau, *Zürcher Diskuszionen* 6/1898, S. 1 ff., in: *SW* 5, S. 199 ff.; alle Zitate bis auf Weiteres ebd.

81 Tagebuch v. 20. Februar 1897, *SW* 3, S. 82.

82 Tagebuch v. 9. Februar 1897, ebd.

83 Das Männerphantom der Frau, *SW* 5, S. 209 f.

84 Tagebuch v. 21. August 1898, *SW* 3, S. 98; alle Zitate bis auf Weiteres ebd.

85 Tagebuch v. 2. Mai 1898, ebd., S. 85.

86 Tagebuch v. 28. Mai 1898, ebd., S. 86.

87 Tagebuch v. 5. Juni 1898, ebd., S. 87.

88 Tagebuch v. 6. Juni 1898, ebd., S. 88.

89 Tagebuch v. 8. Juni 1898, ebd.

90 ebd.

91 Tagebuch v. 13. Juni 1898, ebd., S. 89.

92 ebd.

93 Tagebuch v. 8. Oktober 1898, ebd., S. 103.

94 Tagebuch v. 25. Oktober 1898, ebd., S. 104.

95 ebd.

96 Tagebuch v. 1. Januar 1899, ebd., S. 111.

97 ebd.

98 Tagebuch v. April 1899, ebd., S. 114.

99 Tagebuch v. August 1899, ebd., S. 122.

100 Tagebuch v. 12. April 1899, ebd., S. 114.

101 Tagebuch v. 29. April 1899, ebd.

102 Der siebzigjährige Ludwig Klages über Franziska zu Reventlow, zit. nach Hans Eggert Schröder, *Ludwig Klages. Die Geschichte seines Lebens*, Erster Teil, im Folgenden zitiert als Schröder I, Bonn 1966, S. 322.

103 ebd., S. 270f.

104 Tagebuch v. 7. Juli 1899, *SW* 3, S. 120f.

105 Tagebuch v. 10. August 1899, ebd., S. 122.

106 ebd.

107 Tagebuch v. 15. August 1899, ebd.

108 Johann Jakob Bachofen, *Das Mutterrecht. Eine Untersuchung über die Gynaikokratie der alten Welt nach ihrer religiösen und rechtlichen Natur*, Basel 1861; hier: Frankfurt a. M. 1975, S. 12 ff.; alle Zitate bis auf Weiteres ebd.

109 Selbstzeugnis Ludwig Klages, zit. nach Schröder I, S. 243.
110 Tagebuch v. 19. September 1899, *SW* 3, S. 124.
111 Ludwig Klages an Hermann Schultze, 1. Februar 1896, zit. nach Schröder I, S. 151.
112 ebd.
113 ebd., S. 47.
114 Vgl. Ludwig Klages' Schilderung dieses Abends, wahrscheinlich war es der 19. April 1899, in: Ludwig Klages, *Alfred Schuler. Fragmente und Vorträge aus dem Nachlass. Mit einer Einführung von Ludwig Klages*, Leipzig 1940, S. 72 f.
115 Ludwig Klages, Notizen der Neunziger Jahre, zit. nach Schröder I, S. 239.
116 Tagebuch nach dem 14. April 1900, *SW* 3, S. 142.
117 Tagebuch v. 24. September 1900, ebd., S. 124.
118 Viragines oder Hetären, *SW* 5, S. 211 ff.; alle Zitate bis auf Weiteres ebd.
119 Herrn Dames Aufzeichnungen, *SW* 2, S. 9.
120 Viragines oder Hetären, *SW* 5, S. 218.
121 ebd.
122 Tagebuch v. 30. Oktober 1899, *SW* 3, S. 126.
123 ebd.
124 Tagebuch v. 6. November 1900, ebd.
125 Herrn Dames Aufzeichnungen, *SW* 2, S. 35.
126 ebd., S. 10.
127 Tagebuch v. 25. Dezember 1899, *SW* 3, S. 131.
128 Tagebuch v. 29. Dezember 1899, ebd.
129 Tagebuch v. 3. Februar 1900, ebd., S. 135.
130 Aristoteles, *Politika* II; 1252a 31–35.
131 Franziska zu Reventlow an Ludwig Klages, Anfang Februar 1900, *SW* 4, S. 292.
132 Tagebuch v. 8. März 1900, *SW* 3, S. 137.
133 ebd., S. 138.
134 Tagebuch v. 11. April 1900, ebd., S. 139.
135 Tagebuch v. 14. April 1900, ebd., S. 142.
136 Tagebuch nach dem 18. Mai 1900, ebd.
137 ebd.
138 ebd., S. 142 f.
139 Ludwig Klages, Jugenderinnerungen, zit. nach Schröder I, S. 281.
140 Tagebuch v. 14. April 1899, *SW* 3, S. 140 ff.
141 Ludwig Klages, Jugenderinnerungen, zit. nach Schröder I, S. 281; alle Zitate bis auf Weiteres ebd.
142 Oscar A. H. Schmitz, Tagebuch v. 10. Dez. 1896, in: ders., *Das wilde Leben der Boheme. Tagebücher*, Bd. I, 1896–1906, hrsg. von Wolfgang Martynkewicz, Berlin 2006, S. 13.
143 Tagebuch v. 30. Mai 1999, *SW* 3, S. 143.
144 ebd.
145 Das feindselige Gepäck, *SW* 5, S. 179 ff.; alle Zitate bis auf Weiteres ebd.
146 Franziska zu Reventlow an Ludwig Klages, 7. Juni 1900; *SW* 4, S. 294.
147 Franziska zu Reventlow an Ludwig Klages, 7. Juli 1900, ebd., S. 301.

148 Ludwig Klages, Jugenddichtung, zit. nach Schröder I, S. 12.
149 Tagebuch v. 4. Juli 1900, *SW* 3, S. 151.
150 Franziska zu Reventlow an Ludwig Klages, 18. Juni 1900; *SW* 4, S. 296.
151 ebd., S. 298.
152 ebd., S. 299.
153 Tagebuch v. 5. Januar 1900, *SW* 3, S. 132.
154 Tagebuch v. 4. Juli 1900, ebd., S. 151.
155 ebd., S. 151 f.
156 Tagebuch v. 21. Januar 1900, ebd., S. 134.
157 Tagebuch v. 5. Januar 1900, ebd., S. 132.
158 Tagebuch v. 9. Juli 1900, ebd., S. 153.
159 ebd., S. 152.
160 Tagebuch v. 4. Juli 1900, ebd., S. 151.
161 Franziska zu Reventlow an Ludwig Klages, 7. Juli 1900; *SW* 4, S. 301.
162 Tagebuch nach dem 9. Juli 1900, *SW* 3, S. 154.
163 ebd., S. 155.
164 ebd., S. 154.
165 Tagebuch v. 16. August 1900, ebd., S. 156.
166 Franziska zu Reventlow an Ludwig Klages, 18. Juni 1900; *SW* 4, S. 296.
167 Johann Jakob Bachofen, *Das Mutterrecht*, S. 27.
168 Franziska zu Reventlow an Ludwig Klages, 16. August 1900, *SW* 4, S. 306.
169 ebd.
170 Franziska zu Reventlow an Ludwig Klages, 16. September 1900; ebd. S. 308.
171 Tagebuch v. 14. August 1900, *SW* 3, S. 155.
172 Tagebuch v. 26. September 1900, ebd., S. 163.
173 Tagebuch v. 22. November 1900, ebd., S. 167.

Dritter Teil

1 Tagebuch nach dem 22. Dezember 1900, *SW* 3, S. 171 ff.; alle Zitate bis auf Weiteres ebd.
2 Franziska zu Reventlow an Ludwig Klages, 3. November 1900; *SW* 4, S. 311.
3 Das feindselige Gepäck, *SW* 5, S. 181 f.
4 Tagebuch v. 29. Dezember 1900, *SW* 3, S. 172.
5 ebd.
6 ebd.
7 Tagebuch nach dem 22. Dezember 1900, ebd., S. 171.
8 Franziska zu Reventlow an Ludwig Klages, 3. November 1900; *SW* 4, S. 310.
9 ebd.
10 Zit. nach Schröder I, S. 314.
11 Tagebuch v. 8. Januar 1901, *SW* 3, S.177.
12 ebd.
13 ebd.
14 Tagebuch v. 9. Januar 1901, ebd., S. 177.
15 Herrn Dames Aufzeichnungen, *SW* 2, S. 27 ff.; alle Zitate bis auf Weiteres ebd.
16 Zit. nach Schröder I, S. 25.
17 ebd., S. 247 f.

18 ebd., S. 249.
19 Herrn Dames Aufzeichnungen, SW 2, S. 15.
20 Tagebuch v. 13. Februar 1901, SW 3, S. 181.
21 Tagebuch v. 14. Februar 1901, ebd.
22 Tagebuch v. 12. Februar 1901, ebd., S. 180.
23 Tagebuch v. 5. März 1901, ebd., S. 186.
24 Tagebuch v. 10. März 1901, ebd., S. 187.
25 Tagebuch v. 20. Februar 1901, ebd., S. 183.
26 Tagebuch v. 30. März 1901, ebd., S. 190.
27 Zit. nach Schröder I, S. 285.
28 Ludwig Klages an Friedrich Huch, 18. April 1901; zit. nach ebd., S. 283.
29 Tagebuch v. 5. April 1901, SW 3, S. 191.
30 Ludwig Klages an Friedrich Huch, 18. April 1901; zit. nach Schröder I, S. 283.
31 Ludwig Klages an Franziska zu Reventlow, April 1901, zit. nach Schröder I, S. 286.
32 ebd.
33 Franziska zu Reventlow an Ludwig Klages, 18. Mai 1901; SW 4, S. 318.
34 Franziska zu Reventlow an Ludwig Klages, Frühjahr 1901, ebd., S. 313; alle Zitate bis auf Weiteres ebd.
35 Tagebuch nach dem 5. April 1901, SW 3, S. 191.
36 Franziska zu Reventlow an Ludwig Klages, 24. April 1901; SW 4, S. 314; alle Zitate bis auf Weiteres ebd.
37 Tagebuch v. 4. Mai 1901, SW 3, S. 193.
38 Zit. nach Schröder I, S. 314.
39 Franziska zu Reventlow an Ludwig Klages, 11. Mai 1901; SW 4, S. 316f.; alle Zitate bis auf Weiteres ebd.
40 Ludwig Klages, Rhythmen und Runen. Aus dem Nachlass, Leipzig 1944, S. 256.
41 Vgl. symptomatisch Richard Faber, Männerrunde mit Gräfin. Die »Kosmiker« Derleth, George, Klages, Schuler, Wolfskehl und Franziska zu Reventlow, Frankfurt a. M. 1994, S. 51ff.
42 Franziska zu Reventlow an Ludwig Klages, 29. April 1901; SW 4, S. 315.
43 Franziska zu Reventlow an Ludwig Klages, 18. Mai 1901, ebd., S. 318.
44 Tagebuch v. 18. Mai 1901, SW 3, S. 196.
45 Franziska zu Reventlow an Ludwig Klages, 5. Juni 1901; SW 4, S. 321.
46 Franziska zu Reventlow an Ludwig Klages, 10. Juni 1901; ebd. S. 324.
47 Tagebuch v. 5. Juni 1901, SW 3, S. 197.
48 Tagebuch v. 10. Juli 1901, ebd., S. 201.
49 Ludwig Klages an Franziska zu Reventlow, Februar 1902; zit. nach Schröder I, S. 313.
50 ebd.
51 ebd., S. 288.
52 ebd., S. 286.
53 Tagebuch v. 28. Juli 1901, SW 3, S. 205.
54 ebd.
55 Franziska zu Reventlow an Ludwig Klages, Anfang August 1901, SW 4, S. 333; alle Zitate bis auf Weiteres ebd.

56 Tagebuch v. 14. August 1901, *SW* 3, S. 208.
57 Ludwig Klages an Franziska zu Reventlow, August 1901; zit. nach Schröder I, S. 287.
58 Tagebuch v. 14. August 1901, *SW* 3, S. 208.
59 Tagebuch v. 28. Juli 1901, ebd., S. 205.
60 Tagebuch v. 12. August 1901, ebd., S. 206.
61 Tagebuch v. 29. August 1901, ebd., S. 211.
62 Alfred Schuler an Hannah Wolfskehl, 20. August 1901; zit. nach Richard Faber, *Männerrunde mit Gräfin*, S. 61 f.
63 Zit. nach Schröder Eggert I, S. 289.
64 Franziska zu Reventlow an Ludwig Klages, 31. August 1901; *SW* 4, S. 339.
65 Tagebuch v. 24. November 1901, *SW* 3, S. 226.
66 Franziska zu Reventlow an Ludwig Klages, 2. September 1901; *SW* 4, S. 340 f.
67 Franziska zu Reventlow an Ludwig Klages, ebd., S. 341.
68 Tagebuch v. 11. Oktober 1901, *SW* 3, S. 219.
69 Franziska zu Reventlow an Ludwig Klages, 7. Dezember 1901; *SW* 4, S. 371.
70 Ludwig Klages an Franziska zu Reventlow, Mitte Dezember 1901; zit. nach Schröder I, S. 292.
71 Zit. nach Thomas Karlauf, *Stefan George. Die Entdeckung des Charisma*, München 2007, S. 278.
72 ebd., S. 238.
73 Ludwig Klages' Selbstanzeige des George-Buches, in: *Die Zukunft*, hrsg. von Maximilian Harden, 21. Dezember 1901; zit. nach Schröder I, S. 329.
74 Hugo von Hofmannsthal an Stefan George, 27. August 1902; zit. nach Schröder I, S. 331.
75 Friedrich Huch an Ludwig Klages, 9. Dezember 1901; ebd.
76 Friedrich Huch an Ludwig Klages, April 1901; ebd., S. 362.
77 Herrn Dames Aufzeichnungen, *SW* 1, S. 45.
78 Franziska zu Reventlow an Ludwig Klages, 26. Dezember 1901; *SW* 4, S. 381.
79 Herrn Dames Aufzeichnungen, *SW* 1, S. 50.
80 Ludwig Klages an Franziska zu Reventlow, Februar 1902; zit. nach Schröder I, S. 313.
81 Franziska zu Reventlow an Ludwig Klages, 11. Februar 1902; *SW* 4 S. 384.
82 Ludwig Klages an Franziska zu Reventlow, Februar 1902; zit. nach Schröder I, S. 313.
83 ebd.
84 Tagebuch v. 2. Mai 1902, *SW* 3, S. 238.
85 Zit. nach Schröder I, S. 315.
86 Tagebuch v. 12. Mai 1902, *SW* 3, S. 240.
87 Franziska zu Reventlow an Ludwig Klages, Ende Mai 1902; *SW* 4, S. 394.
88 ebd.
89 Ludwig Klages an Franziska zu Reventlow, Februar 1902; zit. nach Schröder I, S. 314.
90 Edith Landmann im Gespräch mit Stefan George; zit. nach Karlauf, S. 329.
91 Zit. nach Schröder I, S. 315.
92 Tagebuch v. 23. Juli 1902, *SW* 3, S. 246.

93 Tagebuch v. 25. Juli 1902, ebd.
94 Franziska zu Reventlow an Ludwig Klages, 10. September 1902 S. 405; *SW* 4; alle Zitate bis auf Weiteres ebd.
95 Tagebuch v. November/Dezember 1902, *SW* 3, S. 255.
96 Tagebuch v. 2. August 1902, ebd., S. 247.
97 Tagebuch v. 21. September 1901, ebd., S. 216.
98 Tagebuch v. November/Dezember 1902, ebd., S. 255.
99 Tagebuch v. Dezember 1892, ebd., S. 257.
100 ebd.
101 Bericht Marie Römermanns; zit. nach Schröder I, S. 252.
102 ebd.
103 ebd., S. 155.
104 Herrn Dames Aufzeichnungen, *SW* 1, S. 68.
105 Franz Hessel, *Der Kramladen des Glücks*, Berlin 2015, S. 92; zuerst erschienen 1913 bei Rütten und Loening, Frankfurt a. M.
106 ebd., S. 93.
107 Johann Jakob Bachofen, *Das Mutterrecht*, S. 38.
108 ebd., S. 37.
109 Bericht M. Römermanns; zit. nach Schröder I, S. 251.
110 Maria ist im Roman das Alter Ego der Autorin zur Zeit ihrer größten Klages-Nähe; Susanna wiederum ist ihre Wiedergängerin als Bewohnerin des Eckhauses in der Kaulbachstraße, wo sie mit Suchocki und Hessel eine Wohngemeinschaft bildet.
111 Herrn Dames Aufzeichnungen, *SW* 1, S. 73.
112 Tagebuch nach dem 5. Januar 1903, *SW* 3, S. 261.
113 ebd.
114 Herrn Dames Aufzeichnungen, *SW* 1, S. 35.
115 ebd., S. 36.
116 ebd.
117 ebd., S. 88.
118 ebd., S. 90.
119 Marie Plehn an Franziska zu Reventlow, 5. September 1892; Nachlass Franziska zu Reventlow, Münchner Stadtbibliothek/Monacensia, FR B 35.
120 Ludwig Klages, *Hestia-Fragment*; zit. nach Schröder I, S. 341.
121 ebd.
122 Bohdan von Suchocki an Franziska zu Reventlow, 4. März 1903; in: »Wir üben uns jetzt wie Esel schreien …«. Franziska Gräfin zu Reventlow/Bohdan von Suchocki, *Briefwechsel*, hrsg. von Irene Weiser, Detlef Seydel und Jürgen Gutsch, Passau 2004; im Folgenden Briefwechsel genannt, S. 38.
123 Franziska zu Reventlow an Karl Wolfskehl, 25. April 1903; *SW* 4, S. 414.
124 Tagebuch v. 12. Mai 1903, *SW* 3, S. 264.
125 Tagebuch nach dem 13. Mai 1903, ebd., S. 264.
126 Franziska zu Reventlow an Karl Wolfskehl, 25. April 1903; *SW* 4, S. 415.
127 Franziska zu Reventlow an Karl Wolfskehl, 26. Mai 1903; ebd., S. 417.
128 Vgl. Johannes von Guenther, *Ein Leben im Ostwind. Zwischen Petersburg und München. Erinnerungen*, München 1969, S. 83.

129 Zit. nach Manfred Flügge, *Gesprungene Liebe. Die wahre Geschichte zu »Jules und Jim«*, Berlin 1993, S. 41.

130 Vgl. auch *»Alles möchte ich immer«. Franziska Gräfin zu Reventlow 1871–1918*, Ausstellungskatalog, hrsg. von Kornelia Küchmeister, Dörte Nicolaisen und Ulrike Wolff-Thomsen, Göttingen 2010, im Folgenden *»Alles möchte ich immer«-Katalog* genannt, S. 179.

131 Bohdan von Suchocki an Franziska zu Reventlow, 22. Juni 1903; *Briefwechsel*, S. 40.

132 Bohdan von Suchocki an Franziska zu Reventlow, 24. Juni 1903; ebd., S. 41.

133 Tagebuch, 10. Juni 1903; *SW* 3, S. 266.

134 Franziska zu Reventlow an Hans Hinrich Busse, Sommer 1903, *SW* 4, S. 420.

135 Franziska zu Reventlow an Ludwig Klages, Sommer 1903; ebd., S. 419.

136 Tagebuch v. 10. August 1903, *SW* 3, 269.

137 Bohdan von Suchocki an Franziska zu Reventlow, 7. Juli 1903; *Briefwechsel*, S. 45.

138 Friedrich Nietzsche an »die erlauchten Polen«, 4. Januar 1889; *KSA* Briefe 8, S. 577.

139 Tagebuch v. 1. Juli 1903; *SW* 3, S. 267.

140 ebd., S. 268.

141 Tagebuch v. 10. August 1893; *SW* 3, S. 269.

142 ebd.

143 Tagebuch v. 20. September 1903; ebd., S. 273.

144 Zit. nach dem Wikipedia-Eintrag.

145 Herrn Dames Aufzeichnungen, *SW* 1, S. 40.

146 Herrn Dames Aufzeichnungen, *SW* 1, S. 39.

147 ebd.

148 Zit. nach Thomas Karlauf, *Stefan George*, S. 251.

149 Zit. nach Schröder I, S. 323.

150 Tagebuch nach dem 10. August 1893; *SW* 3, S. 270.

151 Tagebuch nach dem 21. September 1903; ebd., S. 278.

152 Franziska zu Reventlow an Karl Wolfskehl, 10. August 1903; *SW* 4, S. 426.

153 Franziska zu Reventlow an Karl Wolfskehl, Oktober 1903; ebd., S. 431.

154 Ludwig Klages, *Rhythmen und Runen*, S. 270.

155 Herrn Dames Aufzeichnungen, *SW* 1, S. 86.

156 Tagebuch v. 1. November 1903; *SW* 3, S. 281.

157 ebd., S. 283.

158 Bohdan von Suchocki an Franziska zu Reventlow, 15. Dezember 1903; *Briefwechsel*, S. 65.

159 Bohdan von Suchocki an Franziska zu Reventlow, 17. Dezember 1903; ebd., S. 69.

160 Franziska zu Reventlow an Bohdan von Suchocki, 18. Dezember 1903; ebd., S. 70.

161 ebd.

162 Bohdan von Suchocki an Franziska zu Reventlow, 17. Dezember 1903, ebd., S. 69.

163 Tagebuch v. Januar 1904; *SW* 3, S. 283.

164 Stefan George an Ludwig Klages, Mitte Januar 1904; zit. nach Schröder I, S. 357.
165 Ludwig Klages an Stefan George, 15. Januar 1904; ebd.
166 ebd., S. 92.
167 Herrn Dames Aufzeichnungen, *SW* 1, S. 91.
168 ebd., S. 107.
169 Thomas Mann, Beim Propheten, in: *Erzählungen*, Leipzig 1975, S. 62 ff.; alle Zitate bis auf Weiteres ebd.
170 Im Anhang seines Buches *Männerrunde mit Gräfin. Die »Kosmiker« Derleth, George, Klages, Schuler, Wolfskehl und Franziska zu Reventlow* hat Richard Faber alle drei Nummern des *Schwabinger Beobachters* wiederabgedruckt, S. 187 ff.
171 Vgl. Thomas Karlauf, *Stefan George*, S. 337 f.
172 Marianne Werefkin, *Briefe an einen Unbekannten, 1901–1905*; hrsg. von Clemens Weiler, Köln 1960, S. 37 f.
173 Tagebuch v. 22. März 1904; *SW* 3, S. 340.
174 Bericht Marie Römermanns; zit. nach Schröder II, S. 449.
175 Tagebuch v. 16. Mai 1904; *SW* 3, S. 289.
176 Franziska zu Reventlow/Franz Hessel, *Schwabinger Walpurgisnacht, Fratzenzug auf das Jahr 1905, Schwabinger Beobachter* 3/1904; *SW* 5, S. 134 ff.; alle Zitate bis auf Weiteres ebd.
177 Tagebuch v. 25. Mai 1904; *SW* 3, S. 291.
178 Franziska zu Reventlow an Ludwig Klages, 6. August 1904; *SW* 4, S. 445.
179 Tagebuch v. 17. März 1904; *SW* 3, S. 288.
180 Tagebuch nach dem 25. Mai 1904 (Eintrag geht bis in den Sommer hinein); *SW* 4, S. 293.
181 ebd.
182 ebd., S. 292.
183 ebd. S. 291.
184 ebd., S. 294.
185 ebd., S. 295.
186 ebd., S. 294.
187 Tagebuch nach dem 25. Mai 1904; *SW* 3, S. 295.
188 Tagebuch v. 2. Oktober 1904; ebd., S. 309.
189 Franziska zu Reventlow an Paul Stern, August 1904; *SW* 4, S. 446.
190 Franziska zu Reventlow an Hans Walter Gruhle, 14. September 1904, ebd., S. 447.
191 Tagebuch v. 3. Oktober 1904; *SW* 3, S. 313.
192 Tagebuch v. 1. Oktober 1904; ebd., S. 308.
193 ebd.
194 ebd.
195 Tagebuch v. 2. Oktober 1904, ebd., S. 310.
196 Tagebuch v. 28. Oktober 1905; ebd., S. 325.
197 Tagebuch v. 15. November 1904, ebd., S. 328.
198 Bohdan von Suchocki an Franziska zu Reventlow, 17. September 1905; *Briefwechsel*, S. 121.

199 Franziska zu Reventlow an Bohdan von Suchocki, 15. September 1905, ebd., S. 120.
200 Tagebuch v. 29. September 1905, *SW* 3, S. 361.
201 ebd.
202 Tagebuch zwischen dem 5. Februar und dem 3. März 1905, ebd., S. 334.
203 ebd., S. 335.
204 ebd., S. 337.
205 Tagebuch nach dem 18. Mai; *SW* 3, S. 352.
206 ebd.
207 Bohdan von Suchocki an Franziska zu Reventlow, 17. September 1905; *Briefwechsel*, S. 121.
208 Tagebuch v. 6. Oktober 1905; *SW* 3, S. 363.
209 Tagebuch v. 16. Oktober 1905, ebd., S. 366.
210 ebd.
211 Tagebuch v. November 1905, S. 367.
212 Franziska zu Reventlow an Bohdan von Suchocki, 12. Oktober 1905; *Briefwechsel*, S. 130.
213 Bohdan von Suchocki an Franziska zu Reventlow, 13. Oktober 1905, ebd., S. 134.
214 Tagebuch v. 16. Oktober 1905; *SW* 3, S. 364.
215 Franziska zu Reventlow an Bohdan von Suchocki, 15. Dezember 1905; *Briefwechsel*, S. 140.
216 Tagebuch v. Februar 1906; *SW* 3, S. 373.
217 Franziska zu Reventlow an Roderich Huch, Februar 1906; *Briefwechsel*, S. 475.
218 Tagebuch v. 16. Februar 1906; *SW* 3, S. 373.
219 Tagebuch nach dem 16. Februar 1906, ebd., S. 375.
220 Tagebuch v. 13. März 1906; ebd., S. 379.
221 Tagebuch v. 21. März 1906; ebd., S. 380.
222 Tagebuch nach dem 18. Mai 1905; ebd., S. 351.
223 Tagebuch, rückblickend notiert am 21. Juni 1906; ebd., S. 389.
224 Bohdan von Suchocki an Franziska zu Reventlow, 7. Dezember 1906; *Briefwechsel*, S. 174.
225 ebd., S. 176.
226 Bohdan von Suchocki an Franziska zu Reventlow, 18. Dezember 1906; ebd., S. 192.
227 Bohdan von Suchocki an Franziska zu Reventlow, 10. Dezember 1906; ebd., S. 180.
228 Bohdan von Suchocki an Franziska zu Reventlow, 21. Dezember 1906; ebd., S. 194.
229 Bohdan von Suchocki an Franziska zu Reventlow, 5. Januar 1907; ebd., S. 216.
230 Franziska zu Reventlow an Bohdan von Suchocki, 18. Dezember 1906; ebd., S. 190.
231 Franziska zu Reventlow an Franz Hessel, Juni 1906; ebd., S. 479.
232 Franziska zu Reventlow an Franz Hessel, 5. Oktober 1906; ebd., S. 486f.
233 Franziska zu Reventlow an Bohdan von Suchocki, 14. Dezember 1906; ebd., S. 185 ff.; alle Zitate bis auf Weiteres ebd.

234 Bohdan von Suchocki an Franziska zu Reventlow, 1907; ebd., S. 216; alle
    Zitate bis auf Weiteres ebd.
235 Bohdan von Suchocki an Franziska zu Reventlow, 14. Dezember 1906; ebd.,
    S. 188.
236 Bohdan von Suchocki an Franziska zu Reventlow, 21. Dezember 1906; ebd.,
    S. 193.
237 Bohdan von Suchocki an Rolf zu Reventlow, 24. Dezember 1906; ebd., S. 198.
238 Bohdan von Suchocki an Franziska zu Reventlow, 14. Dezember 1906; ebd.,
    S. 188.
239 Bohdan von Suchocki an Franziska zu Reventlow, 28. Dezember 1906; ebd.,
    S. 207.
240 Franziska zu Reventlow an Bohdan von Suchocki, 31. Dezember 1906; ebd.,
    S. 211.
241 Bohdan von Suchocki an Franziska zu Reventlow, 23./24. Februar 1907; ebd.,
    S. 231.
242 Franziska zu Reventlow an Bohdan von Suchocki, 31. Dezember 1906; ebd.,
    S. 209.
243 Was die Herausgeber der Briefwechsels von Franziska zu Reventlow und
    Bohdan von Suchocki zuerst vermuteten: vgl. *Briefwechsel*, S. 229.
244 Franziska zu Reventlow an Bohdan von Suchocki, 27. Dezember 1906; ebd.,
    S. 206.
245 Bohdan von Suchocki an Franziska zu Reventlow, 23./24. Februar 1907; ebd.,
    S. 231.
246 ebd.
247 Bohdan von Suchocki an Franziska zu Reventlow, 29. November 1906; ebd.,
    S. 172.
248 Bohdan von Suchocki an Franziska zu Reventlow, 18. Dezember 1906; ebd.,
    S. 192.
249 Bohdan von Suchocki an Franziska zu Reventlow, 6. März 1907; ebd., S. 240.
250 Tagebuch rückblickend von Ende Juli 1907; *SW* 3, S. 429.
251 ebd.
252 ebd., S. 430.
253 Vgl. Kubitschek II, S. 324.
254 Tagebuch, rückblickend von Ende Juli 1907; *SW* 3, S. 430.
255 ebd., S. 430.
256 Rolf Reventlow, *Kaleidoskop des Lebens*, Typoskript, S. 14; Münchner Stadt-
    bibliothek/Monacensia.
257 ebd.
258 Tagebuch v. 20. September 1907; *SW* 3, S. 439.
259 Tagebuch v. 30. August 1907; ebd., S. 437 f.
260 Tagebuch v. 15. Oktober 1907; ebd., S. 441.

Vierter Teil

1   So überliefert es der um zwölf Jahre jüngere Hamburger Maler und Kunst-
    schriftsteller Friedrich Ahlers-Hestermann in: ders., *Pause vor dem dritten Akt*,
    Hamburg 1975, S. 200 f.

2   Tagebuch nach dem 26. April 1908; *SW* 3, S. 456.

3   Rolf Reventlow, *Kaleidoskop des Lebens*, S. 12 f.

4   Bohdan von Suchocki an Franziska zu Reventlow, 3. Januar 1909; *Briefwechsel*, S. 282.

5   Bohdan von Suchocki an Franziska zu Reventlow, 26. März 1909; ebd., S. 286.

6   Tagebuch nach dem 8. Juli 1908, *SW* 3, S. 446.

7   Franziska zu Reventlow an Franz Hessel, 28. November 1910; *SW* 4, S. 545.

8   Die designierte Scheinehefrau stellt die Rechenberg-Linten'sche Familienerb-konstellation zum Zeitpunkt ihres Erscheinens so dar: *Der Alte hat schon sein Testament gemacht und jedes seiner Kinder hat eine Kopie davon in den Händen. Das väterliche Gut hat der jüngste Sohn bekommen, der nach dem Tode des Vaters die andern auszahlen muss, und dann ist noch ein Familiengut, welches mein Gatte als Ältester bekommen MUSS.* Franziska zu Reventlow an Paul Stern, Januar 1911; ebd., S. 552.

9   Franziska zu Reventlow an Franz Hessel, 28. November 1910; ebd., S. 545.

10 ebd.

11 ebd.

12 Franziska zu Reventlow an Franz Hessel, 9. Dezember 1910; ebd., S. 546.

13 Von Paul zu Pedro, *SW* 1, S. 190 f.

14 ebd., S. 191.

15 ebd., S. 195 f.

16 Franziska zu Reventlow an Friedel und Friedrich Kitzinger, 2. Januar 1911; *SW* 4, S. 550.

17 Franziska zu Reventlow an Friedel und Friedrich Kitzinger, Ende Januar 1911; ebd., S. 556; alle Zitate bis auf Weiteres ebd., S. 555 ff.

18 Tagebuch v. 3. Juli 1910; *SW* 3, S. 487.

19 Erich Mühsam, *Namen und Menschen. Unpolitische Erinnerungen*, Berlin 1977, S. 150 f.

20 Tagebuch v. 9. August 1908; *SW* 3, S. 447.

21 Franziska zu Reventlow an Paul Stern, Februar 1911; *SW* 4, S. 561.

22 Franziska zu Reventlow an Franz Hessel, 1. April 1911; ebd., S. 565.

23 Franziska zu Reventlow an Paul Stern, Februar 1911; ebd., S. 561.

24 Franziska zu Reventlow an Paul Stern, Ende Dezember 1910; ebd., S. 547.

25 Franziska zu Reventlow an Friedel und Friedrich Kitzinger, Juni 1911; ebd., S. 568; alle Zitate bis auf Weiteres ebd.

26 Franziska zu Reventlow an Franz Hessel, 14. Dezember 1911; ebd., S. 574.

27 Von Paul zu Pedro, *SW* 1, S. 200.

28 Tagebuch v. 26. Juni 1901; *SW* 3, S. 199.

29 Franziska zu Reventlow an Paul Stern, 14. Juni 1912; *Briefwechsel*, S. 581.

30 Otto Gross, *Von geschlechtlicher Not zur sozialen Katastrophe. Mit einer Einleitung von F. Jung*, hrsg. und kommentiert von K. Kreiler, Frankfurt 1980, S. 15.

31 Franziska zu Reventlow an Paul Stern, Anfang August 1912; *SW* 4, S. 589.

32 Franziska zu Reventlow an Paul Stern, Mitte September 1912; ebd., S. 597.

33 Rolf Reventlow, *Kaleidoskop des Lebens*, S. 25 ff.; alle Zitate bis auf Weiteres ebd.

34 Franziska zu Reventlow an Franz Hessel, Januar 1913; *SW* 4, S. 606.

35 Franziska zu Reventlow an Ludwig Klages, 8. März 1913; ebd., S. 606 f.; alle Zitate bis auf Weiteres ebd.

36 Erich Mühsam, *Ascona*, Berlin 1982, S. 13.

37 Franziska zu Reventlow an Ludwig Klages, Juni 1914; *SW* 4, S. 620.

38 So hat es Jan Robert Weber in seinem Nachwort zur Neuauflage der kleinen Schrift *Mensch und Erde* gesagt. Nach der lange vorherrschenden »sozialen Frage« schlüge *Mensch und Erde* »die ökologische Frage erstmals in einer vollständigen These an das sich alsbald gewaltsam öffnende Tor des 20. Jahrhunderts«. Matthes & Seitz, Berlin 2013, S. 57.

39 Ludwig Klages, *Mensch und Erde*, S. 16.

40 ebd., S. 22.

41 Protokoll des Königlichen Amtsgerichts München, Vormundschafts- und Nachlasssachen, 4. August 1914, in: Vormundschaftsakte Rolf zu Reventlow, Jg. 1902, Nr. 1688, Bayerisches Staatsarchiv München, zit. nach Kubitschek II, S. 485.

42 Ludwig Klages an Maria Plehn, 18. September 1914; zit. nach Hans Eggert Schröder II, S. 611 f.

43 Franziska zu Reventlow an Ludwig Klages, November/Dezember 1914; *SW* 4, S. 620.

44 Wir Spione, *SW* 5, S. 124 ff.; alle Zitate bis auf Weiteres ebd.

45 Näheres dazu vgl. Kubitschek II, S. 483 ff.

46 Der Geldkomplex, *SW* 2, S. 115 ff.; alle Zitate bis auf Weiteres ebd.

47 Theodor Heuss, Rezension zum *Geldkomplex*, in: *März*, 10. Jg., Bd. 2, April–Juni 1916, S. 239 f.

48 Rolf Reventlow, *Kaleidoskop des Lebens*, S. 51.

49 Ludwig Klages an Erwin Ackerknecht, 11. Januar 1915; zit. nach Schröder II, S. 643.

50 Franziska zu Reventlow an Ludwig Klages, 4. Juni 1916; *SW* 4, S. 623.

51 Zit. nach Schröder II, S. 625 f.

52 Franziska zu Reventlow an Ludwig Klages, Dezember 1916; ebd., S. 627.

53 Ludwig Klages an Franziska zu Reventlow, 16. Mai 1916; zit. nach Schröder II, S. 748.

54 Franziska zu Reventlow an Friedel und Friedrich Kitzinger, Oktober 1916; *SW* 4, S. 625.

55 Rolf Reventlow, *Kaleidoskop des Lebens*, S. 53 ff.; alle Zitate bis auf Weiteres ebd.

56 Franziska zu Reventlow an Paul Stern, Dezember 1916; *SW* 4, S. 627.

57 Rolf Reventlow, *Kaleidoskop des Lebens*, S. 67 f.; alle Zitate bis auf Weiteres ebd.

58 Rolf Reventlow, ebd., S. 68

59 Zit. nach Schröder II, S. 748.

60 Annette Kolb, *Zarastro. Westliche Tage*, Berlin 1921, S. 39.

61 Der Geldkomplex; *SW* 2, S. 143.

62 Rolf Reventlow, *Kaleidoskop des Lebens*, S. 21.

63 Erich Mühsam, *Namen und Menschen. Unpolitische Erinnerungen*, S. 154 f.

Quellen und Literatur

Zugrunde liegt die von Michael Schardt 2004 im Igel-Verlag Oldenburg herausge-
gebene fünfbändige Ausgabe der *Sämtlichen Werke, Briefe und Tagebücher.*
Band 1: Ellen Olestjerne. Von Paul zu Pedro. Mit einem Nachwort hrsg. von Karin
Tebben.
Band 2: Herrn Dames Aufzeichnungen oder Begebenheiten aus einem merkwür-
digen Stadtteil. Der Geldkomplex. Der Selbstmordverein. Mit einem Nachwort
hrsg. von Andreas Thomasberger.
Band 3: Tagebücher 1886–1910. Mit einem Nachwort hrsg. von Brigitta Kubi-
tschek.
Band 4: Briefe 1890–1917. Mit einem Nachwort hrsg. von Martin-M. Langner.
Band 5: Gedichte. Skizzen. Novellen. Kritisches. Schwabinger Beobachter. Über-
setzungen. Mit einem Nachwort hrsg. von Baal Müller.

Außerdem:
Autobiographisches, hrsg. von Else Reventlow, mit einem Nachwort von Wolfdiet-
rich Rasch, Frankfurt a. M./Berlin 1986.
Franziska zu Reventlow/Bohdan von Suchocki, *»Wir üben uns jetzt wie Esel
schreien …«. Briefwechsel 1903–1909,* hrsg. von Irene Weiser, Detlef Seydel und
Jürgen Gutsch, Passau 2004.

Der Nachlass von Franziska zu Reventlow befindet sich im Archiv der Münchner
Stadtbibliothek/Monacensia.

Grundlegende langjährige Forschungsarbeit zu Franziska zu Reventlow hat Bri-
gitta Kubitschek geleistet. Erschienen sind:
*Franziska Gräfin zu Reventlow. 1871–1918. Ein Frauenleben im Umbruch – Studien zu
einer Biographie,* Prien/Chiemsee 1994.
*Franziska Gräfin zu Reventlow. Leben und Werk. Eine Biographie und Auswahl zentraler
Texte von und über Franziska Gräfin zu Reventlow,* München/Wien 1998.

Sehr gelungen, informativ und bildmächtig zugleich ist der 2010 im Wallstein Ver-
lag erschienene Ausstellungskatalog: *»Alles möchte ich immer«. Franziska Gräfin zu
Reventlow 1871–1918,* hrsg. von Kornelia Küchmeister, Dörte Nicolaisen und Ulrike
Wolff-Thomsen, mit einem Beitrag von Ulla Egbringhoff.

Weitere Literatur zu Franziska zu Reventlow (Auswahl):

Egbringhoff, Ulla, *Franziska zu Reventlow*, Reinbek bei Hamburg 2000.

Faber, Richard, *Männerrunde mit Gräfin. Die »Kosmiker« Derleth, George, Klages, Schuler, Wolfskehl und Franziska zu Reventlow*, Frankfurt a. M. 1994.

Flügge, Manfred, *Gesprungene Liebe. Die wahre Geschichte zu »Jules und Jim«*, Berlin 1993.

Fritz, Helmut, *Die erotische Rebellion. Das Leben der Franziska zu Reventlow*, Frankfurt a. M. 1980.

Holm, Korfiz, *ich – kleingeschrieben. Heitere Erlebnisse eines Verlegers*, hrsg. von Dirk Heißerer, München 2008.

Sperr, Franziska, *»Die kleinste Fessel drückt mich unerträglich«. Das Leben der Franziska zu Reventlow*, München 2003.

Mühsam, Erich, *Namen und Menschen. Unpolitische Erinnerungen*, Berlin 1977.

Székely, Johannes, *Franziska zu Reventlow. Leben und Werk*, Bonn 1979.

Wendt, Gunna, *Franziska zu Reventlow. Die anmutige Rebellin*, Berlin 2008.

Sämtliche andere unmittelbar verwendete Literatur ist im fortlaufenden Text angegeben, siehe Anmerkungen.Erster Teil

> … seit ich aus meinem wertvollen alten Familienrahmen entfernt wurde,
> hat mir wohl keiner mehr gepasst. Mancher war recht gut,
> mancher wieder sehr mittelmäßig, und es gab auch Zeiten,
> wo das Bild nur mit Reißnägeln an die Wand geheftet war.

Franziska zu Reventlow, *Von Paul zu Pedro*

»Eine bemerkenswerte Biographie der Elisabeth Förster-Nietzsche«

Frankfurter Allgemeine Zeitung

Kerstin Decker

Die Schwester

Das Leben der Elisabeth
Förster-Nietzsche

Berlin Verlag, 656 Seiten
€ 24,00 [D], € 24,70 [A]*
ISBN 978-3-8270-1277-7

Man meint sie zu kennen als gewissenlose Fälscherin der Werke ihres Bruders: Elisabeth Förster-Nietzsche, die den Jahrhundertphilosophen den Nationalsozialisten erst andiente. Kerstin Decker zeigt diese bestgeschmähte Frau in verblüffend neuem Licht und zeichnet das intime Porträt eines außergewöhnlichen Geschwisterpaars. Mit ihrer großen Biografie weitet sie die Lebensgeschichte Elisabeth Förster-Nietzsches zu einer europäischen Kulturgeschichte des frühen 20. Jahrhunderts.

Leseproben, E-Books und mehr unter **www.berlinverlag.de**

»Ein hoch amüsantes und
lebendiges Buch über das Leben
der ›deutschen Tania Blixen‹.«

Hannoversche Allgemeine Zeitung

*Cover- und Preisänderungen vorbehalten

Kerstin Decker

**Meine Farm
in Afrika**

Das Leben der Frieda von Bülow

Piper Taschenbuch, 480 Seiten
€ 11,00 [D], € 11,40 [A]*
ISBN 978-3-492-30886-1

1887 durchbricht eine junge Baronesse alle Rollen-Muster,
vor allem das der Frau und das ihres Standes. Sie folgt dem
Traum von Afrika. Dort hat ein deutscher Privatdozent ein
Riesenreich annektiert, sehr zum Verdruss Otto von Bis-
marcks. Der Amateureroberer Carl Peters und die Kolonie
Deutsch-Ostafrika werden Frieda von Bülow zum Schicksal.

PIPER

Leseproben, E-Books und mehr unter **www.piper.de**